Tushi Huntian Luji Xiuzhu Jishu

土石混填路基修筑技术

柴贺军 阎宗岭 贾学明 著

人民交通出版社

内 容 提 要

全书共分3篇11章，各篇在总结相关领域既有研究成果的基础上，重点介绍了作者的研究进展、成果或取得的认识。第1篇介绍了土石混合料的路用性能，包括结构特性、物理特性、压实特性、强度参数、本构模型和分类方法等；另外，介绍了土石混合料的压实机理及所开发的土石混合料级配自动识别系统。第2篇介绍了土石混填路基变形与稳定，包括土石混填路基的使用现状、路基稳定与变形特性、路基稳定与变形计算方法及土石混填路基边坡防护技术。第3篇在现场试验的基础上，介绍了土石混填路基施工工艺与施工控制，包括土石混合料的现场压实及施工工艺、土石混填路基压实质量的瑞雷波检测技术及土石混填路基压实质量的附加质量法检测技术。

本书可供公路行业设计、施工人员参考。

图书在版编目（CIP）数据

土石混填路基修筑技术/柴贺军等著. —北京：人民交通出版社，2009.5

ISBN 978-7-114-07679-4

Ⅰ. 土… Ⅱ. 柴… Ⅲ. 路基—填筑—道路工程 Ⅳ. U416.1

中国版本图书馆CIP数据核字（2009）第041642号

书　　名：**土石混填路基修筑技术**
著 作 者：柴贺军　阎宗岭　贾学明
责任编辑：丁润铎
出版发行：人民交通出版社
地　　址：（100011）北京市朝阳区安定门外外馆斜街3号
网　　址：http：//www.ccpress.com.cn
销售电话：（010）59757969，59757973
总 经 销：北京中交盛世书刊有限公司
经　　销：各地新华书店
印　　刷：北京交通印务实业公司
开　　本：787×1092　1/16
印　　张：18.5
字　　数：464千
版　　次：2009年5月　第1版
印　　次：2009年5月　第1次印刷
书　　号：ISBN 978-7-114-07679-4
定　　价：40.00元

前　言

西部大开发是我国实现地区平衡发展和可持续发展的重大战略举措。开发西部首先必须解决公路交通等基础设施的建设问题。西部地区多为山岭丘陵区，其地形、地貌、地质、水文条件复杂，修筑公路必然采用山体开挖得到的土石混合料填筑路基。土与石的混合料俗称土石混合料，又称土夹石或混合土，在公路土的分类中定名为粗、巨粒土。由于这种土料在山区普遍存在，因此被广泛用于我国山区高等级公路路基的填筑。与此同时，对这种填方料的筑路技术的开发研究，也引起工程界人士普遍关注。但由于这种填方料颗粒粒度变化大且难以控制，再加之其含水率极不均匀，使得在实际工程中路基施工困难，施工质量得不到有效保证，致使修筑的土石混填路基产生大量的沉陷或坍塌，从而导致路面结构过早破坏，影响公路运输安全及公路使用。因此，解决土石混填路基修筑技术，成为西部山区公路筑路技术的关键问题之一。

土石混填路基修筑面临的技术问题很多，但主要归纳为三个方面：① 路基稳定与沉降问题；② 土石混填路基施工质量检测与控制问题；③土石混填路基边坡形式及边坡防护问题等。路基的稳定与沉降始终是公路路基要解决的中心问题。由于土石混合料在性质上与其他均质细土料差异大，其稳定与变形性状与均质细土料填方路基有着本质上的不同，目前许多土石混填路基出现的稳定与沉降无不与此有关。因此，搞清土石混填路基稳定与变形性状，做出合理的设计，是确保土石混填路基具有良好的稳定性和较小的沉降的关键。土石混填路基施工质量检测与控制是确保路基稳定的关键，由于土石混合料粒度成分变化大，材料本身极不均匀，采用何种方法进行施工、施工质量如何检测控制已经成为山区公路修筑的技术难题，特别是对土石混合料的压实质量的检测与评价，目前还没有一个可行的办法。众所周知，路基的压实不良是造成路基沉降及不均匀沉降的主要原因，而合适的质量检测评价方法是保证路基良好压实的关键。因此，如何进行土石混填路基压实质量评价已成为保证土石混填路基修筑的核心问题。

基于此，土石混填路基修筑技术研究被原交通部立为2002年交通部西部交通建设科技项目。本书是以此研究成果为基础，以上述问题为研究对象的一部专门性著作。本书以研究土石混填路基施工质量检测与控制和路基稳定与变形性状为重点，通过开展土石混合料路用性能、土石混填路基稳定与变形性状、土石混填路基施工质量检测与控制、土石混填路基边坡防护等专题的研究，提出了土石混合料路用性能评价、土石混填路基设计、施工质量检测与控制和工程处治等技术，在解决土石混填路基修筑技术方面进行了有益的研究和探索。

全书共分3篇11章，各篇在总结相关领域既有研究成果的基础上，重点介绍了著作者的研究进展、成果或取得的认识。第1篇介绍了土石混合料的路用性能，包括结构特性、物理特性、压实特性、强度参数、本构模型和分类方法等；另外，介绍了土石混合料的压实机理及所开发的土石混合料级配自动识别系统。第2篇介绍了土石混填路基变形与稳定，包括土石混填路基的使用现状、路基稳定与变形特性、路基稳定与变形计算方法及土石混填路基边坡防护技术。第3篇在现场试验的基础上，介绍了土石混填路基施工工艺与施工控制，包括土石混合料的现场压实及施工工艺、土石混填路基压实质量的瑞雷波检测技术及土石混填路基压实质量的附加质量法检测技术。

本书的主体是交通部西部交通建设科技项目“土石混填路基修筑技术”主要研究成果的总结。项目研究期间、本书的撰写和出版过程中，得到了重庆交通科研设计院、交通运输部科技司、交通运输部西部交通建设科技项目中心、重庆市交委、重庆高速公路建设有限责任公司的大力支持。感谢重庆交通科研设计院道路工程所赖思静博士、陶丽娜副研究员、刘茂光研究员、杨建国博士、唐胜传博士、陈赞副研究员、王俊杰副教授、硕士生董云，四川大学徐进副教授、符文喜博士为本项目所做的部分研究工作。

由于著作者水平有限，加之撰写时间仓促，书中难免存在不少缺点甚至谬误，恳请读者给予批评指正。

作　者

2009年1月

目　录

绪论

0.1 引言

近几年来，随着公路基础建设的大力实施，在西部地区，土石混合料作为路基填料越来越广泛，随之带来了土石混填路基的设计、施工工艺和施工控制等方面的技术问题，这些问题已经引起公路行业内专家和学者的高度重视。但是对于填料的复杂性带来的若干新问题，在工程实践中，设计工程师和检测工程师或者采用传统的保守方法进行设计，或者仍采用不适宜的检测方法进行评价和控制，使设计和施工存在缺陷，出现了因路基质量问题而引起的路面早期破坏，导致公路的服务质量和服务水平下降，甚至存在安全隐患。

土石混填路基修筑面临的技术问题很多，但主要归纳为以下三个方面。

(1)路基稳定与沉降问题

由于西部山区公路地形变化大，出现了大量的高填土石混填路基，高者达到40～60m，路基的稳定和沉降问题十分突出。对高填土石混填路基的稳定性评价和沉降评估，尚缺乏很好的方法，尤其计算和评价中参数的确定缺乏方便、有效和较为可靠的办法。

(2)土石混填路基施工质量检测与控制问题

路基的稳定与沉降始终是公路路基解决的中心问题。由于土石混合料在性质上与其他均质细土料有很大的不同，其稳定与变形性状与均质细土料填方路基也就有着本质上的不同。事实上，目前许多土石混填路基出现的稳定与沉降问题，无不与此有关。因此，搞清土石混填路基稳定与变形性状，将是十分重要的，也是确保土石混填路基具有良好的稳定性和较小的沉降的关键。土石混填路基施工质量检测与控制是确保路基稳定的关键，由于土石混合料粒度成分变化大，材料本身极不均匀，采用何种方法进行施工、施工质量如何检测控制已经成为山区公路修筑的技术难题。特别是对土石混合料的压实质量的检测与评价，目前还没有一个可行的办法。众所周知，路基的压实不良是造成路基沉降及不均匀沉降的主要原因，而合适的质量检测评价方法是保证路基良好压实的关键。因此，如何对土石混填路基压实质量进行评价，成为保证土石混填路基修筑质量的核心问题。

(3)土石混填路基边坡形式及边坡防护问题

路基边坡防护是确保路基稳定的基本环节，由于土石混合料的材料组成和性质上的特点，使得其抗冲刷能力较弱。工程实践表明，正在施工的土石混填路基在雨季普遍产生边坡岩土被大量雨水冲走的现象，完工的土石混填路基边坡在雨季发生坍塌破坏的概率也远远高于一般的填方路堤。这说明土石混填路基边坡防护应根据其自身的特点进行，不能盲目套用一般填方路基的方法；但究竟采用何种方法和形式，却很少有人进行研究，有待我们进一步研究解决。如此等等充分说明，尽管目前土石混填路基在山区公路修筑中得到较普遍的采用，但很多关键技术问题并没有得到解决，在实际工程实施中具有较大的盲目性和随意性。因此，为了确保工程质量，减少工程失误，延长公路的使用寿命，就必须全面系统地研究其修筑技术。

因此，土石混填路基修筑技术成为西部山区公路筑路技术的关键问题之一，亟待研究解决。为此原交通部2002年将“土石混填路基修筑技术研究”列为交通部西部交通建设科技项目。项目依托重庆～贵州高速公路二期工程、云南昆明～石林高速公路、福建三明～福州高速公路和重庆巫山～湖北建施公路等工程建设中的土石混填路基工程，以土石混填路基施工质量检测与控制和路基稳定与变形性状为重点，开展了土石混合料路用质量分级、土石混填路基稳定与变形性状、土石混填路基施工质量检测与控制、土石混填路基边坡防护等专题的研究，提出了集土石混合料路用性能评价技术、土石混填路基设计技术、施工质量检测与控制技术和工程处治技术为一体的较为实用的技术。

0.2 研究现状概述

0.2.1 土石混合料特性、路用性能分级和质量评价

国内外十分重视土石混合料物理力学特性的研究，并进行了大量的研究工作，其研究成果也比较丰富。从各个行业对土石混合料的研究状况来看，水电工程对其研究站在前缘。20 世纪 50 年代，有许多土石坝工程利用砂砾石、堆石等填筑，但工程设计中采用的稳定分析指标，仍然是以天然休止角代替内摩擦角，粗粒土特有的工程特性不能充分反映出来，设计偏于保守。20 世纪 60 年代以后，专家们陆续研制了大型剪切仪、大型振动密实仪及大型管涌渗透仪等一系列适用于粗粒土的试验仪器，并对粗粒土的压实特性、抗剪强度特性、渗透特性等进行了深入研究，提出了一系列有价值的成果，这些成果在生产中发挥了积极作用。

0.2.1.1 *土石混合料工程分类研究*

在土的工程分类中，很多分类方法没有将粗粒土和超粒径的土石混合料区分开来，而将土石混合料统称为粗、巨粒土。实际上，水电工程上的粗粒土是粗颗粒土石混合料，包括一般所称的砾石土、砂卵石、石渣和堆石等，与公路土石混合料的范畴是相同的。因此，水电、铁路和机场等粗粒土的研究对象与公路行业的土石混合料的研究对象是相同的，二者的研究成果可以相互借鉴。

近年来，土石混填路基的数量越来越多，在粗粒土研究方面取得了许多优秀的成果。在粗粒土的研究过程中，不同的专家和学者从不同的角度进行考虑，对粗粒土提出了不同的分类方法，如根据粗粒料的成因、压实特性、粒度组成、粗粒土的结构或综合考虑多种因素的分类方法。这些分类方法尽管考虑的角度和考虑的因素不同，但在某些行业为较好地评价粗粒土的工程性质及其在工程中的应用发挥了积极的作用。目前主要的工程分类方法有五类，即按粗粒土的成因分类、美国统一粗粒土分类、以粗粒土压实特性为标准的分类、从结构的角度分类、水电工程粗粒土工程分类和命名。

以上所列举的土石混合料国内外分类方法，各有其特点，在评价和应用土石混合料时都发挥了积极的作用，并为研究提供了有益的资料，但是就目前的情况来看，还存在着以下一些不足之处：

(1)从粗粒土的定义看，目前粗粒土的成因分类仅仅限于最大粒径 $d_{max} \leqslant 76.2$mm 的土石料。以美国统一分类法(USCS)为例，它对 $d<0.075$mm 的颗粒定义为细粒；对 $d>0.075$mm 的颗粒定义为粗粒；对 $d>0.075$mm 颗粒的含量大于 50%，且最大粒径为 76.2mm 的土石料定义为粗粒土。以同样的道理，粗粒土除了包括 0.075～76.2mm 颗粒的含量大于 50%的土石料外，还应包括 $d<0.075$ 颗粒含量或 $d>76.2$mm 颗粒含量分别小于 50%的土石混合料或 $d>76.2$mm 颗粒与 $d<0.075$mm 颗粒含量之和小于 50%的土石混合料，故粗粒土的分类应予以补充。

(2)粗粒土现有的分类方法繁多，种类繁杂，需要有一个形式简单、使用方便、反映工程特性的、统一的工程分类方法。

对于粗粒土的分类，不同行业的研究人员，从不同的角度出发提出了不同的分类方法，致使分类方法繁多，各方法都有其局限性和片面性。公路建设中的土石混合料分类，应根据土石混合料的工程特性，结合公路的基本特点进行。土石混合料路用性能分类的目的在于采用简单可靠的指标，对土石混合料的可用性进行快速判断决策，判断其基本路用性能和应采取的基本施工工艺、质量检测与控制方式、方法等。这些问题的解决就需要一个分类指标，而这个分类指标的获得方法应简单，易于操作，能够很好地反映土石混合料工程特性。

0.2.1.2　土石混合料的强度和变形研究

随着高土石坝的迅速兴建和粗粒土的广泛应用，以及测试技术的发展，人们在相当大的应力变化范围内对粗粒土抗剪强度进行深入研究时，发现库仑公式有时不能较好地表达这些土的摩尔破坏包线。针对这一问题，国内外学者相继提出了几种抗剪强度公式[1~3]。

邓肯(Duncan J. M)等人假定无黏性土应力圆的包络线都通过应力圆的坐标原点，得出抗剪强度如下：

$$\tau_f = \sigma_n \tan\varphi = \sigma_n \tan\left[\varphi_0 - \Delta\varphi \ln\left(\frac{\sigma_3}{P_n}\right)\right] \tag{0-1}$$

德迈罗(De Mello)提出压实堆石的破坏准则为：

$$\tau_f = A(\sigma_n)^b \tag{0-2}$$

后经人们改进为：

$$\tau_f = AP_n\left(\frac{\sigma_n}{P_n}\right)^b \tag{0-3}$$

式中：A、b——强度参数，无量纲。

郭庆国[4]提出粗粒土强度包线有四种形式，可用一个通式表示：

$$\tau = c + AP_a(\sigma P_a)^b - \tau = c + AP_a\left(\frac{\sigma}{P_a}\right)^b \tag{0-4}$$

即$(\tau_f - c)$和σ_n之间具有幂函数关系。当$b=1$时，该式与库仑公式相同；当$c=0$时，该式与德迈罗公式相同。

司洪洋[5]研究了无黏性砂卵石与堆石的强度性质，无黏性砂卵石与堆石的抗剪强度，取决于颗粒之间克服咬合作用相对位移时的摩擦阻力。此阻力的大小，除受材料本身性质如颗粒大小、形态、级配、密度等因素的影响外，应力水平的影响也很大，尤其对于堆石更是如此。为此分别研究了通常压力条件，或不计应力水平影响的有效内摩擦角φ'随干密度的变化规律和高应力条件下的抗剪强度性质变化规律。无黏性砂卵石与堆石在高应力条件下的强度变化的性质，主要是颗粒破碎、颗粒重新排列的结果，亦即颗粒级配、结构、密度等变化的结果。而颗粒被挤碎则与施加的应力大小，原颗粒的岩质、大小、形状、级配、排列情况有关。试验表明，坚质、浑圆、级配优良的砂卵石，具有很高的抵抗颗粒挤碎的能力，因而在较大的应力条件下的强度包线仍近似为直线。尖角状的堆石则相反，其强度包线较快的出现了弯曲。

Jaroslav Feda[6,7]、毛守仁，陈伟业[8]、司洪洋[5]等同时研究了无黏性砂卵石与堆石的应力应变的性质。大量的试验表明，这两种材料应力应变曲线形状，除其类型外，依其密度、应力水平及试验技术等而异。如果从归一化的观点进行研究，发现这些曲线可以归纳概括为四种类型：①轻度应变软化；②强烈应变软化；③轻度应变硬化；④强烈应变硬化。而在土石混填路基中，较为常见的为①、③两种类型。

通过试验研究发现，这两类材料具有明显的剪胀性质。研究认为剪胀性是剪切过程中克服颗粒咬合状态的结果，因而依产生与发展咬合状态的条件，砂卵石与堆石的强度将有不同的表现。强烈的咬合，较高的密度，较低的围压力，将导致强烈的剪胀，相应的抗剪强度增量迅速增大；相反，疏松的咬合，较高围压力，或颗粒挤碎严重(克服咬合的一种形式)将导致剪缩，相应的强度增量较小。

武明[9]通过大型剪切仪和中型剪切仪的对比试验表明，构成土石混合料抗剪强度的重要因素之一是粗粒含量，同时压实干密度及含水率也是影响抗剪强度的重要因素。

陈希哲[10]进行了大量大型三轴压缩试验与现场陡坡试验并经工程实践，证明粗粒土存在着咬合力。他认为粗粒土受剪切的破坏面并非平面，其强度来源也非颗粒表面的内摩擦力，而是由于剪切面上的粗颗粒阻挡剪切，使剪切面形成不规则的曲面或剪切带。粗颗粒相互交错镶嵌形成一种新的力，称咬合力，使粗粒土的强度大幅度提高。他还建议粗粒土强度理论计算公式为：

$$\tau_f = \sigma \tan\phi + c \tag{0-5}$$

式中：ϕ——粗粒土咬合力产生的摩阻角(°)；

c——粗粒土咬合力产生的结构力(kPa)。

为便于应用，公式与库仑定律形式相似，但含义不同。摩阻角 ϕ 来源于咬合力与内摩擦角 φ 来源于颗粒表面摩擦力不同，与天然休止角差别更大。ϕ 值与粗粒土的粒径、级配、密度密切相关，密实粗粒土 $\phi > \varphi + 10°$。ϕ 与 c 值需用大型三轴压缩试验精细地实测。

甘霖、袁光国[1]通过粗粒土的大型三轴试验研究了粗粒土的强度特性。认为无黏性粗颗粒土的抗剪强度来源于土粒间的摩擦力和咬合力，库仑公式中的 φ 按下式计算：

$$\varphi = \varphi_u + \varphi_d + \varphi_s \tag{0-6}$$

式中：φ——颗粒土的内摩擦角；

φ_u——颗粒间的滑动摩擦角；

φ_d——剪胀效应摩擦角(咬合角)；

φ_s——与挤碎和重新排列作用有关的摩擦角。

三轴试验表明：在 σ_3 使用下，因为颗粒间的接触而形成的滑动摩擦并不引起土体体积的变化。所以滑动摩擦角 φ_u 仅与土样自身性质和试验条件有关，在同一试验中 φ_u 基本无变化。在围压 σ_3 较低时，咬合角 φ_d 的变化对抗剪强度起主导作用，随着 σ_3 的增大，在剪切过程中颗粒会被剪碎和重新排列，体积变化的影响减小，所以就会削弱 φ_d 的效应，φ_s 分量的效应将明显加强。

郭熙灵等[11]研究了堆石料颗粒破碎对剪胀性及抗剪强度的影响，认为堆石料在力的作用下，容易发生颗粒破碎，破碎程度随颗粒硬度、粒径、颗粒形状以及应力大小而变化。颗粒破碎需要消耗部分能量，这部分能量由剪力增量做功提供。破碎程度将对材料的剪胀性和抗剪强度产生影响。而这正是工程建设中十分引人关注的问题。正是基于对这种现状的考虑，在破碎与抗剪强度理论关系研究的基础上，通过对三峡花岗岩风化石渣的大型三轴试验和平面应变试验，综合分析了颗粒破碎与剪胀性及抗剪强度的变化规律。试验研究中所用的试料最大粒径 $d_{max}=50$mm，最小粒径 $d_{min}=0.5$mm。通过试验，研究了颗粒破碎对剪胀性和抗剪强度的影响规律。

通过上述文献研究成果分析，对于粗粒土的抗剪强度目前存在以下几方面的不足：

(1)考虑到大型三轴试验和大型直剪试验的复杂性，很多人研究了试验中的尺寸效应。特别是由于剪切过程中产生的剪胀(剪缩)、颗粒破碎、颗粒重新排列等作用,在可能的高试验应力范围内,整个强度包络线可能不是一条平滑的曲线,而可能有某种起伏。因而,考虑按应力水平分段描述的方法也许更适合一些。由于试验、仪器条件等限制,上述试验研究还不多,所得的统计关系不完全可靠。

(2)土石混合料尽管化学成分、风化程度、级配组成不同,但共同的特征是可以将这类土视为由粗、细两种料组成,其工程性质主要取决于粗、细料的含量。粗粒含量小于40%时,混合料的各项工程性质基本上取决于细料的性质;当粗粒含量为40%~70%时,粗细料联合起作用显示出混合料特征,随粗粒含量增加而不断向粗料转化;当粗粒含量大于70%后,则各项指标取决于粗料的特性。粗粒含量是粗粒土强度最主要的影响因素,另外粗粒土强度还受到密实度、含水率、细粒含量等因素的影响。人们将粗粒土按粒度组成和细粒的黏性分为无黏性粗粒土、少黏性粗粒土和黏性粗粒土三类,并取样对这三类土进行了大量的室内试验研究,得出了三类土统一的强度公式。通过研究我们虽然有上述认识,但对粗粒料含量在40%~70%时,随着粗粒料的增加,土石混合料的物理力学性质的变化规律尚没有一个定量的描述。

(3)大量的试验表明,粗粒土的抗剪强度的摩擦角由三项组成,颗粒间的滑动摩擦角(φ_u)、剪胀效应摩擦角(咬合角φ_d)、与挤碎和重新排列作用有关的摩擦角(φ_s)三项组成;但都未对φ_d的存在和成因给予很好的解释,忽略了剪切面的起伏度。因此,虽然提出了存在着这一组分,但未通过试验予以量化;对强度包线与纵轴的截距c也未给出很好的解释。

(4)粗粒土剪切过程中颗粒的破碎对粗粒土的剪胀性和剪切强度有较大的影响,但剪切破碎的发生应具备一定的条件:粗颗粒较为软弱,剪切时围压和剪切力较高。因此,在土石混填路堤抗剪强度的研究中,是否应当考虑因为剪切破碎而引起的填料粒度组成和抗剪强度的变化,在什么条件下应当考虑其影响,都是应当解决的问题。

公路路基工程中最关心的是路基的稳定与变形。路堤的稳定与变形反映在土的物理力学性质方面则表现为强度参数(如c、φ值)和变形参数(如弹性模量E_s)及其变化规律。因此,应针对上述研究中存在的问题,结合土石混填路堤的实际情况对公路中土石混合料的物理力学性质,尤其是土石混合料的抗剪强度及其组成进行更深入的研究。

0.2.2 土石混填路基稳定与变形性状研究

山区修建公路,由于地形、地貌条件的复杂,高填方成为常见的路基结构形式。高填方由于填筑体的堤身较高,填料自重应力引起的填筑体的自身压缩沉降及地基沉降较大,路面常因填筑体的沉降超出了路面结构层的容许范围,导致路面无法正常使用,造成极大的浪费。所以,路基工程的根本问题是路基的稳定与变形(或沉降)问题,故路基的稳定与变形一直是路基工程研究的主题。在高填方路堤设计中,填筑体的沉降计算,是设计、研究人员面临的一个重要课题。因此,国内外对路基的稳定与变形的研究特别重视,其研究文献及研究成果也十分丰富。总结分析有关研究文献及成果,我们可以发现目前的研究有着明显的特点,主要表现在:在路基边坡稳定性和沉降实用分析方面,传统方法的改进和完善,以及分析计算参数的求取,仍是研究的重点;在路基的稳定与变形联合分析及变形破坏机理研究中,数值模拟方法为主流,并辅以模型试验作为验证手段。

由附加应力引起的土基沉降,通常可由分层总和法来计算压缩层范围内的总沉降量,并用太沙基固结理论来计算不同时间的沉降量,但是对于填筑体的自身瞬时压缩变形和不同时间的压缩变形计算,目前还没有通行的方法。国内一些科研机构对此进行了有效的探索,如有的采用了改进的分层总和法来分析路堤的沉降，有的采用非线性有限元分析填筑体的变形等等[12]。但不管使用哪种方法来计算填筑体的沉降，都会带来较大的误差；而有限元法计算填筑体的沉降能适应各种边界条件和几何形状的变化，并能处理非均质材料。

值得注意的是，这些研究和计算方法大多针对一般填土（细粒土）路基，很少针对土石混填路基。由于土石混填路基与一般路基具有很大的不同，因此其稳定与变形性状也必然存在较大的差异。如何根据土石混填路基的特点建立其稳定与变形设计计算方法，是一个必须解决的问题。

何兆益、周虎鑫[13]根据试验室的试验成果，利用八节点六面体进行了不同组成、不同压实度的路基沉降三维有限元计算。计算结果表明：当填筑体的高度为 30m 时，路堤的瞬时沉降量达到了 30～70cm，随着含石量的增加，沉降量变小，说明对于高填方工程使用石料填筑优于土料填筑，有利于减少高填方路堤的总沉降量。计算研究表明：随着填筑体压实度的减少，沉降量增加，采用土石混合填筑路基，保证路床压实度不少于 96％是必要的。然而，土石混填路基存在着大量的孔隙，从介质本身来说是不连续的，不能满足有限元连续介质条件；再者，路基 30～70cm 的变形是个大变形的问题，而采用基于小变形的有限元分析有其局限性。

通过上述分析可知，路堤沉降计算沿用传统的分层综合法计算压缩层范围内的总沉降量和利用太沙基固结理论来计算不同时刻的沉降量，都是针对细粒土路基；对于无侧限的土石填筑体自身瞬时压缩变形和不同时间的压缩变形计算，研究得很少，目前还没有公认合理的方法。

实际上，对土石混填路基沉降和破坏的研究应采用综合的研究方法，即将模型试验、数值模拟、工程试验和理论分析相结合。通过调查研究了解土石混填路堤的稳定变形特点及存在的问题，了解路堤的主要形式及变形破坏原因；通过物理模拟试验了解和掌握其变形破坏基本现象和客观规律，为变形与稳定设计计算方法的建立奠定基础；利用能够反映土石混合料本构模型的颗粒离散元、大变形有限元及拉格朗日元法进行数值模拟分析，将数值模拟结果和物理模拟成果对比分析，从本质上把握土石混填路基的变形破坏机制和沉降变形规律，并通过工程试验与观测进行验证，从而提出不同土石混填路基稳定与变形发展变化规律，提出不同土石混填路基变形破坏机制，建立土石混填路基稳定与变形设计计算方法。

0.2.3 土石混填路基施工工艺及质量控制技术

土石混合料是由土和石组成的松散体，土的种类不同，石料的含量不同，压实成型后其物理结构和力学特性亦不同。包括压实工艺特性与工程使用性能两方面在内的碎石土的工程性质，取决于由量变（含石量的增加）到质变（组成结构的变化）的内因，随着含石量的增加，土石混合料由密实-悬浮结构转化为骨架-密实结构，最终进入骨架-空隙结构状态。显然，密实-悬浮结构状态下，低含石量时的工程性质取决于土的工程性质；而高含石量时，粗颗粒对土石混合料的工程性质有什么样的影响，是人们所关切的一个问题；同理，当含石量增加到足以形成骨架结构，而土又不能填满空隙时，这部分土处于怎样的密实状态，对土石混合料的工程性质又有何影响更是问题的焦点[17～21]。

对于无黏性粗粒土的压实标准，多采用相对压实度 D_r 表示，也有用压实度 P 表示的，即要求填筑压实后的干密度 ρ_d 必须满足设计采用的某一相对压实度或某一压实度的要求。这两种标准的定义不同，其数值的大小也不同。如当 $D_r=0.7$ 时，P 约为 0.95。但是，无论采用哪一种标准，都得首先测定出填筑土料的最大干密度 ρ_{dmax} 值，故最大干密度在确定填筑标准和评价填筑质量中至关重要。至于无黏性粗粒土最大干密度的测定方法，各国大体相同，如美国、中国、原苏联、日本等采用振动台振动法，瑞典、英国等采用振动夯法，即用振动法效果较好。但按目前各国的规范，被测定的土料限制在某一最大粒径范围之内。如美国的 ASTM (D 4253)标准规定仪器允许最大粒径 $d_{max} \leqslant 76.2$mm，我国《土工试验规程》(SL 237—1999)规定 $d_{max} \leqslant 60$mm，瑞典国家标准规定试样筒的内径(D)为 150mm，若按 $D/d_{max}=5$ 计，$d_{max}=30$mm，等等。显然，实际工程中应用的粗粒土的最大粒径超过了目前测得粗粒土最大干密度仪器的允许粒径范围，无法测定最大干密度，也就难以使用相对压实度或压实度标准。因此，在粗粒土的应用范围日益扩大的今天，如何确定超径粗粒土的最大干密度，是有待解决的问题。为了解决无黏性超径粗粒土最大干密度问题，有许多的学者进行过研究。

目前，国内外普遍采用的做法是将原型级配缩小成几组粒径不同的模型级配进行系列试样[14]，以最大粒径为参数外插推算原型最大干密度。这种方法存在的问题是外推偏差较大。为解决此问题，田树玉[15]提出了用渐近线辅助拟合法确定大粒径砂卵石最大干密度。

冯冠庆、杨荫华[16]通过采用室内振动台法和表面振动器法，并辅之以少量的现场碾压资料，研究堆石料最大指标密度 ρ_{dmax} 与室内各种试样参数之间的关系，以确定各种试验参数的最优值。他们着重研究了室内测定 ρ_{dmax} 的过程中各试验参数的确定，而对现场碾压试验涉及得比较少。室内测定的 ρ_{dmax} 要想应用到实际工程中，必须详细地了解室内测定的 ρ_{dmax} 与现场碾压密度 ρ_d 之间的关系，特别是应该对它们之间的关系作定量的分析。

刘勇、陆恩施[17]对无黏性超粒径粗粒土(最大粒径 100～800mm)最大干密度试验方法进行了探讨。通过表面振动器和振动台两种试验的结果比较，发现由振动台法测得的最大干密度远小于表面振动器法测得的最大干密度，推荐使用表面振动器进行土石混填料最大干密度试验。

长期以来，公路部门对路堤填料的压实特性及质量检测标准的相关设计、施工规范都是建立在细粒土的基础上的。土石混填路基与一般路基的最大不同就在于其填料的不均匀性，由于其填料的不均匀，导致其施工工艺和施工控制困难，特别是施工质量的检测与评价一直未能解决，成为国际上公认的技术难题。对土石混填路基的施工工艺，国内外进行了不少研究工作。土石混填路基的质量检测与评价，是确保路基稳定与质量的关键，不少学者进行过研究，并取得了一定的成果[16,18]。

欧阳晓英、张镇鑫[19]在长益公路土石路基施工中，研究了混合填料压实性能影响因素，认为粗颗粒的粒径及均布性、含水率、粗颗粒的含量控制了混填料的压实性能。

黄少雄、郑治[20]在京珠高速公路粤境内进行了不同层厚的石灰岩填料填石路堤的修筑试验，通过对试验结果的分析总结，提出了填石路堤的压实层厚和施工工艺，认为填石路堤施工质量宜采用施工工艺与质量检测联合控制，在质量检测中推荐采用填石路堤表面的压实沉降差进行检测。

林祖玖[21]在上海至杭州高速公路的余杭段粗粒土填筑路基过程中，为了探索粗粒土作为路基填筑材料的填筑性能，结合自身的施工方法，针对不同的填料、不同的碾压机具、不同的松铺厚度和不同的碾压遍数与路基压实程度的关系等问题，进行了机械土石方路段的填筑试验。

赵久柄、王正良[22]进行了西宝高速公路粗粒土路基压实度的试验研究，提出固体体积率法，作为粗粒土路基每层碾压控制的依据。尽管是针对粗粒土的试验研究，但含水率对回弹模量影响的结论和在施工中将固体体积率作为控制指标的方法值得土石混合填筑路基研究借鉴。

马松林、王龙、王哲人等[23,24]采用上置式振动压实装置对不同含石量的土石混合料进行了压实研究，土石含量不同，材料的组成结构也不同，而材料的组成结构决定材料的工程性质。

对于土石混填路基填筑质量的检测方法，目前研究的较少，国内有关文献也少。陈谦应、邓卫东[25]对土石混合非均质填方压实质量检测方法进行了综述研究，根据采用的检测方法和手段，将目前采用的检测方法分为密度检测法、抗力检测法、试验工程法三类，并分析了各类方法的特点、使用条件和存在的问题。

因此在检测方法的选择和标准的制订中应充分考虑解决以下问题：

(1)由于抗力法测定的结构并非被测压实层的整体反映，而是该层及其以下多层填方的综合反映，如何根据这些数据客观地评价被测层的压实状态是必须进行研究解决的问题；土石混填具有非均质性，因此测点的代表性问题最为突出。

(2)如何应用有限点的测试数据来反映、评价整个压实面的压实质量，即以点代面的问题有待研究解决；在制订压实标准时，应研究考虑标准对填方路堤将来性状的控制影响。

对土石混填路基施工质量检测与控制技术，应包括土石混合料压实机理、土石混填路基施工工艺及施工控制关键参数、土石混填路基压实质量检测技术三个部分。土石混填压实机理是质量检测和施工工艺的基础。已有的研究表明，土石混合料的压实机理随着土石比的不同而不同。因此，应采用室内试验、模型试验和数值模拟分析方法，对土石比例不同的土石混填路基压实机理进行分别研究。

0.3 本书研究思路

土石混填路基需要解决的问题很多，但最主要、最核心的问题是：土石混填路基质量评价指标、土石混填路基稳定与变形性状、土石混填压实质量检测与控制和土石混填路基防排水。若解决上述问题，就需要围绕着土石混填料本身和路基稳定与变形性状进行系统深入的研究。首先，不同的土石混合料就具有不同的物理力学特性和施工特性，在实际工程中工程技术人员最希望通过简单的试验，就能对其使用性能进行基本判断。为达到这一目的，最捷径的方法是根据其物理力学特性结合公路的特点进行分类。土石混填路基的设计是路基修筑的基础，而路基的设计实际上就是稳定与变形的设计。因此，土石混填路基稳定与变形性状就十分重要。土石混填路基的施工及质量的检测与评价，是路基修筑技术的关键，而路基边坡防护则是保证路基稳定性的重要环节。基于此，也就形成了本书的研究思路。

(1)土石混合料路用性能分级(类)及质量评价技术

已有的文献都将土石混合料作为一个整体进行研究，没有单独研究土、石的性质及其土石比等在混合料中的作用及其影响规律，使研究成果停留在具体试验的解释上，未上升到理论的高度，工程实际不好应用。本书通过对土、石性质及土石混合料性质的试验，建立了土、石、土石比等与土石混合料性质的对应关系，达到只需常规试验设备就能解决以往只能采用大型试验设备才能获得的土石混合料的物理、力学参数的目的，以便工程中推广应用。

(2)土石混填路基稳定与变形性状及设计计算方法

土石混填路基变形与稳定设计计算方法前人研究较少，基本上是个空白。对于土石混填路基变形与稳定设计计算方法应建立在土石混填路基稳定性破坏形式上，确定其破坏模式，采用极限分析理论建立计算方法，并根据数值计算及试验结果进行修正，采用示范工程观测结果进行验证。

为便于工程应用，路堤沉降计算仍然采用对传统方法改进的方案。方法的改进建立在理论分析、数值分析、模型试验和示范工程观测的基础上。

(3)土石混填路基施工质量检测与控制技术

压实施工工艺必须结合压实机具进行，而压实机具又与施工控制参数密切相关。因此，土石混填路基施工工艺及施工控制关键参数确定的技术路线是：首先要对压实机具进行选择，通过建立施工费用与混合料压实性、施工控制参数等的函数关系，采用最优化理论，结合工程实际确定不同混合料的合理压实机具；再通过重复性试验获取大量资料，在资料分析整理的基础上，提出关键参数和施工工艺。

土石混填路基压实指标采用压实度，通过试验和计算分析采用变形控制和强度控制的方式确定压实指标；在压实质量检测手段上，采用声波法和附加质量法为解决问题的基本方法。通过大量的对比试验建立声波法测试数据与压实度的相关关系，达到检测手段先进，检测速度快，质量评价可靠的目的。

第 1 篇　土石混合料路用性能与评价

第1章　土石混合料工程特性

1.1　土石混合料的物理特征

1.1.1　颗粒级配

土石混合料由山体爆破得到，由不同粒径的颗粒以不同比例组成。土力学和散体力学中将土中各粒组的相对含量称为土的颗粒组成或颗粒级配。对于土石混合料颗粒组成是用不同孔径的筛子对试样进行逐级筛分来确定的，因此把试样分成不同粒组，每一粒组包括规定的该粒组最小尺寸和最大尺寸之间的全部颗粒。粒组的级别由通过和留在该粒组筛孔尺寸来决定，留在该粒径上面的粒组在试样总质量中所占的百分含量叫作该粒组以上的颗粒含量。这样，土石混合料的颗粒组成就可以用各粒组的质量百分含量来表示，常以曲线形式来表示，称为级配曲线。工程中也常把土石混合料分为粗粒料和细粒料，一般将粒径大于5mm的颗粒称为粗粒料，粒径小于5mm的颗粒称为细粒料[6]。用P表示大于某粒径的颗粒含量，因此P_5可以表示土石混合料中粗颗粒的含量。

从土石混合料的级配曲线中可以直接了解其颗粒的粗细、粒径分布的均匀程度和级配的优劣。土石混合料的粗细常用平均粒径d_{50}来表示。另外，还常用不均匀系数C_u和曲率系数C_c来表示土石混合料的均匀程度[26]：

$$C_u=\frac{d_{60}}{d_{10}} \tag{1-1}$$

$$C_c=\frac{d_{30}^2}{d_{10}\times d_{60}} \tag{1-2}$$

式中：d_{10}——小于此粒径的土石混合料的累计百分含量为10%，也称有效粒径；

d_{30}——小于此粒径的土石混合料的累计百分含量为30%；

d_{60}——小于此粒径的土石混合料的累计百分含量为60%，也称控制粒径。

C_u愈大，表示土石混合料愈不均匀，即粗颗粒和细颗粒的大小相差愈悬殊。如果粒径级配曲线是连续的，C_u愈大，则曲线愈平缓，表示土石混合料中含有许多不同粒径的颗粒。不均匀的土石混合料经过压实后，细颗粒充填于较大颗粒间所形成的孔隙中，容易得到较高的密度和较好的物理力学性质。

1.1.2　颗粒破碎率

当土石混合料中P_5的含量较大时，在荷载的作用下将发生破碎，由于颗粒破碎，导致其受力前后的级配发生变化，从而影响土石混合料的密度、强度、变形和渗透特性。

马歇尔建议用破碎率B_g来表征相应压力下的颗粒破碎程度，将其定义为试验前后颗粒级配曲线上各粒组含量值之和，即[2]：

$$B_g=\sum\Delta W_K \tag{1-3}$$

式中：ΔW_K——$W_{Ki}-W_{Kf}$；

W_{Ki}——原级配曲线上某粒组的含量；

W_{Kf} ——试验后级配曲线相同粒组含量。

B_g 大小与土石混合料颗粒的大小、形状、岩性、级配、密度、荷载情况等因素有关。一般来说，颗粒粒径越大，岩性、级配越差，密度越小，颗粒越易破碎。

我国许多专家、学者在研究土石混合料的破碎时常用破碎率 B_5 来表征颗粒的破碎程度，将其定义为粗粒（粒径大于 5mm）含量的变化量 ΔP_5 与试验前级配曲线粗粒含量的比[27]，即：

$$B_5 = (\Delta P_5 / P_5) \cdot 100 \tag{1-4}$$

式中：B_5——试验前后粗粒含量的变化量（%）；

P_5——试验前粗粒含量。

1.2　土石混合料的结构特征

土石混合料俗称土夹石，是土和石的混合体，其结构是指组成其颗粒的大小、形状、表面特征和颗粒间的联结以及颗粒的排列组合情况和数量关系，包括颗粒间的距离、孔隙大小及其分布特征。土石混合料的微观结构与普遍意义上的微观结构在概念上有很大的不同。一般来说微观结构是指用肉眼或放大镜看不到的，而土石混合料的微观结构是相对于其整个宏观特征来讲的，是指土石混合料的局部构造特征，用肉眼是可以观察到的。

公路路基工程施工中，常用的土石混合料是施工过程中爆破山体产生的土与石的混合体。不同山体爆破形成的土石混合体的粒度组成各不相同。土石混合料的粒度反映着颗粒大小及其组合特征，因此不同粒度构成的土石混合料其性质有很大的差异。以不均匀系数为例，有的较小，有的较大，甚至高达几百。比如，有的高速公路用作路基填料的土石混合料的不均匀系数为 2.1～350，这说明土石混合料的颗粒组成极为分散。

在颗粒介质的微观力学分析中，通常将颗粒排列分为规则排列和随机排列两种。在三维空间里，当用六面体来代替颗粒时，颗粒接触方式分为角-面接触、边-边接触、边-面接触和面-面接触；当用球体来代替颗粒时，一般有立方排列、斜方排列和密集的 12 点接触排列等。

土石混合料是由大量细颗粒土和粗颗粒石组成，因此其间存在着许多大小不同的孔隙，同时粗颗粒内部也存在细微孔隙。孔隙也是土石混合料最重要的结构特征之一。土石混合料中孔隙数量通常用孔隙率 n 和孔隙比 e 来表示。孔隙率是混合料中孔隙的总体积 V_p 与土石混合料体积之比，以百分率表示：

$$n = \frac{V_p}{V} \times 100\% \tag{1-5}$$

孔隙比是土石混合料中孔隙的总体积 V_p 与固体颗粒体积 V_s 之比，以小数来表示：

$$e = \frac{V_p}{V_s} \tag{1-6}$$

单位体积内所含颗粒称为颗粒密度，用 n_v 表示，颗粒密度与孔隙比的关系可写为：

$$n_v = \frac{6}{\pi(1+e)r_v d_m^3} \tag{1-7}$$

式中：d_m——颗粒平均粒径；

r_v——$\frac{V_s}{nd_m^3}$。

土石混合料的孔隙，取决于其间的颗粒组成（颗粒的大小和均匀程度）、颗粒的形状及其排列特征。一般情况下，组成土石混合料的颗粒愈大，则彼此间所形成的孔隙也愈大，反之就小；颗粒均匀程度愈高，其间的孔隙愈大，颗粒愈不均匀。由于细小颗粒充填到大颗粒孔隙中，孔隙就愈小，结构疏松的土石混合料中的孔隙较结构紧密者为大。土石混合料由于颗粒排列情况不同，具有疏松和紧密两种极限结构，如果利用孔隙数量的概念，即具有最大和最小孔隙率或孔隙比。孔隙比的概念最早应用于细粒的砂料，以后随着土石混合料的研究，发现这一指标对土石混合料特别重要。后来马歇尔提出了结构孔隙比的概念，它是考虑土石混合料结构的孔隙比。充填于骨架颗粒孔隙中的细颗粒，不作为固相而作为孔隙部分来考虑，即认为这部分细颗粒不参与土石混合料的强度与变形作用。

1.3 土石混合料的压实试验方法

在室内进行土石混合料的振动击实试验时，土石混合料的级配和最大粒径的大小决定了其内部可供填充空隙的大小；含水率和细粒料含量改变着土石混合料颗粒之间的附着力和黏聚力；振动频率和振幅分别影响了颗粒的移动速度和位移的大小，同时频率和振幅也影响激振力，进一步改变剪应力的大小；表面压块质量的大小决定作用于土石混合料试样表面的压力[28]；振动时间的长短决定了压实功的大小。因而，试样级配、最大粒径、含水率、P_5 含量和压实功（包括表面静压力、振动频率、振幅和振动时间）对土石混合料的最大干密度都能产生重要的影响。考虑以上几种因素交叉作用的正交试验设计或均匀试验设计，试验量无疑是非常巨大的。所以首先通过试验确定土石混合料的最佳压实功（即确定最佳试验仪器参数，例如最佳振动频率、最佳振幅、最佳振动时间等），在此前提下，通过改变试样级配、最大粒径、含水率、P_5 含量来探讨土石混合料的振动击实密度特性。

1.3.1 试验目的和适用范围

本试验目的是探讨土石比、试样级配、最大粒径、含水率的不同对土石混合料最大干密度的影响，为施工控制过程中压实度指标的正确评价提供数据资料。该试验适用于最大粒径不超过 60mm 的土石混合料试样。试样尺寸为 ϕ30cm×35cm。

1.3.2 试验设备

对于含有较大粒径的石或砾的土石混合料最大干密度的测定，击实试验法的试验曲线大多数呈多峰或无显著峰值，这表明该法对这类土已不是最合适的试验法了；而且由击实法确定的“最大干密度”常常低于振动压实试验的结果。英国标准 BS 1377、瑞典标准 SS 027109 均规定对于渗透性较强的土采用表面振动压实仪法。我国交通行业标准原《公路土工试验规程》（JTJ 051—93）规定对于粗粒土采用表面振动压实仪法。本次试验的装置为 BZYS 4212 型表面振动压实仪，试验机系统参数：振动功率 1.1kW；振动频率 47.5 ～ 50Hz；激振力 2.2 ～ 4.2kN；夯板作用在试样表面静压力－13.8kPa。试验仪器如图 1-1 所示。

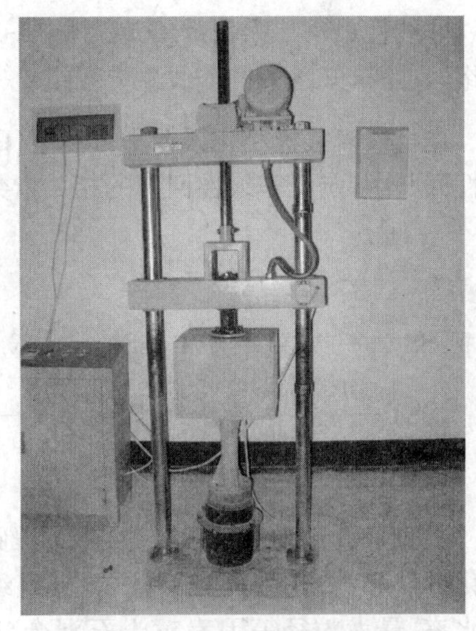

图 1 1　BZYS 4212 型表面振动压实仪

1.3.3 试验数据处理方法

根据本次试验数据点在坐标图上的分布，对试验数据主要采用非线性回归模型来处理。非线性回归模型一般可以记为[29, 30]：

$$y_i = f(x_i, Q) + \varepsilon_i, \qquad i = 1,2,3,\cdots,n \tag{1-8}$$

式中：y_i ——因变量；

x_i ——非随机变量为自变量，$x_i = (x_{i1}, x_{i2}, \cdots, x_{ik})'$；

Q ——未知参数变量，$Q = (Q_0, Q_1, \cdots, Q_p)'$；

ε_i ——随机误差项并且满足独立同分布假定，即：

$$\begin{cases} E(\varepsilon_i) = 0, & i = 1,2,\cdots,n \\ \mathrm{cov}(\varepsilon_i, \varepsilon_j) = \begin{cases} \sigma^2, i = j \\ 0, i \neq j \end{cases} & i = 1,2,3,\cdots,n \end{cases} \tag{1-9}$$

如果 $f(x_i, Q) = Q_0 + x_1Q_1 + x_2Q_2 + \cdots + x_pQ_p$，那么式(1-8)就是线性模型，而且必然有 $k=p$；对于一般情况的非线性模型，参数的数目与自变量的数目并没有一定的对应关系，不要求 $k=p$。

对式(1-8)非线性模型，仍使用最小二乘法估计参数 Q，即得：

$$P(Q) = \sum_{i=1}^{n} [y_i - (x_i, Q)]^2 \tag{1-10}$$

达到最小的 $\hat{Q}$，称为 Q 的非线性最小二乘估计。在假定 f 函数对参数 Q 连续可微时，可以利用微分法，建立正规方程组，求解使 $P(Q)$ 达到最小的 $\hat{Q}$。将 $P(Q)$ 对参数 Q_j 求偏导，并令其为0，得 $p+1$ 个方程：

$$\left.\frac{\partial P}{\partial Q_j}\right|_{Q_j=\hat{Q}_j} = -2\sum_{i=1}^{n}[y_i - f(x_i, \hat{Q})]\left.\frac{\partial f}{\partial Q_j}\right|_{Q_j=\hat{Q}_j} = 0 \qquad (j=0,1,2,\cdots,p) \tag{1-11}$$

非线性最小二乘估计 $\hat{Q}$ 就是式(1-11)的解，式(1-11)称为非线性最小二乘估计的正规方程组，它是未知参数的非线性方程组。一般用 Newton 迭代法求解此正规方程组。

也可以直接极小化残差平方和 $P(Q)$，求出未知参数 Q 的非线性最小二乘估计 $\hat{Q}$。在非线性回归中，定义非线性回归的相关指数：

$$R^2 = 1 - \frac{\mathrm{SSE}}{\mathrm{SST}} \tag{1-12}$$

式中：SSE——残差平方和，$\mathrm{SSE} = \sum_{i=1}^{n}(y_i - \hat{y}_i)^2$；

SST——总平方和，$\mathrm{SST} = \sum_{i=1}^{n}(y_i - \bar{y})^2$。

1.3.4 试验方案

试验采用渝黔高速公路二期工程路基填料，由山体爆破产生的土石混合料，主要为中风化砂岩和泥岩，强度较低，试验分组编号为A、B、C、D、E、F。试验考虑到土石含量、级配、含水率、最大粒径等因素对土石混合料密度特性的影响，设计了如下的试验方案，详见表1-1。

不同土石比、级配土石混合料表面振动击实试验方案　　表 1-1

编号及土石比例(土:石)	级配组成 通过下列筛孔(mm)累计百分含量(%)					编号	不均匀系数(C_u)	破碎率(%)	<0.1mm颗粒含量(%)
	60	40	20	10	5				
A(80:20)	100	95	91	86	80	A1	3	8.3	10
	100	95	88	83	80	A2	8	6.4	11
	100	95	85	81	80	A3	12	3.7	9
B(70:30)	100	95	89	77	70	B1	3	10.3	9
	100	92	82	75	70	B2	8	8.2	9
	100	89	76	72	70	B3	12	5.4	10
C(60:40)	100	94	86	69	60	C1	3	17.9	11
	100	90	76	66	60	C2	7	12.7	9
	100	86	68	63	60	C3	14	8.98	8
D(50:50)	100	92	82	62	50	D1	4	20.7	6
	100	87	70	58	50	D2	9	17.9	7
	100	84	62	55	50	D3	14	13.8	7
E(40:60)	100	89	76	56	40	E1	3	23.7	7
	100	85	65	51	40	E3	12	15.8	6
	100	81	54	46	40	E2	8	20.4	5
F(30:70)	100	86	69	44	30	F1	4	26.9	3
	100	82	58	41	30	F2	8	21.5	2.5
	100	78	47	37	30	F3	14	17.4	4
G(20:80)	100	80	52	35	20	G3	13	22.4	4
	100	86	67	40	20	G2	8	27.8	2
	100	75	38	28	20	G1	3	32.3	2

注:试样级配的设计是根据最大密度曲线 n 幂公式(最大密度曲线是一种理论的级配曲线)得出,不同 n 幂的级配曲线公式如下:

$$p=100\left(\frac{d}{D}\right)^n \tag{1-13}$$

式中:p——希望计算的某级粒径混合料的通过量(%);

D——混合料的最大粒径(mm);

d——希望计算的某级混合料的粒径(mm)。

1.3.5 试验准备

实际工程的路基填料中,土石混合料的最大颗粒粒径 d_{max} 一般都达到 800mm,甚至超过 800mm,室内试验是难以直接测得原型材料的密度的。土石混合料的室内试验研究不可避免地存在缩尺问题。在早期的缩尺研究中,马歇尔认为径径比(试样直径与颗粒最大粒径之比)为 5 时,不影响颗粒的运动。国内外许多研究机构的试验研究也表明这一点。

将现场采集的试样先进行烘干，而后分别用60mm、40mm、20mm、10mm、5mm、0.1mm的圆孔筛进行筛分。颗粒粒径大于5mm的作为石料，颗粒粒径在0.1～5mm之间的作为细粒料，颗粒粒径小于0.1mm的作为黏性土粒。经烘干、筛分的试料分组称量，堆放备用。试料烘干前先测定其天然含水率。

对于超过试验设计方案允许粒径的颗粒含量的处理，采用下述方法[6,7]：

(1)若超粒径颗粒含量小于5%时，可采用剔除法，即把超粒径颗粒剔除。

(2)若超颗粒粒径含量大于5%时，则采用等质量替代法处理，方法是按仪器允许的粒径(从粒径为5mm至最大粒径之间的粒料)按比例等质量代换超粒径颗粒含量。新的级配组成可按式(1-14)计算：

$$p_i = \frac{100 - p_m}{p_m - p_5}(p_{0i} - p_5) + p_{0i} \tag{1-14}$$

式中：p_i——代换后某粒径的粒料通过百分率(%)；

p_5——原级配中粒径为5mm的粒料通过百分率(%)；

p_m——原级配中料径为60mm的粒料通过百分率(%)；

p_{0i}——原级配中某料径粒料的通过百分率(%)。

分级确定粒径为0.5～60mm的某级粒径的饱和吸水率(w_a)，即将粒径为0.5～60mm的试料烘干后的某级粒径(质量为m_s)浸泡至吸水饱和，再把表面揩干，然后称湿质量(m)。某级粒径粒料的饱和吸水率通过式(1-15)计算：

$$w_a(\%) = \frac{m - m_s}{m} \times 100 \tag{1-15}$$

1.3.6 试样制备及试验过程

根据试筒的体积和试样的大致密度，计算每一个试件需要烘干材料的总质量m。按已设计好的级配方案称量每级粒径需要材料的质量，即：

$$m_i = m \times p_i \tag{1-16}$$

式中：m_i——试样中某级试料需要的质量；

p——某级试料在级配方案中的百分含量。

将称量好的各级试料充分拌和，然后按设计含水率计算所得的水加入经拌和的试料继续拌和，直到拌匀为止；将拌好的试料放入保温桶中，用塑料膜盖严，焖24h，待用。

将试料分三层试验，第一层装入试样桶后，放在振动台上，加上套筒，把加重盖板放于土面上；随即将振动击实仪参数调到最优，开始振动；结束后，按照规程规定的方法加第二层试料。重复以上的步骤2次，振动击实完毕。按式(1-17)计算试料的最大干密度ρ_{dmax}：

$$\rho_{dmax} = \frac{m_d}{V_s} \tag{1-17}$$

式中：m_d——试样实际用料的干质量；

V_s——试样用料的体积，由灌砂法测得。

1.3.7 试验成果

从图1-2～图1-7可以看出，土石混合料的干密度与含水率的关系比较密切。土石混合料作为路基填料在压实时，在同一击实方法和击实功能下，有一个最劣含水率w_1和最优含水率w_2，当w(路基填料实际含水率)$<w_1$和$w>w_2$时，干密度随着含水率的增加而降低；当$w_1<w<w_2$时，干密度随着含水率的增加而增大，直至达到最大干密度。

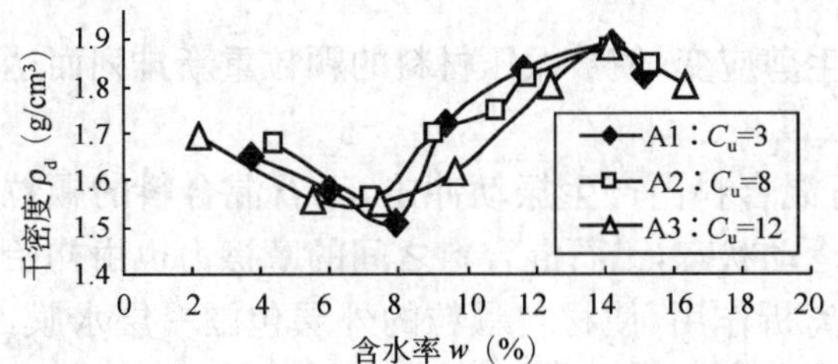

图 1-2　A 组试样在不同级配下振动击实曲线

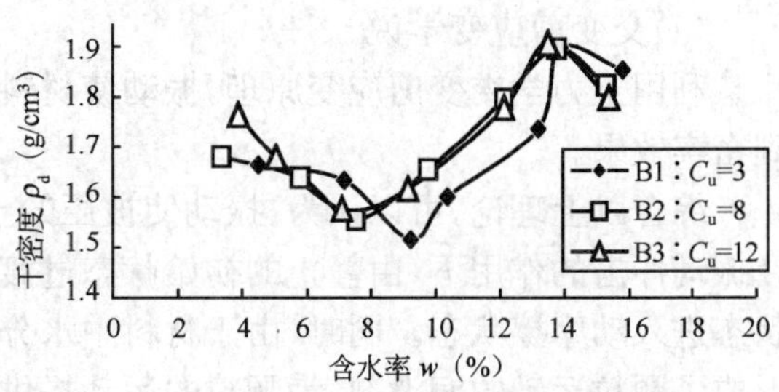

图 1-3　B 组试样在不同级配下振动击实曲线

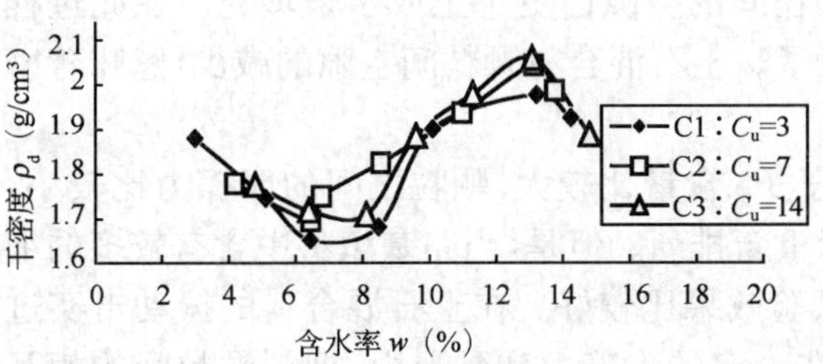

图 1-4　C 组试样在不同级配下振动击实曲线

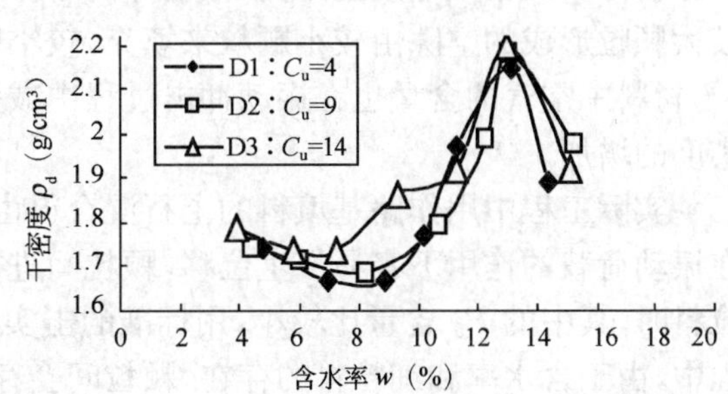

图 1-5　D 组试样在不同级配下振动击实曲线

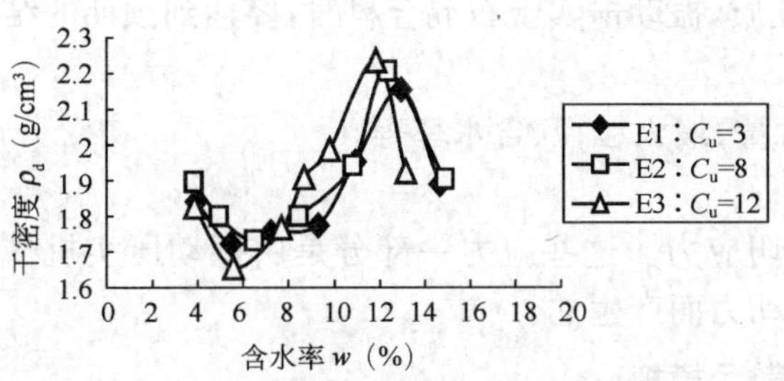

图 1-6　E 组试样在不同级配下振动击实曲线

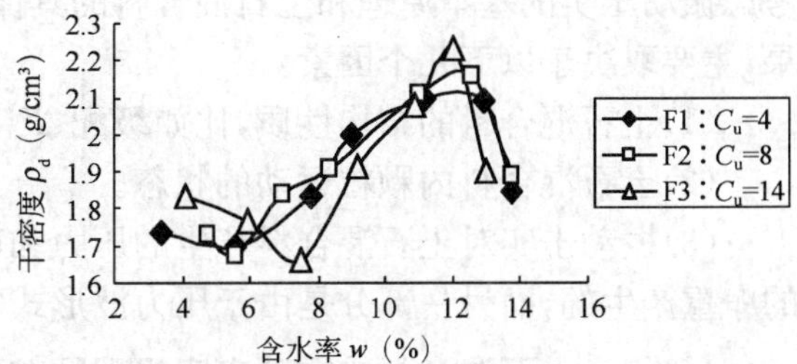

图 1-7　F 组试样在不同级配下振动击实曲线

1.4　土石混合料的振动击实机理

1.4.1　振动击实原理

振动是指物体在经过它的平衡位置所作的往复运动或系统的物理量在其平均值附近的来回变动。产生振动需要消耗能量，同时振动也可以对物体做功，利用振动对路基进行压实就是其中的一种。

关于振动击实理论有以下几种学说[31]：

(1)内摩擦减小学说

由于振动作用使被振材料的内摩擦阻力急剧减小，剪切强度降低，抗压阻力变得很小，材料在重力作用下易于压实。

(2)共振学说

当激振频率和被振压材料的固有频率相一致时，材料在共振作用下获得较大的能量，很快达到最佳压实效果。

(3)反复荷载学说

振动产生周期性压缩运动作用，使被振压材料受反复荷载作用，达到压实目的。

(4)交变剪应变学说

利用土力学交变剪应变原理,振动使材料产生剪应变,使被振压材料的颗粒重新排列而达到密实效果。

综合以上理论,可以认为:振动使被压的土石混合料内产生振动冲击,土石混合料的颗粒在振动冲击的作用下,由静止的初始状态过渡到运动状态,土石混合料之间的摩擦力也由初始状态进入动摩擦状态。同时,由于材料中水分的离析作用,使材料颗粒的外层包围一层水膜,形成了颗粒运动的润滑剂,为颗粒的运动提供了十分有利的条件。土石混合料在非密实状态下存在许多大小不等的空隙,在振动冲击的作用下,其颗粒间的位置出现了相互填充现象,即较大颗粒形成的空隙由较小颗粒来填充,较小颗粒间的空隙由更小土或水来填充。在此过程中,材料中空气的含量也在振动冲击过程中减少了。土石混合料颗粒间空隙的减少,意味着密实度的增加。

实际工程中用作路基填料的土石混合料由于 P_5 含量比较大,颗粒之间的摩擦力比较小,在振动荷载的作用下容易产生位移,颗粒间进行重新排列。但是,当路基填料中含有较多的细粒料时,其中的 P_5 含量比较小,用标准的击实试验效果比较好。在土石混合料的振动击实过程中,由于含水率和细粒料的存在,颗粒间会存在一定的附着力和黏聚力,抑制颗粒间的相互移动,因此振动时必须有一定大小的压力和剪切力联合作用,以克服其附着力和黏聚力。综合考虑振动压实的基本原理和土石混合料的具体性质,振动击实土石混合料时,要达到预期的结果,主要取决于以下几个因素:

(1)土石混合料的结构性质,比如级配、P_5 含量、最大粒径、含水率等。

(2)土石混合料内颗粒运动的状态。

(3)振动击实对土石混合料产生的压力和剪切应力。这些应力一部分是由振动压实机械的净重产生的,而另一部分是由于压力波形式的动力而产生的。

1.4.2 土石混合料的振动击实机理颗粒离散元模拟

为了进一步了解土石混合料的振动击实原理,采用颗粒离散元软件 PFC2D 对土石混合料的振动击实特性进行数值模拟,以揭示土石混合料振动击实的细观力学特性。

1.4.2.1 PFC2D 简介

PFC(Particle Flow Code)即颗粒流程序[32],通过离散单元方法来模拟圆形颗粒介质的运动及其相互作用。最初,这种方法是研究颗粒介质特性的一种工具,它采用数值方法将物体分为有代表性的数千以及上万个颗粒单元,期望利用这种局部的模拟结果来研究边值问题连续计算的本构模型。由于通过现场试验来得到颗粒介质本构模型相当困难,随着计算机功能的增强,用颗粒模型模拟整个问题成为可能,一些本构特性可以在模型中自动形成。因此,PFC便成为用来模拟固体力学和颗粒流问题的一个有效手段。

利用 PFC2D 可以根据需要建立不同级配的土石颗粒混合料,一定级配内的颗粒的尺寸分布可以按正态分布也可以按高斯分布,并且可以通过 PFC2D 内置的 FISH 语言精确计算各级配颗粒的具体分布情况;根据颗粒离散元的分析,可以对土石混合料的击实规律有进一步的认识;通过调整土石混合料的级配,可以得出一些有益的结论;通过颗粒流模拟,可以进行颗粒位置的实时追踪;土石混合料击实前后孔隙率的变化、最大干密度和级配组成的关系,以及土石混合料击实后的强度组成也可以通过这个模拟来进行初步研究。

1.4.2.2 PFC2D 数值试验步骤

为了进行颗粒流模拟试验,须先生成颗粒聚合试样,通过自身平衡和重力条件下的平衡,得到颗粒未压实时的初始状态，然后对试样施加交变荷载模拟振动击实过程，对颗粒混合料分三层进行压实，通过一系列试验得到不同级配下的颗粒的孔隙率情况以及压实后的颗粒密度；同时，可以观察压实的全过程，对颗粒的运动规律和压实情况进行追踪。

为了简化，本试验将土石混合料颗粒理想化为圆形颗粒。构造长方形试样，用模型的底部、两侧模拟击实筒的内壁，上表面通过平行连接的圆形颗粒模拟加载面，对加载面施加变化的荷载模拟表面振动击实仪的击实过程。通过记录加载颗粒的移动位置，以及颗粒的位置信息，可以得到颗粒的运动过程和颗粒的作用力；通过后处理，可以得到击实的宏观数据。

(1)混合料颗粒的参数选择

土石混合料通过一系列颗粒来模拟。为了能够模拟大型击实对颗粒粒径的要求，混合料试样的尺寸为 300mm×500mm。为了模拟不同级配下颗粒组成情况对击实的影响，对颗粒的不同级配分别生成，分为 5 组进行，即 40～60mm、20～40mm、10～20mm、5～10mm 和 5mm 以下颗粒进行分别生成。同一级配下的颗粒半径 R 的分布采用该级配下颗粒半径允许的最大和最小值均匀分布(如对于 20～40mm 颗粒，生成的颗粒半径符合从 $R_{\min}$ (10mm)到 $R_{\max}$ (20mm)的均匀分布)。设 $\bar{r}$ 为各级配下颗粒的平均半径，由于颗粒半径均匀分布，故 $\bar{r}=\frac{(R_{\min}+R_{\max})}{2}$，通过 PFC2D 内置的 FISH 语言可以对生成的各级配下的颗粒总量进行统计计算，得到最终的级配情况。对于 5mm 以下颗粒，为了减少颗粒生成数量，其最小颗粒为 0.075mm。和其他颗粒粒径相比，这种颗粒足以填充孔隙，对击实的结果不会有太大影响。

接触颗粒在接触处有法向接触力 F_{ij}^{n}、切向接触力 F_{ij}^{s} 和摩擦力 F_{ij}^{f}(下标表示力由第 i 个颗粒单元通过接触作用于第 j 个颗粒单元上)可分别通过法向刚度 k_{ij}^{n}、切向刚度 k_{ij}^{s}、摩擦系数 μ_{ij}、法向相对位移 U_{ij}^{n} 和切向相对位移 U_{ij}^{s} 按式(1-18)计算。

$$\left.\begin{aligned} F_{ij}^{n} &= k_{ij}^{n}U_{ij}^{n} \\ F_{ij}^{s} &= k_{ij}^{s}U_{ij}^{s} \\ F_{ij}^{f} &= \mu_{ij}F_{ij}^{n} = \mu_{ij}k_{ij}^{n}U_{ij}^{n} \end{aligned}\right\} \tag{1-18}$$

法向接触力沿两颗粒圆心的连线，切向接触力与摩擦力则与之垂直。计算中，法向刚度、切向刚度和摩擦系数取为 $k_{ij}^{n}=k_{ij}^{s}=k$ 和 $\mu_{ij}=\mu_{ji}=\mu$，颗粒的密度在试验中取为 2.6g/cm³。

(2)试样颗粒的生成

先定义墙体，共 4 道，其包围的矩形为 300mm×180mm(单层高度)，见图 1-8。考虑到 PFC2D 生成颗粒的效率，为防止颗粒生成时造成颗粒重叠现象，先生成颗粒直径比实际直径小的颗粒，然后再把半径复原，最后通过循环消除试样内部非均匀应力。

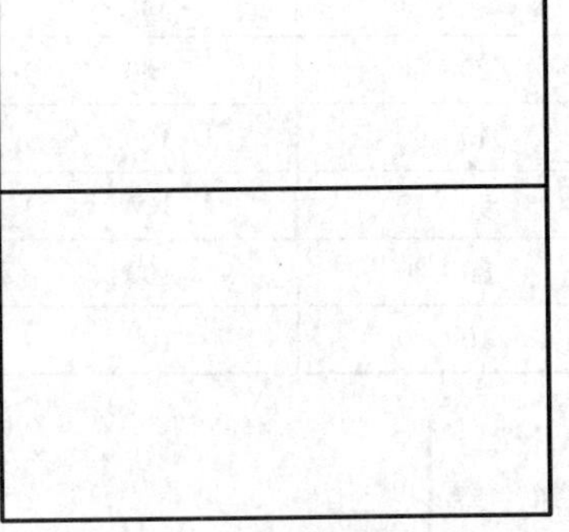

图 1-8　第一层填筑前墙体

对于击实试验而言，最关心的是颗粒是否按照一定的级配生成，各级配是否按照设定的百分比生成。本研究通过以下方法确定各级配颗粒的数目：首先计算每层颗粒的总质量，我们知道二维情况下离散颗粒的最小孔隙率为 9.51%，而一般松散土体的孔隙率可以达到 20%～30%，因而设计初始的孔隙比为 24%，从而确定颗粒的质量。

孔隙率 e 的计算公式为：

$$e = 1 - \frac{\rho_d}{\rho_s} \tag{1-19}$$

式中：ρ_d ——干密度；

ρ_s ——颗粒密度。

由于模拟中不考虑水的含量，因而试样的干密度也就等于试样的密度 ρ。

从而：

$$e = 1 - \frac{\rho}{\rho_s} \tag{1-20}$$

经过计算，孔隙率为 24%时的试样密度为：

$$\rho = \rho_s \times (1 - e) = 1.976 \mathrm{g/cm^3} \tag{1-21}$$

式(1-21)的计算结果比一般情况下计算得到的初始密度要大一些，这是因为对于二维问题，其孔隙率相应要比三维孔隙率要低；对于三维问题，其孔隙率最小值为 25.95%，因而使用二维模型得到的值会有所偏高。真实的土体颗粒都是以三维的形式存在的，不过对于击实的模拟，二维模拟具有更好的可视化效果，相对于三维而言，颗粒的运动过程是在同一平面内的，因而更容易观测颗粒的运动情况。

计算出总质量后，按照质量百分比分摊到各个级配算出各级配下的颗粒质量，然后按照各级配颗粒的平均半径 $\bar{r}$、颗粒密度 ρ_s 计算出各级配颗粒的个数。注意到颗粒的个数会有一定程度的取整和舍入误差，和原设计级配相比会有很小的出入，为了更加准确地确定各级配颗粒的百分含量，通过 PFC2D 内置的 FISH 语言对不同颗粒的组成情况进行了统计，统计结果见表 1-2。从表 1-2 可见，不同颗粒的实际级配组成和设计值相差很小，最大不超过原设计的 5%，可以认为计算情况没有偏离原设计。击实前后土石混合料颗粒如图 1-9～图 1-20 所示，从图中可以看出，颗粒经过振动击实，最终达到密实状态。

不同级配下颗粒的百分含量 表 1-2

土石比例（石：土）	级配组成				
	通过下列筛孔(mm)累计百分含量(%)				
	60	40	20	10	5
20：80	100	94.5	88.2	84.0	80.5
40：60	100	94.0	83.5	74.4	63.5
60：40	100	87.7	72.5	60.6	42.2
80：20	100	81.3	64.9	44.5	21.5
100：0	100	77.8	54.5	29.2	0

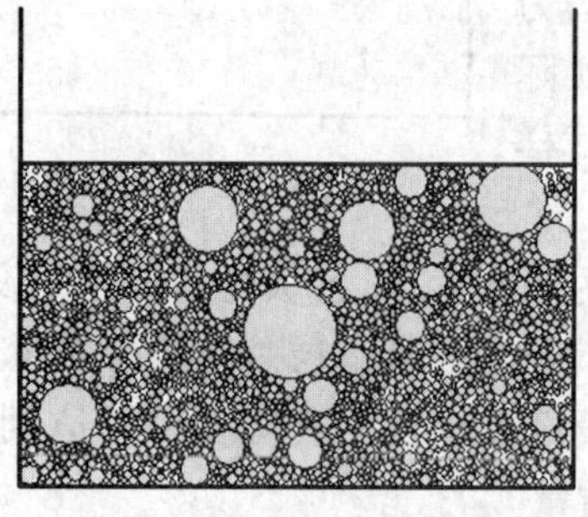

图 1-9 第一层击实前颗粒情况(含石量 40%)

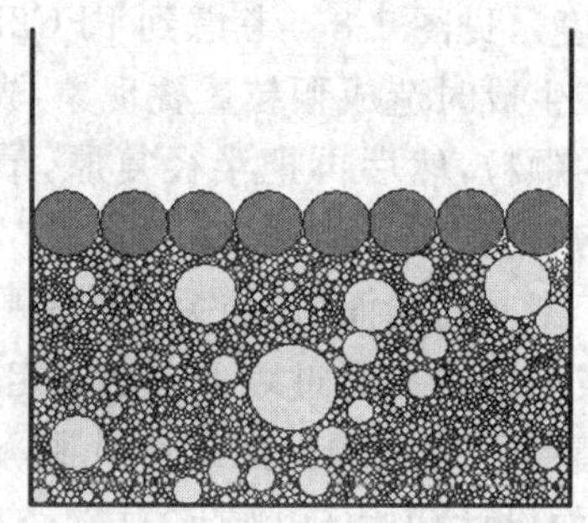

图 1-10 第一层击实后颗粒情况(含石量 40%)

1.4.2.3 击实结果分析

(1)击实过程中颗粒运动规律

通过 PFC2D 模拟振动击实的全过程,发现对于即时击实过程一般有三个阶段:第一阶段是振动压密过程;第二阶段是振动压密过程的孔隙填充过程;第三阶段是土石混合料在卸荷后的回弹过程,最终土石混合料达到一种稳定的密实状态。

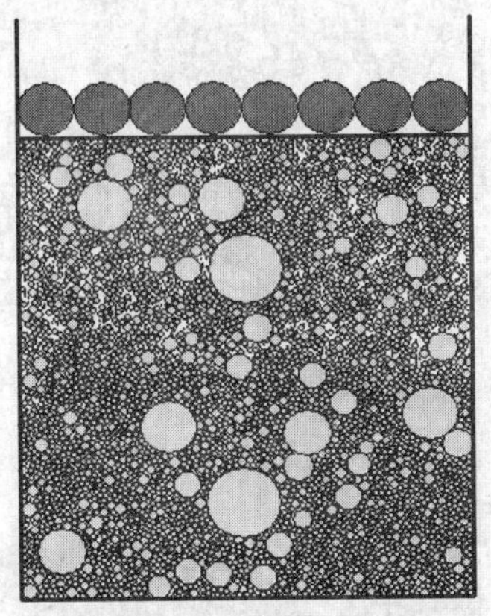

图 1-11 第二层击实前颗粒情况(含石量 40%)

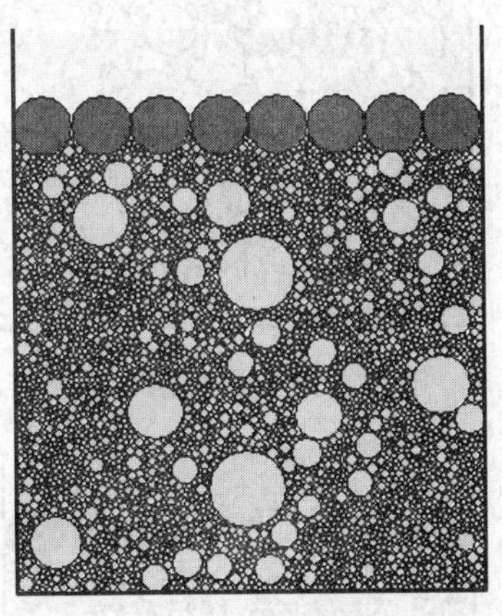

图 1-12 第二层击实后颗粒情况(含石量 40%)

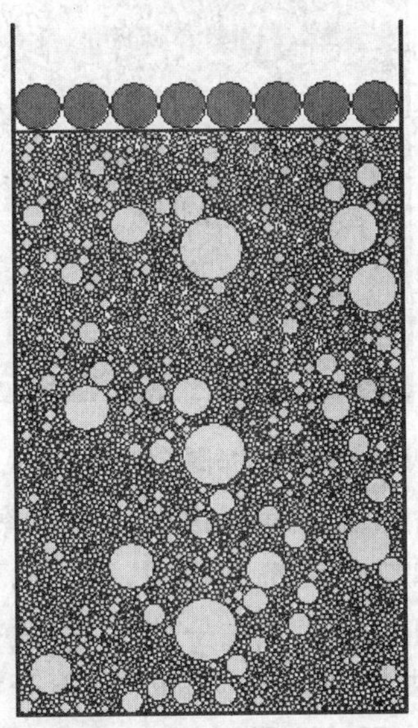

图 1-13 第三层击实前颗粒情况(含石量 40%)

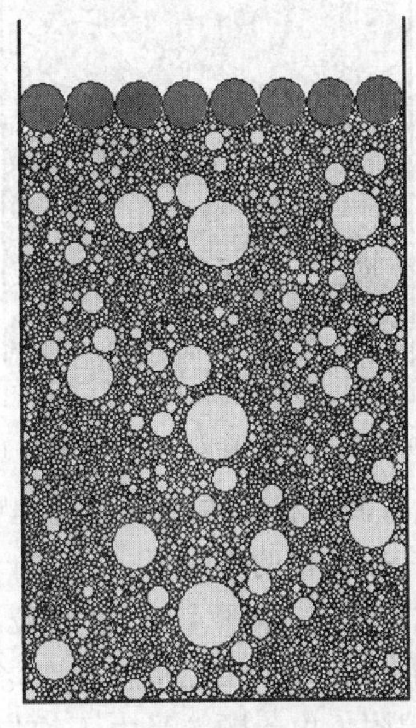

图 1-14 第三层击实后颗粒情况(含石量 40%)

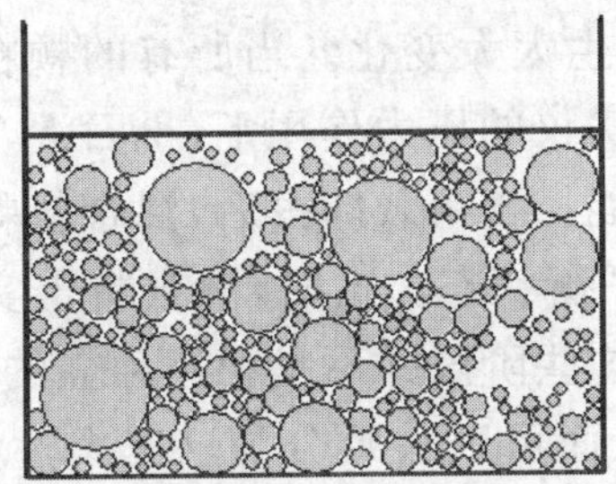

图 1-15 第一层击实前颗粒情况(含石量 100%)

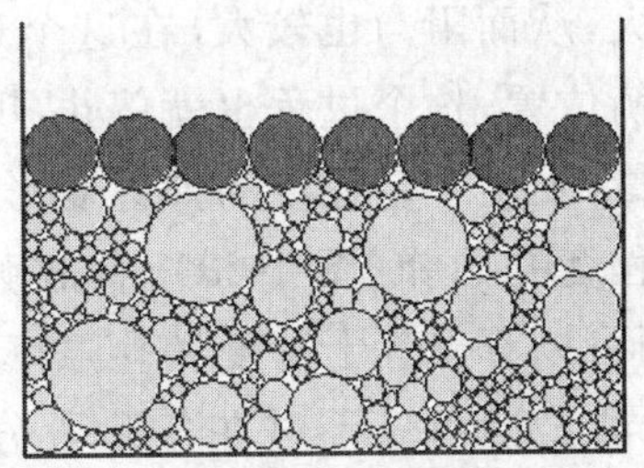

图 1-16 第一层击实后颗粒情况(含石量 100%)

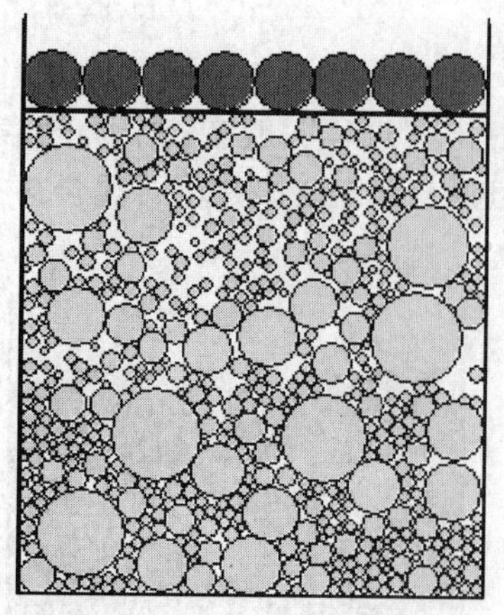

图1-17　第二层击实前颗粒情况(含石量 100%)

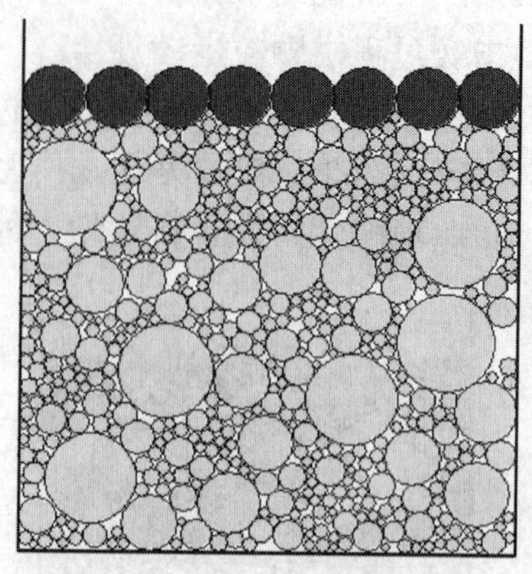

图 1-18　第二层击实后颗粒情况(含石量 100%)

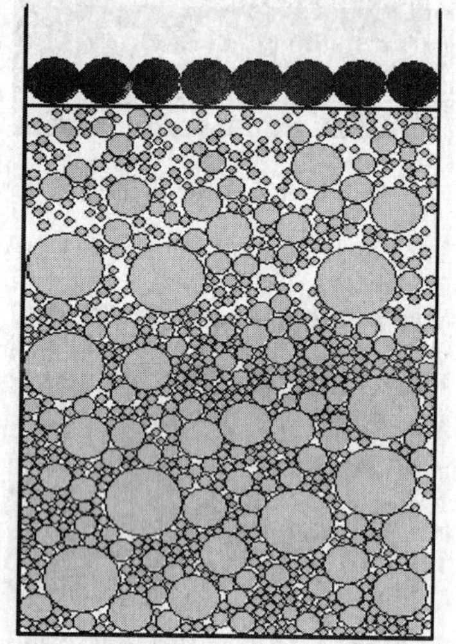

图 1-19　第三层击实前颗粒情况(含石量 100%)

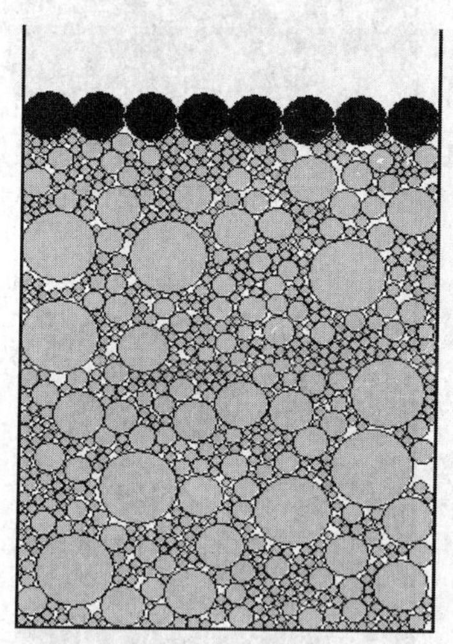

图 1-20　第三层击实后颗粒情况(含石量 100%)

在土石混合料在振动击实过程中,由于混合料初始状态下具有很大的孔隙率,属于松散介质,在振动仪的作用下,产生向下的速度,混合料颗粒受到挤压作用,整体向下运动达到一定的密实状态(图 1-21)。颗粒压密后,会由于不均匀压密产生一些孔隙,紧接着在这一过程,混合料处于相互接触状态,各颗粒之间产生接触力;在接触力的作用下开始相互作用,在孔隙附近由于颗粒受力不均匀性,小颗粒被挤压从而填充孔隙(图 1-22)。这时颗粒的速度不再是向下,而和孔隙有关,小颗粒在接触力作用下"自动"填充孔隙;大颗粒由于其质量较大,从而阻力也较大,在这个过程中位置不会发生太大变化。当所有的颗粒达到自己的平衡位置,这个过程也就停止了。同时,在振动压实仪的压力作用下,土石混合料开始吸收能量,发生一定程度的弹性变形,具有一定的弹性能。当荷载卸去后,混合料颗粒会发生一定程度的回弹(图 1-23),释放弹性能,最终达到平衡状态。这时,混合料击实过程结束,从而可以算出其干密度和孔隙率。应该说明的是,这些阶段并不是相互独立的,各个过程可能同时发生,只不过在各阶段分别占主导地位,从而可以大致分为这三个过程(图 1-24)。图 1-25 和图 1-26 展示了一些颗粒 X 向和 Y 向位置的历史记录。从这两个图中也可以看出和振动击实曲线相对应的过程。

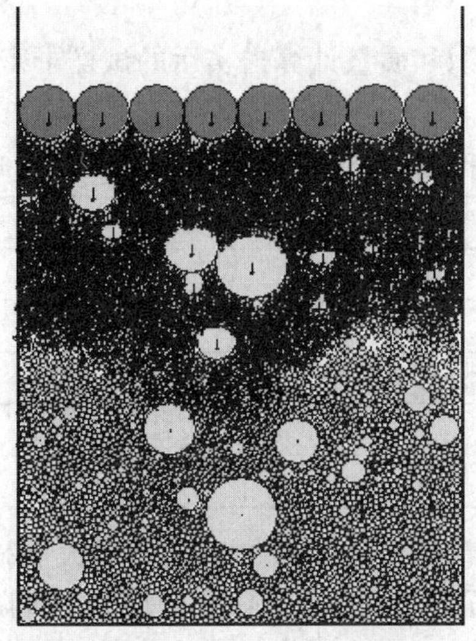

图 1-21　振动压密过程

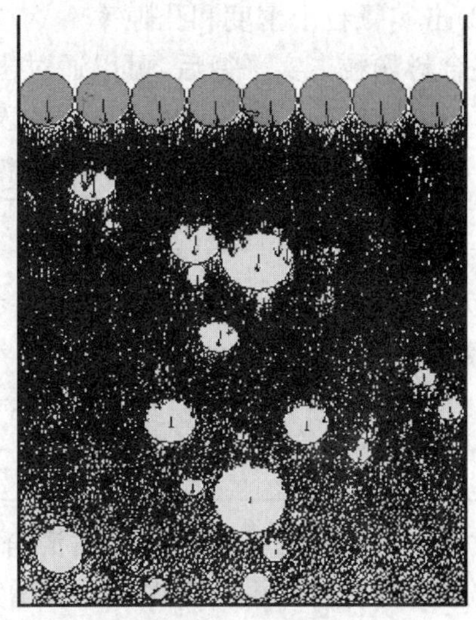

图 1-22　振动孔隙填充过程

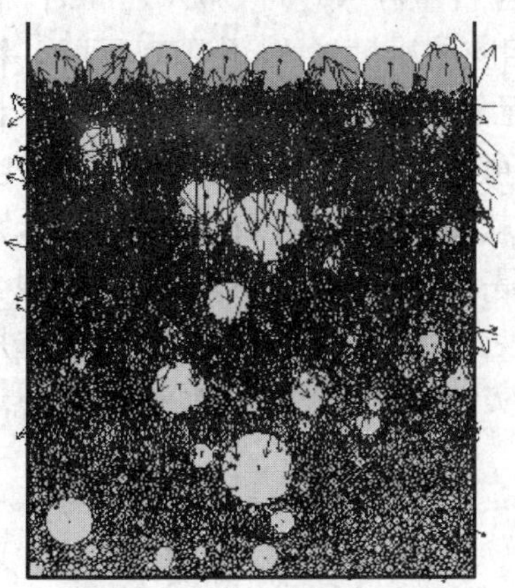

图 1-23　振动击实回弹

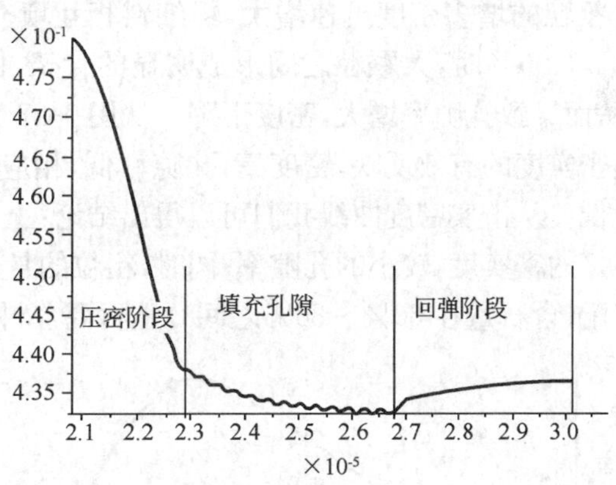

图 1-24　振动击实曲线(压密—填充—回弹)

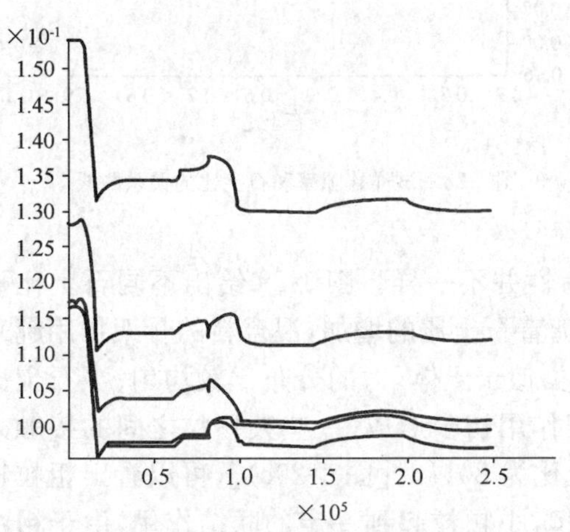

图 1-25　颗粒垂直方向位置历史记录

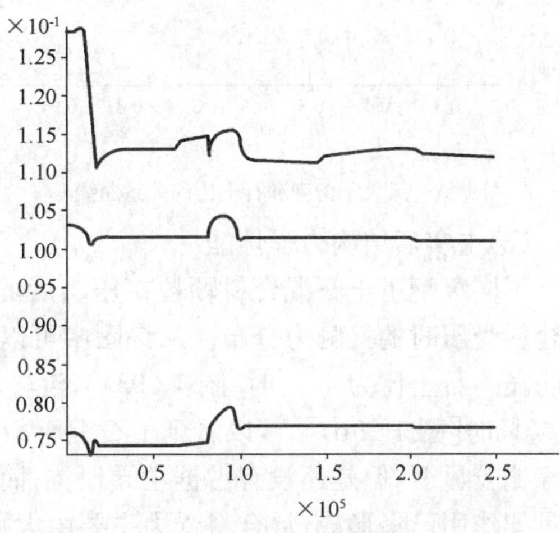

图 1-26　颗粒水平方向位置历史记录

(2)击实颗粒干密度和孔隙率

混合料颗粒击实平衡后，可以通过击实后的颗粒体积和质量计算击实后的试样干密度，通过计算得到颗粒的干密度和孔隙率，如表 1-3 所示。

土石混合料击实后的干密度和孔隙率 表 1-3

石　土　比	干密度(g/cm^3)	孔隙率(%)
20∶80	2.234	14.04
40∶60	2.251	13.41
60∶40	2.291	12.62
80∶20	2.310	11.17
100∶0	2.232	14.11

从图 1-27 和图 1-28 可见，土石混合料的干密度随着石土比的增加出现先增大后减小的趋势；孔隙率恰恰相反，出现先减小后增大的趋势。含石量在 80%以前，混合料的密度随含石量的增加而增大。含石量在 40%以前，混合料密度增长较缓，这时粗粒土在土体中没有形成骨架作用，但混合料密度因为粗粒的存在而有所改善。含石量在 40%～80%之间时，混合料随着粗粒的增多密度迅速增大，粗细料相互填充、胶结，相应的密度增大，孔隙率下降。粗粒含量达到 100%时，大颗粒之间形成明显的骨架，由于没有足够的细粒料填充孔隙，出现明显的空隙，从而导致孔隙率增大，密度下降。从图 1-27 和图 1-28 可以看出，孔隙率和密度成反比，它们都是密实度的有效反映，密度高，孔隙率低，相应的密实度就高；相反，密度低，孔隙率高，则密实度就低。从击实密度曲线我们可以得出结论：土石混合料是一种优于纯土的填筑材料，混合料具有很好的密实度，较小的孔隙率；同时，粗粒的骨架作用也使之具有很好的承载力；只要选用恰当的级配(含石量在 60%～80%之间)，土石混合料便具有压实性能好、沉降小、效率高等优点。

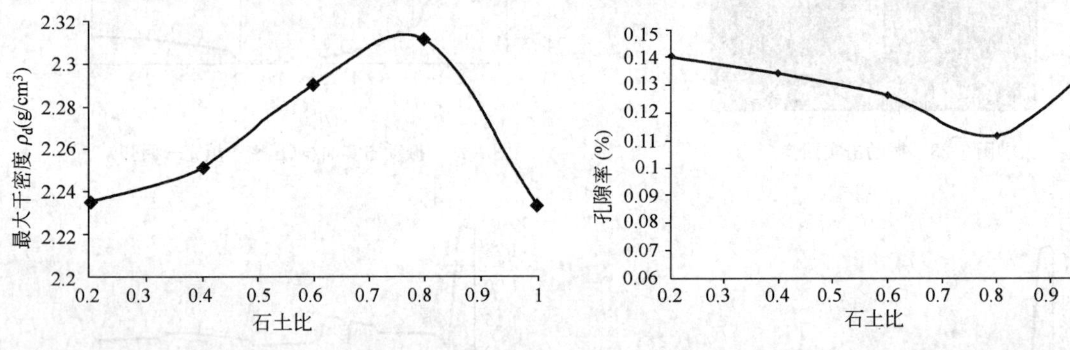

图 1-27　最大干密度和石土比的关系曲线

图 1-28　试样孔隙率和石土比的关系曲线

(3)击实后结构力学性能

不同级配下土石混合料颗粒在压实后的受力特性并不一样。图 1-29 给出不同石土比下混合料受压时的接触力分布。从该图中可以看出，随着石土比的增加，混合料的骨架作用越来越明显。石土比为 40%时[图 1-29a)]，混合料受力类似于土体，力的分布比较均匀；当石土比为 60%时[图 1-29b)]，可以看到土石混合料的骨架作用初步形成，一些大颗粒之间的接触力已经比较显著，但是还没有占据主导地位；而当石土比为 80%时[图 1-29c)]，可以看出粗粒料的骨架作用已经形成，混合料受力主要由大颗粒承担，小颗粒起到一定的联结作用，由于粗粒料本身具有较高的强度，这种状态下的受力性能较好，混合料颗粒完全起到承力的骨架作用；当石土比为 100%时[图 1-29d)]所示，由于没有土体细粒料，混合料形成完全骨架，其受力也完全由骨架承担。从图1-29中我们可以发现，为了充分发挥混合料中粗粒的骨架作用，同时又要充分发挥土体细粒料的填充和联结作用，土石混合料的石土比以在60%～80%为益。该级配下，混合料具有较高的密实度，同时其受力也比较协调，即发挥了土体的作用，更发挥了混合料粗粒料的骨架作用，是经济良好的填筑材料。这个结论也和以前的研究相契合[4,10,33]。

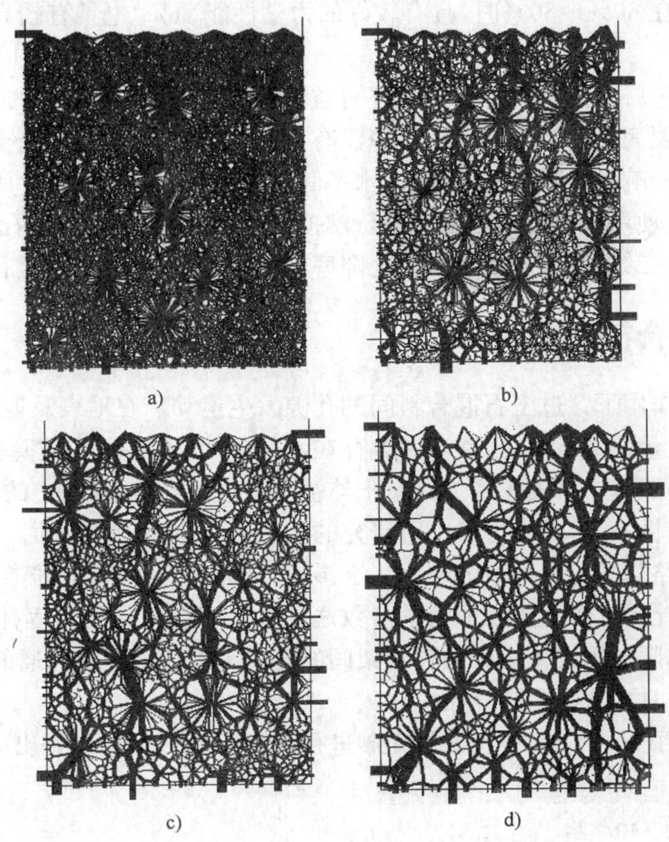

图1-29　不同石土比时受力特性

a)石土比40：60；b)石土比60：40；c)石土比80：20；d)石土比100：0

1.4.2.4　结论与讨论

通过土石混合料击实的颗粒流模拟，得出了一些有益的结论。

(1)通过PFC2D颗粒流模拟，证实了土石混合料是一种优良的筑路材料。土石混合料便于就地取材，只要选择合适的级配，选用合理的压实标准，土石混合料将具有压实性能好、沉降小、施工效率高等优点。

(2)土石混合料的振动压实曲线表面，其压实经过动力压密、孔隙填充、回弹三个过程，混合料颗粒在经过前两个过程后达到密实状态，在很小的回弹后，从而达到平衡状态。

(3)土石混合料的压实密度与孔隙率和石土比以及级配有关。当粗粒含量小于40%时，粗粒在土体中形成骨架，但仅为包裹体存在，压实特性类似纯土性质，但由于粗粒的存在其密度有所改善。当粗粒的含量大于40%小于80%时，随着粗粒的含量增加而逐渐起到骨架作用，其密度增加较快，同时孔隙率降低，说明这种级配下土石混合料颗粒能互相填充，得到较密实的结构。当粗粒的含量大于80%时，则因细料不足以填充孔隙，混合料的压实密度随着含石量的增加而减少。当混合料含石量为100%时，可以明显看出粗粒料架空而出现较大的孔隙。

(4)不同含石量的混合料在受力时承受压力的性能并不一致。含石量低时(≤40%)，混合料受力类似于土体，其受力均匀，粗粒料未能起到骨架作用。含石量在60%～80%之间时，粗粒料形成骨架作用，其受力也主要由粗粒料承担，细粒料在其中起到联结作用，这种情况下，既发挥了粗粒的骨架作用，又发挥了细粒的联结作用，混合料具有很好的受力性能。当含石量大于80%时，由于细粒的减少而完全由粗粒受力，受力不均匀，也缺乏足够的联结强度。可见土石混合料的含石量在60%～80%时，具有较好的力学性能，同时也具有较高的密实度，是很好的填筑料。

土石混合料通过颗粒流模拟得出了上述有益的结论，这里需要说明的是，使用PFC2D进行模拟还有一些需要完善的地方：首先，模拟没有考虑水的影响，虽然对于土石混合料来说，含水率对其干密度的影响不大，但是不同的含水率其干密度还是有些差异；其次，土石混合料颗粒是三维填筑材料，使用二维颗粒离散元进行模拟，一定程度上反映了土石混合料在击实过程中的一些规律，由于二维情况下，混合料的孔隙率较三维为低，导致干密度普遍偏大。

1.5 土石混合料的渗透特性

水可以在重力作用下穿过土石混合料间的孔隙发生运动。在地表及地下土和岩层中的孔隙、裂隙中存在有大量的地下水，当路基两侧存在水位差时，水在水力坡降作用下穿过路基土中的孔隙现象，称为路基中水的渗透。路基土体被水透过的性能，称为土的渗透性。土的渗透性，同强度和变形特性一起，是土力学中所研究的几个土的主要力学性质。

水的渗透会对路基的变形与稳定产生一定影响。因此土石混合料的渗透性是土石混填路基防排水与稳定设计计算的主要物理力学参数之一。土石混合料是由固体颗粒、水和气体三相物质组成，且固体颗粒组成骨架。颗粒骨架间的孔隙大部分是互相连通的，可以容许流体通过，因此土石混合料是典型的多孔介质。

法国科学家达西(H. Darcy)对无黏性粗砂进行了大量的试验研究，提出了著名的达西定律：

$$v = KJ \tag{1-22}$$

式中：v——渗透速度(m/s)；

K——渗透系数(m/s)；

J——渗透水力坡降。

土石混合料的渗流速度比较大，Forchheimer 提出了非线性达西定律，即：

$$J = av + bv^2 \tag{1-23}$$

式中：a、b——常数。

土石混合料的渗透性，与其他材料的物理性质参数相比，其变化范围要大得多。同时，由于土石混合料宏观构造和微观结构的复杂性，其渗透性可以具有高度的不均匀性。

1.5.1 土石混合料试样的制备

土石混合料是由粒径不等的颗粒相互混杂而成的非均匀混合体，通常组成土石混合料的颗粒具有不同的形状、粒径和堆积方式，其物理力学性质都与土石混合料颗粒堆积的几何特性相关。在现场进行渗透试验工作难度大，一般的仪器难以容纳如此大的试样，并且缺乏必要的仪器设备，更多的是在实验室开展研究工作。

根据 Holt W. G.[34]和 Gibbs H. J. 等人的研究成果，模拟试样的直径应不小于试料最大直径的5～6倍。现在试验仪器一般只能容纳直径为30cm的试样，长江科学院有可容纳直径为50cm试样的国内最大的土工三轴仪。因此，在进行土石混合料试验时，必须对大尺寸的超粒径料进行特别处理，以满足试验仪器的要求。对于超粒径料的处理方法，一般有剔除法、等量代替法和相似级配法。针对工程实际情况，采用等量代替法对超粒径料进行处理，将土石混合料中超粒径料等质量地用允许最大粒径 d_{max} 至 5mm 的粒料部分各粒级颗粒按含量加权平均替代，这样既保持了原来的粗料的骨架作用，又能保持粗粒级配的连续性和近似性。

试料来自不同高速公路工程的土石混合料料场 A、B、C 三个料场，用筛分法对试料进行级配分析，选取每个料区级配曲线上包线、平均值和下包线三个级配曲线作为渗透试验原始级配曲线，编号为 1～9，用等量替代法处理后相对应的试验级配分别为 1～9 号。土石混合料的原级配和试验级配曲线如表 1-4 和图 1-30 所示。

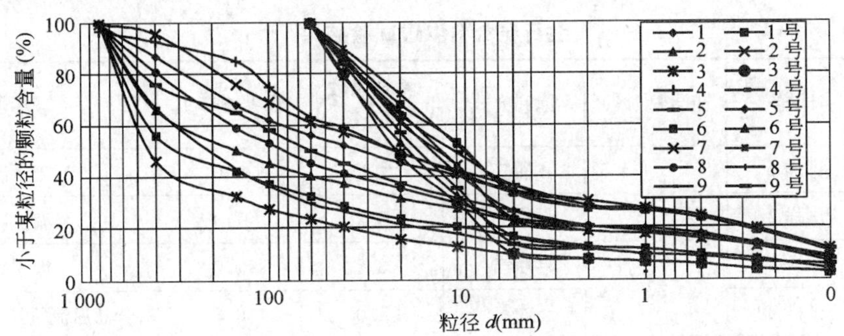

图 1-30　土石混合料的级配曲线

土石混合料的原级配和试验级配　　表 1-4

编号 \ 含量(%) \ 粒径(mm)	800～400	400～150	150～100	100～60	60～40	40～20	20～10	10～5	5～2	2～1	1～0.5	0.5～0.25	0.25～0.1	<0.1
1	13	19	6	6	4	7	5	7	6	1	3	5	8	10
1号					12	20	15	20	6	1	3	5	8	10
2	34	16	5	5	3	6	4	5	4	1	2	3	6	6
2号					13	26	17	22	4	1	2	3	6	6
3	54	14	5	4	3	5	3	3	2	1	1	2	1	2
3号					20	32	19	20	2	1	1	2	1	2
4	4	8	10	12	7	10	7	6	8	1	3	5	8	11
4号					15	21	15	13	8	1	3	5	8	11
5	24	11	7	8	5	8	6	5	6	1	2	4	6	7
5号					15	25	21	15	6	1	2	4	6	7
6	44	14	5	5	4	5	3	4	4	1	2	2	4	3
6号					21	26	21	16	4	1	2	2	4	3
7	4	20	7	8	4	8	8	7	4	3	3	5	8	11
7号					10	18	20	18	4	3	3	5	8	11
8	19	22	6	8	4	6	6	6	3	2	2	3	5	8
8号					14	21	21	21	3	2	2	3	5	8
9	33	24	7	7	3	5	4	4	2	2	1	2	1	5
9号					16	27	22	22	2	2	1	2	1	5

注：1号、2号等为试验级配。

对土石混合料进行渗透试验，测定在水渗流通过时，土石混合料试样的渗透系数和发生土随渗流逐渐流失时的水力坡降。对 A、B、C 三个料场的土石混合料的上包线、下包线和平均级配线进行了 9 组试验。试样直径为 30cm，高为 60cm，试样分六层装填于垂直渗透仪中。用人工击实法控制试样的密度，上包线和下包线采用抽气饱和，对下包线因土较少而直接采用浸润饱和，然后逐级提升水头进行试样渗透试验。

1.5.2 土石混合料渗透试验结果及分析

对 A、B、C 三个料区的试料，按试验级配取上包线、平均线和下包线各进行 2 组渗透试验，试验结果见表 1-5 和图 1-31～图 1-33。

土石混合料渗透试验结果 表 1-5

编号	试样	土含量(%)	饱和方式	渗透系数 (10^{-3}m·s^{-1})	临界坡降 J_0	破坏形式
1.1	试样 1	33	抽气	0.45	1.0	流土破坏
1.2	试样 2		抽气	0.2	1.0	流土破坏
2.1	试样 1	22	抽气	3.5	1.0	管涌破坏
2.2	试样 2		抽气	4.0	0.8	管涌后流量增大，供水不足
3.1	试样 1	9	浸润	20	0.5	试验中流量增大，供水不足
3.2	试样 2		浸润	14	0.4	流土破坏
4.1	试样 1	36	抽气	0.22	2.0	流土破坏
4.2	试样 2		抽气	0.18	2.0	流土破坏
5.1	试样 1	26	抽气	5.1	0.8	上顶部管涌破坏
5.2	试样 2		抽气	2.5	0.7	管涌破坏
6.1	试样 1	16	浸润	10	0.7	管涌破坏
6.2	试样 2		浸润	14	0.6	上顶部流土破坏
7.1	试样 1	34	抽气	0.65	1.0	流土破坏
7.2	试样 2		抽气	0.19	1.0	流土破坏
8.1	试样 1	23	抽气	9.0	0.6	中部管涌，集中渗流，供水不足
8.2	试样 2		抽气	3.3	0.5	流土破坏
9.1	试样 1	13	浸润	12	0.6	中部集中渗流，供水不足
9.2	试样 2		浸润	21	0.5	中部集中渗流，供水不足

从图 1-31～图 1-33 中可以看出，渗流速度随水力坡降的增大而加快，在水力坡降小于 3～5 时，土石混合料的渗流遵守达西定律；在水力坡降大于 3～5 后，再增大水力坡降，渗流速度急剧增加，此时达西定律已不再适用，需要加以修正。同时，在公路工程中一般将颗粒直径小于 5mm 的颗粒称为细粒土，通过比较在细粒土含量发生变化时二者的关系，可以发现细粒土含量可以影响渗透规律。在土含量小于 20%时，随水力坡降的增加，渗流速度增加速率明显大于水力坡降的增加速度；在土含量大于 30%时，土石混合料的渗流速度增加明显减缓。随土含量的降低，渗流速度增加速度加快。这为路基防排水设计时设置防渗和反滤保护层提供了理论依据。

土石混合料的临界坡降 J_0 与土含量 P_5 的关系如图 1-34 所示。随土含量的增加，土石混合料的临界坡降逐渐增加，其抗渗能力增强。

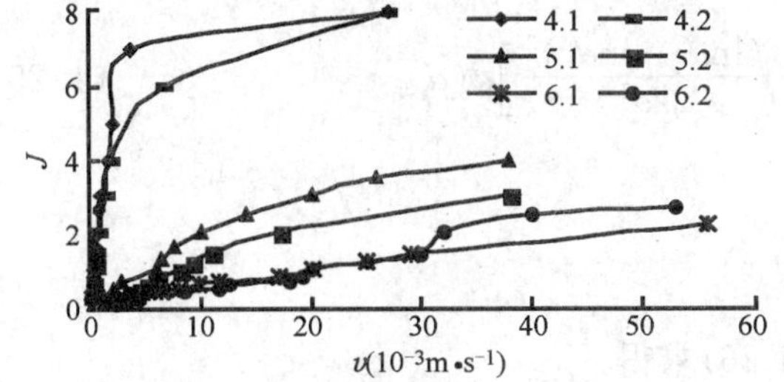

图 1-31　A 料区渗透试验 J—v 关系曲线

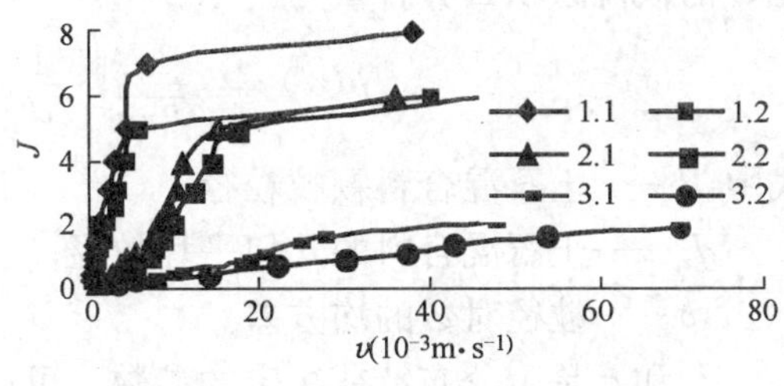

图 1-32　B 料区渗透试验 J—v 关系曲线

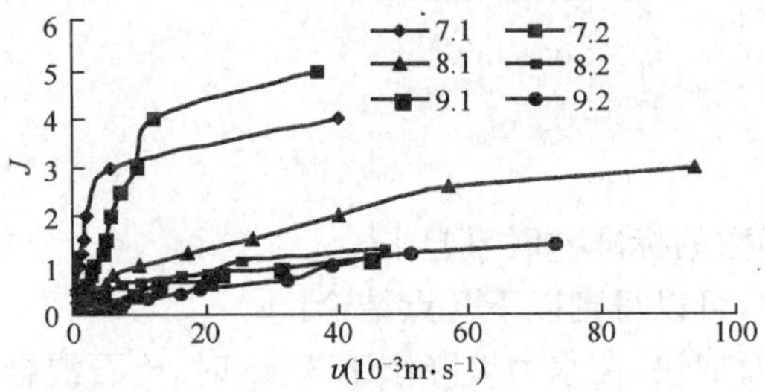

图 1-33　C 料区渗透试验 J—v 关系曲线

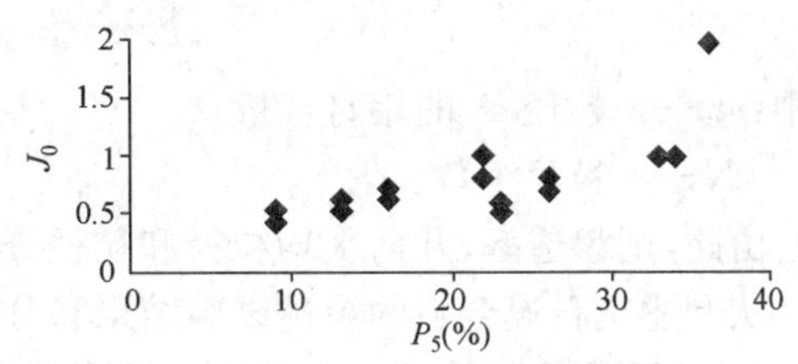

图 1-34　土石混合料土含量 P_5 和临界坡降 J_0 关系曲线

可见，土石混合料中的土对渗透性的影响与其含量有关。当土含量在 30%～40%以下，粗颗粒主要起骨架作用，渗透性主要取决于粗颗粒。粗颗粒本身是不透水的，土含量的增加致使粗颗粒相对减小，其骨架作用降低，从而使渗透性随土含量的增加而减小。土石混合料中的土对渗透性有较大影响，如果颗粒级配足以阻止土被渗透水流所带动，属于稳定渗流；反之，土在渗透水流作用下在粗颗粒孔隙中移动。如果土被冲出边界以外，则将使土石混合料渗透性增加；如果被带动到某处停止下来，则堵塞大孔隙，致使土石混合料的渗透性降低。

综上所述，影响土石混合料渗透性的主要因素是土石混合料颗粒堆积排列方式不同，以及由此形成孔隙系统的不同几何形状等物理因素。所以，上述试验结果归根到底是由土石混合料颗粒大小、级配的不同而引起的。而反映土石混合料的级配特征的一个重要参数是不均匀系数 C_u，其可以影响土石混合料的孔隙比或孔隙率。其影响主要表现在两个方面：一是孔隙率的增加使土石混合料的过水面积增加；二是增大了孔隙尺寸而使平均渗流速度增加。

图 1-35 为土石混合料土含量 P_5 与渗透系数 K 之间的关系曲线。随着土的增加，渗透系数急剧减小。可见在设计中可以通过增加土含量来控制土石混合料的宏观渗透性能。

从图 1-35 可以发现，土石混合料中土的含量 P_5 与渗透系数 K 之间存在负指数关系，即：

$$K = ce^{-fP_5} \tag{1-24}$$

式中：c、f——与土石混合料本身性质相关的常数。

土石混合料属于固结程度比较低的多孔材料，其

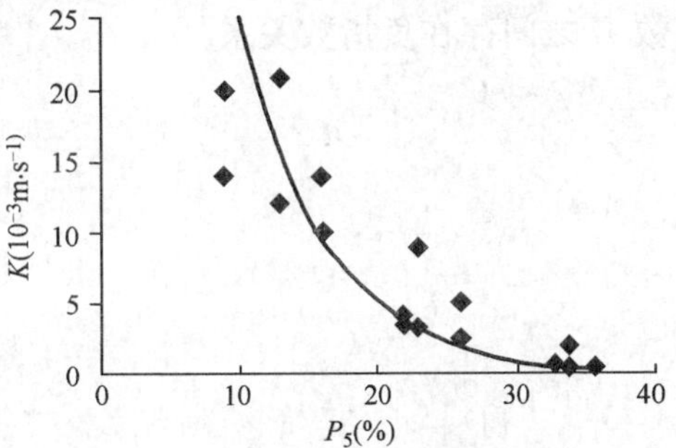

图 1-35　土石混合料土含量与渗透系数 K 关系曲线

颗粒间孔隙的几何形状和颗粒的大小及其分布特征关系密切。这样就把颗粒大小及分布函数的某些参数与渗透率联系起来。同时，建立了土石混合料颗粒的概率统计分布模型。小于粒径 d 的颗粒累积百分含量为[35]：

$$p(d)=\frac{1}{\sqrt{2\pi\sigma}}\int_0^d\frac{1}{d}\exp\left[-\frac{(\ln d-\ln d_a)^2}{2\sigma^2}\right]d(d) \tag{1-25}$$

式中：d——土石混合料颗粒粒径；

d_a——土石混合料的几何平均粒径；

σ——粒径对数的均方差。

d_a 和 σ 是由分布特征决定的参数。可由式(1-26)求得：

$$\ln d_a=\frac{\sum_{i=1}^{N}(m_1\ln d_i)}{\sum_{i=1}^{N}m_i}\text{和}\sigma=\sqrt{\frac{\sum_{i=1}^{N}m_i(\ln d-\ln d_a)^2}{\sum_{i=1}^{N}m_i}} \tag{1-26}$$

式中：m_i——粒径 d_i 的相对含量；

N——粒径组数。

由此，把渗透率、几何平均粒径和粒径分布函数的标准差联系起来。

从上述土石混合料的渗透试验结果和分析中，可以得到以下几点结论：

(1)土石混合料渗流速度随水力坡降的增大而加快，在水力坡降小于3～5时，土石混合料的渗流遵守达西定律；在水力坡降大于3～5时之后，再增加水力坡降，渗流速度急剧增加，此时达西定律已不再适用，需要加以修正。土含量 P_5 可以影响渗透规律，在土含量 P_5 小于20%时，随水力坡降的增加，渗流速度增加速率明显大于水力坡降的增加速度；在细粒土含量 P_5 大于30%时，土石混合料的渗流速度增加明显减缓。

(2)影响土石混合料渗透性的主要因素是土石混合料颗粒的不同堆积方式及所形成的孔隙系统的不同几何形状等物理因素。不均匀系数 C_u 可以影响土石混合料的孔隙比或孔隙率，主要表现在两个方面：一是孔隙率的增加使土石混合料的过水面积增加；二是增大了孔隙尺寸而使平均渗流速度增加。

(3)土石混合料中土含量 P_5 与渗透系数 K 之间关系表明，随土的含量增加，渗透系数急剧减小，在设计中可以通过增加细粒土含量来控制土石混合料的宏观渗透性能。土石混合料的级配特征对其渗透特性有很大影响，不均匀系数 C_u 是土石混合料中粗、细颗粒含量的一个重要衡量指标。当土含量在30%～40%以下时，土石混合料中的粗颗粒形成骨架，细颗粒充填孔隙，孔隙的大小直接关系到土石混合料的渗透特性。土石混合料的土含量 P_5 与渗透系数 K 之间存在负指数关系。

第2章　土石混合料强度特性

作为路基填筑材料，土石混合料的强度特征一直受到广大研究者的关注，土石混合料的抗剪强度组成以及剪切变形机理，是关注的重点。本章采用大型三轴试验、现场以及室内大型直剪试验、压缩试验以及直剪试验数值模拟等手段研究土石混合料的强度特性。

2.1　土石混合料室内大型三轴剪切试验

2.1.1　试验条件

大型三轴试验的试验条件主要依据研究目的、研究内容和我国行业标准《公路土工试验规程》(JTJ 051—93)、《土工试验规程》(SL 237—1999)而确定。

2.1.1.1　试验土样

试验用料分别采自渝(重庆)—黔(贵阳)高速公路二期工程。土料颜色为暗紫红色，肉眼初步鉴定为无黏性土石混合料，所含粗粒部分最大粒径达10cm以上，几何形状极不规则，呈棱角状，母岩岩性为浅紫红色钙泥质胶结细粒砂岩，偶见方解石脉。两组土样的原始级配曲线如图2-1所示。由于粒径小于0.1mm的颗粒含量不到5%，故定名为无黏性粗粒土。

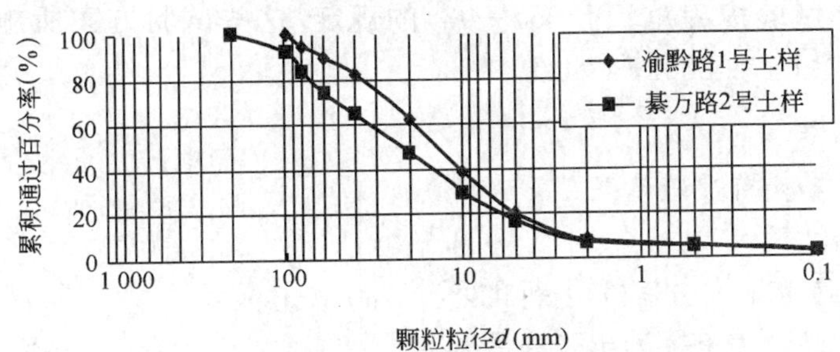

图2-1　试验土样的原始级配曲线

土料的最大干密度为2.237g/cm³，最佳含水率为8.5%。

试样配制中采用相似级配法确定土样的相似级配。对于相似级配中的超粒径颗粒，按规程要求采用等质量代换法予以处理。

2.1.1.2　试验仪器

大型三轴试验采用大型土石混合料三轴试验机完成，该机是按土工试验国家标准和交通、水利水电等行业规程规范研制的(图2-2)。

(1)主要功能

土石混合料的三轴剪切试验，具有饱和、固结、排水慢剪与快剪试验等功能；饱和与非饱和土的体变、孔隙水压力测量。

图2-2　大型土石混合料三轴试验机

(2)主要技术规格

试样最大直径:30cm;最大高度:70cm;最大轴向荷载:700kN;最大轴向位移:100mm;最大围压:2 000kPa;土样最大粒径:60mm。

2.1.2 试验方案

为了深入研究土石混合料的基本力学性质,以及不同密度、不同砾石含量(>5mm)、含泥量(<0.1mm)和最大粒径等对土石混合料力学性质的影响,共进行了如表 2-1 所列的 6 个常规三轴试验方案。

常规三轴试验方案一览表　　表 2-1

方案编号	主要试验条件	试验组数(组)	试样个数(个)	试验控制应变速率(mm/min)
方案 1	快剪,测孔压、测体变	9	25	1.5
方案 2	不同密度土样的试验,不饱和、不固结快剪,测体变、测孔压	4	4	1.5
方案 3	不同砾石含量(>5mm)土样的试验,不饱和、不固结快剪,测体变、测孔压	5	5	1.5
方案 4	不同最大粒径土样的试验,不饱和、不固结快剪,测体变、测孔压	4	4	1.5
方案 5	固结、排水慢剪,测体变、测孔压	1	6	0.08
方案 6	饱和与非饱和固结快剪	2	2	1.5

按照《公路土工试验规程》(JTJ 051—93)的规定,这些试验方案所施加的围压均分为 100kPa、150kPa、200kPa 和 250kPa 四级。

2.1.3 试验结果

2.1.3.1 非饱和快剪试验结果

(1)方案 1 试验结果

第一组试验是按表 2-1 方案 1 进行的不固结、不排水快剪试验。表 2-2 列出了主要试验条件和试验得的强度参数,表中的 E_i 与 μ_i 为各级围压下得到的初始切线模量与初始泊松比的平均值。

试验结果表明,土石混合料的应力应变关系曲线呈现出典型的非饱和土的曲线关系,具有应变硬化特征。强度包线见图 2-3。

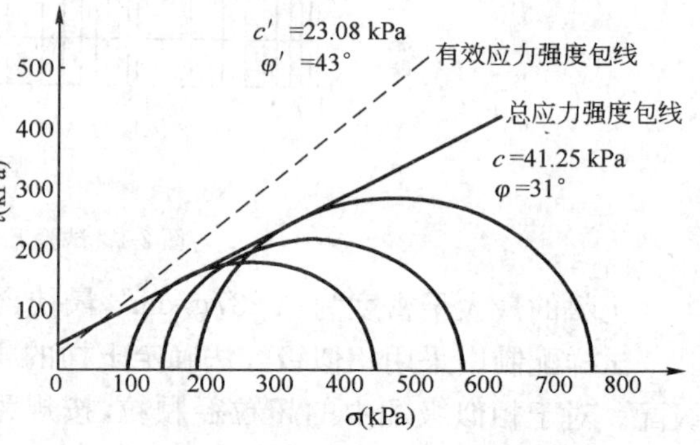

图 2-3 方案 1 试验强度包线

方案 1 试验结果　　表 2-2

试验条件				有效应力法		总应力法		E_i (MPa)	μ_i
含水率 w (%)	干密度 ρ_d (g/cm³)	饱和度 S_r(%)	剪切速率 (mm/min)	咬合力 c (kPa)	内摩擦角 φ(°)	咬合力 c' (kPa)	内摩擦角 φ'(°)		
8.5	2.12	87	1.5	23.08	43	41.25	31	17.2	0.28

(2)方案 2 试验结果

方案 2 试验的目的是研究不同密度对土石混合料强度和变形的影响。试验结果如表 2-3

所列，表明密度对强度参数的影响明显，随着试样干密度的降低，强度参数(包括有效应力法和总应力法)相应降低，但干密度对 E_i、μ_i 的影响并不显著。

方案2(不同密度)试验结果 表2-3

试验条件				有效应力法		总应力法		E_i (MPa)	μ_i
含水率 w (%)	干密度 ρ_d (g/cm³)	饱和度 S_r(%)	剪切速率 (mm/min)	咬合力 c'(kPa)	内摩擦角 φ'(°)	咬合力 c(kPa)	内摩擦角 φ(°)		
8.5	2.12	87	1.5	23.08	43	41.25	31	17.22	0.28
	1.96	62.7		20.22	41	35.89	28	13.84	0.26
	1.86	52		14.19	33	31.87	26	11.64	0.23
	1.76	43.8		12.03	30	23.42	22	9.29	0.22

(3)方案3试验结果

方案3中四个试样的 P_5 值分别为30%、50%、70%、80%。试验结果如表2-4所示，表明不同粒度(主要指砾石含量的多少)对强度参数有明显影响，总体来讲，砾石含量越多，含泥量越少，内摩擦角相应增大，咬合力降低，这与一般土的强度特性相对应，但砾石含量的多少对土的 E_i、μ_i 的影响不大。

方案3(不同 P_5)试验结果 表2-4

试验条件					有效应力法		总应力法		E_i (MPa)	μ_i
含水率 w(%)	干密度 ρ_d (g/cm³)	饱和度 S_r(%)	P_5(%)	剪切速率 (mm/min)	咬合力 c'(kPa)	内摩擦角 φ'(°)	咬合力 c(kPa)	内摩擦角 φ(°)		
8.5	1.96	62.7	30	1.5	32.7	34	48.1	26	12.82	0.22
			50		30.24	37	38.78	21	9.53	0.24
			70		20.68	41	22.07	25	10.2	0.23
			80		0.57	42	15.65	32	13.53	0.23

(4)方案4试验结果

方案4中四个试样的最大粒径分别60mm、50mm、40mm、30mm。试验结果如表2-5所示，可以看出，土样中不同最大粒径对强度参数的影响比较显著，总体规律是土样中最大粒径越小，对应的内摩擦角降低、咬合力增大，而最大粒径对 E_i、μ_i 的影响并不显著。

方案4(不同最大粒径)试验结果 表2-5

试验条件					有效应力法		总应力法		E_i (MPa)	μ_i
含水率 w(%)	干密度 ρ_d (g/cm³)	饱和度 S_r(%)	最大粒径 d_{max}(mm)	剪切速率 (mm/min)	咬合力 c'(kPa)	内摩擦角 φ'(°)	咬合力 c(kPa)	内摩擦角 φ(°)		
8.5	1.96	62.7	60	1.5	20.68	41	22.07	25	10.20	0.23
			50		23.23	38	48.22	30	19.42	0.27
			40		25.55	36	52.77	31	20.60	0.22
			30		33.22	35	59.67	27	22.99	0.23

2.1.3.2 饱和慢剪试验结果

方案5中，土样在饱水条件下进行固结慢剪试验，以研究在不同固结和排水条件下的强度变化规律。试验结果如表2-6所示。由于固结慢剪试验中孔隙水压力逐渐消散，土样在饱水条件下的固结慢剪，总应力强度与有效应力强度相近。与同条件下的不固结、不排水快剪试验相比，固结慢剪的有效应力强度参数略低。

方案 5(饱和固结排水慢剪)试验结果 表 2-6

试验条件				有效应力法		E_i (MPa)	μ_i
含水率 w (%)	干密度 ρ_d (g/cm³)	饱和度 S_r(%)	剪切速率 (mm/min)	咬合力 c'(kPa)	内摩擦角 φ'(°)		
8.5	2.12	87	0.01～0.12	22.26	37	30.9	0.37

2.1.4 试验结果分析

2.1.4.1 强度特性分析

试验表明，土石混合料的骨架作用明显，其抗剪强度主要由粗颗粒、细粒和粗细粒的搭配提供，粒间咬合阻力越大，内摩擦角受应力水平影响越大。在低围压下，由于粒间咬合作用强，剪胀变形较大，使强度增加。

(1)密度的影响

为了揭示不同压实度对土石混合料强度的影响，试验中采取常规试验的方法，一个试样多级加荷进行研究，如图 2-4 所示。不同密度情况下强度参数的变化具有很强的规律：随着试验干密度从 1.76g/cm³ 增加到 2.12g/cm³，强度参数值呈现出逐渐上升的趋势，其咬合力 c 值从 12.03kPa 上升为 23.08kPa，摩擦角 φ 值从 30°增加到 43°。这表明随着密度的增大，土石混合料颗粒间的接触和咬合都同时增大，强度也随之增大。

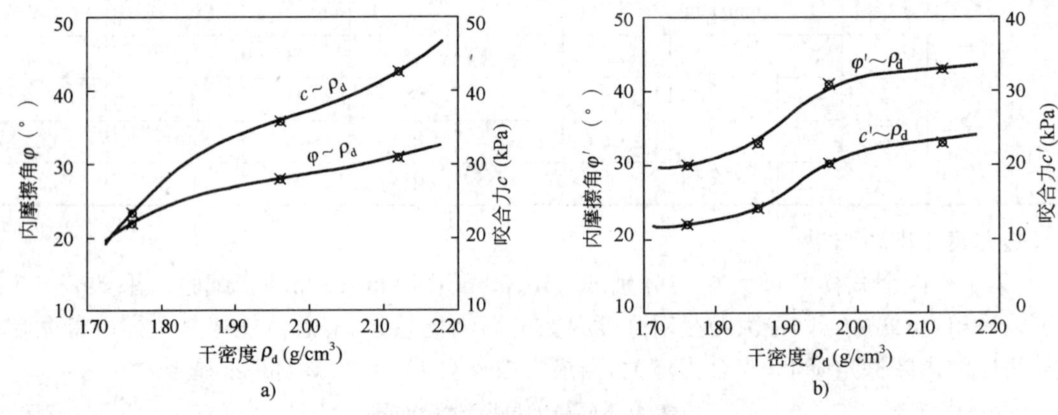

图 2-4 不同密度的强度参数

a)总应力强度参数；b)有效应力强度参数

(2)P_5 的影响

从不同 P_5 值的分级加压试验(即方案 3)结果中看到，不同粗料含量对土石混合料的力学特性有明显影响，如图 2-5 所示。其力学参数 c'、φ' 值随粗料含量呈现这样的规律：c' 值随 P_5 的增加而减小，当 P_5＞80%时，c' 值接近于 0；而 φ' 值随着 P_5 的增加而增加。两个强度参数的变化趋势相反。

以往的研究资料显示，粗粒料含量为 30%和 70%是两个影响工程特性变化的特征点。根据此将土石混合料分为三大类，一类是粗料含量 $P_5 \leqslant 30\%$，工程特性主要决定于细料性质；二类是 P_5 处于 30%～70%之间，工程特性决定于粗、细料的共同作用；三类是 P_5＞70%，工程特性主要决定于粗料性质。从图 2-5 可以看到这一特征的变化。

(3)颗粒最大粒径的影响

在同等密度情况下，调整试样最大粒径，按规程进行了一个试样多级加荷的试验，如图 2-6所示。随着最大粒径 $d_{\max}$ 从 30mm 变化到 60mm，试样强度参数也随之变化，其中咬合力 c 值下降，而摩擦角 φ 值则略有升高。

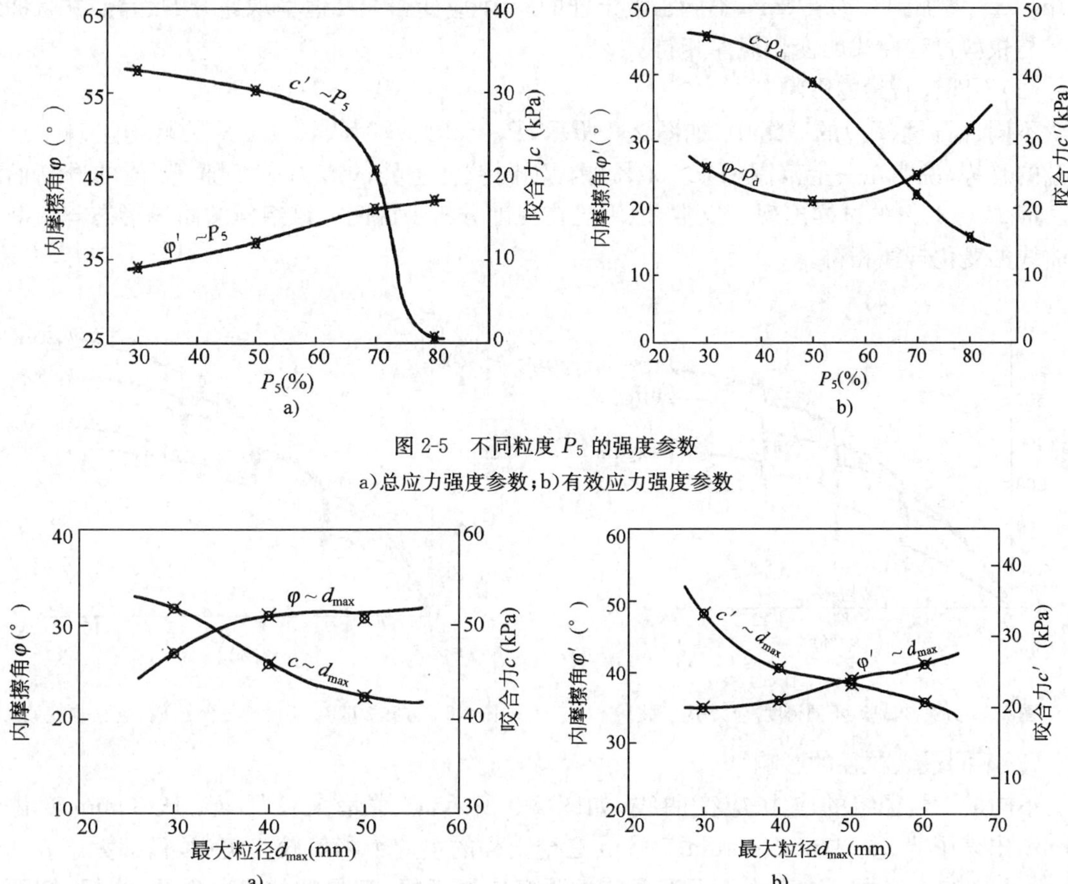

图 2-5　不同粒度 P_5 的强度参数

a)总应力强度参数；b)有效应力强度参数

图 2-6　不同最大粒径的强度参数

a)总应力强度参数；b)有效应力强度参数

2.1.4.2　应力-应变-体变特性分析

就非线性变形的机理而言，国内外研究者认为，土石混合料是由大小不等的非球状颗粒随机组合而成。其应力应变大致可分为三个阶段，在受剪初期(小于屈服极限时)，由于颗粒的移动，某些颗粒移向相邻孔隙，土石混合料发生压缩(剪缩)，此时应力-应变曲线初始段近似直线，反映出土石混合料的准线性特征，这点已为土石混合料的大量试验成果所证实。随着剪切变形的增长，相互咬合的颗粒很快出现转动、抬起和超越另一颗粒的剪胀现象，咬合作用愈大，剪胀现象愈强。达到峰值前，则表现为非线性以塑性变形为主。随后出现较大的颗粒破碎和重新排列，改变颗粒间应力状态，其强度随变形增加而保持稳定或降低(强度软化)。

研究饱和、非饱和应力-应变-体变关系图，从体变关系上可以发现饱和剪切后期出现剪胀现象，从而孔隙水压力降低，但没有出现负值，所以饱和试样的强度更高。

试验验证了在低压条件下土石混合料确实存在剪胀现象，并由于剪胀作用而产生了咬合力，这一咬合力成为土石混合料强度的重要组成部分。因此，在工程应用中应当计入此值，否则设计将偏于保守而不经济。

(1)不同密度的影响

不同密度情况下应力-应变曲线的变化较有规律。如图 2-7 所示，随着试验干密度从 1.76g/cm^{3}增加到 2.12g/cm^3，不同密度土样的应力-应变曲线峰值呈现递升的趋势，并且曲线形态与快剪过程曲线的变化规律相符。

(2)不同含石量的影响

不同含石量(P_5)的一组中，如图 2-8 所示，$P_5=50\%$、70%、80%的应力峰值呈现出逐渐上升的趋势，说明在一定范围($P_5>30\%$)内，不同粒度土样的应力应变随 P_5 值的升高而增大。但 $P_5=30\%$的试样出现了反常，原因已在强度分析中说明。该组样的曲线形态与快剪过程曲线的变化规律相符。

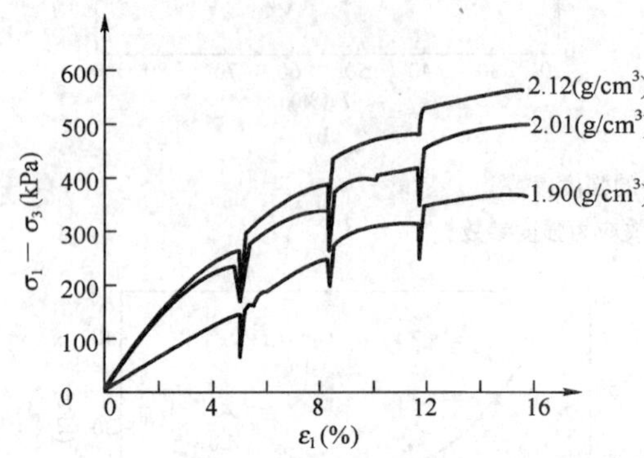

图 2-7　方案 2 试验(不同密度)应力-应变关系

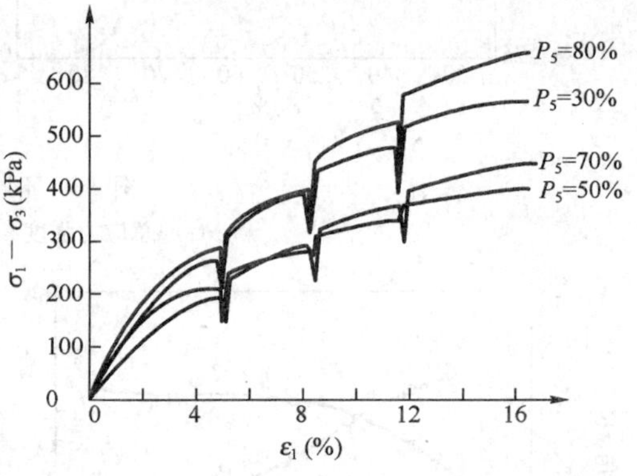

图 2-8　方案 3 试验(不同砾石含量 P_5)应力-应变关系

(3)不同最大粒径的影响

不同最大粒径组的应力-应变曲线，如图 2-9 所示，随着最大粒径 d_{max} 从 30mm 变化到 60mm，出现了 $d_{max}=30$mm、40mm、50mm 三个土样的主应力峰值较为集中，且都大于 $d_{max}=$ 60mm 土样的主应力。这说明土石混合料的强度取决于粗、细颗粒的共同作用，当粗、细颗粒级配均匀，土颗粒间充填密实时强度更高。

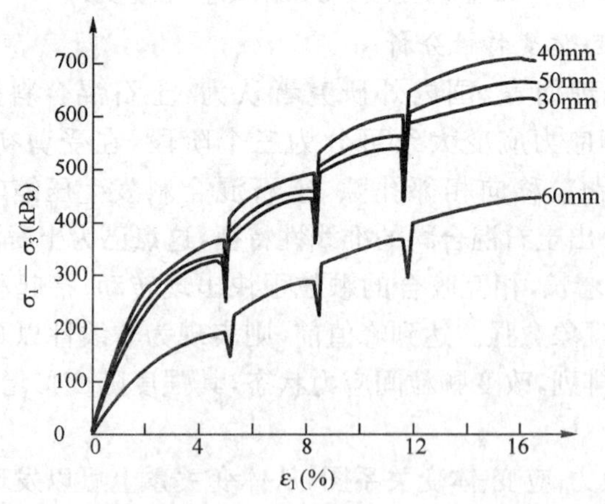

图 2-9　方案 4 试验(不同最大粒径)应力-应变关系

2.2 土石混合料压缩变形试验

土的固结和压缩的规律是相当复杂的。它不仅取决于土的类别和状态，也随土的边界条件、排水条件和受荷方式等因素而异：黏性土与无黏性土的变形机理不同；二相土和三相土的固结过程迥然有别，后者由于土中含气，变形指标不易准确测定，状态方程的建立与求解都比较复杂；对于路堤等填筑体，虽然填筑时处于非饱和状态，但考虑到雨后或地下水丰富地区的长期渗透等最不利条件，对于填料的压缩变形特性仍按饱和状态考虑。

2.2.1 试验条件

大型压缩试验的目的是测定粗颗粒土变形和压力(或孔隙比与压力)的关系、变形与时间的关系，以便计算土的压缩系数、压缩指数、回弹指数、体积压缩系数、压缩模量等。试验条件主要依据我国行业标准《公路土工试验规程》(JTJ 051—93)、《土工试验规程》(SL 237—1999)而确定的。

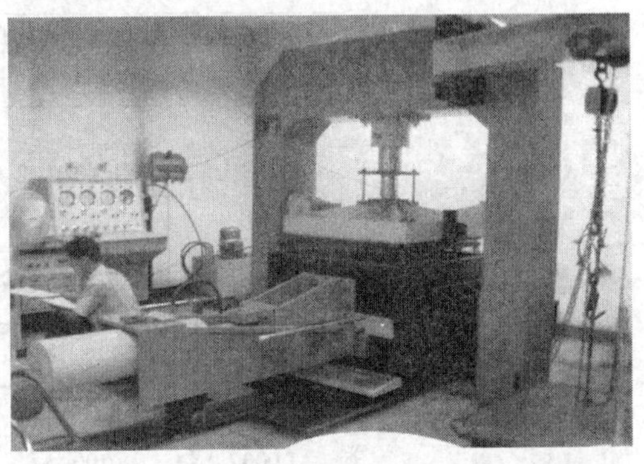
图 2-10 大型土石混合料多功能试验机

2.2.1.1 试验仪器

土石混合料室内大型压缩试验采用土石混合料多功能试验机(图 2-10)进行，固结筒直径为 500mm，净高 240mm，最大压缩量为 80mm，轴向最大加载能力为 400kN，最大固结应力 2.0MPa。

2.2.1.2 试样来源

压缩试验的试样取自某土石混填路基的 1、2、3 三个料区，对其上包线、平均线和下包线分别进行压缩试验。该试样的原级配及试验级配组成见图 2-11～图 2-13。由于原级配存在大量超粒径颗粒，且试验高度与试样最大粒径之比宜为 4～6，故试验级配最大粒径采用 60mm，试验级配由原级配采用等量替代法获得。

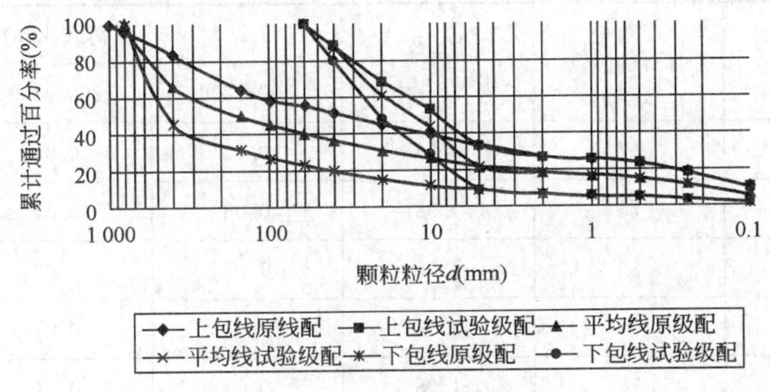

图 2-11 1 号料区颗粒级配曲线

2.2.2 试验结果及分析

按试验级配分别进行了上包线、平均线和下包线试样的压缩试验，计 9 个试样，具体试验结果如下。

从表 2-7、表 2-8 中可以看出，1、2、3 三个料区的土石混合料均表现出低压缩性，其压缩系数均小于 0.1MPa^{-1}，且随压力的逐渐升高，压缩系数相应降低。这说明土石混合料在压力作用下，克服颗粒间点接触摩擦力，颗粒产生破碎、位移，发生重新排列，细颗粒充填于粗颗粒间的孔隙，使粗颗粒的骨架作用减弱，土石混合料密实度增加。

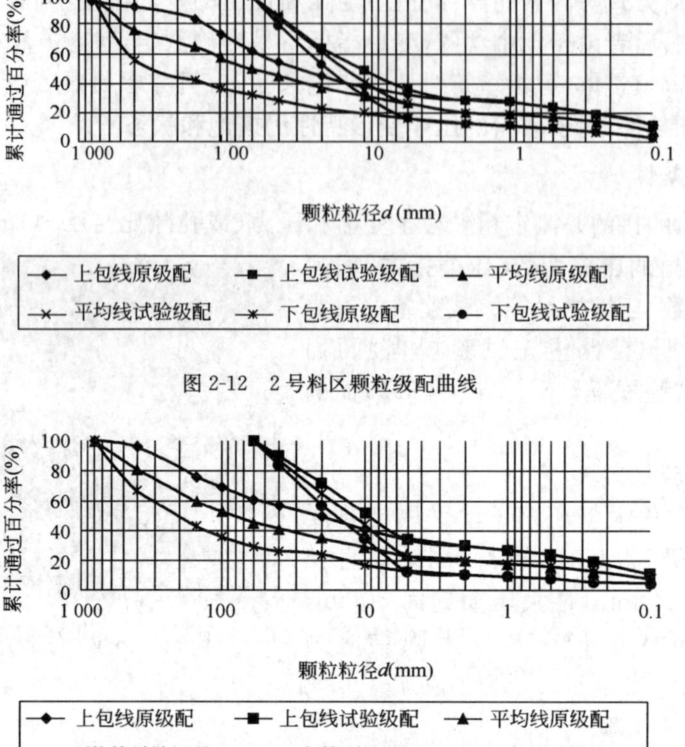

图 2-12　2 号料区颗粒级配曲线

图 2-13　3 号料区颗粒级配曲线

土石混合料压缩系数(MPa^{-1})　　表 2-7

试 样 编 号	含石量(%)	干密度(10^3kg·m^{-3})	荷载(kPa)		
			100～200	200～400	400～800
1 上包线	67	1.98	0.08	0.05	0.03
1 平均线	78	1.98	0.08	0.05	0.04
1 下包线	89	1.98	0.05	0.03	0.02
2 上包线	64	1.96	0.07	0.04	0.05
2 平包线	74	1.98	0.06	0.04	0.04
2 下包线	84	1.96	0.07	0.06	0.04
3 上包线	66	1.98	0.09	0.07	0.06
3 平包线	77	1.98	0.08	0.08	0.07
3 下包线	87	1.98	0.07	0.04	0.03

土石混合料压缩模量(MPa)　　表 2-8

试样编号	含石量(%)	干密度 (10^3kg·m^{-3})	荷载(kPa)			
			100	200	400	800
1 上包线	67	1.98	11.23	13.22	16.81	23.54
1 平均线	78	1.98	11.32	13.28	17.37	22.97
1 下包线	89	1.98	16.39	19.71	27.20	35.72
2 上包线	64	1.96	12.25	13.96	17.49	22.77
2 平包线	74	1.98	16.26	17.17	22.39	28.15
2 下包线	84	1.96	15.27	16.94	19.79	23.86
3 上包线	66	1.98	10.95	12.14	14.62	17.32
3 平包线	77	1.98	11.55	12.23	14.54	16.2
3 下包线	87	1.98	16.41	18.54	23.72	29.38

图 2-14～图 2-16 显示,土石混合料的孔隙比是随压力的增加而减小的。这是因为土石混合料在压力作用下,颗粒之间堆积更加密实,其孔隙比减小。在压力相同时,上包线、平均线、下包线的孔隙比并不相同,并且下包线的孔隙比最大,上包线次之,平均线最小。这种现象已不能用传统的土力学理论来加以解释,但可以从散体力学和颗粒力学理论来解释这种现象。下包线中粗颗粒含量大,颗粒骨架作用明显,细颗粒不能充分充填粗颗粒间的孔隙,造成其孔隙比最大。下包线中细颗粒含量大,同时颗粒粒径也较均匀,细颗粒将起到骨架作用,没有充足的小颗粒来充填孔隙,造成其孔隙比较大。而平均级配线中粗、细颗粒含量适中,在压缩时可以获得较小的孔隙比。

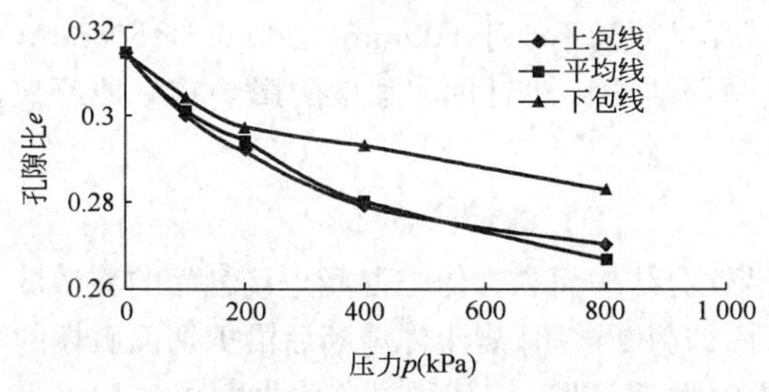

图 2-14　1 号料区土石混合料压力 p 与孔隙比 e 关系曲线

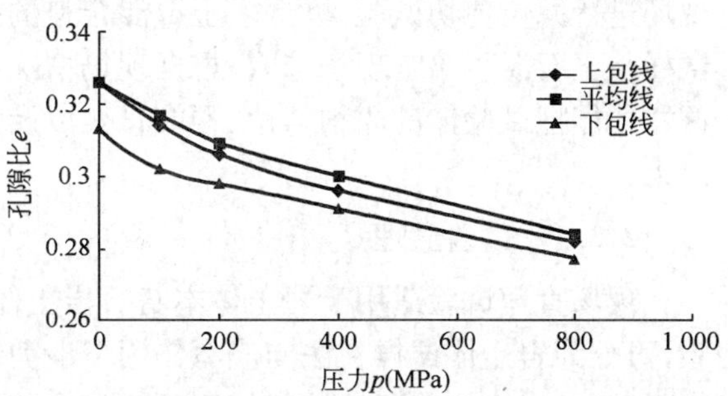

图 2-15　2 号料区土石混合料压力 p 与孔隙比 e 关系曲线

图 2-17～图 2-19 显示,土石混合料的压缩模量与垂直压力的关系总的趋势是随压力的增加而增大,但增加的梯度不一定相同。这是因为试验过程中在竖向压力作用下,颗粒产生破碎或位置产生位移所致。孔隙比的变化情况同样可以在压力-压缩模量曲线中近似的反映出来,其原因都是相似的。因此,在工程中必须严格控制粗、细颗粒的含量,同时还要考虑到碾压施工过程中颗粒发生破碎,相应的适当增加大粗颗粒的含量,减小细颗粒的含量,使施工后的土石混合料级配符合设计级配曲线。

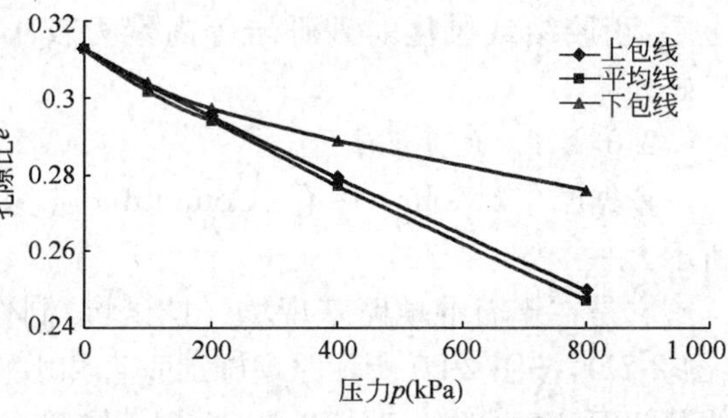

图 2-16　3 号料区土石混合料压力 p 与孔隙比 e 关系曲线

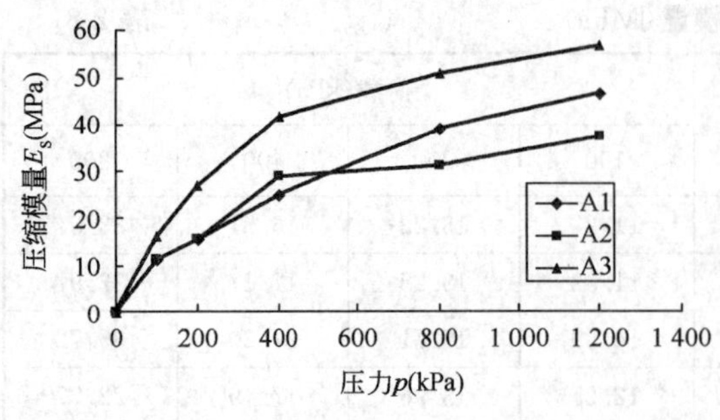

图 2-17　1 号料区土石混合料压力 p 与压缩模量 E_s 关系曲线

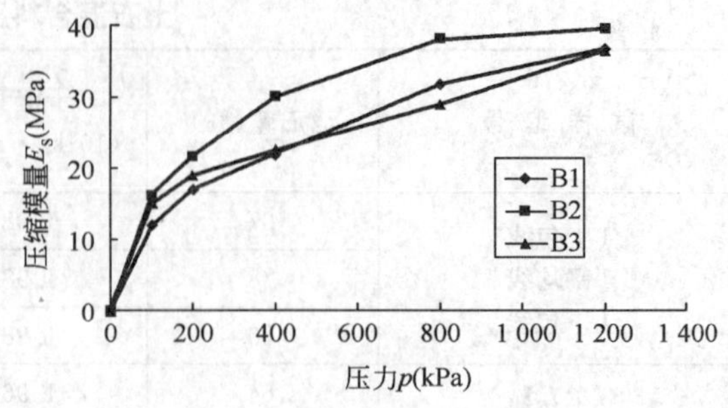

图 2-18　2 号料区土石混合料压力 p 与压缩模量 E_s 关系曲线

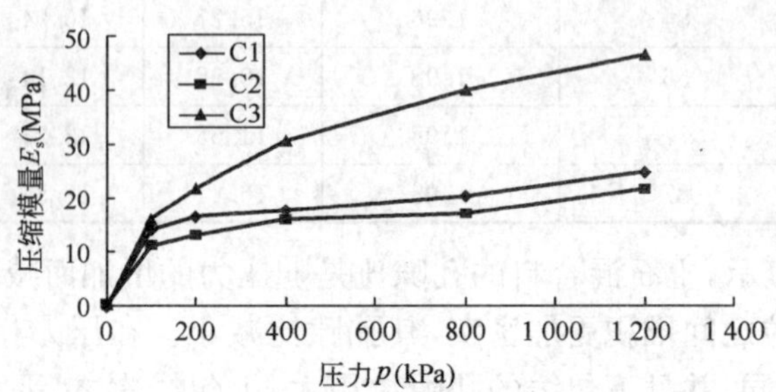

图 2-19　3 号料区土石混合料压力 p 与压缩模量 E_s 关系曲线

2.3　土石混合料现场大型直剪试验

工程施工过程中最大粒径达到 300mm，在室内研究其原级配抗剪强度比较困难，从而在现场进行原位剪切试验，以探求土石混合料的抗剪强度特性，确保工程质量。原位直剪试验的试样从土石混填路基现场选取，根据现场情况，试样尺寸为不小于 500mm×500mm×500mm，这样才能把试验体的非均匀性、颗粒骨架以及空洞等结构特性对抗剪强度的影响较好地反映出来。

2.3.1　试验原理

现场直剪试验适用于岩土体本身。岩土体沿软弱结构面和岩体与混凝土接触面的剪切试验，可分为岩土体试样在法向应力作用下沿剪切面的剪断试验、岩土体剪断后沿剪切面破坏的剪断试验、岩土体剪断后沿剪切面继续的抗剪试验(摩擦试验)。其又可分为大剪仪法和水平推剪法。大剪仪法适用于测求土及土体接触面或滑动面的抗剪强度；水平推剪法试验的剪切面积比大剪仪法更能沿软弱面方向发展，试验时不受试坑深度限制，对洪坡积等混砂、砾、碎石土层，稍胶结或风化的砂砾岩等内聚力较小或剪断后残余的内聚力较小的地层，试验结果较好。

2.3.1.1　大剪仪法

依据摩尔(Mohr)-库仑(Coulomb)强度理论，大剪仪法原位直剪试验原理，如图 2-20 所示。

它是在土石混填路基现场开挖试坑，制作试样，并用刚性剪切盒(只有上盒)套在试样外(图 2-21)，按图 2-20 所示原理施加垂直和水平荷载，使试样在垂直力与水平力作用下，在既定的剪切面(底面)发生剪切破坏，根据不同垂直荷载及使试样发生剪坏的水平荷载，获得路基填料的抗剪强度指标。

2.3.1.2　水平推剪法

水平推剪法试验是在现场加工成具有三面垂直临空侧面的半岛状土体，在其底部横向施加水平力使其剪坏，剪切面为一弧线、垂直力为滑裂面以上土体自重力，通过测定滑裂面的位置并绘制滑弧剖面图、推力的最大值 P_{max} 及最小值 P_{min}，分别根据土坡稳定分析的条分法按极限平衡原理计算出土的 c、φ 值。其原理方法如图 2-22 所示。

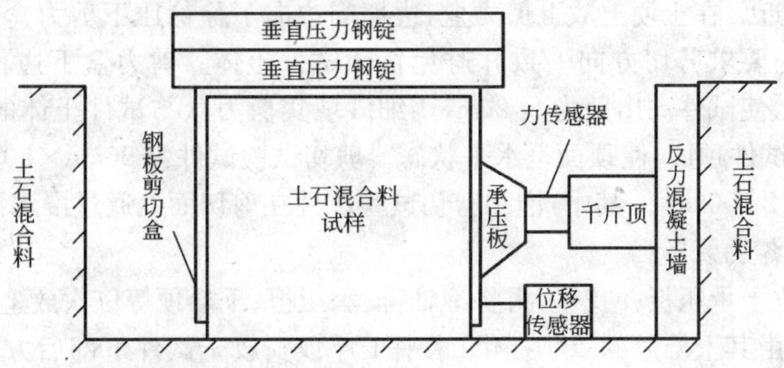

图 2-20　大剪仪法原位直剪试验原理

图 2-21　现场试验试件

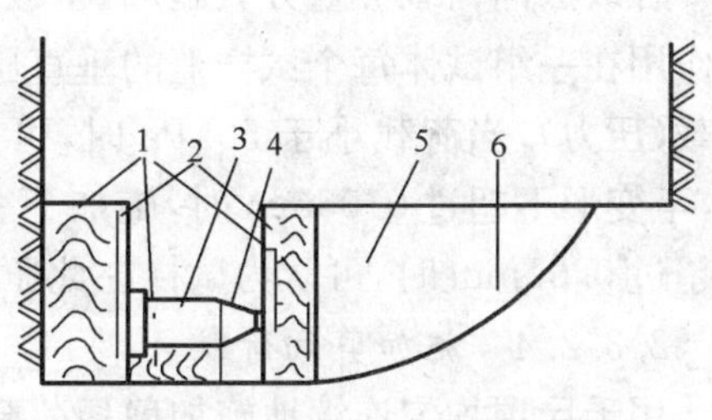

图 2-22　水平推剪法试验原理

1-枕木；2-钢板；3-千斤顶；4-压力表；5-土样；6-滑动面

水平推剪法试验的特点是土体的剪损面不受剪力盒的约束，剪损面的形状和发展，取决于土的性质和土体内软弱结构面的分布，因此更适合于测定含砂、碎石土坡以及土夹石的混合土的抗剪强度指标。但考虑与室内大型试验的参照和对比，研究中仍采用大剪仪法。

2.3.2　试验方法

现场大面积原位剪切试验按《土工试验规程》(SL 237—1999)有关规定进行。

由直剪试验求土的抗剪强度指标时，至少需三个性质相近的试样在不同垂直压力下进行剪切。但由于土石混合料具有复杂多变、各向异性，即使在同一位置取的样品其性质也不尽相同，且有时野外取样困难不足以制备三个试样。试验根据现场实际情况，对于受场地等条件限制时，采用以单样多级加荷直剪试验获取必要的剪切参数。研究表明，该方法对于现场快剪是可行的，但当位移特别大时，应进行必要的修正。我们在现场进行了验证，即取一组四个试样，一个做多级加荷试验，具体方法如下。

首先在 50kPa 法向压力下，按规程规定，剪至试样破坏，记录百分表读数；立即加第二级荷重，继续剪至百分表指针不再前进，记下读数；后加第三级荷载……依此类推，可获得四个不同法向压力下的数据，用作图法求出内聚力 c 及内摩擦角 φ。

剩余三个试样分别在 100kPa、200kPa、300kPa 压力下剪切；加上第一个试样在 50kPa 压力下的数值，作为多试样不同法向压力下剪切试验结果，同样用作图法求出 c、φ 值。

经验证，该法求得的 φ 角误差约为 5%，应该说求得的强度参数是满足工程需要的。

2.3.2.1　试件制备

在拟定的试验地段开挖试坑，当挖至预定深度后，停止全面开挖。然后在坑底挖出一条土埂，深至剪切面附近。在土埂上放上剪力盒，边切削边向下徐徐压下剪力盒至要求试验深度，使水平推力方向与要求剪切方向一致并避免扰动试件土体。剪力盒下边预留 3～5cm 剪切缝，修平试件顶面，使试件高出剪力盒 2cm，用细砂填实剪力盒与试件土体的局部缝隙并铺上 5mm 左右细砂在试件顶面，使顶面呈水平状态。剪切试验试件为 50cm×50cm×50cm 的立方体，剪切面面积为 2 500cm^2。其中，饱和剪切试验试件在剪切面处通过浸水饱和 48h。

2.3.2.2　设备安装

在试件顶面放上承压板并找平，再将滚轴排、承压板、千斤顶等依次放上，使垂直压力位于剪切面中心，反力由其上堆放的重物提供，水平千斤顶安放于试件下部后方，使推力位于中间且与要求剪切方向一致。

2.3.2.3　施加法向荷载

各级法向荷载等量分级施加，将最大垂直压应力分为 $\sigma_{max}/4$、$2\sigma_{max}/4$、$3\sigma_{max}/4$、σ_{max} 四级，作为作用在一组试体每个试样上的垂直压力。试样上的垂直压力一般分为 4～5 级达到要求的荷载(压力)，当荷载小于 50kPa 时，可一次完成施加。施加荷载后每 5min 量测垂直变形一次，至变形不超过 0.05mm 时，施加下一级荷载。最后一级荷载施加后，当 1h 内的垂直变形不超过 0.01mm 时，可认为试样在此压力下达到相对稳定，即可施加剪切荷载。

2.3.2.4　施加剪切荷载

用千斤顶均匀连续地施加剪切荷载，一般每隔 1min 施加水平剪力一次，开始时按垂直总荷载的 8%～10%施加，以后逐级减小，使其剪切破坏时最后一级荷载约为垂直总荷载的 5%。在施加切向剪应力过程中，应保持垂直荷载不变，控制试验在 20min 内剪完，每施加一级剪应力，均应测记剪切荷载、水平位移量及垂直位移量。

2.3.2.5　试体破坏准则

当剪应力达到峰值或剪切变形急剧增长，出现剪力的残余值时，或剪切变形量达试体尺寸的 1/10 时，即可认为试体已经破坏，可停止加载。试验结束后，应对试样破坏情况进行描述，包括测量剪切面尺寸、记录剪切破坏形式、剪切面起伏差、擦痕方向与长度、碎块分布状况等。

2.3.2.6　其他事宜

试样制作过程中，应注意对现场状况，包括桩号、点位、现场状况、土石混合料的组成、岩性等状况进行描述。试验过程中，注意各仪表的显示状况等，如有异常，应查明原因，再行试验。

试验结束后，对剪切面进行观察、描述、照相，并从现场选取代表性的土石混合料试样，以备室内进行其他项目的试验。

试件的水平位移由安装的百分表测定。按上述方法在不同法向荷载下进行其他试件的剪切试验，分别获得不同法向荷载下相应的水平剪切力。

2.3.3　试验成果

按照上述试验方法，结合渝黔高速公路二期、綦(江)万(盛)高速公路、昆石高速公路、石万公路等进行了现场原位直剪试验，总计进行了 36 组 122 个试样的直剪试验。由于篇幅的限制，这里仅给出两个试验路段的现场试验成果。

2.3.3.1　试验路段 1

(1)现场状况

天然大面积剪切试验点土体为强风化泥岩块、碎石和细粒土组成的石渣土。经分层碾压后，用灌水法测得试验段石渣土的天然密度为 2.23g/cm³，干密度为 2.05g/cm³，达到设计要求，开挖试坑中见到的块石最大粒径 30cm，含量较少。

饱和大面积剪切试验点土体为强风化泥岩块、碎石和细粒土组成的石渣土。经分层碾压后，用灌水法测得试验段石渣土的天然密度为 2.28g/cm³，干密度为 2.09g/cm³，达到设计要求，开挖试坑中见到的块石最大粒径 30cm，含量较少。

现场剪切试验结束后，采取试样土料进行室内颗分试验，得到试样的颗粒级配曲线如图 2-23 所示。

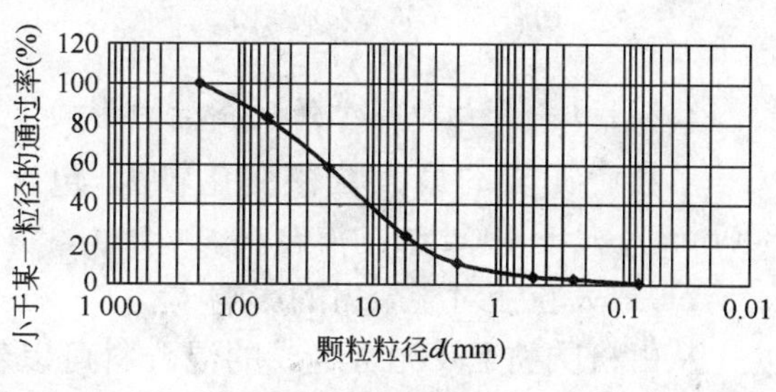

图 2-23　颗粒级配曲线

(2)试验结果

现场进行了天然含水率和饱和试样的剪切试验，大面积剪切试验每组布置试件 5 个，剪切面积为 2 500cm²，饱和剪切试验在试件饱和 48h 后进行试验，试验符合规范技术要求，试验结果正常。试验成果见图 2-24、图 2-25。

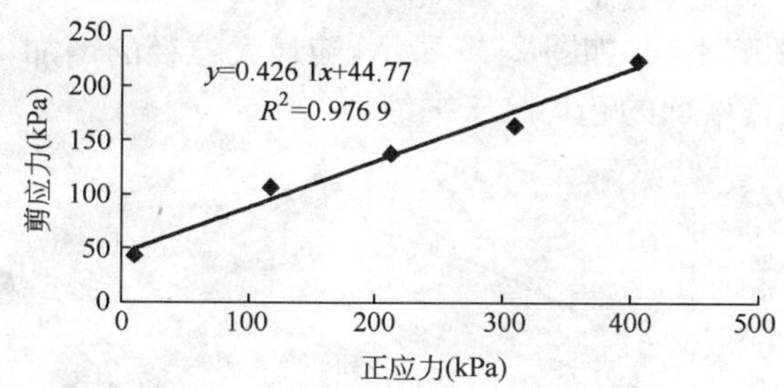

图 2-24　天然现场大面积剪切试验成果图

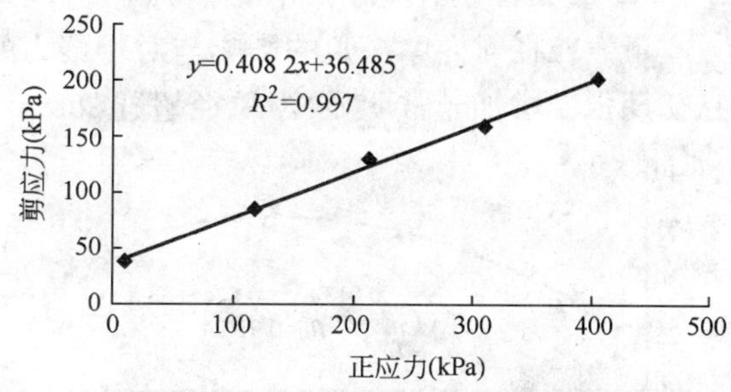

图 2-25　饱和现场大面积剪切试验成果图

2.3.3.2　试验路段 2

(1)工点状况

QJ3：试验土层为棕红色粉质黏土含块石，土石比为 7∶3～6∶4。土呈可塑～硬塑状，均匀，稍湿；块石成分为砂岩、泥岩，直径一般 5～20cm，个别达 50cm。

QJ5：试验土层为棕红色粉质黏土夹块石。土呈硬塑状，均匀，稍湿；块石成分为强风化泥岩及砂岩，块径不一，40～90cm 不等，井后壁有一股渗水，水量大。

(2)试验成果

试验成果见图 2-26、图 2-27。各试样均沿预定剪切面剪损，QJ3 剪切面较平整，见黄灰杂色滑带土，呈可塑状，湿，现场剪切试验成果为试验土体的峰值强度。

2.3.4　试验成果分析

试验试样的混合料组成多由强风化砂岩、泥岩和粉质黏土中的部分组成。从计算所得的强度指标来看，结果比较离散，其中凝聚力的变化范围为 20.74～52.08kPa，内摩擦角的变化范围为 7.85°～29.78°。

将上述结果进行简单的分类，可统计分析最大粒径、含石量、岩性不同(砂岩与泥岩)及饱和与非饱和对强度的影响，分述如下。

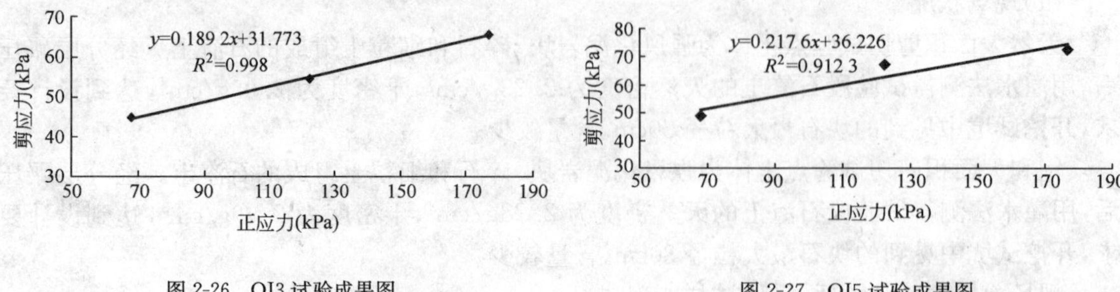

图 2-26 QJ3 试验成果图　　图 2-27 QJ5 试验成果图

2.3.4.1 最大粒径对强度指标的影响

填料中泥岩的最大粒径变化较大，包含了最大粒径为 50mm、80mm、120mm、200mm、300mm 及大于 400mm 的混合料。

(1)最大粒径对凝聚力的影响

从由粉质黏土及泥岩组成的混合料可以看出，最大粒径对凝聚力的影响不是很大，如图 2-28 所示。总的趋势是随最大粒径的增加，凝聚力有上升的趋势，但当最大粒径超过 400mm 后，凝聚力反而呈下降趋势。

(2)最大粒径对内摩擦角的影响

最大粒径对内摩擦角的影响与对凝聚力的影响不同，如图 2-29 所示，随最大粒径的增加，在初期强度增加非常明显，当粒径超过 200mm 后，增加的趋势趋于平缓。

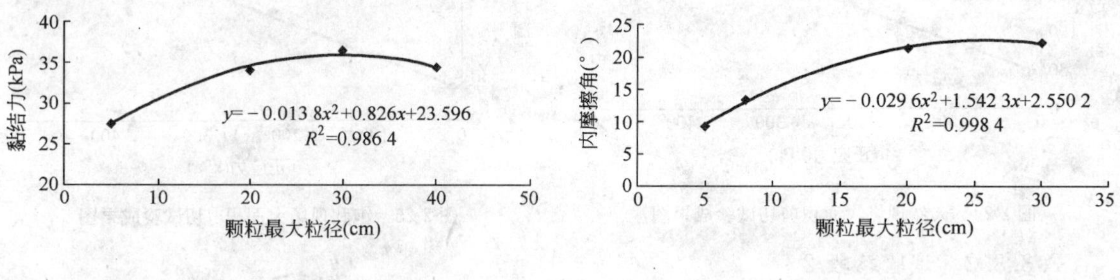

图 2-28 最大粒径对凝聚力的影响　　图 2-29 最大粒径对内摩擦角的影响

2.3.4.2 含石量对强度指标的影响

(1)含石量对凝聚力的影响

由图 2-30 可以看出，随含石量的增加，凝聚力先有一个减小的过程，大概在含石量为 30%时转而随含石量的增加而增加。从变化的趋势上看，随含石量增加，凝聚力不断提高，此时的凝聚力已不单纯是黏性颗粒之间的凝聚力，部分颗粒剪碎也部分以凝聚力的形式出现。

(2)含石量对内摩擦角的影响

含石量对内摩擦角的影响总体上与对凝聚力的影响从趋势上看基本相同。从图 2-31 中曲线可以看出，随含石量的增加，当含石量未超过 30%时，强度增长的速度缓慢；当含石量在 30%～70%之间时，强度随含石量的增加增长很快；当含石量超过 70%后，强度随含石量的增加反而有减小的趋势。

2.3.4.3　饱水程度对强度指标的影响

(1)饱水凝聚力与天然凝聚力的关系

从图 2-32 可以看出,饱水强度与天然强度基本呈线性关系。

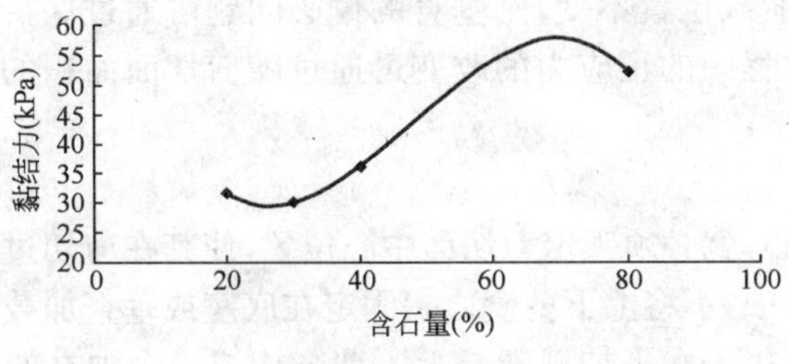

图 2-30　含石量对凝聚力的影响

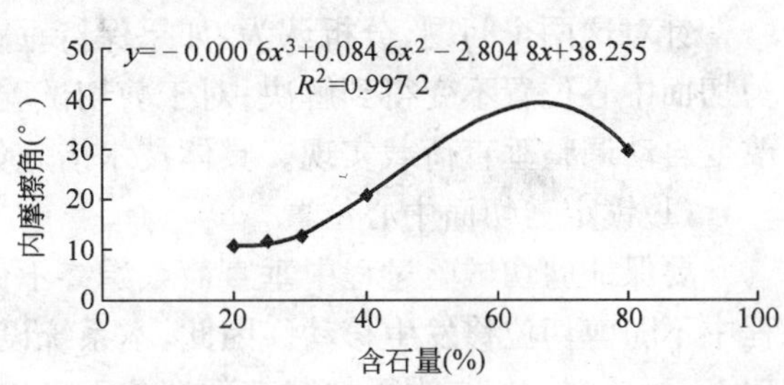

图 2-31　含石量对内摩擦角的影响

(2)饱水内摩擦角与天然内摩擦角的关系

从图 2-33 可以看出,饱水内摩擦角与天然内摩擦角之间也基本呈线性关系。

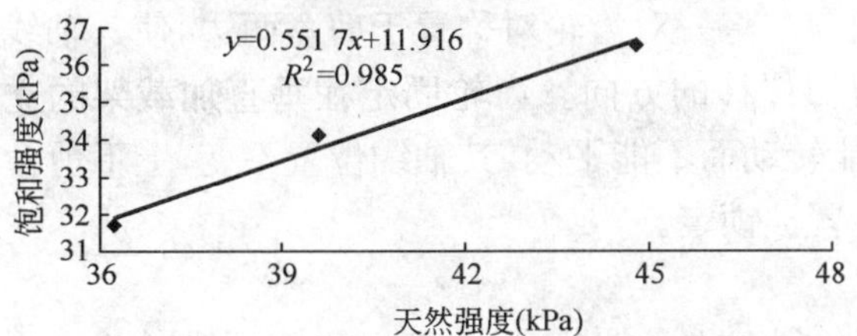

图 2-32　饱水凝聚力与天然凝聚力的关系

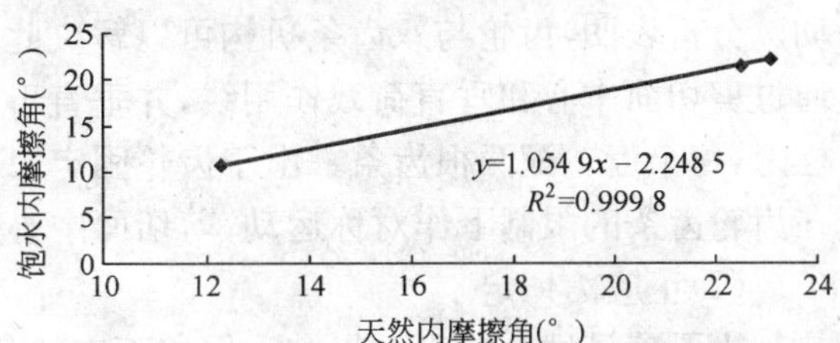

图 2-33　饱水内摩擦角与天然内摩擦角的关系

2.3.4.4　现场剪切破坏方式

根据现场剪切试验结果,由于受刚性剪盒的影响,且试验对象多为软岩类土石混合料,故破坏基本体现如下特征:

(1)试样沿预定剪切面剪损。

(2)剪切中出现部分颗粒被剪碎如图 2-34 所示。

(3)剪切面有起伏,且起伏程度与颗粒的最大粒径及含量有关,颗粒最大粒径越大,粗颗粒含量越大,剪切面起伏越大(此处的起伏指垂直高度差)。

(4)试验所得的强度均为试验土体的峰值强度。

图 2-34　现场剪切试验破坏面

2.4　土石混合料室内大型直剪试验

2.4.1　试验仪器研制

土石混合料的室内大型直剪试验,可以依据《土工试验规程》(SL 237—1999)进行直接剪切试验。但该直剪试验仍存在以下两个问题。

(1)正应力不断改变

在试验过程中,随着剪切位移的增加,受剪的有效面积在减小,剪应变分布是不均匀的,这与库仑公式的应用条件存在差异。

(2)垂直荷载偏心

在剪切过程中,垂直荷载发生偏心,致使应力计算误差加大。

针对这两个问题,分析认为:如果保持垂直荷载位置不变,则垂直的偏心问题可通过保持剪切面中心位置不变得到解决;对于剪切试验过程中的正应力的改变可通过随剪切面面积的改变自动调整垂直荷载实现。具体技术措施如下:

(1)锁定剪切面中心位置

要保证剪切试验过程中垂直荷载始终不偏心,就必须锁定剪切面中心位置,使其在剪切过程中不随剪切位移发生移动。因此,本系统设计中,不将上下剪盒之一固定在底座或垂直加载架上,而是把它们与水平加载架的端承面直接连接。水平加载架与上下剪盒构成一个独立的整体结构,它可在底座上沿剪切方向整体移动。施加水平荷载时,水平加载架带动上下剪盒作相对运动。

剪切面中心位置应当锁定在垂直荷载的作用线上,试验过程中上下剪盒以此点作对称运动。分析表明,齿轮与双齿条机构可以解决此问题。将一对齿轮对称置于剪盒两边,使其轴线通过剪切面中心和垂直荷载作用线,并垂直于剪切位移的方向。齿轮固定在垂直加载架的立柱上,每个齿轮配两根齿条。由于齿轮固定,只能转动而不能平动,其轴线位置不变,上下剪盒在齿轮齿条的限制下作对称运动,剪切面中心位置被锁定。

(2)正应力恒定

为了满足试验过程中正应力保持不变的条件,传统的方法是恒定垂直荷载。但试验过程中剪切面减小必然导致正应力相应的增加。由于剪切面面积的减小是由剪切位移引起的,而剪切位移可以通过传感器测量,故只需将水平位移信号用于正应力的控制,即可解决这个技术问题。研发中设计了如图 2-35 所示的闭循环反馈控制回路。

由图 2-35 可见,剪切位移发生后,传感器获得位移信号,经信号处理并调整好初值,送至电液比例放大器,驱动电液比例降压阀,使油路压力随之按相应比例降低,保证了正应力始终不变。

2.4.1.1 新型直剪仪的原理及组成

新型的大型综合直剪试验仪,试验设备原理如图 2-36 所示。

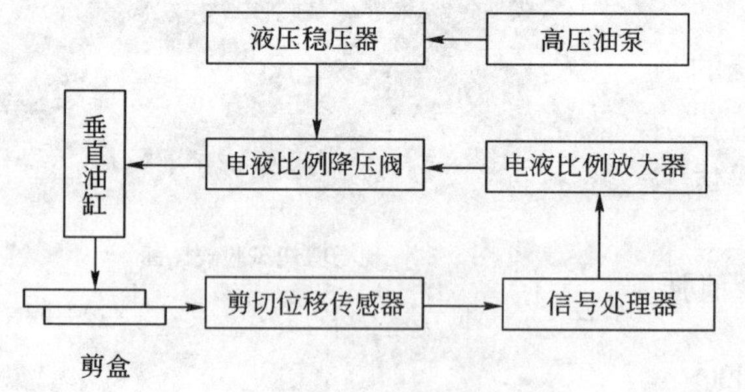

图 2-35 垂直荷载控制原理框图

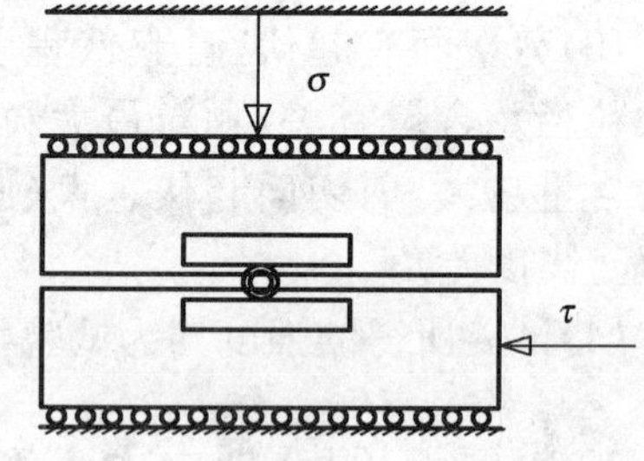

图 2-36 改进的直剪试验原理

试验设备包括主机系统、液压及液压控制系统、量测主系统、数据采集处理系统及吊装辅助系统五个部分,如图 2-10 所示。

2.4.1.2 设备的主要技术规格

(1)直剪试验

剪盒尺寸:本系统设计能够进行两种规格尺寸(净尺寸)的剪切试验,大剪盒为 1 000mm×

1 000mm×800mm，开缝宽度为 50mm 和 30mm 两种（可调）；小剪盒为 500mm×500mm×400mm，开缝宽度为 20mm。

加载能力：垂直荷载最大加载能力为 1 000kN，传动器最大行程为 200mm；水平荷载最大加载能力为 1 000kN，传动器最大行程为 500mm。

剪切速率：剪切速率为等速率控制，速率可调范围为：0.5～50mm/min。

(2)固结压缩试验

固结桶尺寸：固结桶内径为 500mm，净高 240mm。

加载能力：最大加载能力为 400kN。

压缩量：最大压缩量为 80mm。

(3)量测范围

荷载测量：垂直和水平荷载测量均采用荷载传感器测量，最大量程为 1 000kN。

位移测量：水平位移测量采用两只差动变压器式位移传感器测量，最大行程为 500mm；垂直位移采用四只差动变压器式位移传感器测量，最大量程为 200mm。

量程分档与量测精度：所有荷载与位移测量，其量程均分为 20%、50%、100%三档标定，测量精度为 1%FS。

(4)荷载控制

垂直荷载和水平荷载的初始值由人工设定，试验过程中自动控制，控制精度为 2%FS。

试验过程中，本系统自动使剪切面中下位置保持不变，并自动跟踪剪切面的缩小而自动降低垂直荷载，即在试验过程中本系统自动保证正应力始终恒定、均匀（不产生垂直荷载偏心现象）。

(5)吊装组件

最大起吊能力为 10kN，旋转角度为 180°，半径变幅为 500～1 500mm，起吊方式为手动葫芦。

2.4.2 试验方案

2.4.2.1 试样来源

室内试验主要依据试验路渝黔高速公路二期工程、綦江至万盛高速公路填料进行级配的调整和土石的变换。故试样主要来自两方面：一是现场取样，室内进行筛分，按照施工现场各粒径组成情况，调整含石量（5mm 以上颗粒含量），得到不同土石比的混合料；二是从采石场根据现场取回的土石混合料的颗粒组成情况选取不同粒径的砂石料，室内进行掺配，得到不同岩性、不同土（5mm 以下颗粒统称为“土”）性及不同含石量的混合料。

从现场取回的试样经风干、筛分，测得其原始级配曲线，见图 2-37。土样中粒径小于 0.1mm的颗粒含量不到 5%，故定名为软岩砂性土石混合料。

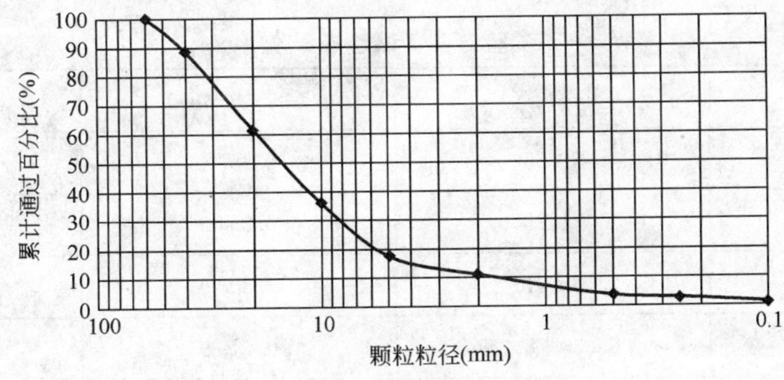

图 2-37　现场试样的颗粒级配组成曲线

由击实试验结果得到现场试样的最大干密度为2.243g/cm³ 和最佳含水率为7.5%。

考虑到与施工相结合，本次试验参照上述现场试样的"土"、"石"颗粒组成，调整土石的不同含量，并以采石场取回的试样替代其中的土和石，得到不同试验方案下的土石混合料试样。

2.4.2.2 试验方案

研究主要围绕不同类别的土石混合料进行不同含石量下不同含水率的大型直剪试验。

(1)试验方案1：对现场试验料进行不同含水率的剪切试验。

(2)试验方案2：将试验方案1中的"石"以采石场取回的试样等质量替代，其级配组成情况不变，进行不同含水率的剪切试验。

(3)试验方案3：按照试验级配1中石料(大于5mm)和土(小于5mm)的级配组成，调整石料的含量。按照含石量分别为0、20%、30%、40%、60%、70%、80%和100%的试验级配，进行最佳含水率下的剪切试验。

(4)试验方案4：将试验方案2中的"土"以采石场取回的相应粒径的颗粒替代，其级配组成仍不变，进行不同含水率的剪切试验。

(5)试验方案5：将试验方案3中各试验级配组成中的石料换为采石场取回的相应粒径的石料，将各级配试样中的土以从采石场取回的相应粒径的颗粒替代，进行最佳含水率下的剪切试验。

2.4.3 试验结果

2.4.3.1 方案1的试验成果

试验成果见表2-9。

试验方案1试验成果表 表2-9

含水率(%)	摩擦角(°)	黏结力(MPa)	平均剪胀率
4.94	29.3	0.109	1.042 7
7.114	27.73	0.085	1.057 8
7.343	24.15	0.135 2	1.072 1
8.758	23.29	0.158 1	1.090 4
9.696	21.01	0.104 1	1.037 3

2.4.3.2 方案2的试验成果

试验成果见表2-10。

试验方案2试验成果表 表2-10

含水率	摩擦角(°)	黏结力(MPa)	平均剪胀率
3.364	30.65	0.156 4	1.091 1
5.392	31.28	0.254 2	1.097 4
7.177	32.51	0.308 9	1.087 1
9.276	30.78	0.219 9	1.087 5
11.213	26.17	0.463 4	1.09 4

2.4.3.3　方案 3 的试验成果

试验成果见表 2-11。

试验方案 3 试验成果表　　表 2-11

含石量(%)	摩擦角(°)	黏结力(MPa)	平均剪胀率
细料 0	24.75	0.016 3	1.106 9
20	26.45	0.057 7	1.053 0
30	28.52	0.011 6	1.037 0
40	27.98	0.024 8	1.038 0
60	28.39	0.046 6	1.037 0
70	27.17	0.040 3	1.078 5
80	26.28	0.062 8	1.057 3
粗料 100	22.84	0.164 1	1.034 8

2.4.3.4　方案 4 的试验成果

试验成果见表 2-12。

试验方案 4 试验成果表　　表 2-12

含水率(%)	摩擦角(°)	黏结力(MPa)	平均剪胀率
1.164	22.93	0.039	1.032 282
4.553	28.05	0.099 2	1.070 41
5.46	26.38	0.306	1.084 487
5.616	16.8	0.419 5	1.066 583 32
7.665	20.85	0.322 8	1.007 714

2.4.3.5　方案 5 的试验成果

试验成果见表 2-13。

试验方案 5 试验成果表　　表 2-13

含石量(%)	最佳含水率(%)	最大摩擦角(°)	黏结力(kPa)
0	8.50	28.00	30.0
20	6.50	28.50	90.0
30	8.00	27.20	80.0
40	4.50	32.00	90.0
60	4.00	36.20	140.0
70	7.50	36.60	120.0
80	6.00	40.20	90.0
100	—	35.00	70.8

2.4.4　试验结果分析

2.4.4.1　含水率对强度指标的影响

从总体变化趋势上看，强度指标随含水率的增加先增加达到峰值后逐步减小，变化曲线为凹曲线。现针对不同类型的土石混合料，将其影响情况的回归方程汇总，如表 2-14 所示。

不同类别土石混合料强度指标随含水率的变化规律统计表　　表 2-14

类　别	回归方程	相关系数	φ峰值(°)	φ对应的c	φ对应的剪胀率
软岩混合料(方案1)	$y=-0.3834x^2+4.4569x+13.736$	$R^2=0.7968$	28.00	150.00	1.080
硬粗软细(方案2)	$y=-0.2462x^2+3.1076x+22.592$	$R^2=0.937$	32.00	300.0	1.095
硬岩混合料(方案4)	$y=-0.5764x^2+4.6927x+18.21$	$R^2=0.9934$	28.50	3.0	1.085
硬岩混合料(方案5-2)	$y=-0.386x^2+4.7449x+14.229$	$R^2=0.9228$	28.50	9.0	1.090
硬岩混合料(方案5-3)	$y=0.5978x^2-16.551x+120.24$	$R^2=0.9942$	27.20	8.0	1.090
硬岩混合料(方案5-4)	$y=-0.3881x^2+2.6486x+27.363$	$R^2=0.9837$	32.00	9.0	1.090
硬岩混合料(方案5-5)	$y=-0.3681x^2+1.771x+32.975$	$R^2=0.9656$	36.20	14.0	1.070
硬岩混合料(方案5-6)	$y=-0.5856x^2+8.1526x+5.9497$	$R^2=0.5438$	36.60	12.0	1.070
硬岩混合料(方案5-7)	$y=-0.7695x^2+9.3081x+12.158$	$R^2=0.8884$	40.20	9.0	1.060
硬岩混合料(方案5-8)	—	—	35.00	7.8	1.060

由表 2-14 可见，含水率对于不同类型的土石混合料强度指标(以主要发挥作用的内摩擦角统计，对应的黏结力仅供参考)的影响，不论是软岩或硬岩，还是砂性土或黏性土，不管含石量的高低，内摩擦角随含水率的变化都基本符合以下关系：

$$y=-Ax^2+Bx+C$$

其中，A、B、C 为试验参数，根据试验结果其变化范围为：

A 变化范围为 0.2～0.8，随含石量增加，A 的取值趋于取大值。

B 变化范围为 1～10，含石量较低，为多土类土石混合料时取 5 左右；含石量高于 70%时可取 9 左右；其余中间类土石混合料可取 2～3。

C 变化范围为 5～33，与含石量没有明显的关系。

从上述内摩擦角与含水率的关系可知，对应于任意类别的土石混合料其必然存在一个峰值的抗剪强度。由表 2-14 的统计可以看出，多土类土石混合料抗剪强度对应的最佳含水率与击实试验对应的最佳含水率相近，或稍大于后者；对于中间类和多石类土石混合料，抗剪强度对应的最佳含水率稍小于击实试验对应的最佳含水率，施工中应注意区别对待。

2.4.4.2　含石量对强度指标的影响

从表 2-11、表 2-13 可以看出，内摩擦角随含石量的变化曲线均为凸曲线，即有峰值强度存在。软岩类土石混合料最佳含水率下的内摩擦角随含石量的变化较大，变化范围为 24.7°～28.4°。硬岩类混合料的内摩擦角随含石量的变化趋势为：向混合料中加入石，随含石量的增加，前期内摩擦角的没有明显的增加，达到一定的含石量后(30%左右)，内摩擦角开始出现突变；随含石量不断增长，内摩擦角的峰值出现在含石量为 80%左右时；超过峰值后，强度出现缓慢的减小趋势。对应的内摩擦角的变化范围为：硬岩黏性类土石混合料为 25.5°～32°，硬岩砂性类为 28°～36.6°。当混合料中不包含 5mm 以下颗粒时，强度较含少量 5mm 以下颗粒时相对要低许多。

2.4.4.3　岩性对强度指标的影响

比较方案 1 与方案 2 可以发现，当粗粒为软岩时，其最大内摩擦角为 28°；把混合料中的粗粒换为硬岩后，其最大内摩擦角增长到 32°。可见，岩性对混合料强度指标的影响是非常大的。

比较方案 3 与方案 5 可以看出，试验方案 3 为粗细颗粒均为强风化泥岩颗粒，各含石量的强度都要低许多；试验方案5的粗细颗粒换成灰岩颗粒后，当含石量小于30%时，强度与试验方案3相比基本没有变化，当含石量超过30%后，强度开始增加，且随含石量的增加，强度增加的幅度也增大。混合料中的粗粒料和细粒料的岩性（或强度）对混合料的强度指标均有较大程度的影响，采用高强度的粗粒或细料均相应可提高内摩擦角2°～4°。

2.5 土石混合料室内大型直剪的三维颗粒离散元模拟

通过前面章节对土石混合料室内外大型直剪试验的研究，我们对土石混合料的抗剪特性有了一定的认识。下面将采用颗粒离散元软件PFC3D对大型室内剪切试验进行数值模拟，通过数值模拟，可以对土石混合料的抗剪特性有进一步的直接认识。采用PFC3D进行数值模拟，需应用PFC3D的一些高级技术，如颗粒集合体的弹性模量、围压控制、应力量测、应力应变追踪等。这些技术将通过PFC3D的高级开发语言Fish来实现。前文的击实模拟已经初步介绍了PFC2D，下面将对PFC3D进行简单的介绍。

2.5.1 PFC3D简介[32]

一般的颗粒流模型模拟一个系统的机械运动时，这个系统是指由任意形状的颗粒组成的体系。这里用到的“颗粒”这个词，与在力学领域中经常用的定义是不同的。在力学领域，颗粒作为一个个体，它的尺寸是可以忽略的，因此在空间只占一个点。在PFC3D里，“颗粒”这个词表示一个个体，它占有一定的空间。模型由不同的颗粒组成，颗粒间可以互相移动，只在颗粒的接触面有相互作用。如果假定颗粒是刚性的，用柔性接触的方法来表征接触的运动，其中采用特定标准的刚度来表示存在于接触中的可测量的刚度，那么这样一个系统的力学运动可以用每个颗粒的运动以及颗粒内部的作用于每个接触点的力来描述。牛顿运动定律提供了颗粒运动与引起这种运动的力之间的关系。力的系统可能是静态平衡，在这种情况下，没有运动，否则运动将引起颗粒的流动。

那么，如果颗粒在它们的接触点结合在一起，就可以模拟更复杂的运动。这样可以使张力在颗粒间得到增大，然后可以模拟这些结合“块”的相互作用，包括使块体碎成更小块的裂缝的形成。

PFC3D提供的颗粒流模拟包括以下的假设：

(1)颗粒为刚性体。

(2)接触发生在很小的范围内(例如在一个点)。

(3)接触特性为柔性接触，在接触处允许有一定的重叠量。

(4)通过力和位移定律，重叠量的大小与接触力有关；与颗粒大小相比，重叠量很小。

(5)在颗粒之间的接触处可以存在绑定接触。

(6)颗粒都是球形的，但簇逻辑支持生成任意形状的颗粒。每个簇由一组相互重叠的颗粒组成，这些颗粒作为有可变边界的刚性体发生作用。

颗粒为刚性体的假设，对于在介质系统中绝大部分的变形是沿着接触面运动的说明是很重要的。颗粒组合体或者像沙土这样的粒状组合体，作为一个整体用这种假设就能很好地描述，因为这种变形主要来自于颗粒刚性体间的滑动和转动以及张开和闭锁，而不是来自于每个刚性颗粒本身的变形。对于这些系统，没有必要采用颗粒变形的精确模型来得到力学运动的很好的近似。

除了传统的颗粒流应用外，PFC3D也用在对已指定区域和初始条件的固体的分析中。在这种模型中，固体材料的连续特性是通过将固体看成由许多非常小的颗粒单元的密实组合为一体来近似处理的。对于这些系统，应力和应变率的度量是通过定义有代表性的量测区域得到平均值。这样也可以估计颗粒材料的内部应力，例如土或土材料，尘土挤密形成的岩石或可塑体。

在 PFC3D 颗粒流模型中，除了存在以后将称之为“球”的球形颗粒外，还包括“墙”。通过“墙”来施加对球体的速度边界条件，来达到挤密压实的目的。颗粒和墙体之间通过相互接触处的接触力发生作用。每个颗粒都满足运动方程，但墙体不满足运动方程，即作用于墙体上的力不影响墙体的运动。墙体的运动是通过人为给定的并且不受作用于其上的接触力的影响。同时，在两个墙体之间不会产生接触力，所以在 PFC3D 模型中只有颗粒—颗粒接触或者颗粒—墙体接触。

在 PFC 计算循环接触中，采用时步运算过程，重复运用定律于颗粒上、力-位移定律于接触上，并且不断更新墙体位置。颗粒与颗粒间的接触或颗粒与墙体之间的接触，在计算过程中自动形成或消失。整个循环过程见图 2-38。在每一时步的开始，从已知的颗粒和墙的位置更新接触。然后，对每一接触运用力-位移定律，以更新接触力，这种接触力是基于接触的两个实体和接触构成模型间的相对运动的。接着，对每一颗粒运用运动定律，以更新速度和位置，它们是基于合力和产生于接触力、作用到颗粒上的体力的力矩的。同时，墙的位置基于制定的速度进行更新。在图 2-38 中，两个框中的每一个计算都可以平行有效地进行。

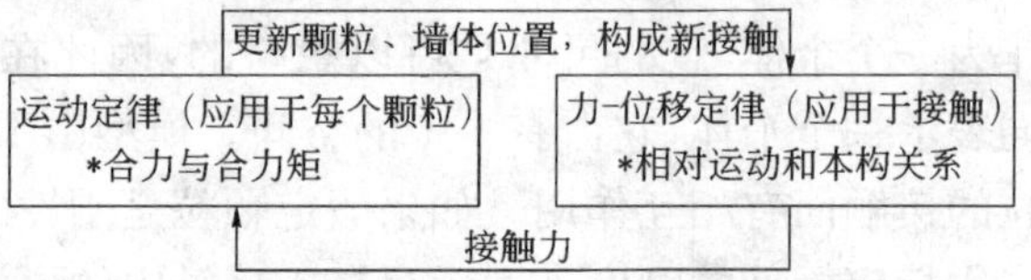

更新颗粒、墙体位置，构成新接触

运动定律（应用于每个颗粒）
*合力与合力矩

力-位移定律（应用于接触）
*相对运动和本构关系

接触力

图 2-38　PFC3D 计算过程循环图

2.5.2　颗粒离散元模拟系统的建立

2.5.2.1　建立直剪盒模型

根据室内直剪试验的规格，本次颗粒离散元模拟的剪切盒尺寸为 50cm×50cm×40cm，上下剪切盒的高度均为 20cm。根据试验的要求，在试验过程中保持上剪切盒不动，推动下剪切盒，使用伺服加载机制保持设定的正压力恒定。通过建立墙体的命令建立剪切盒的外墙模型(图 2-39、图 2-40)。在剪切试验中，认为外盒是刚性体，因而设置墙体的刚度远比土石混合料颗粒的刚度大。

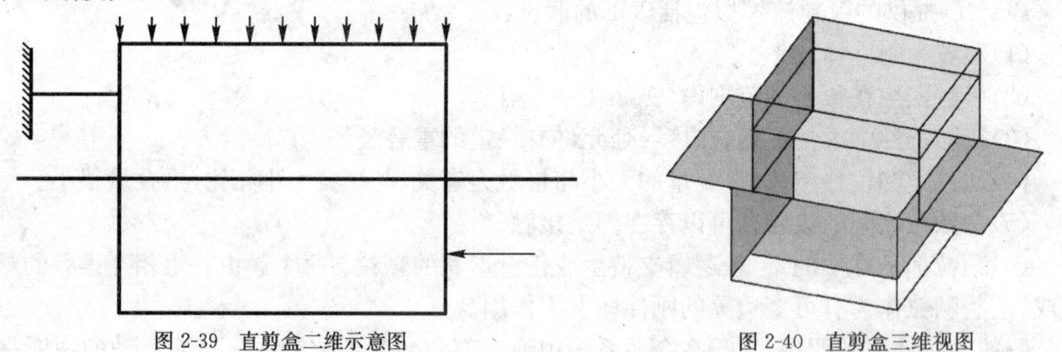

图 2-39　直剪盒二维示意图　　图 2-40　直剪盒三维视图

2.5.2.2　生成土石混合料颗粒

土石混合料颗粒使用圆球颗粒近似代替。众所周知，土石混合料的石料一般是不规则的，均存在一定的棱角，颗粒之间的接触模式和球体的接触会有一定的不同，颗粒之间不容易产生相互滚动。为近似模拟土石混合料颗粒，通过不断调整球体颗粒的摩擦系数来近似。颗粒的摩擦系数越大，也可以认为颗粒就越粗糙，这使得球形颗粒的接触模式相近于真实的土石混合料颗粒。

在模型的建立过程中，为模拟不同级配下土石混合料的力学特性，生成颗粒时考虑了以下几种级配组成，并根据颗粒的岩性组成分为硬岩颗粒和软岩颗粒两种，不同岩性颗粒参数见表2-15。表2-16列出了不同颗粒组成情况，需要说明的一点是，由于相同体积下颗粒数量随颗粒直径减少成几何指数增长。当颗粒个数超过3万时，计算机的计算效率将显著降低。因而，出于可操作性考虑，小于5mm的颗粒含量极低，一般不超过1%。根据武明[9]的研究结论，把10mm以下颗粒作为土石分界线，数值模拟的结果也表明，这一近似是可行的。设定混合料的孔隙率为0.35，由于实际生成混合料颗粒时不可能一次性达到设定的孔隙率，根据最初的级配组成，颗粒生成后通过计算实际孔隙率，然后再通过对颗粒进行同比放缩，达到给定的孔隙率，颗粒级配情况如表2-16所示。生成后的颗粒会有一定的重叠量，颗粒组合体的应力分布并不均匀，为了达到一个初始的平均应力状态，需对颗粒初始能量进行释放，并通过对颗粒进行重新排列使得各处的孔隙度基本一致。图2-41～图2-44为各石料含量的模型。

颗粒材料参数表 表2-15

类别	颗粒密度(kg/m³)	细颗粒法向刚度(Pa)	粗颗粒法向刚度(Pa)	颗粒刚度比	摩擦系数	墙体的法向刚度(Pa)	墙体的切向刚度(Pa)	墙体的摩擦系数
硬岩颗粒	2650	2.0×10^{6}	1.2×10^{8}	1.0	0.5	1.0×10^{9}	0.0	0.0
软岩颗粒	2650	2.0×10^{6}	3.2×10^{7}	1.0	0.5	1.0×10^{9}	0.0	0.0

不同级配下颗粒组成 表2-16

混合料名称		通过筛孔质量百分含量(%)					颗粒放大系数
ID(mm)		<5	10	20	40	60	
含石量	20%	0.5	78.6	87.4	94.9	100	1.30
	40%	0.4	58.7	67.5	85.3	100	1.27
	60%	0.5	39.4	58.2	78.2	100	1.21
	80%	0.4	21.5	53.5	79.5	100	1.18

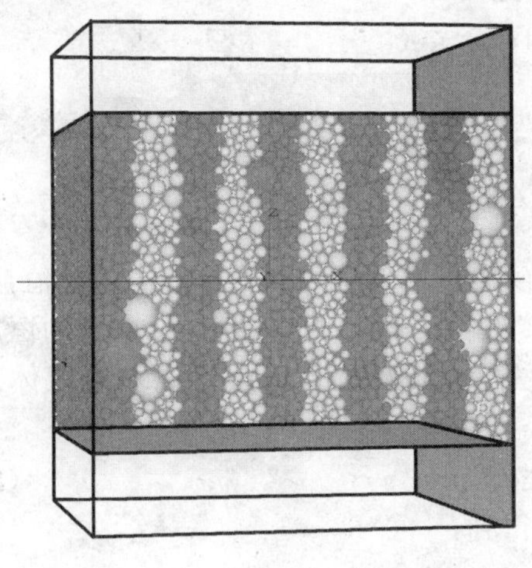

图2-41 石料含量20%模型

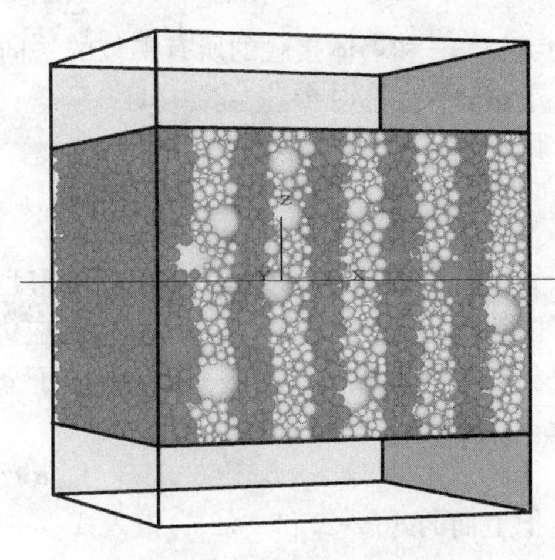

图2-42 石料含量40%模型

2.5.2.3 设定恒定剪切正压力

直剪试验在剪切过程中需要保持正压力不变，才能使剪切结果反映真实情况，PFC3D 里面通过控制墙体的速度来实现围压的恒定。墙体的应力量测通过颗粒与墙体的法向接触力计算的，具体计算方法是：

$$\sigma^{(w)} = \frac{\sum_{N_c} F^{(w)}}{A} \tag{2-1}$$

式中：$F^{(w)}$——颗粒体作用于墙体的力；

A——和颗粒接触的墙体的面积；

$\sigma^{(w)}$——墙体的正应力；

N_c——颗粒个数。

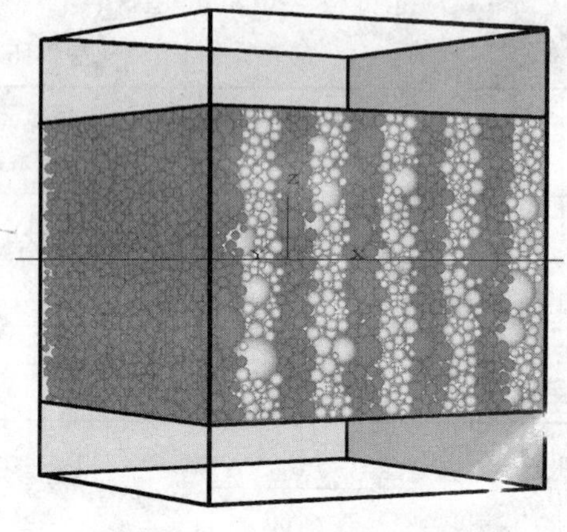

图 2-43 石料含量 60%模型

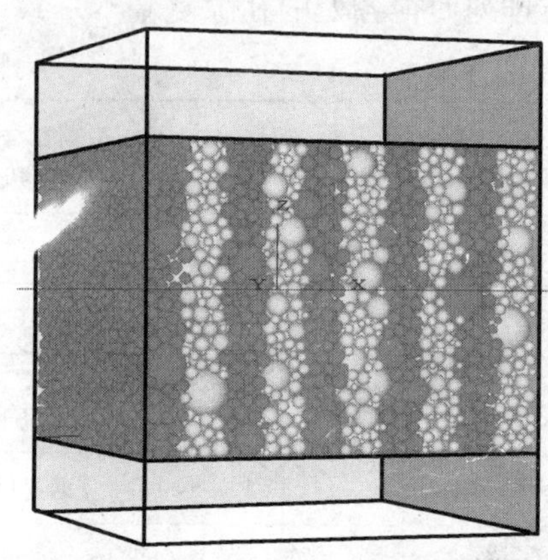

图 2-44 石料含量 80%模型

在 PFC3D 中，使用围压伺服机制来确定墙体的速度来保持墙体的应力保持不变，通过每计算一步重新计算一下墙体的应力 $\sigma^{(t)}$，设目标应力为 $\sigma^{(w)}$，则墙体的速度应设定满足式(2-2)：

$$u^{(w)} = G(\sigma^{(w)} - \sigma^{(t)}) = G\Delta\sigma \tag{2-2}$$

式中：G——"增益"参数。使用下面的方法确定每一步，每步中发现力的最大增幅 $\Delta F^{(w)}$ 为：

$$\Delta F^{(w)} = K_n u^{(w)} \Delta t \tag{2-3}$$

式中：K_n——和墙体接触的所有颗粒的法向刚度之和；

Δt——计算时步。

因而，墙体的应力变化为：

$$\Delta\sigma^{(w)} = \frac{K_n u^{(w)} \Delta t}{A} \tag{2-4}$$

为了计算的稳定，墙体的应力变化幅度必须小于实测的墙体应力和目标应力的差值，这是为了防止整个过程的振荡；相反，墙体的应力应逐渐接近目标值，从而达到一个稳定的恒应力状态。在实际过程中，使用一个松弛因子 α(缺省值为 0.5)。因而，稳定性要求可以体现为式(2-5)：

$$| \Delta\sigma^{(w)} | < \alpha | \Delta\sigma | \tag{2-5}$$

把上面的式(2-2)和式(2-4)带入式(2-5)中，可以得到：

$$\frac{K_n G | \Delta\sigma | \Delta t}{A} < \alpha | \Delta\sigma | \tag{2-6}$$

综合式(2-6)可以确定“增益”参数取值范围为：

$$G \leqslant \frac{\alpha A}{K_{n}\Delta t} \tag{2-7}$$

墙体的速度在每个计算步前设定以满足式(2-2)，增益参数的设定满足式(2-7)。

由于剪切过程的正压力由上墙来提供，因而试验过程中只需监测并调整该墙的速度，从而实现正应力恒定不变。

2.5.2.4　*记录剪切试验数据*

如图 2-45 所示，设剪切过程中剪切力为 Q，根据传统的平面剪应力假定，则：

$$Q = T \tag{2-8}$$

那么，剪应力 τ 可以通过下式计算：

$$\tau = \frac{Q}{A'} = \frac{Q}{(x - w_{x})y} \tag{2-9}$$

式中：A'——实际剪切面积；

x——剪切盒宽度；

w_{x}——剪切位移；

y——剪切盒的长度。

由于数值模拟过程中通过下剪切盒移动来推动土石混合料剪切，外力 T 并不是一个可以观测的量，实际上剪切力的计算还是需要计算颗粒和下墙体的相互作用来实现。以下剪切盒为分析对象(图 2-46)，只分析水平方向受力情况，设土石混合料作用于墙体的力分别为 F 和 F'，则：

$$T = F - F' \tag{2-10}$$

把颗粒体作为一个整体来考虑(这时不考虑颗粒之间的相互作用)，以剪切面为研究对象(图 2-47)，则剪切面的受力为：

$$Q = F' - F \tag{2-11}$$

墙体受力 F 和 F' 可以通过颗粒作用于墙体的力求得：

$$\begin{aligned} F &= \sum_{N} F^{(w)} \\ F' &= \sum_{N} F'^{(w)} \end{aligned} \tag{2-12}$$

式中：$F^{(w)}$ 和 $F'^{(w)}$——分别为颗粒作用于墙体的力，则：

$$\tau = \frac{\sum_{N} F'^{(w)} - \sum_{N} F^{(w)}}{(x - w_{x})y} \tag{2-13}$$

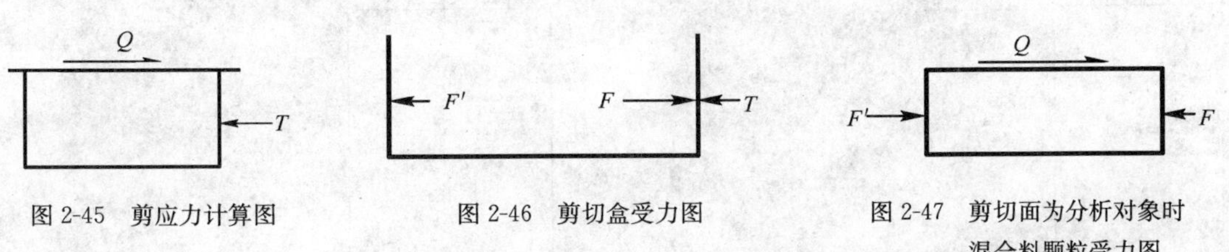

图 2-45　剪应力计算图　　图 2-46　剪切盒受力图　　图 2-47　剪切面为分析对象时混合料颗粒受力图

在剪切过程中，颗粒的剪胀曲线以及剪切位移均可以通过相应墙体的位移来记录。

剪切试验采用固结快剪的方式，剪切速度以不使整个运行过程不稳定为目标，人为指定墙体的运行速度为 0.1m/h，运行时步以小于程序确定的最小时步为准。根据试算结果，时步定义为 2e—6s。

剪切试验的模拟可以分为以下几步：生成剪切盒——生成混合料——生成均布应力——施加固结正应力——移动下盒，开始剪切。

下面是含石量为 80％时软岩土石混合料剪切的模拟过程（图 2-48 ～图 2-55 ），该模型施加的正应力为 1.0×10^6Pa。

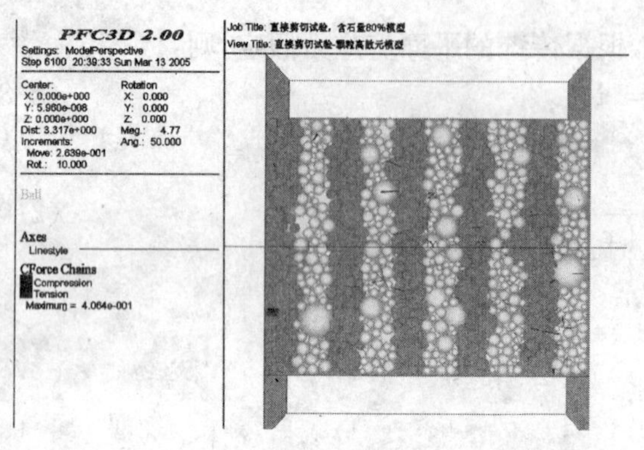

图 2-48　应力均匀分布时模型

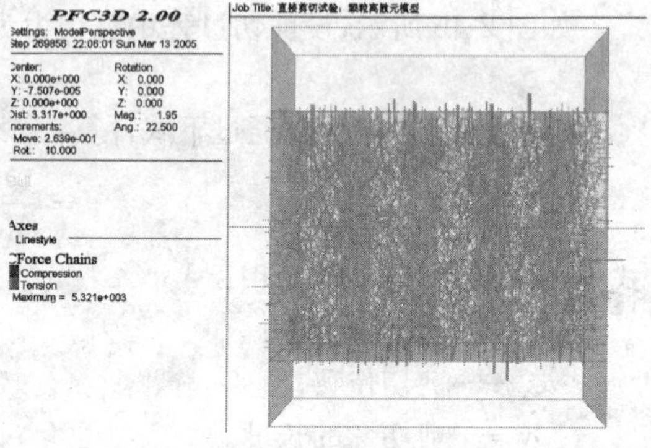

图 2-49　正应力施加完毕后模型接触力分布情况

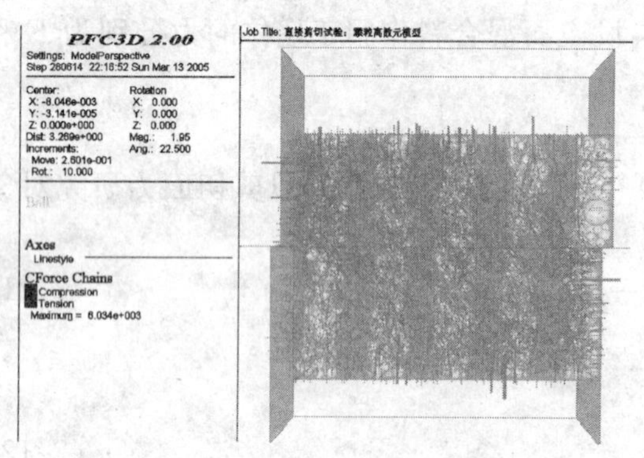

图 2-50　10 000 时步后的接触力分布情况

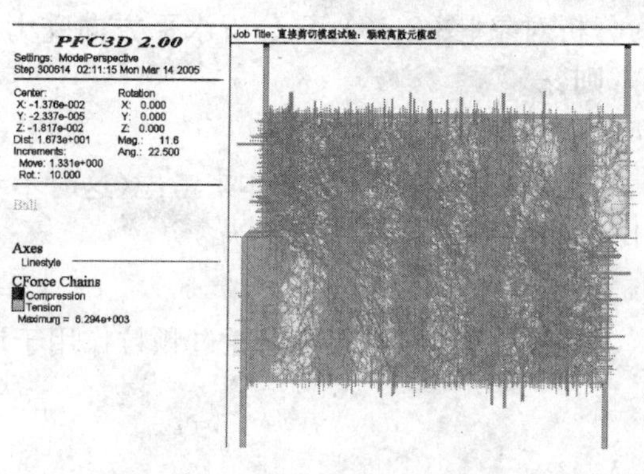

图 2-51　30 000 时步后的接触力分布情况

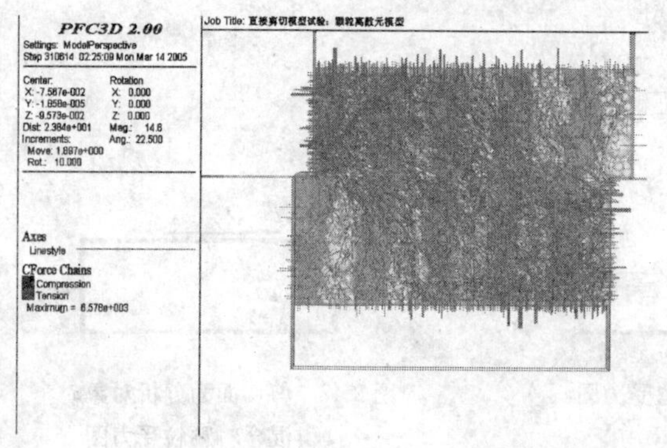

图 2-52　40 000 时步后的接触力分布情况

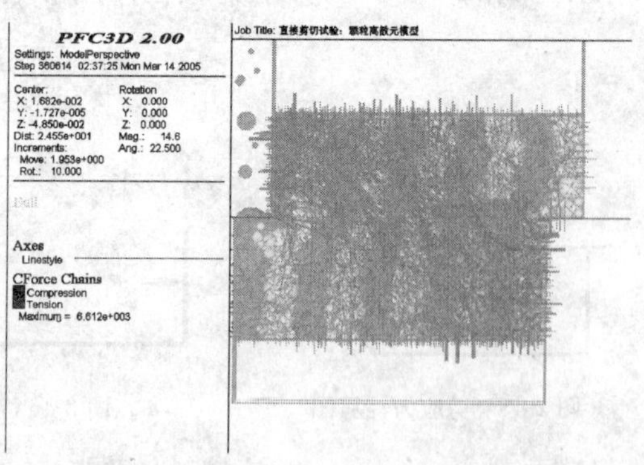

图 2-53　80 000 时步后的接触力分布情况

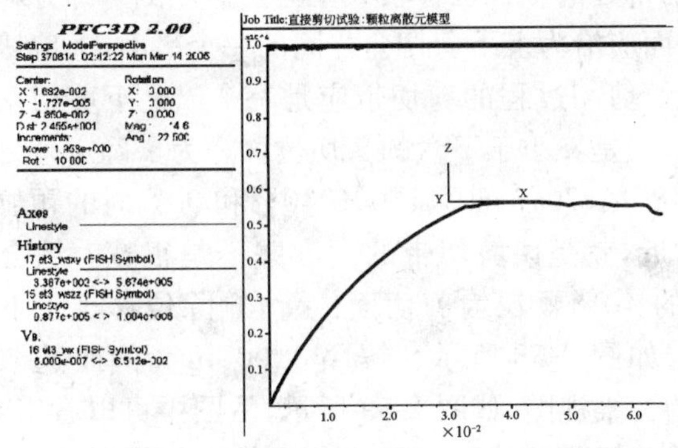

图 2-54 正压力和剪切应力与剪切位移关系图

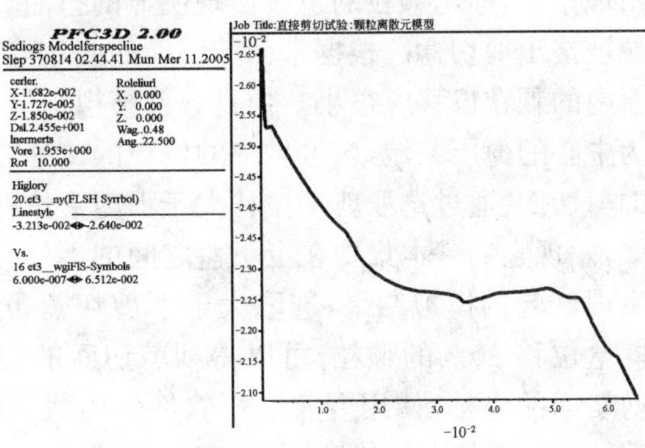

图 2-55 土石混合料的剪缩曲线

图 2-48 为模型应力分布均匀后的接触力分布图，从图中可以看出这时颗粒的接触力几乎为零，从而可以确定土石混合料处于一个均匀应力分布状态。图 2-49 为土石混合料在施加正应力后的接触力分布情况，从图中可以看出颗粒体受力比较均匀。图 2-50～图 2-53 为从第 10 000 时步到第 80 000 时步剪切过程中，颗粒间的接触力变化情况，可以看出颗粒间的接触力开始由均匀分布向一个斜向分布过渡。由于下墙的推动，导致土石混合料颗粒产生抵抗反力并作用于右侧的下墙上，而上墙由于左侧墙体固定，相应的产生相反方向的作用力，这两个力的相互作用正好形成了一个斜向接触力带。这两个力的作用使得颗粒体产生剪切破坏，随着剪切过程的进行，接触力带逐渐趋向集中，正应力也出现一定程度的偏心。从接触应力大小变化可以看出，接触力开始阶段一直上升，紧接着接触力开始出现波浪变化，但是变化的幅度不大，表明土石颗粒发生剪切、滚动。接触力变化情况见图 2-56。

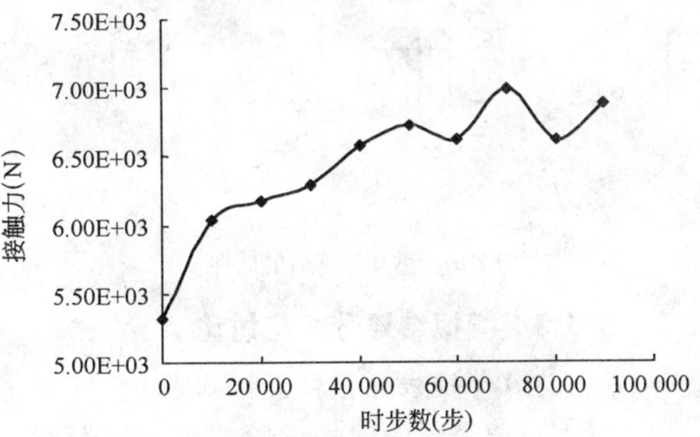

图 2-56 不同时步下接触力变化图

图 2-54 为正压力和剪切应力随剪切位移变化的情况，从图中可以看出，正压力一直保持为 1.0MPa，正应力变化幅度不超过 1%，因而整个模拟过程保证了正压力不变。剪切应力开始阶段不断上升，到达一定数值后基本保持不变，表现为应变硬化。图 2-55 记录了上墙的位移，它表征了土石混合料的剪胀（剪缩）特性。对于本试验的模拟，土石混合料一直表现为剪缩，剪缩率为：

$$s = \frac{0.032\,13 - 0.026\,4}{0.5} \times 100\% = 1.15\% \tag{2-14}$$

国内外学者对土石混合料的力学性能进行了大量的试验模拟[33]，结果表明，土石混合料在不同围压下的力学特性并不一致，在高围压下，土石混合料表现为应变硬化和剪缩。本试验的正应力为 1.0MPa，属于高围压情况。数值模拟的结果和试验情况一致，说明使用颗粒离散元进行土石混合料的剪切试验模拟是可行的。

2.5.2.5 确定直剪试验的剪切面

图 2-57 为土石混合料颗粒剪切破坏后的最终形态，在剪切盒交界区域的一定宽度内颗粒

出现错动，标志颗粒的色带出现明显的扭曲，剪切带处的颗粒位移较大。剪切盒左侧有部分颗粒被挤出剪切盒。根据平面剪切面的假定，剪切面应沿为上下剪切盒之间的一个平面，上剪切盒内的颗粒位移应很小。但是数值模拟结果显示，剪切过程的剪切带应是一个以上下剪切盒为中心的薄层区域，该区域内的颗粒的位移较大，但是又小于下盒的剪切位移。为了确定最终的剪切面，通过选取剪切位移大于下剪盒位移的 80%、70%、60%、50%、40%和 30%时的颗粒体，发现它们基本集中在上下盒之间的剪切带附近，就是说剪切带的宽度并不是很宽。综合室内试验的模拟结果，选取大于下剪切盒位移的 40%颗粒为剪切面位置，删除位移小于下剪盒位移 40%的颗粒，可以得到剪切面的位置，如图 2-58 所示。按照 0.005m 为间距选取剪切面的坐标，使用专业绘图软件生成剪切面的三维视图，如图 2-59 所示，从图中可以看出，剪切面具有较大起伏度，最大起伏有 0.05m。下面部分的剪切面处理方式与本节相同，不再赘述。

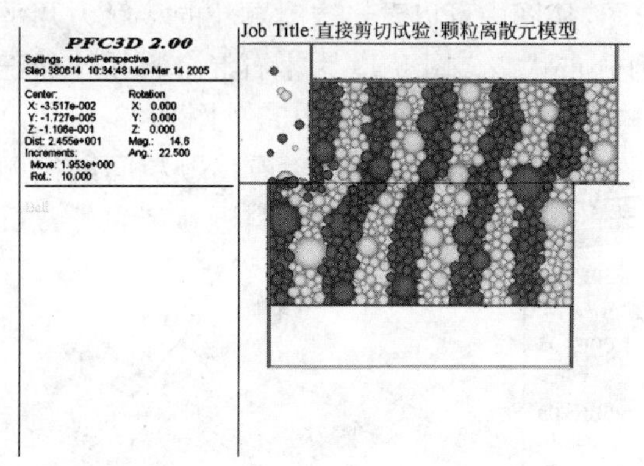

图 2-57　剪切破坏后的试样

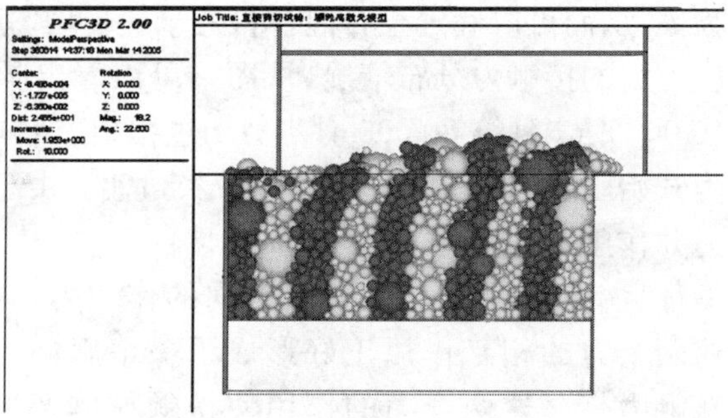

图 2-58　颗粒离散元模拟的剪切面

2.5.3　模拟结果分析与讨论

2.5.3.1　软岩混合料模拟结果

对土石混合料的剪切试验施加三级荷载，分别为 100kPa、500kPa 和 1 000kPa。土石混合料的摩擦角及黏结力可通过 3 个不同压应力下正应力与剪切应力的关系图而确定。剪胀率计算采用峰值和谷值之间的差值除以剪切盒高度而得到。

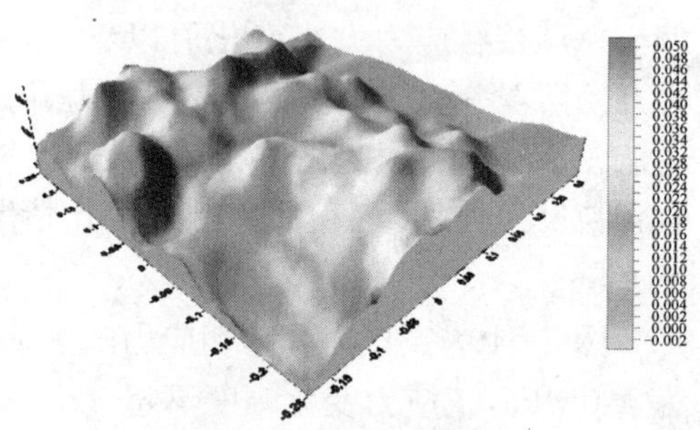

图 2-59　剪切面的三维视图

抗剪强度及剪胀率的模拟结果见表 2-17、图 2-60～图 2-62。

软岩类数值模拟试验结果汇总　　表 2-17

含石量(%)		20	40	60	80
内摩擦角(°)		29.49	30.16	30.66	30.19
黏结力(kPa)		33.44	29.57	21.32	15.81
剪胀率(%)	100kPa	1.8	1.69	1.52	0.855
	500kPa	0.69	0.66	0.54	−0.42
	1 000kPa	−1.21	−1.2	−1.16	−1.03

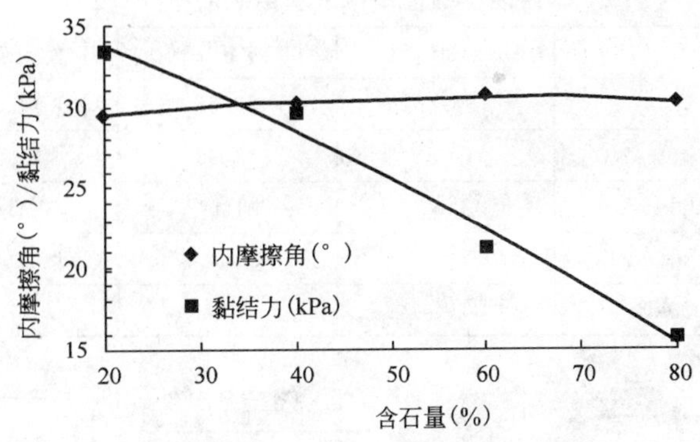

图 2-60 软岩类土石混合料抗剪强度随含石量的变化规律

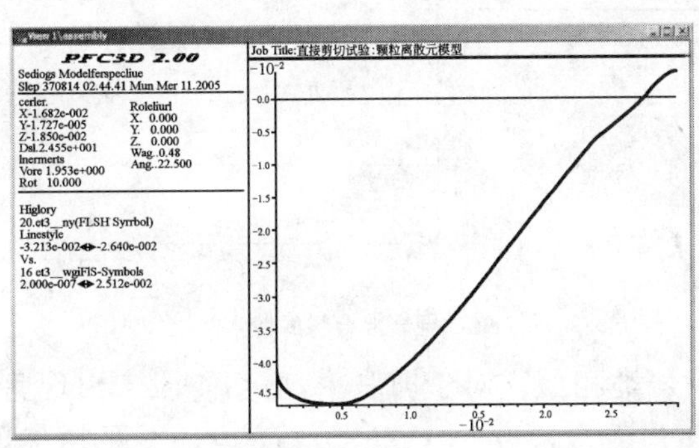

图 2-61 低应力下的剪胀曲线

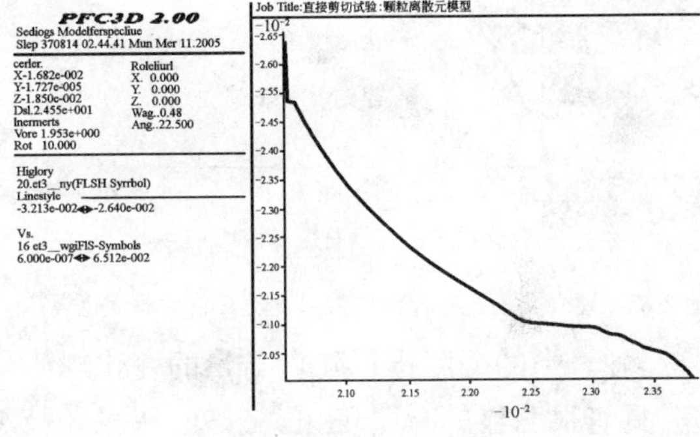

图 2-62 高应力下的剪胀曲线

从图 2-60 可以看出：在含石量小于 70%时，内摩擦角随含石量的增加而增加；当含石量超过 70%后，内摩擦角反而略有减小。对于剪胀率，在低应力下，剪切开始阶段出现较小的剪缩，紧接着出现剪胀，剪胀幅度远大于剪缩幅度(图 2-61)；在高应力下，剪切阶段出现剪缩，整个过程中未出现减胀现象(图 2-62)。另外，从表 2-17 中可以看出，随着含石量的增加，剪胀率(不管是低应力下的剪胀，或是高应力下的剪缩)趋于减小。

由剪切力与剪切位移的关系曲线(图 2-63)看出，剪切破坏形式属典型的弹塑性变形破坏方式。典型的剪切破坏面如图 2-64 所示。

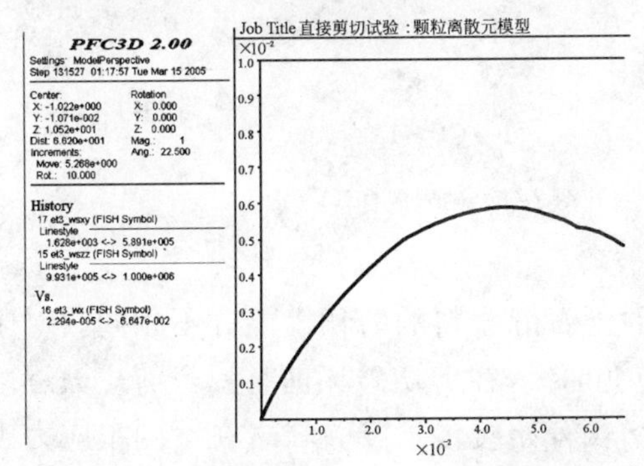

图 2-63 典型剪切应力与剪切位移关系曲线

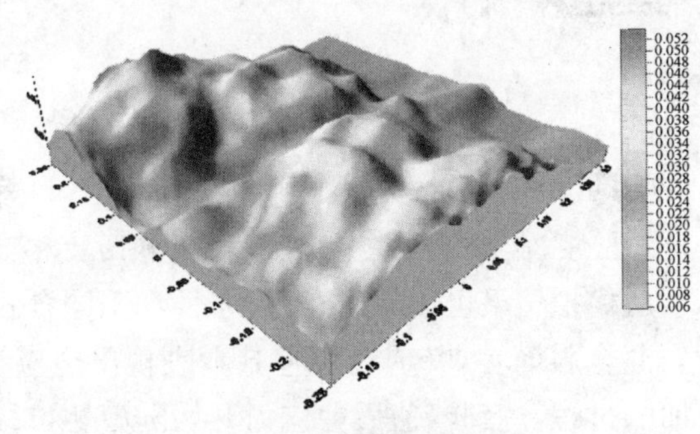

图 2-64 软岩混合料剪切面三维视图

2.5.3.2 硬岩混合料模拟结果

硬岩混合料抗剪强度及剪胀率的模拟结果见表 2-18、图 2-65～图 2-67。

硬岩类数值模拟试验结果汇总　　表 2-18

含石量(%)		20	40	60	80
内摩擦角(°)		35.86	36.65	37.36	37.04
黏结力(kPa)		15.56	33.93	31.15	33.44
剪胀率(%)	100kPa	1.62	1.5	1.4	1.19
	500kPa	1.68	1.55	0.93	1.42
	1 000kPa	1.44	1.32	1.11	1.3

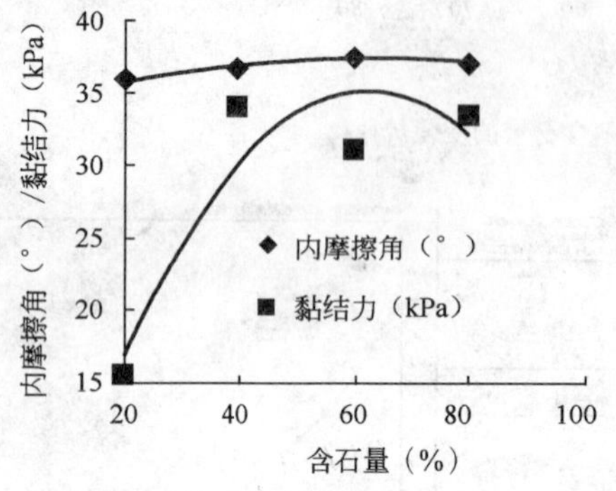

图 2-65　硬岩类土石混合料抗剪强度随含石量的变化规律

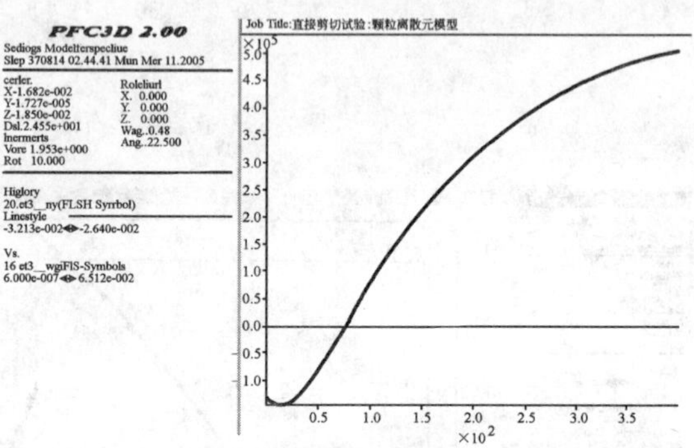

图 2-66　硬岩混合料的剪胀曲线

硬岩类的强度指标随含石量的变化规律与软岩类相似。对于剪胀率，剪切阶段未出现剪缩，具有很明显的减胀现象。另外，从表 2-18 中可以看出，在总体趋势上，随着含石量的增加，剪胀率趋于减小。

由剪切力与剪切位移的关系曲线(图 2-67)看出，剪切破坏形式属典型的理想塑性变形破坏方式。典型的剪切破坏面如图 2-68 所示。

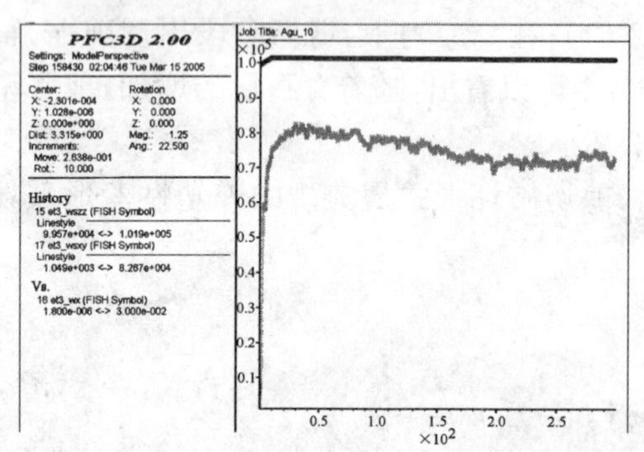

图 2-67　典型剪切应力与剪切位移关系曲线

图 2-68　硬岩混合料剪切面三维视图

2.5.3.3　*软岩和硬岩混合料的剪切破坏模式*

从模拟结果可以看出，不同岩性和不同含石量的土石混合料的剪切性能并不相同。对于软岩混合料而言，其剪切过程基本表现出全应力-应变曲线，在剪切破坏前有一个剪应力逐渐增加的过程，达到峰值后剪应力开始随剪切位移的增长开始缓慢下降。软岩在不同正应力下达到剪切破坏的剪切位移并不一致，但符合以下规律：剪切时的正应力越大，剪切破坏时的剪切位移相应的越大。这是因为，正应力越大，土石混合料越容易出现应变软化，因而越难达到剪应力峰值，这一点对于硬岩混合料也同样适用。对于硬岩混合料而言，其剪切破坏过程可以认为是很快就完成的：在剪切开始，剪应力迅速累积，很快达到峰值，这时的剪切位移几乎为零，这点对于正应力很小的情况特别明显；正应力较大时，剪切位移相应的有所增加，但是增加幅度不大；剪应力达到峰值后，剪应力缓慢降低或保持不变，呈应变硬化状态。分析出现两种截然不同情况的原因，可以认为对于软弱岩体组成的土石混合料，在剪切过程中，由于岩体可以产生较小的变形，剪切过程主要以克服土石混合料之间的滑动摩擦为主，能量以应变能和摩擦能为主；而对于硬岩混合料而言，其岩石颗粒基本上为刚体，其摩擦能量开始迅速升高，达到一定值后，颗粒体开始发生剪切破坏，动能开始迅速增加，因而硬岩混合料以摩擦能和动能为主，应变能相应较小。使用 PFC3D 的能量追踪程序，可以看出硬岩和软岩相应的能量变化曲线如图 2-69 和图 2-70 所示。虽然土石混合料颗粒含有一定量的小于 10mm 的细粒料，但是根据击实试验的数值模拟可以看出，起作用的主要是粗颗粒，细粒料一般起填充孔隙的作用。

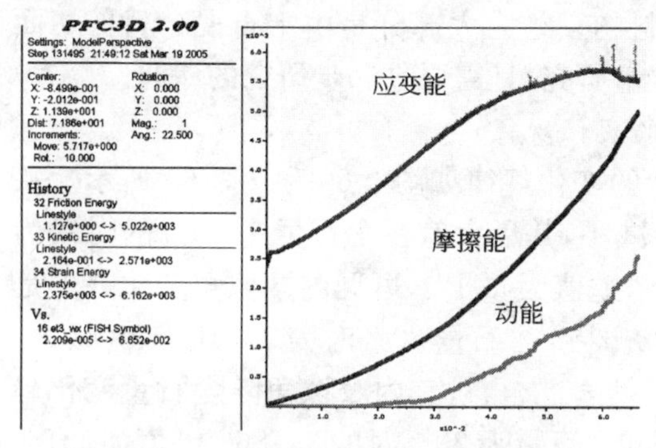

图 2-69　含石量 60%的软岩混合料摩擦能、动能和应变能曲线

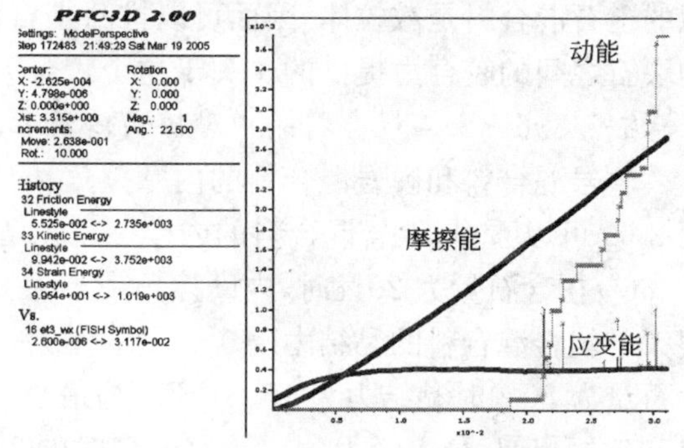

图 2-70　含石量 60%的硬岩混合料摩擦能、动能和应变能曲线

2.5.3.4　剪切破坏的剪胀规律

对于不同岩性组成的土石混合料，其剪胀特性随正压力的变化也有很大不同。对于软岩混合料，在低正应力时(100kPa)，土石混合料的剪切特性表现为剪胀；在中等正应力时(500kPa)，土石混合料在剪切过程中表现为剪缩，然后表现为剪胀，再出现剪缩；在高应力(1 000kPa)时，土石混合料表现为剪缩。对于硬岩混合料，土石混合料一致表现为剪胀，剪胀幅度在 1%～2%之间。对于软岩混合料，数值模拟结果和室内试验[33]情况一致，在不同正压力下土石混合料表现出不同的剪胀特性。分析认为，在低正应力情况下，混合料颗粒在剪应力作用下发生剪切作用，由于正应力较小，土石混合料剪切产生的孔隙没有足够的能量促使颗粒填充，因而出现剪胀现象；在中等应力作用下，土石混合料颗粒开始阶段出现剪缩，正是由于颗粒填充了由剪切而产生的孔隙，从而产生剪缩，当填充到一定程度不能继续提供这种能量时，混合料开始出现剪胀；对于高正压力情形(1 000kPa)，在整个剪切过程中，正压力提供的能量均在不断填充由于剪切出现的新孔隙，随剪切面扩大，剪缩率也就相应提高。对于硬岩土石混合料，其剪切破坏过程如上所述，其能量在最开始阶段为摩擦能集聚，剪应力迅速达到峰值，剪切破坏面出现，由于颗粒不易变形，混合料之间摩擦能较大，颗粒不容易出现翻滚和填充，因而剪切过程中，出现剪胀的特性。

2.5.3.5　剪切面的起伏特征

使用图形软件跟踪了不同岩性、不同土石比下的土石混合料的剪切面的三维形状。使用颗粒离散元可以很方便跟踪土石混合料的颗粒运动规律，根据数值模拟结果，可以确定，土石混合料的剪切面在以上下剪切盒为中心的一个带形范围内。前述章节绘出了土石混合料的剪切面形状(图 2-71)，从剪切面形状和起伏特征可以得出以下结论：土石混合料的剪切面并不是一个平面，这和很多室内试验和现场模型试验的结论一致[4,10,36]，其中软岩混合料剪切面的起伏度较硬岩混合料为少，硬岩混合料的起伏面比软岩混合料的起伏面多。含石量越大的土石混合料颗粒，其剪切面起伏度越大，起伏面也越多，这对软岩混合料和硬岩混合料均一致。对于含石量在80%和60%的土石混合料而言，其起伏度最大达到0.06m，其中最小为0.05m；而对于含石量在40%和20%的情形，其最大起伏度为0.052m，其中最小为0.04m。由此可以看出，含石量越大，混合料的起伏度也越大。同时注意到，本次模拟中，土石混合料的黏结力均较一般无黏性土或者弱黏性土大。由于本次模拟的土石混合料是散粒体，因而可以推断土石混合料的黏结力大部分是由土石混合料剪切面的块石之间的咬合力提供的。关于这个咬合力的定量研究，是需要进一步研究的课题。

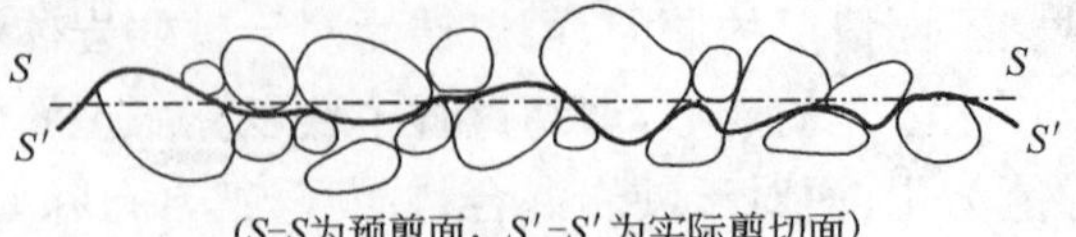

(S-S为预剪面，S′-S′为实际剪切面)

图2-71　土石混合料剪切带示意图

2.5.3.6　*土石混合料的内摩擦角以及黏结力的变化规律*

软岩混合料和硬岩混合料的内摩擦角和黏结力的变化规律如图2-60和图2-65所示。从图2-60可以看出，软岩混合料的内摩擦角先增大后减小，其最大值在含石量为60%的时候为30.66°；在含石量为20%时，内摩擦角最小为29.49°，差值为1.17°，可见内摩擦角变化并不是很大。软岩混合料的黏结力随含石量的增大呈线性减少。含石量20%时为33.4kPa，为最大；含石量为80%时黏结力为15.81kPa，为最小。对于硬岩混合料，其内摩擦角随含石量变化趋势和软岩相似，最大值为含石量为60%时的37.36°和含石量为20%时的35.86°，差值为1.5°。其黏结力变化没有明显规律，二次拟合的相关系数为0.85。由于土石混合料的力学性能主要由内摩擦角决定，使用颗粒离散元模拟土石混合料的摩擦角和室内大型直剪试验值比较接近。因而可以看出，数值模拟是成功的，反映了土石混合料的剪切机理和力学性质。其中硬岩土石混合料的内摩擦角比软岩混合料的内摩擦角一般大6°～7°，这和室内试验情况基本一致。可见，使用硬岩混合料作为土石混填路基的填料具有很好的力学性质。注意到软岩混合料和硬岩混合料在不同含石量时的内摩擦角相差不大，最大值为1.5°，这是由于模拟时采用球形颗粒所致。由于球形颗粒混合料和实际的土石混合料相应有一定差距，导致土石混合料的剪切面起伏度相差不是很大，因而混合料的内摩擦角变化不大，和实际情况稍有出入。

2.5.3.7　*颗粒离散元模拟直剪的讨论*

颗粒离散元模拟土石混合料的直剪试验取得了很好的效果，揭示了土石混合料直剪过程的细观力学现象，是研究土石混合料细观力学性能的好工具。同时也需要注意到，颗粒离散元软件模拟土石混合料也存在一定的缺陷。其一，颗粒离散元不能模拟土石混合料的含水率对土石混合料剪切性能的影响，如果要模拟含水率变化造成的影响，需要不断调整参数，使得颗粒离散元结果和不同含水率土石混合料的室内试验建立相互关系，这需要大量的工作。其二，由于使用了球形颗粒作为模拟对象，就不能真实模拟土石混合料的不均匀性、棱角以及颗粒的破碎对土石混合料的影响，这一点可以考虑在下一步的研究中使用不同颗粒结合起来形成平行连接或者生成"簇"单元来实现，应该可以得到更加真实的结果，同时受计算机速度和运算规模的限制，还不能完全按照室内配比进行数值模拟。总体说来，使用颗粒离散元模拟土石混合料的室内直剪试验，是非常有意义的一项工作，也揭示了宏观试验难以发现的规律性。进一步的工作可以对土石混合料的三轴试验进行模拟，从而实现室内试验的颗粒离散元数值仿真系统的建立，以系统研究土石混合料的力学特性。

第3章　土石混合料本构模型

在路基工程中，最为关心的就是路基的变形与稳定问题，路基的变形稳定性又受土的工程性质所控制。土的工程性质，即土的应力应变关系与时间的本构关系。所以，土的本构关系是研究土力学与土工技术问题的出发点。

对土石混合料与土石混填路基来说，要解决土石混合料的工程性质，分析土石混填路基的变形与稳定特性，必须对土石混合料的本构关系有明确的认识，建立或选用合适的本构模型以满足研究与工程建设的需要。

迄今为止，学者们已建立了上百种土的本构模型，主要可分为两大类：一类是似弹性模型，包括线性及非线性模型；另一类是弹塑性模型。基于土石混合料的组成特殊性，结合近二十年工程实践经验，本章主要介绍几种最常用的本构模型。

3.1　非线性 E-μ 模型

土石混合料的应力应变关系一般是根据三轴压缩试验得到的，它能反映出土石混合料的变形特性。在常规三轴试验中，得到$(\sigma_1-\sigma_3)$-ε_a 试验曲线，考特纳(Kondner)建议用双曲线公式来表达$(\sigma_1-\sigma_3)$-ε_a 试验曲线，当 σ_3 为常数时，有：

$$\sigma_1-\sigma_3=\frac{\varepsilon_a}{a+b\varepsilon_a} \tag{3-1}$$

将上式进一步变形为：

$$\frac{\varepsilon_a}{\sigma_1-\sigma_3}=a+b\varepsilon_a \tag{3-2}$$

式中：a、b——试验常数，可按图 3-1 求得。

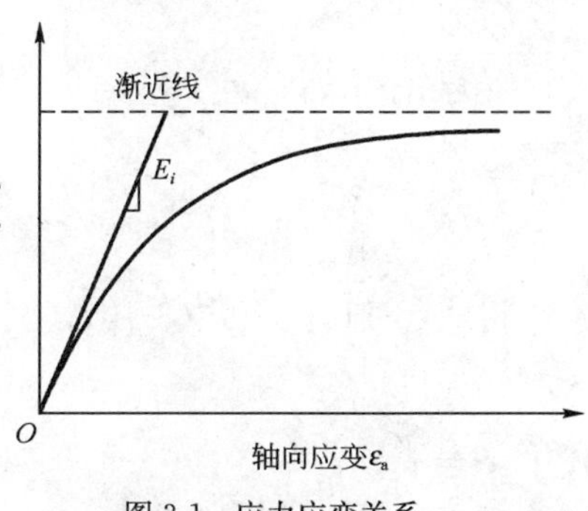

图 3-1　应力应变关系

邓肯(Duncan)和张(Chang)建议将式(3-2)写为如下形式：

$$\sigma_1-\sigma_3=\frac{\varepsilon_a}{a+b\varepsilon_a}=\frac{\varepsilon_a}{\dfrac{1}{E_i}+\dfrac{R_f\varepsilon_a}{(\sigma_1-\sigma_3)_f}} \tag{3-3}$$

式中：E_i——初始弹性模量；

R_f——破坏比；

$(\sigma_1-\sigma_3)_f$——试件破坏时的主应力差。

$$a=\frac{1}{E_i},b=\frac{1}{(\sigma_1-\sigma_3)_{ulf}}=\frac{R_f}{(\sigma_1-\sigma_3)_f} \tag{3-4}$$

式中：$(\sigma_1-\sigma_3)_{ulf}$——极限主应力差，为双曲线的渐近线。

破坏比 R_f 的定义如下：

$$R_f=\frac{(\sigma_1-\sigma_3)_f}{(\sigma_1-\sigma_3)_{ult}} \tag{3-5}$$

R_f 的值一般在 0.75～1.00 之间。

$(\sigma_1-\sigma_3)_f$ 用摩尔库仑破坏准则表达为：

$$(\sigma_1-\sigma_3)_f=\frac{2c\cos\varphi+2\sigma_3\sin\varphi}{1-\sin\varphi} \tag{3-6}$$

式中：c、φ——分别为填土的内聚力和内摩擦角。

随着试验时 σ_3 值的不同，试验曲线也将不同。邓肯和张认为，这些曲线都可以用式(3-3)表示，只是其中的 E_i 随着 σ_3 而变动，他们建议采用下式：

$$E_i=Kp_a\left(\frac{\sigma_3}{p_a}\right)^n \tag{3-7}$$

式中：p_a——大气压力；

K、n——试验常数。对于不同的土类，K 值可能小于 100，也可能大于 3 500；n 值一般在 0.2～1.0 之间。

我国学者王复来建议采用下式：

$$E_i=Kp_a\left(\frac{\sigma_3-\sigma_t}{p_a}\right)^n=Kp_a\left[\frac{\sigma_3+2c\tan\left(45^\circ-\frac{\varphi}{2}\right)}{P_a}\right]^n \tag{3-8}$$

式中：σ_t——土体抗拉强度

K、n——回归系数(试验常数)。

切线模量 E_t 用下式计算：

$$E_t=\frac{\partial(\sigma_1-\sigma_3)}{\partial\varepsilon_a} \tag{3-9}$$

即

$$E_t=\frac{1/E_i}{\left[\frac{1}{E_i}+\frac{R_f\varepsilon_a}{(\sigma_1-\sigma_3)_f}\right]} \tag{3-10}$$

变换式(3-3)可得：

$$\varepsilon_a=\frac{\sigma_1-\sigma_3}{E_i\left[1-\frac{R_f(\sigma_1-\sigma_3)}{(\sigma_1-\sigma_3)_f}\right]} \tag{3-11}$$

将式(3-11)代入式(3-10)，得：

$$E_t=(1-R_fS)^2E_i \tag{3-12}$$

式中：$S=\frac{\sigma_1-\sigma_3}{(\sigma_1-\sigma_3)_f}$。

将式(3-6)代入式(3-12)，得切向模量公式：

$$E_t=\left[1-\frac{R_f(1-\sin\varphi)(\sigma_1-\sigma_3)}{2c\cos\varphi+2\sigma_3\sin\varphi}\right]^2E_i \tag{3-13}$$

泊松比 μ 也有一些经验公式，但不很可靠。这些经验公式有：

对于初始柏松比 μ_i 为：

$$\mu_i=G-F\ln\left(\frac{\sigma_3}{p_a}\right) \tag{3-14}$$

式中：G、F——试验常数。通常 F 值约为 0.1～0.2，故 $\mu_i\approx G$。

切线泊松比 μ_t 为：

$$\mu_t=\frac{\mu_i}{(1-D\varepsilon_a)^2} \tag{3-15}$$

式中：D——试验常数。

许多试验结果表明，泊松比 μ 在土体变形过程中的规律性并不明显。故很多人主张根据实际情况使用泊松比，就连邓肯和张本人在做有限元分析时，也是使用定值来计算的。

3.2 成都科大简化 *K-G* 模型

3.2.1 *K-G* 模型

由于测定土的变形模量(E)和泊松比(μ)所得到的数值，特别是对于粗粒土，受试验方法等因素的影响较大，故实际工作中对变形模量(E)和泊松比(μ)选定恰当值比较困难。此外，E-μ 模型还存在一些难以弥补的缺陷，如不能考虑中主应力、应力路径对土的力学性质的影响和实际土体体积剪胀特性。K-G 模型包括土性的两个物理分量(变形模量 K 和剪切模量 G)，可分别由实验室独立测定和评价，较易与应力状态联系，能得到一般解。这说明 K-G 模型较 E-μ 模型优点多。

Domaschuk 等人建议，作为增量分析时采用弹性体积模量 K 与剪切模量 G，以代替工程中常用的 E 及 μ。并选用 p、q 两个八面体应力不变量，即：

$$p = \frac{1}{3}(\sigma_1 + \sigma_2 + \sigma_3) \tag{3-16}$$

$$q = \frac{1}{\sqrt{2}}[(\sigma_1 - \sigma_2)^2 + (\sigma_2 - \sigma_3)^2 + (\sigma_3 - \sigma_1)^2]^{\frac{1}{2}} = \sqrt{\frac{3}{2}(s_1^2 + s_2^2 + s_3^2)} = \sqrt{3J_2} \tag{3-17}$$

当 $\sigma_2 = \sigma_3$ 时：

$$p = \frac{1}{3}(\sigma_1 + 2\sigma_3) \tag{3-18}$$

$$q = \sigma_1 - \sigma_3 \tag{3-19}$$

与 p、q 分别相对应的应变为体积应变 ε_v 和剪切应变 ε_τ：

$$\varepsilon_v = \varepsilon_1 + \varepsilon_2 + \varepsilon_3 \tag{3-20}$$

$$\varepsilon_\tau = \frac{1}{\sqrt{2}}[(\varepsilon_1 - \varepsilon_2)^2 + (\varepsilon_2 - \varepsilon_3)^2 + (\varepsilon_3 - \varepsilon_1)^2]^{\frac{1}{2}} \tag{3-21}$$

当 $\sigma_2 = \sigma_3$ 时：

$$\varepsilon_v = \varepsilon_1 + 2\varepsilon_3 \tag{3-22}$$

$$\varepsilon_\tau = \frac{2}{3}(\varepsilon_1 - \varepsilon_3) = \varepsilon_1 - \frac{\varepsilon_v}{3} \tag{3-23}$$

其应力应变关系为：

$$p = K\varepsilon_v \tag{3-24}$$

$$q = 3G\varepsilon_\tau \tag{3-25}$$

然后可以通过一系列的三轴压缩试验来测定 K、G 值及其随应力水平变化规律。

3.2.2 成都科大的简化 *K-G* 模型(1986 年)

成都科大土石坝计算时从国外的几种 K-G 模型中选择了 Naylor 模型进行研究[37,38]。Naylor 模型具有表达式简明、参数少等优点，其计算结果接近于弹塑性模型。

Naylor(1975)认为体积模量(K)是随着平均法向应力增大而增大的，而剪切模量(G)随着平均法向应力增大而增大，并随着剪应力增大而减小。

Naylor 在进行非线性分析时，建议 K-G 的表达式为：

$$K_1 = K_i + \alpha_k p \tag{3-26}$$

$$G_i = K_i + \alpha_G p + \beta_G q \tag{3-27}$$

式中：　　p、q——应力不变量，$p=1/2(\sigma_1+\sigma_3)$，$q=1/2(\sigma_1-\sigma_3)$；

α_k、K_i、G_i、α_G、β_G——试验常数，可由三轴压缩试验确定。

成都科大对 Naylor 模型进行了如下修正，使修正后的模型能近似地考虑中主应力的影响，这适用于空间问题的非线性弹性分析。

土的总应变 $d\varepsilon$ 是剪应变 $d\varepsilon_s$ 与体应变 $d\varepsilon_v$ 之和，即：

$$d\varepsilon = d\varepsilon_s + d\varepsilon_v \tag{3-28}$$

非线性弹性分析的理论基础为弹性理论，应力-应变的关系是用 K、G 来联系的，这种关系由广义虎克定律导出，即：

$$d\varepsilon_v = \frac{1}{K_t} dp \tag{3-29}$$

$$d\varepsilon_s = \frac{1}{3G_t} dq \tag{3-30}$$

式(3-29)和式(3-30)中的应力、应变参数间应有正确的对应关系，这种对应关系可以从弹性能出发来证明。如果考虑球张量与偏张量的耦合作用，纯粹的剪切过程可以产生体积变形，平均法向应力之和的改变也会引起剪切变形，则式(3-29)和式(3-30)可分别改写为：

$$d\varepsilon_v = \frac{\partial \varepsilon_{vp}}{\partial p} dp + \frac{\partial \varepsilon_{vq}}{\partial q} dq \tag{3-31}$$

$$d\varepsilon_s = \frac{\partial \varepsilon_{sp}}{\partial p} dp + \frac{\partial \varepsilon_{sq}}{\partial q} dq \tag{3-32}$$

(1)切线体变模量 K_t

式(3-29)表明，体应变($d\varepsilon_v$)与有效平均应力(dp)、广义剪应力(dq)有关，并且是两部分应力变化各自独立作用的结果。式(3-29)两边除以 dp，则变为：

$$\frac{d\varepsilon_v}{dp} = \frac{\partial \varepsilon_{vp}}{\partial p} + \frac{\partial \varepsilon_{vq}}{\partial q} \frac{dq}{dp} \tag{3-33}$$

因为 $K_{tp}=\dfrac{\partial p}{\partial \varepsilon_{vq}}$，而 K_{tp} 由各向等压固结试验求得，其变化随 ε_v-p 曲线的凸性而增加。试验表明：K_{tp} 与 p 的关系一般是接近线性的，即：

$$K_{tp} = \alpha_k p + K_i \tag{3-34}$$

令 $K_t=\dfrac{dp}{d\varepsilon_v}$ 及 $K_{tq}=\dfrac{\partial q}{\partial \varepsilon_{vq}}$，则式(3-34)变成：

$$\frac{1}{K_t} = \frac{1}{K_{tp}} + \frac{1}{K_{tq}} \frac{dq}{dp} \tag{3-35}$$

式中：K_{tp}——剪胀模量，可根据不等压固结试验成果整理的 $\varepsilon_{vq}-q$ 关系曲线确定。

试验表明：在一般应力水平下黏性或高应力水平的土石混合料，其剪胀作用可以忽略，或者当剪应力较小时(例如 $\eta=\dfrac{dq}{dp}=0.1\sim0.5$)可不计剪应力的影响。总之，针对上述情况，则式(3-35)可近似简化为：

$$K_t = K_{tp} = K_i + \alpha_k p \tag{3-36}$$

式(3-36)中的参数 K_i 及 α_k 可由各向等压固结试验求得。式(3-36)中 K_t 的表达式与 Naylor 模型中 K_t 的表达式相同，这说明只有剪应力较小或者不计剪应力对固结的影响时，

Naylor 模型的 K_t 表达式才是适用的。这一点与 Battelino 的研究结论一致。

(2)切线剪切模量 G_i

如大家所知,除剪应力引起剪切变形外,平均法向应力的改变也会引起剪切变形。这一概念可用式 $d\varepsilon_s=\frac{\partial\varepsilon_{sp}}{\partial p}dp+\frac{\partial\varepsilon_{sq}}{\partial q}dq$ 来表达。但 Naylor 模型中没有直接采用该式,而将剪切变形这一规律隐含地由剪切模量(G_t)来表达。他认为剪切模量(G_t)随着平均法向应力的增加而加大,并且随着剪应力的增加而减小,可用下列线性方程式表达:

$$G_t = G_i + \alpha_G p + \beta_G q \tag{3-37}$$

当应力组合满足摩尔-库仑破坏条件时,从而由式(3-37)中的 $G_t=0$ 可选出 G_i、α_G、β_G 的恰当值。但由于常规摩尔-库仑破坏准则一般没有考虑中主应力的影响,用该准则来确定 G_i、α_G、β_G 试验参数有一定的局限性。为了考虑中主应力的影响宜直接采用广义 Mises 的破坏线方程($q_f=a+bp$)代替常规摩尔-库仑准则作为土的破坏准则。同时大量试验结果表明,只有在应力水平 $S=q/q_f=0.65\sim0.95$ 范围内,在同一种应力路径条件下,G_t 等值线才与破坏线接近平行,并与应力 p、q 呈线性关系。此时,其切线剪切模量 G_t,可采用与上述修正的 Naylor 模型相同的形式。

令式(3-37)左端等于零,可得:

$$q_f = -\frac{G_i}{\beta_G} - \frac{\alpha_G}{\beta_G}p \tag{3-38}$$

比较式(3-38)与广义 Mises 破坏线方程,从而可得出:

$$G_i = -a\beta_G, \alpha_G = -b\beta_G \tag{3-39}$$

将式(3-39)代入式(3-37)得到:

$$\beta_G = \frac{G_t}{q-a-bp} \tag{3-40}$$

根据 $p=c$ 排水三轴剪切试验,按式(3-39)和式(3-40),即可求出参数 G_i、α_G 及 β_G。

总之,如果不计剪应力对固结的影响,并且采用广义 Mises 破坏线方程作为破坏准则,在非弹性分析中可以采用与应力状态(p,q)联系的 K_t、G_t,这就是修正的 Naylor 模型,或称为成科大的简化 K—G 模型。

3.3 土石混合料散体本构模型

3.3.1 概述

土石混合料是由几何尺寸属于 2～3 个数量级的颗粒所构成的散体介质,其物理力学性质与传统的固体介质有所不同,其颗粒具有部分流动性,仅在一定范围内能保持其堆积形态。土石混合料和其他松散介质一样,基本上没有抵抗拉伸的能力,只能在受压条件下工作,抗剪强度随正应力的增加而增大。

土石混合料从本质上说是松散介质,颗粒之间主要是点接触,颗粒与颗粒之间是不连续的。但从宏观上看,土石混合料颗粒间空隙的几何尺寸一般不会超过颗粒本身的空间数量级,孔隙与被研究范围的尺寸相比要小得多。因此可以认为,当土石混合料颗粒数目趋向于正无穷大时,土石混合料在整个几何空间内是连续的,可以将计算中的求和符号改为积分符号。

对土石混合料进行静力学分析时，在加载过程中它应当满足以下条件：

(1)土石混合料内每一颗粒应该处于平衡状态；

(2)土石混合料内的应力必须与作用在其上的外力保持平衡；

(3)土石混合料某一点发生的变形必须与其周围所有接触点的变形相协调，即颗粒间不发生重叠现象；

(4)土石混合料每一点处的应力、应变分量必须满足土石混合料总的应力应变关系；

(5)土石混合料中的每一点处，不违反土石混合料的破坏准则。

应用离散元法可以求得整个土石混合料内的应力和应变状态，随着计算机数值模拟理论和技术的日益成熟，已成为研究土石混合料物理力学性质的一种新途径和重要方法。其理论基础是散体力学。散体力学主要研究松散颗粒材料与其他物体间的相互作用，以及散粒体中颗粒之间的相互作用和由此所产生的力学响应。

目前，散体力学主要采用的是整体连续介质模型和粒状不连续介质模型。整体连续介质模型利用关于连续性的假设，如弹性理论和塑性理论那样采用微分平衡方程式，用一个统一的计算模式代替所有散粒体。模型的参数可由试验确定的常数来表征，应力所指的仅是作用在散体材料上的平均应力。粒状不连续介质模型假定散粒体由相互接触、形状规则的固体颗粒组成，颗粒的相互作用服从概率法则，它研究颗粒接触点处所发生的力学现象，并根据数理统计公式对这些现象进行描述。

利用散体力学的相关理论对土石混合料的组构特征进行研究，从构成土石混合料的颗粒之间的空间关系出发，以揭示土石混合料的组构特征与其力学性质之间的关系。

3.3.2 土石混合料的组构特征

研究土石混合料物理力学特性的传统方法是采用连续介质理论和试验方法，不涉及土石混合料颗粒的大小、表面形状、排列方式、孔隙比等微观特征，无疑对研究土石混合料的变形及破坏机理有一定的局限性。突破传统方法，采用散体力学和颗粒力学理论研究土石混合料的微观特征与宏观物理力学特性之间的关系，是推动土石混合料物理力学特性理论研究和工程应用的一个重要途径。

组构是散粒体力学中的一个重要概念[39-42]，用来描述散粒体中颗粒在空间的排列分布特征及颗粒间的相互作用。颗粒间的接触方向的空间分布就是一种常用的组构量。土石混合料属于粗粒体范畴，与砂土等一般颗粒体、水泥等粉状体相比有较大差别。影响土石混合料微观组构的主要因素有：颗粒本身固有的性质，如粒径、粒状、硬度、摩擦特性、咬合程度等；颗粒间排列与组合的性质，如级配、孔隙率、颗粒间的接触点数(即配位数)、颗粒的定向排列等；颗粒间的几何关系，如接触点的法方向、连接相邻颗粒中心间的枝矢量等。

因此本章将从统计角度出发，用几种主要的组构参量来描述影响土石混合料宏观力学性能的微观特征，用散体力学理论对土石混合料的物理力学特性进行分析研究。

在前面已经讨论过，孔隙率是土石混合料最重要的物理参数之一，但只用孔隙率还不能完全描述土石混合料的结构特性[43]。此时，引入在颗粒力学中另一个非常重要的参量——组构椭圆。组构椭圆是一个二阶张量，与颗粒接触法向分布的概率密度函数 $E(\alpha,\beta)$ 及应力椭圆密切相关，并且具有明确的物理含义。在加载过程中，概率密度函数 $E(\alpha,\beta)$ 逐渐发生变化，以改变材料的强度。材料组构的变化由 $E(\alpha,\beta)$ 的变化来反映，最终导致在特定的变形过程中颗粒材料将发生应变硬化或应变软化。

1)组构的概念

组构是指材料中固体颗粒和孔隙的空间排列[44]。对一宏观均质的颗粒材料应包括两部分:一部分是描述单个颗粒空间位置的方向组构;另一部分是描述颗粒之间相互的位置关系,即堆积形态或排列方式。

方向组构:颗粒材料一般由不同形状的颗粒堆积而成,方向组构就是描述在三维空间里颗粒的优势堆积方式。

堆积形态:如图 3-2 所示,颗粒 P_i 与其相邻的颗粒 $P_1 \sim P_5$ 相接触,接触点为 $C_1 \sim C_5$,接触法向为 $n^{(1)} \sim n^{(5)}$,颗粒 P_i 与相邻颗粒的关系包括接触点数和接触法向两个方面。一般地,颗粒材料都是由大量颗粒组成,因此组构也具有统计上的意义。

接触点数,也称为配位数,随配位数的增加,颗粒产生位移将受到更多的约束。接触法向的方向性是决定颗粒材料变形的另一个重要参量,接触法向是统计意义上的参量。取两颗粒 P_1 和 P_2,其接触点为 C_i,令 $n^{(1)}$ 和 $n^{(2)}$ 为相应的接触单位法向($n^{(1)}$ 属于 P_1,$n^{(2)}$ 属于 P_2),引入正交参照系 $x_i(i=1,2,3)$,则接触法向 $n^{(1)}$ 和 $n^{(2)}$ 可由一对角 α 和 β 来表示,如图 3-3 所示。

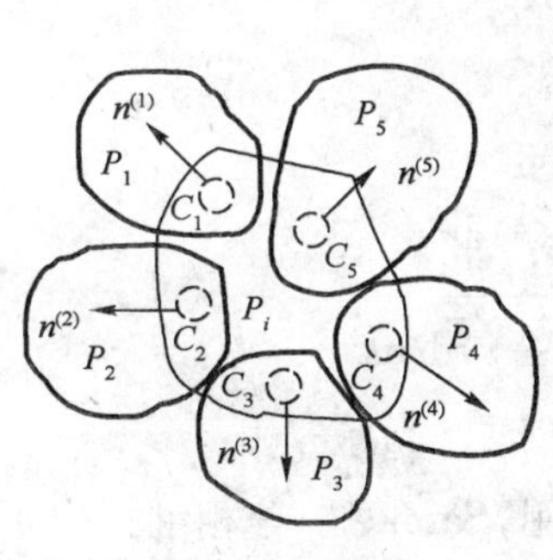

图 3-2　颗粒 P_i 和邻近颗粒的关系

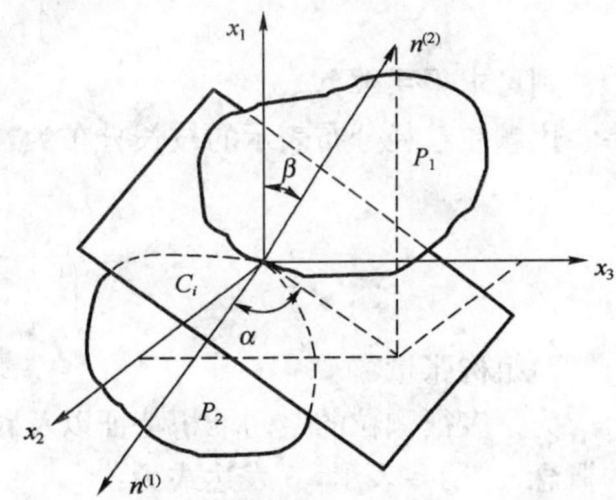

图 3-3　接触法向 $n^{(1)}$ 和 $n^{(2)}$

试验表明[45-47],概率密度函数 $E(\alpha,\beta)$ 可用来表征接触方向的三维空间分布。因此对由 $E(\alpha,\beta)$ 定义的方向上,接触单位法向位于立体角 $d\Omega = \sin\beta d\alpha d\beta$ 中,且接触点数量等于 $E(\alpha,\beta)d\Omega$。

2)枝长

为了更准确地描述颗粒间的空间位置,引入枝长来表示两相邻颗粒的接触特征。颗粒尺寸分布是颗粒材料的基本特征,但在发生变形时,一部分接触点分开,同时又形成一些新的接触点。为了从微观上描述颗粒形状和大小,又能反映出颗粒间的接触力,用接触矢量表示两相邻颗粒重心与接触点的连线,同时定义一个枝矢量,代表两相邻颗粒重心的连线,其长度称为枝长[48],如图 3-4 所示。土石混合料是由粒径不等的颗粒组成,显然其枝长的分布是一个随机变量,则有:

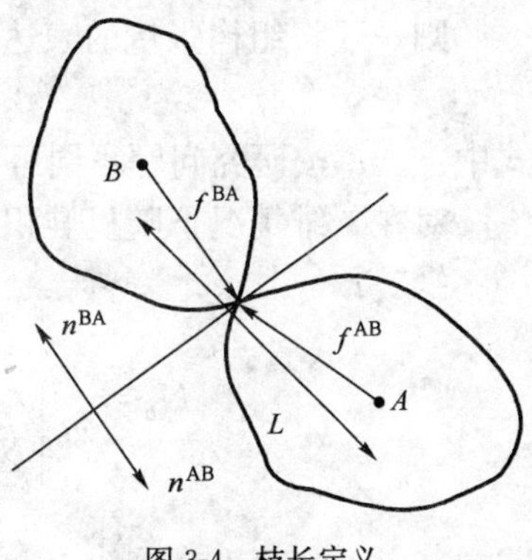

图 3-4　枝长定义

$$2r_{\min} \leqslant L \leqslant 2r_{\max} \tag{3-41}$$

式中:L——枝长;

$r_{\min}$、$r_{\max}$——分别为最小粒径和最大粒径。

图 3-5 是两组相邻颗粒 A 和 B 的枝长概率密度分布。令 $f(L)$ 为枝长的概率密度,则其

与颗粒粒径的概率密度密切相关。当 A 组颗粒的半径范围为 $r\rightarrow r+\mathrm{d}r$ 时，B 组颗粒的半径范围从 $L-r$ 到 $(L-r)+\mathrm{d}r$。相对应的，枝长分布范围在内 $L+\mathrm{d}r$ 内。假如任意随机选取在 L 到 $L+2\mathrm{d}r$ 范围内的枝长的概率密度 $2f^{\mathrm{AB}}L\mathrm{d}r$ 与该范围内的颗粒数量成正比，则：

$$2f^{\mathrm{AB}}L\mathrm{d}r=Kf(r)\mathrm{d}r+(L-r)\mathrm{d}r \tag{3-42}$$

式中：K——比例系数。

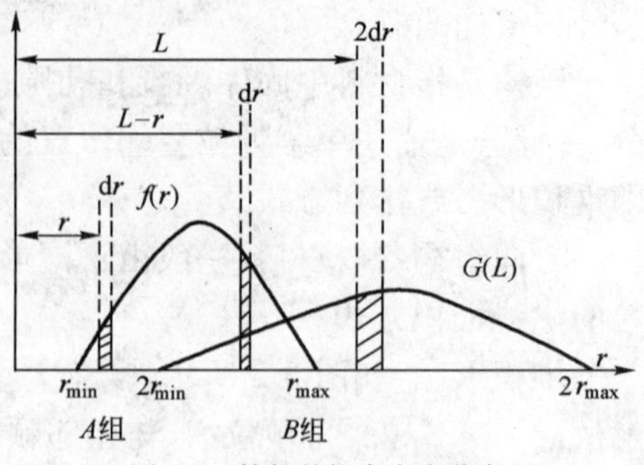

图 3-5　枝长的概率密度分布

假设 A 组颗粒的数目足够大，半径范围为 $L-r_{\max}<r_{\mathrm{A}}<L-r_{\min}$，则在计算中可将求和符号改为积分号，即：

$$f(L)=\sum_{L-r_{\max}<r_A<L-r_{\min}}f^{\mathrm{AB}}L=\frac{K}{2}\int_{L-r_{\max}}^{L-r_{\min}}f(r)f(L-r)\mathrm{d}r \tag{3-43}$$

由于概率密度函数满足

$$\int_{2r_{\min}}^{2r_{\max}}f(L)\mathrm{d}L=1 \tag{3-44}$$

则可求得系数 K。

用颗粒粒径分布表示的枝长分布为：

$$F(L)=\frac{\int_{L-r_{\max}}^{L-r_{\min}}f(r)f(L-r)\mathrm{d}r}{\int_{L-r_{\max}}^{L-r_{\min}}\int_{L-r_{\max}}^{L-r_{\min}}f(r)f(L-r)\mathrm{d}r\mathrm{d}L} \tag{3-45}$$

3)组构张量

为了表征颗粒的空间堆积特征以及颗粒间的相互作用，Satake[49] 等相继提出了组构张量的概念，并用 φ 表示，其表达式为：

$$\varphi=\frac{1}{2m}\sum\vec{n}_i\vec{n}_j=\langle n_in_j\rangle \tag{3-46}$$

式中：m——接触点数；

2——每一颗粒计算了两次；

$\langle\ \rangle$——取平均值。

则一般将组构张量的表达式表示为：

$$N_{ij}=\langle n_in_j\rangle \tag{3-47}$$

式中：n_i、n_j 按研究问题不同可以为接触法矢量、枝矢量或接触力矢量等。

对在二维情况下随机堆积的颗粒体，取 θ 表示接触法矢量和坐标轴间的夹角，则：

$$N_{ij}=\frac{1}{m}\begin{bmatrix}\sum\limits_{k=1}^{m}\cos^2\theta^k & \sum\limits_{k=1}^{m}\cos\theta^k\sin\theta^k\\ \sum\limits_{k=1}^{m}\cos\theta^k\sin a\theta^k & \sum\limits_{k=1}^{m}\sin^2\theta^k\end{bmatrix}=\frac{1}{m}\sum_{k=1}^{m}n_i^{(k)}n_j^{(k)} \tag{3-48}$$

式中：$n^{(k)}$——第 k 个接触点上的单位法矢量；

m——颗粒数。

组构是颗粒材料的几何特性，常用对称性来简化几何特性。理想颗粒材料在堆积形态上一般存在多种对称性，因此组构张量也具有以下几种特性[50-52]：

(1)球对称

具有球对称的颗粒材料一般是各向同性的，对颗粒材料通常假定为各向同性。

(2)轴对称

在不考虑颗粒形状影响时，组构往往具有轴对称性。这种情况下竖直轴为对称轴，在水平截面上组构表现出各向同性，表示接触法向方向分布的概率密度函数 $E(\alpha,\beta)$ 此时就与 α 无关，可以定为 $E(\beta)$，β 是接触法向与对称轴的夹角。

(3)正交性

当正应力 $\sigma_1\neq\sigma_2\neq\sigma_3$ 时，组构最初的对称性将消失，并出现正交各向异性。如果选择三个对称轴为参照坐标系，则概率密度函数满足下式：

$$E(\alpha,\beta)=E(\alpha,\pi-\beta)=E(\pi-\alpha,\beta)=E(\alpha+\pi,\beta+\pi)$$

(4)组构张量 N_{ij} 可以分为两部分，分别是各向同性的球张量和偏斜张量。

3.3.3 土石混合料变形过程中的组构变化

在荷载作用下，颗粒材料产生塑性变形，与相邻颗粒间将形成一些新的接触点，原有的接触点可能消失。通过仔细观察由变形引起的组构变化，可以了解组构在确定颗粒材料宏观变形中的作用。Oda[53,54]用两种粗砂进行三轴压缩试验，以研究颗粒材料变形过程中组构的变化。认为组构和概率密度函数具有轴对称性，其对称轴平行于应力轴方向(最大主应力轴)，此时接触法向密度函数可简化为 $E(\beta)$。

如果 $E(\beta)$ 可以由椭圆来近似代替，则：

$$E(\beta)=\frac{ab}{\sqrt{a^2\sin^2\beta+b^2\cos^2\beta}} \tag{3-49}$$

$$2\pi ab\int\frac{\sin\beta}{\sqrt{a^2\sin^2\beta+b^2\cos^2\beta}}\mathrm{d}\beta=1 \tag{3-50}$$

式中：a、b——分别为椭圆的长轴和短轴。

$E(\alpha,\beta)$ 可以用椭圆来近似，如同应力椭圆一样。Cowin[55] 和 Jekins[56] 指出，$E(\alpha,\beta)$ 和应力一样，具有和二阶张量一样的物理意义。接触法向在最大主应力轴处趋于集中，在 $\beta=0°\sim50°$ 之间时，$E(\beta)$ 逐渐增加，在增加轴向应力时经常出现这种情况。在轴向应力达到最大值之后，$E(\beta)$ 将不再发生显著变化，函数 $E(\alpha,\beta)$ 主要与应力有关，与应变关系不大，即在没有塑性应变增量时也可以改变 $E(\alpha,\beta)$。

Konishi 用三种不同直径(3mm、4mm、5mm)的光弹材料做成的棒，在平面直剪装置中随机堆积，在加载过程中进行拍照分析组构的变化。在此剪切试验中，用具有圆形横断面的光弹棒来模拟颗粒材料，最初 $E(\beta)$ 并不呈椭圆形，但在变形过程中其形状越来越趋于椭圆，同时其主应力轴随剪应力增加而逐渐发生旋转。接触方向朝某一个方向逐渐产生集中和主轴逐渐旋转是颗粒材料二维剪切中的两个重要特征。

下面讨论一下组构和应力之间的定量关系。假定有足够多的接触点，每一接触点 C_i 对应一微小接触区域 ΔS_i，对如下的闭合曲面，其上的每一个小单元 $\Delta S_i'$，都准确对应颗粒间的接触面 ΔS_i，同时 $N_i^{(1)}$ 和 $N_i^{(2)}$ 为 $\Delta S_i'$ 的法向，分别平行于接触点 C_i 的接触法向 $N_i^{(1)}$ 和 $N_i^{(2)}$，假定每个接触点的接触面积相等且为 $\Delta\overline{S}$，则封闭曲面可用椭球来近似，称之为组构椭球。概率密度函数 $E(\alpha,\beta)$ 和组构椭球必须具有相同的对称性和主对称轴，组构椭球的形状可以由 S_1、S_2、S_3 来表示。S_1、S_2、S_3 分别为垂直于主轴 x_1、x_2、x_3 的主平面，且：

$$\left.\begin{aligned}\frac{S_1}{\Delta S}&=\int_0^{2\pi}\int_0^{\pi/2}2E(\alpha,\beta)\cos\beta\sin\beta \mathrm{d}\beta\mathrm{d}\alpha\\ \frac{S_2}{\Delta S}&=\int_{-\pi/2}^{\pi/2}\int_0^{\pi}2E(\alpha,\beta)\cos\alpha\sin^2\beta \mathrm{d}\beta\mathrm{d}\alpha\\ \frac{S_3}{\Delta S}&=\int_0^{\pi}\int_0^{\pi}2E(\alpha,\beta)\sin\alpha\sin^2\beta \mathrm{d}\beta\mathrm{d}\alpha\end{aligned}\right\} \tag{3-51}$$

当 $E(\alpha,\beta)$ 与 α 无关时(轴对称)，S_1 和 S_3 的比值可以视为表征椭球特征的参量。Oda[57]的研究结果证明，S_1/S_3 和 σ_1/σ_3 之间存在线性关系，即：

$$\frac{S_1}{S_3}=a\frac{\sigma_1}{\sigma_3} \tag{3-52}$$

式中：a——常数，取决于材料本身，与应力状态无关。

随塑性应变的增加，在应力作用下颗粒将发生移动和旋转，以达到最稳定的状态。随着颗粒的重新排列，包含每一颗粒最大和中间主轴的主平面趋于和最大外加应力方向垂直，进一步增大剪应变使材料达到临界状态，主平面趋于平行于剪切带方向。

与 $E(\alpha,\beta)$ 相比，方向组构对外界的扰动敏感，但其变化更多地取决于应变大小而非应力。总之，方向组构并不是描述颗粒组构的最好的参量，但与 $E(\alpha,\beta)$ 相比仍有很大优点。

3.3.4 土石混合料颗粒间的接触力

首先考察在一空间内的颗粒密度，并用下述参数度量颗粒密度：

(1)表面密集度 n_s 任一平面 θ 切割土石混合料颗粒的总面积中，每单位面积中的平均颗粒数目。

(2)体积密集度 n_v 总体积中，每单位体积中的平均颗粒数目。

在均匀的土石混合料中，对任一切割平面 θ，只要颗粒数目足够大，n_s 值是相同的。这些参数也可从平均粒径和形状因数 r_v 中用下列方程近似地算出：

$$n_v=\frac{6V_s}{\pi r_v V_t}\cdot\frac{1}{\overline{d}^3} \tag{3-53}$$

$$n_s=n_v^{\frac{2}{3}}=\left(\frac{6V_s}{\pi r_v V_t}\right)^{\frac{2}{3}}\frac{1}{\overline{d}^2} \tag{3-54}$$

式中：V_s/V_t——总体积与每单位体积中的实体体积之比；

r_v——颗粒形状因数，一级颗粒的平均体积与直径为 $\overline{d}$ 的一个圆球体积之比。

$$r_v=\frac{6\overline{V}}{\pi\overline{d}^3} \tag{3-55}$$

一般地，将土石混合料的颗粒粒径分为 l 级，每级各有一平均粒径 $\overline{d}_k$，一形状因数 r_{vk} 和一实体体积 v_{sk}，则颗粒密度为：

$$n_v=\sum_{k=1}^{l}n_{vk}=\frac{6}{\pi}\sum\frac{V_{sk}}{R_{vk}V_t}\cdot\frac{1}{\overline{d}_k^3} \tag{3-56}$$

$$n_s=n_v^{2/3} \tag{3-57}$$

要计算土石混合料中的接触力，就必须知道每个颗粒的接触点数 N_c，除了理想化的情况外，N_c 是计算不出来的，因它包含的变参量太多，如级配、颗粒形状、孔隙比和颗粒排列等。

1)颗粒接触特征

土石混合料内接触点数并不是常数，其方向变化杂乱，其原因是土石混合料形状不规则，粒径分布不均匀，又是随机堆积的，如图 3-6 所示。

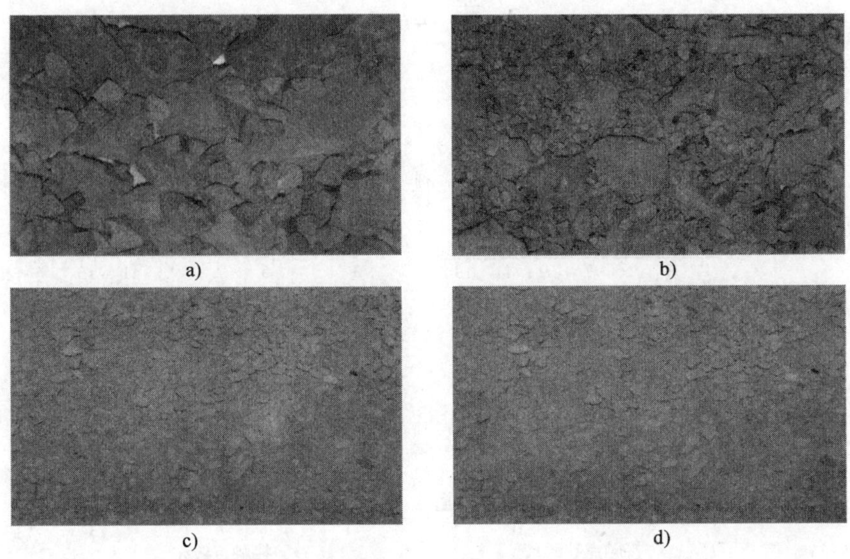

图 3-6　土石混合料颗粒的接触情况

a)疏松堆积(1)；b)疏松堆积(2)；c)密实堆积(1)；d)密实堆积(2)

为确定土石混合料的 N_c，马萨尔[58]将砾石试样放在一尺寸适当的圆柱形容器内，试样包含具有代表性的颗粒数量。为了考察出颗粒间的接触点，把试样从底到顶用油漆饱和，然后把油漆排走，再干燥 24h，记录各颗粒的接触点数，如图 3-7 和图 3-8 所示。

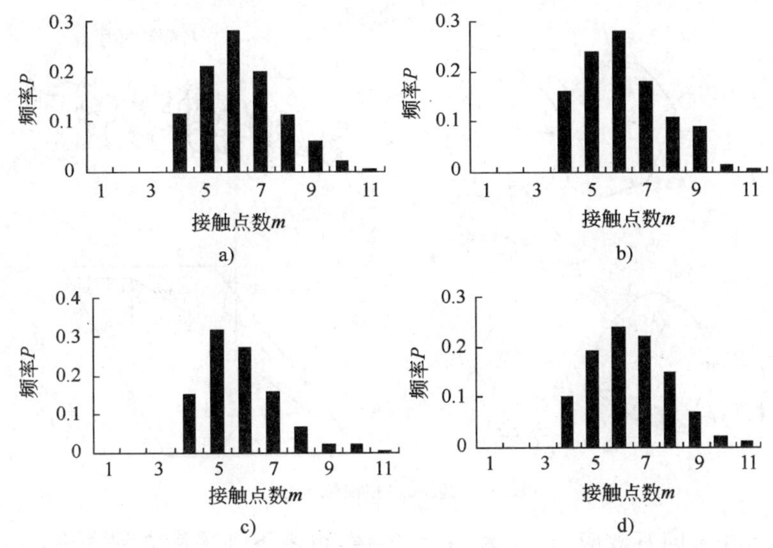

图 3-7　疏松堆积时的接触点数

疏松试样颗粒的平均接触点为 5.9～6.4，每个颗粒的接触点约为 4～10，密实试样颗粒的平均接触点为 7.1～8.3，每个颗粒的接触点为 4～13。这说明对于由等直径圆球堆积形成的散粒体，每个颗粒的接触点数应是相同的，其结果是接触力的大小为一常数，作用方向可由颗粒间的几何关系确定。

每一粒径颗粒的平均接触点数取决于粒径大小，令 $\overline{S}_k$ 为第 k 级颗粒外表面的平均面积，假设一平面穿过土石混合料的平面，其单位面积所切割的颗粒数 n_s 与颗粒形状无关。因为每一对相邻颗粒一般只有一个接触点，则第 k 级颗粒的平均接触点数可由下式求得：

$$\overline{N}_{ck}=n_s\overline{S}_k \tag{3-58}$$

式中：$\overline{S}_k=\pi d_{nk}^2$。

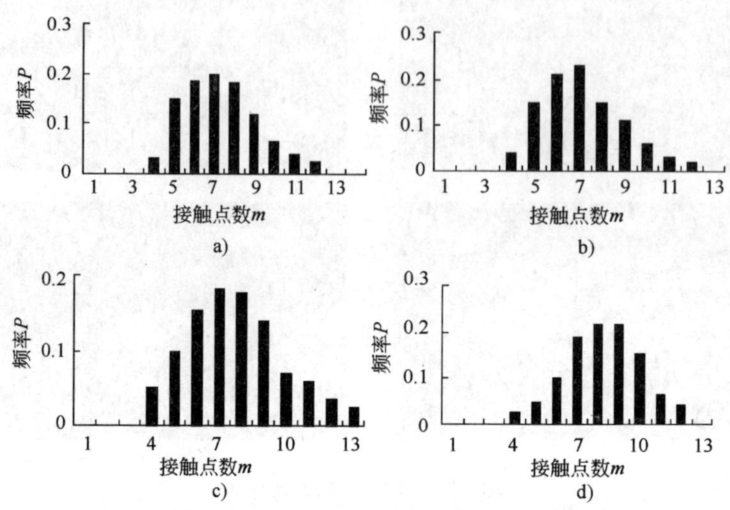

图 3-8　密实堆积时的接触点数

令 F_i 为第 i 个颗粒所受的合力，作用在 θ 平面上，如图 3-9 所示，称之为颗粒内力。颗粒被平面 θ 所切割，平面以上部分所受的接触力 P_{ij} 的向量和，就是每一颗粒上的 F_i，各颗粒的向量 F_i 的大小和方向不同。

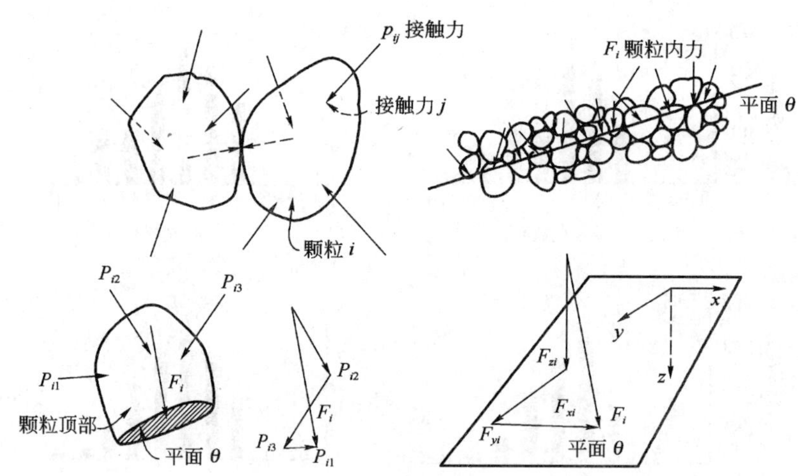

图 3-9　接触力和颗粒内力

平面 θ 上切向和法向有效应力 τ_{zx}、τ_{zy} 和 σ_z 的值，可由下列平衡方程求出：

$$\begin{cases}\tau_{zx}=\dfrac{1}{A_t}\sum\limits_{i=1}^{m}F_{xi}\\ \tau_{zy}=\dfrac{1}{A_t}\sum\limits_{i=1}^{m}F_{yi}\\ \sigma_z=\dfrac{1}{A_t}\sum\limits_{i=1}^{m}F_{zi}\end{cases} \tag{3-59}$$

式中：m——面积为 A_t 的平面所切割的颗粒数。

颗粒内力分量随接触力的大小和方向而变化，由静力平衡条件得：

$$\begin{cases} F_{xi}=\sum_{j=1}^{m}P_{xij} \\ F_{yi}=\sum_{j=1}^{m}P_{yij} \\ F_{zi}=\sum_{j=1}^{m}P_{zij} \end{cases} \tag{3-60}$$

式中：P_{xij}、P_{yij}、P_{zij}——接触力 P_{ij} 在 x、y、z 上的分量。

2)有效应力和颗粒内力

在散体力学中，应力是单位面积上颗粒内力分量的总和。在一个 τ_{zx}、τ_{zy} 和 σ_z 都是常数的区域内，各点的内力是变化的，这与传统的连续介质力学中的概念有所不同。

如 F_{xi}、F_{yi} 和 F_{zi} 为随机变量，则由中心极限定理，应力 τ_{zx}、τ_{zy} 和 σ_z 的统计分布趋于近似正态分布。其平均值 τ_{zx}、τ_{zy} 和 σ_z 为已知量，方差按下式计算。

假设各内力分量可再分解成两个分量

$$\begin{cases} F_{xi}=F'_{xi}+F''_{xi} \\ F_{yi}=F'_{yi}+F''_{yi} \\ F_{zi}=F'_{zi}+F''_{zi} \end{cases} \tag{3-61}$$

式中：F'_{xi}、F'_{yi} 和 F'_{zi} 是从下列方程式算出的假想分量。

$$\begin{cases} F'_{xi}=\dfrac{\bar{\tau}_{zx}}{A_s}A_i \\ F'_{yi}=\dfrac{\bar{\tau}_{zy}}{A_s}A_i \\ F'_{zi}=\dfrac{\bar{\sigma}_z}{A_s}A_i \end{cases} \tag{3-62}$$

式中：A_i——颗粒 i 被平面 θ 切割的截面积；

A_s——无因次参数，在数值上等于被平面 θ 切割的面积和颗粒 i 的总面积之比。

因此，F'_{xi}、F'_{yi} 和 F'_{zi} 的方差只取决于土石混合料颗粒粒径大小的分布。F'_{xi}、F'_{yi} 和 F'_{zi} 是颗粒 i 要达到局部平衡状态所必需的附加力，当颗粒数目 N 趋于无穷大时，其总和等于零。

颗粒的截面积 A_i 为土石混合料颗粒粒径分布的函数。对一般情况，将土石混合料颗粒粒径分成 l 级，第 k 级的标称直径 d_{nk} 由土石混合料级配曲线求得。为求得截面积 A 的分布函数，作以下两个假定：①每一级的颗粒是直径为 d_{nk} 的圆球；②平面 θ 在任一给定高度 h 内切割颗粒 i 的几率是一常量，即分布函数 $f(h)$ 具有矩形形式。

先考虑 $l=1$ 时的特殊情况，此时所有颗粒是等球体。显然，颗粒 i 被平面 θ 所截割的面积是圆，而被截割颗粒面积 A 的密度函数为：

$$f(A)=\frac{1}{\pi d_n\sqrt{\dfrac{d_n^2}{4}-\dfrac{A}{\pi}}} \tag{3-63}$$

式中：d_n——常数。

截面积 A 的平均值和方差为：

$$\overline{A}=\frac{\pi}{6}d_{\mathrm{n}}^{2} \tag{3-64}$$

$$D^{2}(A)=\frac{\pi^{2}}{180}d_{\mathrm{n}}^{4} \tag{3-65}$$

被切割的实体面积为：

$$A_{\mathrm{s}}=n_{\mathrm{s}}\overline{A} \tag{3-66}$$

再考虑一般情况，对第 k 级颗粒，截面积 A 的平均值为：

$$\overline{A}=\frac{\pi}{6}\sum_{k=1}^{l}\frac{n_{\mathrm{c}k}}{n_{k}}d_{\mathrm{n}k}^{2} \tag{3-67}$$

把式(3-67)代入式(3-66)，并考虑式(3-67)得：

$$A_{\mathrm{s}}=\left(\frac{\pi}{6}\right)^{\frac{1}{3}}\left(\sum_{k=1}^{l}\frac{V_{\mathrm{s}k}}{r_{\mathrm{v}k}V_{\mathrm{t}}}\cdot\frac{1}{d_{\mathrm{n}k}^{3}}\right)^{\frac{2}{3}}\sum_{k=1}^{l}\frac{n_{\mathrm{v}k}}{n_{\mathrm{v}}}d_{\mathrm{n}k}^{2} \tag{3-68}$$

参数 A_{s} 主要取决于土石混合料的孔隙比和颗粒形状。

面积 A 的方差为：

$$D(A)=\sqrt{\frac{\pi^{2}}{30}\sum_{k=1}^{l}\frac{n_{\mathrm{v}k}}{n_{\mathrm{v}}}d_{\mathrm{n}k}^{4}-\overline{A}^{2}} \tag{3-69}$$

3)接触力的概率分布

力 P_{ij} 的分量 P_{xij}、P_{yij} 和 P_{zij} 是随机变量，以颗粒 m 和 $m+1$ 之间的接触点 m 为例，P_{mn} 主要取决于：(1)颗粒的形状和尺寸；(2)颗粒的力学性质；(3)两个颗粒周围的颗粒排列。并且由平衡条件可知，作用在第 i 上的力 P_{ij} 必须满足下列方程：

$$\begin{cases}\sum_{j=1}^{N_{ci}}P_{xij}=0\\ \sum_{j=1}^{N_{ci}}P_{yij}=0\\ \sum_{j=1}^{N_{ci}}P_{zij}=0\end{cases} \tag{3-70}$$

$$\sum_{j=1}^{N_{ci}}M_{xij}=\sum_{j=1}^{N_{ci}}(P_{yij}e_{zij}+P_{zij}e_{yij})=0 \tag{3-71}$$

式中：N_{ci}——颗粒 i 的接触点数；

e_{yij}、e_{zij}——力 P_{ij} 对颗粒 i 中心的力臂。

但从上面的式子中并不能求出接触力 P_{i} 的大小，因为颗粒可以有不同的堆积方式而保持一定的孔隙比，虽然颗粒体的参量是常数，但颗粒 m 和 $m+1$ 相邻的颗粒排列以及接触点数目和位置却变化很大。因此接触力各分量的数值在比较大的范围内是随机分布的。

假设接触力 P_{i} 任一分量 P_{xij}，P_{yij}，P_{zij} 可以表示为一组随机变量之和：

$$\begin{cases}P_{xij}=\sum P_{xkl}\\ P_{yij}=\sum P_{ykl}\\ P_{zij}=\sum P_{zkl}\end{cases} \tag{3-72}$$

式中：$i\neq k$，$j\neq l$。

由中心极限定理可知各接触力分量趋向于正态分布，即：

$$f(P_{xij})=\frac{1}{\sqrt{2\pi}D_x P_{xij}}\exp\left[-\frac{(P_{xij}-\overline{P}_x)^2}{2D_x^2 P_{xij}}\right] \tag{3-73}$$

$$f(P_{yij})=\frac{1}{\sqrt{2\pi}D_y P_{yij}}\exp\left[-\frac{(P_{yij}-\overline{P}_y)^2}{2D_y^2 P_{yij}}\right] \tag{3-74}$$

$$f(P_{zij})=\frac{1}{\sqrt{2\pi}D_z P_{zij}}\exp\left[-\frac{(P_{zij}-\overline{P}_z)^2}{2D_z^2 P_{zij}}\right] \tag{3-75}$$

颗粒内力分量可以由作用于每一颗粒上顶部接触点 i 的平均接触力来表示：

$$\begin{cases}F_{xi}=n_{ci}\overline{P}_{xi}\\F_{yi}=n_{ci}\overline{P}_{yi}\\F_{zi}=n_{ci}\overline{P}_{zi}\end{cases} \tag{3-76}$$

接触点数 n_{ci} 为随机变量，取决于每一颗粒的接触点数 N_{ci} 和平面 θ 切割颗粒 i 的高度，可以由下式近似计算 n_{ci}：

$$n_{ci}=\frac{A_c}{A_e}N_{ci} \tag{3-77}$$

式中：A_c、A_e——分别为颗粒顶部表面积和整个颗粒的表面积。

把土石混合料颗粒简化为球形，则：

$$n_{ci}=\frac{N_{ci}}{2}\left(1-\frac{h}{r_i}\right) \tag{3-78}$$

式中：r_i——颗粒半径。

平面 θ 在任一高度 h 截割球形颗粒体的几率是常数，则其平均值为 0，则：

$$\bar{n}_{ci}=\frac{N_{ci}}{2} \tag{3-79}$$

对颗粒 i 的平均接触力分量可由式(3-62)、式(3-79)求得：

$$\begin{cases}\overline{P}_{xi}=\dfrac{2\bar{\tau}_{xz}}{N_{ci}A_s}A_i\\\overline{P}_{yi}=\dfrac{2\bar{\tau}_{yz}}{N_{ci}A_s}A_i\\\overline{P}_{zi}=\dfrac{2\bar{\sigma}_z}{N_{ci}A_s}A_i\end{cases} \tag{3-80}$$

设土石混合料由 l 级组成，各级标称直径 d_{nk}，对第 k 级的颗粒，上述表达式为：

$$\begin{cases}\overline{P}_{xk}=\dfrac{2\bar{\tau}_{xz}}{N_{ck}A_s}\overline{A}_k\\\overline{P}_{yk}=\dfrac{2\bar{\tau}_{yz}}{N_{ck}A_s}\overline{A}_k\\\overline{P}_{zk}=\dfrac{2\bar{\sigma}_z}{N_{ck}A_s}\overline{A}_k\end{cases} \tag{3-81}$$

接触力分量的总平均值为：

$$\overline{P}_x=\frac{2\bar{\tau}_{xz}}{A_s}\sum_{k=1}^{l}\frac{n_{vk}}{n_v}\frac{\overline{A}_k}{\overline{N}_{ck}} \tag{3-82}$$

$$\overline{P}_y=\frac{2\bar{\tau}_{yz}}{A_s}\sum_{k=1}^{l}\frac{n_{vk}}{n_v}\frac{\overline{A}_k}{\overline{N}_{ck}} \tag{3-83}$$

$$\overline{P}_z=\frac{2\bar{\sigma}_z}{A_s}\sum_{k=1}^{l}\frac{n_{vk}}{n_v}\frac{\overline{A}_k}{\overline{N}_{ck}} \tag{3-84}$$

奥维内特曾证明 P_{xij} 和 F_{xi} 二者方差之间存在如下关系：

$$D^2(F_{xi})=D^2(P_{xij})\bar{n}_{ci}+\bar{P}_x^2D^2(n_{ci}) \tag{3-85}$$

式中：$\bar{n}_{ci}=\dfrac{N_{ci}}{2}$；

$D^2(n_{ci})$——n_{ci}的方差。

n_{ci}亦为一随机变量，在区间 $0\leqslant n_{ci}\leqslant N_{ci}$ 内概率不变，则其二阶中心矩为：

$$D^2(n_{ci})=\frac{N_{ci}^2}{12} \tag{3-86}$$

土石混合料的不均匀系数一般大于 5，此时用 $\bar{N}_c$ 代替 N_{ci}，则：

$$\bar{N}_c=\sum_{k=1}^{l}\frac{n_{vk}}{n_v}N_{ck} \tag{3-87}$$

由式(3-85)得到 P_{xij} 的方差为：

$$D^2(P_{xij})=\frac{D^2(F_{xi})-\bar{P}_x^2D^2(n_{ci})}{\bar{n}_{ci}} \tag{3-88}$$

将式(3-77)、式(3-82)代入式(3-88)，得 P_{xij} 的标准差：

$$D(P_{xij})=\frac{\bar{\tau}_{zx}}{n_s}\sqrt{\frac{2}{n_c}\left[v^2(A)+\left(\frac{n_sQ}{\bar{\tau}_{zx}}\right)^2\right]-\frac{1}{3}\left(\sum\frac{n_{vk}}{n_v}\cdot\frac{\bar{A}_k}{\bar{A}}\cdot\frac{\bar{N}_c}{\bar{N}_{ck}}\right)^2} \tag{3-89}$$

同理，可得 P_{zij} 和 P_{yij} 的标准差。

土石混合料本身就是由大量粒径不等的颗粒组成的，因此对土石混合料力学本质的研究都应建立在统计基础上。如前所述，土石混合料的力学性质与颗粒的空间堆集方式、孔隙的大小及孔隙的空间分布密切相关，孔隙和接触点的分布可用频率分布函数来表征，而分布函数的特征又可由其均值和方差来表示，则土石混合料的力学特性与接触点、孔隙比的均值和方差之间存在某种必然联系。由此也可以看出，具有相同孔隙比或接触点的土石混合料并不一定具有相同的力学性质，但可以近似认为，即使孔隙和接触点不完全一致，只要其均值和方差相近，即可有相近似的力学特性。

3.3.5 土石混合料剪切变形机理的散体力学解释

组构可以描述土石混合料的结构特征，在荷载作用下，土石混合料将发生变形，组构也随之改变，因此，我们可以尝试用组构的变化来描述土石混合料的变形特征。而影响组构的一个重要因素是颗粒接触点数目的变化以及颗粒之间空间位置的变化。

如图 3-10a)所示，在剪应力 τ 的作用下，颗粒 I 相对于颗粒 J 发生滑动，此时没有接触点的得失，但膨胀角为正。图 3-10b)也没发生接触点的得失，但膨胀角为负。图 3-10c)表明颗粒 I 与颗粒 K 之间形成接触点，接触点数目增加，此时的膨胀角由负变为零。图 3-10d)表示颗粒 I 颗粒 J 之间失去接触点，但膨胀角由零变为正值。因此从统计角度上看，在变形过程中，如果平均膨胀角为正值，则总的变形过程趋于膨胀，反之为趋于压缩。

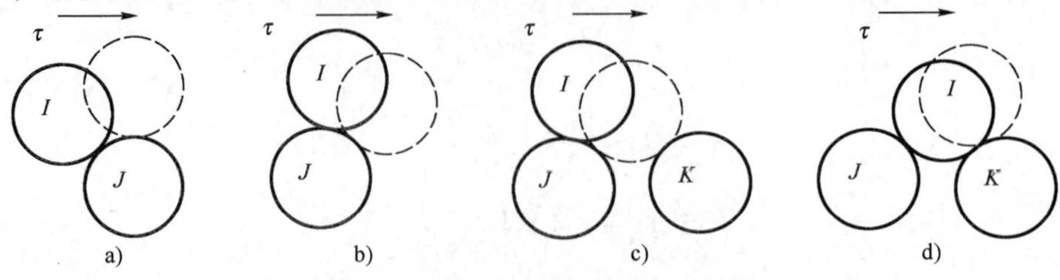

图 3-10 剪切过程中颗粒接触点的得失

在剪切起始状态时，在正应力的作用下，各接触点是稳定的，在剪应力的作用下，具有正膨胀角的接触力增大，同时具有负膨胀角的接触力减小，并伴随有接触点的得失。

设土石混合料的初始体积为V，变形后的体积增量为ΔV，则由孔隙比的定义可得：

$$\frac{\Delta V}{V}=\frac{\Delta e}{1+e} \tag{3-90}$$

孔隙比与配位数的关系可用式(3-91)表示：

$$\bar{m}=\frac{12}{1+e} \tag{3-91}$$

联合上两式得：

$$\varepsilon=\frac{\Delta V}{V}=\frac{\Delta\bar{m}}{\bar{m}}=-\frac{\Delta M}{M} \tag{3-92}$$

式中：M——总接触点数；

ΔM——总接触点数的增量。

从式(3-92)可以发现，当土石混合料体积膨胀时，总接触点数减少；体积收缩时，总接触点数增加。

3.3.6 土石混合料微观接触力和宏观应力

对土石混合料进行力学分析时，直接测量颗粒间的接触力是相当困难的，但可以用可测量的宏观力学量来描述不可测量的微观力学量。

在连续介质中，应力一般定义为作用于单位面积上的力。对于二维问题，应力则定义为作用于单位线段上的合力。然而，对于松散介质这种定义是不合适的，因为松散介质中的力是非连续的，变化幅度很大。对于应变也存在同样的问题，所以，松散介质采用平均应力和平均应变的概念来表示连续介质中的相应物理量。

首先假设土石混合料颗粒数目足够多，其宏观力学量具有统计上的意义，对微观上不均匀的应力可用平均应力加以描述。

在此引入颗粒接触法向的密度分布函数$E(\vec{n})$，其中$\vec{n}$为单位接触法矢量，则在$\vec{n}\rightarrow\vec{n}+\mathrm{d}\vec{n}$的立体角内的接触点数为$E(\vec{n})\mathrm{d}\vec{n}$。

设$f(\vec{x}^{\alpha},\vec{n})$是位置在$\vec{x}^{\alpha}$、法向为$\vec{n}$的接触点处的接触力分量，由静态平衡条件，对于体积为V的土石混合料，总的接触矢量和为零，即：

$$\sum_{\alpha=1}^{M}f_i(\vec{x}^{\alpha},\vec{n})=0(i=x,y,z) \tag{3-93}$$

式(3-93)也可以改为积分形式：

$$\int_V f_i(\vec{n})E(\vec{n})\mathrm{d}\vec{n}=0(i=x,y,z) \tag{3-94}$$

式中，$f_i(\vec{n})$是在$\vec{n}+\mathrm{d}\vec{n}$内的接触力的平均值。

考虑土石混合料中两相邻颗粒p、q，如图3-11所示。

对颗粒p，可建立如下平衡方程：

$$\sum_{\alpha=1}^{k}f_i^{p\alpha}(\vec{x}^{\alpha},\vec{n}')(x_j^{p\alpha}-x_j^{p})=\sum_{\alpha=1}^{k}f_i^{p\alpha}(\vec{x}^{\alpha},\vec{n}')(x_i^{p\alpha}-x_i^{p}) \tag{3-95}$$

式中：k——第m个的接触点数；

$\vec{n}'$——单位枝矢量，且$\vec{n}'=\dfrac{\vec{x}^{p}-\vec{x}^{q}}{|L^{pq}|}$；

$|L^{pq}|$——枝长。

类似地，对整个土石混合料中的颗粒求和，可得：

$$\sum_{\alpha=1} f_i(\vec{x}^{\alpha},\vec{n}')L_j(\vec{x}^{\alpha},\vec{n}')=\sum_{\alpha=1} f_i(\vec{x}^{\alpha},\vec{n}')L_i(\vec{x}^{\alpha},\vec{n}') \tag{3-96}$$

式中：$L_i(\vec{n}')$——在 $\vec{n}+\mathrm{d}\vec{n}$ 内的枝矢量接触力的平均值。

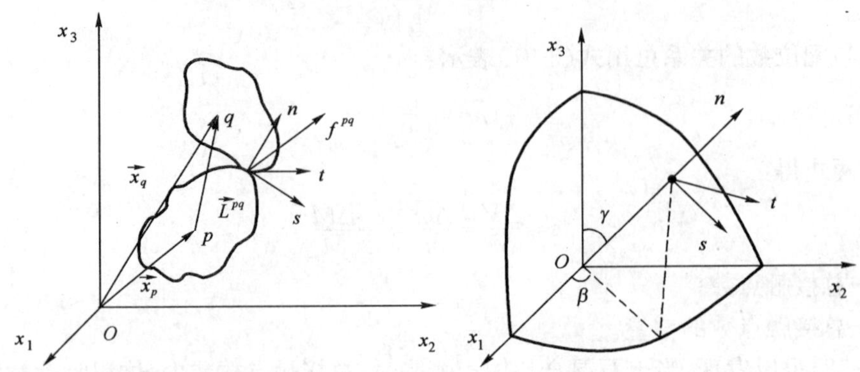

图 3-11　颗粒接触及局部坐标

其积分形式为：

$$\int_V f_i(\vec{n})L_j(\vec{n}')E(\vec{n})\mathrm{d}\Omega=\int_V f_j(\vec{n})L_i(\vec{n}')E(\vec{n})\mathrm{d}\Omega \tag{3-97}$$

设在接触力作用下产生的应变张量为 $\varepsilon_{ij}(\vec{x}^{\alpha})$，接触点的位移为 $u_i(\vec{x}^{\alpha})$，忽略颗粒的转动，可得：

$$u_i(\vec{x}^{\alpha})=\varepsilon_{ij}(\vec{x}^{\alpha})L_j(\vec{x}^{\alpha},\vec{n}') \quad (i=x,y,z) \tag{3-98}$$

单位体积内接触力做的虚功为：

$$W=\frac{1}{2V}\sum f_i(\vec{x}^{\alpha},\vec{n}')\varepsilon_{ij}(\vec{x}^{\alpha})L_j(\vec{x}^{\alpha},\vec{n}') \tag{3-99}$$

式中：2——每个颗粒计算了 2 次。

平均应力所做的虚功为：

$$W=\bar{\sigma}_{ij}\varepsilon_{ij}$$

由上面两式，并考虑到应力张量的对称性，可得：

$$\bar{\sigma}_{ij}=\frac{1}{4V}\sum_{\alpha=1}^{M}[f_i(\vec{x}^{\alpha},\vec{n})L_j(\vec{x}^{\alpha},\vec{n}')+f_j(\vec{x}^{\alpha},\vec{n})L_i(\vec{x}^{\alpha},\vec{n}')] \tag{3-100}$$

其积分形式为：

$$\bar{\sigma}_{ij}=\frac{M}{4V}\int[f_i(\vec{n})L_j(\vec{n})+f_j(\vec{n})L_i(\vec{n})]E(\vec{n})\mathrm{d}\vec{n} \tag{3-101}$$

这样就把宏观平均应力张量和微观的一阶张量（枝矢量、接触法矢量和接触力矢量）联系起来。

把土石混合料的粒径分为 l 级，每级各有一平均粒径 $\overline{d}_k$，每一级的颗粒数为 N_k，则：

$$V_{\mathrm{s}}=\sum_{k=1}^{l}N_k\cdot\frac{\pi\overline{d}_k^3}{6}=\sum_{k=1}^{l}\frac{\pi\overline{d}_k^3}{6}\cdot\frac{M_k}{\overline{m}}=\frac{\overline{M}}{\overline{m}}\sum_{k=1}^{l}\frac{\pi\overline{d}_k^3}{6} \tag{3-102}$$

把 $V=V_{\mathrm{s}}(1+e)$ 代入上式得：

$$\frac{M}{V}=\frac{6\overline{m}}{(1+e)\pi\sum_{k=1}^{l}\overline{d}_k^3} \tag{3-103}$$

令 $\overline{d}$ 为所有土石混合料颗粒的平均粒径，则：

$$\bar{d}=\sqrt[3]{\sum_{k=1}^{l}\bar{d}_k^3} \tag{3-104}$$

把式(3-103)、式(3-104)代入式(3-101),可得土石混合料的宏观应力为:

$$\bar{\sigma}_{ij}=\frac{3\bar{m}}{2\pi(1+e)}\left[\sum_{k=1}^{l}\bar{d}_k^2\right]^{-\frac{2}{3}}\int_0^{\pi}\int_0^{2\pi}\left[f_i(\vec{n})n_j+f_j(\vec{n})n_i\right]E(\vec{n})\sin\gamma\mathrm{d}\gamma\mathrm{d}\beta \tag{3-105}$$

式中,i、$j=1,2,3$。

1)二维问题

在二维情况下,有:

$$V_s=M\pi\bar{d}^2 \tag{3-106}$$

$$\bar{d}=\frac{1}{2}\left[\sum_{k=1}^{l}\bar{d}_k^2\right]^{\frac{1}{2}} \tag{3-107}$$

因此有:

$$\bar{\sigma}_{ij}=\frac{\bar{m}}{\pi(1+e)}\left[\sum_{k=1}^{l}\bar{d}_k^2\right]^{-\frac{1}{2}}\int_0^{2\pi}\left[f_i(\theta)n_j+f_j(\theta)n_i\right]E(\theta)\mathrm{d}\theta \tag{3-108}$$

式中,i、$j=1,2$。

土石混合料颗粒全部是随机堆积的,因此采用组构密度分布函数来描述。根据 Rothenburg[59] 和 Bathurs[60] 的试验研究结果,我们可以用三个函数来近似描述二维情况下土石混合料接触法向密度分布函数、法向接触力和切向接触力的密度分布函数。

接触法矢量:
$$E(\theta)=\frac{1}{2\pi}\left[1+a_z\cos(\theta-\theta_z)\right] \tag{3-109}$$

法向接触力:
$$f_n(\theta)=f_0\left[1+a_n\cos2(\theta-\theta_n)\right] \tag{3-110}$$

切向接触力:
$$f_t(\theta)=f_0a_t\sin2(\theta-\theta_t) \tag{3-111}$$

式中:a_z、a_n、a_t——反映各向程度的系数;

θ_z、θ_n、θ_t——分别组构主轴角、最大法向接触力和最大切向接触力的平均接触角;

f_0——平均法向接触力。

切向接触力以反时针旋转为正。

$$f_0=\int_0^{2\pi}f_n(\theta)\mathrm{d}\theta \tag{3-112}$$

把式(3-109)~式(3-101)代入式(3-108),并积分可得:

$$\bar{\sigma}_{11}=\frac{mf_0}{(1+e)\pi}\left[\sum_{k=1}^{l}\bar{d}_k^2\right]^{-\frac{1}{2}}\left[1+\frac{1}{2}(a_z\cos2\theta_z+a_n\cos2\theta_n+a_t\cos2\theta_t)+\frac{a_za_n}{2}(\cos2\theta_z\cos2\theta_n+\sin2\theta_z\sin2\theta_n)\right] \tag{3-113}$$

$$\bar{\sigma}_{22}=\frac{\bar{m}f_0}{(1+e)\pi}\left[\sum_{k=1}^{l}\bar{d}_k^2\right]^{-\frac{1}{2}}\left[1-\frac{1}{2}(a_z\cos2\theta_z+a_n\cos2\theta_n+a_t\cos2\theta_t)+\frac{a_za_n}{2}(\cos2\theta_z\cos2\theta_n+\sin2\theta_z\sin2\theta_n)\right] \tag{3-114}$$

$$\bar{\sigma}_{12}=\frac{\bar{m}f_0}{(1+e)\pi}\left[\sum_{k=1}^{l}\bar{d}_k^2\right]^{-\frac{1}{2}}(a_z\sin2\theta_z+a_n\sin2\theta_n+a_t\sin2\theta_t) \tag{3-115}$$

从上面的式子可以看出,应力不仅与反映颗粒密度的孔隙比和接触点数有关,还与平均接触力密切相关。

2)三维问题

对三维情况,可将接触力密度分布定义如下:

$$f_iE(\vec{n})=C_i+C_{ij}n_j+C_{ijk}n_jn_k+C_{ijkl}n_jn_kn_l+\cdots \tag{3-116}$$

略去高阶项，可得：

$$f_iE(\vec{n})=C_i+C_{ij}n_j \tag{3-117}$$

注意到

$$\int_{\Omega}(C_i+C_{ij}n_j)E(\vec{n})\mathrm{d}n=0 \tag{3-118}$$

则

$$C_i=0 \tag{3-119}$$

所以

$$f_iE(\vec{n})=C_{ij}n_j \tag{3-120}$$

将式(3-120)代入式(3-105)，可得：

$$\bar{\sigma}_{ij}=\frac{4\overline{m}}{(1+e)}\left[\sum_{k=1}^{l}\overline{d}_k^3\right]^{-\frac{2}{3}}C_{ij} \tag{3-121}$$

因此，三维状态下应力和接触力之间的关系式为：

$$f_i=\frac{(1+e)}{4\overline{m}E(\vec{n})}\left[\sum_{k=1}^{l}\overline{d}_k^3\right]^{\frac{2}{3}}\bar{\sigma}_{ij}n_j \tag{3-122}$$

同理将 $E(\vec{n})$ 表示为：

$$E(\vec{n})=\frac{1}{4\pi}N_{ij}n_in_j \tag{3-123}$$

将式(3-123)代入式(3-122)，可得到接触力和应力的关系为：

$$f_i=\frac{\pi(1+e)}{2\overline{m}N_{ij}n_in_j}\left[\sum_{k=1}^{l}\overline{d}_k^3\right]^{\frac{2}{3}}\bar{\sigma}_{ij}n_j \tag{3-124}$$

3.3.7 土石混合料的散体本构理论

1)颗粒接触模型

颗粒力学模型中，最基本的问题之一就是颗粒间的接触问题，土石混合料颗粒的接触是弹性接触。在荷载作用下，土石混合料可能发生滑动或滚动，因此主要有两种接触变形类型：(1)法向荷载产生的变形；(2)法向和切向荷载同时作用产生的变形。在研究颗粒接触时，我们引入 Herts 接触理论[61、62]，即弹性固体的法向接触理论，两个相邻颗粒就可以看做是两个接触处为可变形弹簧相连的两个刚体组成[63](图 3-12)。因此，在接触力作用下颗粒的变形就转为弹簧的形变。

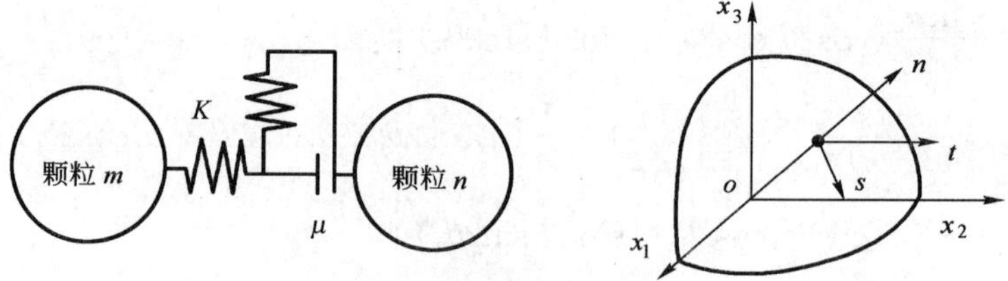

图 3-12 土石混合料颗粒刚性接触模型示意图

设接触力为 $f_i(i=n,s,t)$(n、s、t 为局部坐标)，则在接触处的应力和位移的关系可用增量形式表示为：

$$\Delta f_i=D_{ij}\Delta U_j \tag{3-125}$$

式中：D_{ij}——接触刚度张量。

在局部坐标 n、s、t 内，可用下式来表示 D_{ij}：

$$D_{ij}=D_n n_i n_j+D_s s_i s_j+D_t t_i t_j \tag{3-126}$$

对各向同性的土石混合料，切向刚度在颗粒接触平面内为各向同性，则：

$$D_{ss}=D_{tt}=D_s \tag{3-127}$$

一般情况下，法向接触刚度是法向接触力的函数。

$$D_n=C_1 f_n^{\alpha} \tag{3-128}$$

式中：C_1——与土石混合料本身特性、颗粒大小以及表面粗糙度有关的函数。

在 Herts 接触理论中，可以研究两个非协调固体为点或线接触，在最初的接触点附近产生的变形，以及荷载穿过接触界面的传递，法向的也可能是切向的表面力的大小和分布，并最终计算出两物体中接触区附近的应变分量和应力分量。

由 Herts 弹性接触应力公式我们可以导出式(3-128)中的各参数：

$$\alpha=\frac{1}{3}, C_1=(3rE^2)^{\frac{1}{3}}, E=\frac{G}{1-\mu}$$

式中：r——土石混合料颗粒半径；

G——土石混合料颗粒的剪切弹模；

μ——泊松比。

切向刚度为：

$$D_s=C_2 D_n\left(1-\frac{f_s}{f_n\tan\phi_\mu}\right)^{\eta}$$

式中：C_2、η——与材料本身有关的常数；

ϕ_μ——颗粒间摩擦角。

一般有 $C_2=\dfrac{2(1-\mu)}{2-\mu}$。

2)二维本构模型[35、64]

对于二维问题，如果接触力与接触位移是线性关系时，由虎克定律得：

$$\Delta\sigma = E\Delta\varepsilon \tag{3-129}$$

则：

$$\Delta f_n = E\frac{\Delta U_a}{r_1+r_2} \tag{3-130}$$

式中：r_1、r_2——两相邻颗粒的半径。

切向刚度为：

$$D_s = \lambda D_n \tag{3-131}$$

式中：λ——常数，一般地，$\lambda=0.1\sim1.0$。

如果接触力和接触位移之间关系为非线性时，法向接触刚度系数表示为：

$$D_n = \frac{1-\mu}{\pi G}\left[2f_s\left(\frac{2r}{A}\right)-1\right] \tag{3-132}$$

式中：$A=\sqrt{\dfrac{2r(1-\mu)f_n}{\pi G}}$，$r=\dfrac{1}{2}\left(\dfrac{1}{r_1}+\dfrac{1}{r_2}\right)$。

可以发现，接触法向刚度 D_n 随法向接触力的增加而增加，切向刚度可表示为：

$$D_s = C_2 D_n\left(1-\frac{f_s}{f_n\tan\phi_\mu}\right)^{\frac{1}{2}} \tag{3-133}$$

我们不能直接推导出土石混合料的应变与应力的关系，必须将应变与接触力联系起来，一旦局部本构关系被确定，就可以推导出土石混合料总的应力应变关系。

对于平面问题，由式(3-126)得到接触刚度张量为：

$$D_{ij} = D_n n_i n_j + D_s s_i s_j \ (i,j=1,2) \tag{3-134}$$

其单位向量为：

$$\vec{n} = \cos\theta \vec{i} + \sin\theta \vec{j} \tag{3-135}$$

$$\vec{n} = -\sin\theta \vec{i} + \cos\theta \vec{j} \tag{3-136}$$

增量形式的局部接触本构关系为：

$$\Delta f_i = D_{ij} \Delta u_j \tag{3-137}$$

式中：Δf_i——接触点的接触力增量；

Δu_j——接触点的位移增量。

对于土石混合料来说，颗粒数目足以在宏观上使人们认为是均质的，在没有形成剪切带时其位移场为线性分布，即：

$$\Delta u_j = l_i \Delta \varepsilon_{ij} = l(\vec{x}^{\alpha}) n_i \Delta \varepsilon_{ij} \tag{3-138}$$

式中：$\Delta\varepsilon_{ij}$——土石混合料颗粒的平均应变增量。

由此可以导出接触力增量和应变增量的关系为：

$$\Delta f_j(\vec{x}^{\alpha},\vec{n}) = l(\vec{x}^{\alpha})(D_n n_i n_j + D_s s_i s_j + D_t t_i t_j) n_k \Delta\varepsilon_{kj} \ (i,j=1,2,3) \tag{3-139}$$

将式(3-139)代入式(3-137)，可以得到应力增量与应变的增量关系式为：

$$\Delta\sigma_{ij} = A_{ijkl} \Delta\varepsilon_{ij} \ (i,j=1,2,3) \tag{3-140}$$

式中：A_{ijkl}——刚度张量。

$$A_{ijkl} = \frac{3\overline{m}}{2(1+e)\pi\overline{r}} \int_0^{\pi}\int_0^{2\pi} [n_i n_j n_k n_l D_n + B_{ijkl} D_s + E_{ijkl} D_t) E(\vec{n}) \sin\gamma \mathrm{d}\beta \mathrm{d}\gamma \tag{3-141}$$

式中：$\overline{r}$——土石混合料中所有颗粒的平均半径，$\overline{r} = \dfrac{\overline{d}}{2}$。

$$B_{ijkl} = \frac{1}{4}(n_i s_j n_k s_l + n_j s_i n_k s_l + n_i s_j n_l s_k + n_j s_i n_l s_k) \tag{3-142}$$

$$E_{ijkl} = \frac{1}{4}(n_i t_j n_k t_l + n_j t_i n_k t_l + n_i t_j n_l t_k + n_j t_i n_l t_k) \tag{3-143}$$

显然刚度张量满足应力张量和应变张量的对称性，则：

$$A_{ijkl} = A_{jikl} = A_{klij} \tag{3-144}$$

对平面问题：

$$A_{ijkl} = \frac{3\overline{m}}{2(1+e)\pi} \int_0^{2\pi} (n_i n_j n_k n_l + B_{ijkl} D_s) E(\theta) \mathrm{d}\theta \tag{3-145}$$

密度函数为：

$$E(\vec{n}) = \frac{1}{2\pi} \tag{3-146}$$

将其代入式(3-141)，积分可得：

$$\begin{bmatrix} \Delta\sigma_{xx} \\ \Delta\sigma_{yy} \\ \Delta\sigma_{xy} \end{bmatrix} = \frac{\overline{m}}{4(1+e)\pi} \begin{bmatrix} 3D_n + D_s & D_n - D_s & 0 \\ D_n - D_s & 3D_n + D_s & 0 \\ 0 & 0 & D_n + D_s \end{bmatrix} \begin{bmatrix} \Delta\varepsilon_{xx} \\ \Delta\varepsilon_{yy} \\ \Delta\varepsilon_{xy} \end{bmatrix} \tag{3-147}$$

其体积模量、剪切模量和泊松比分别为：

$$K = \frac{\overline{m}}{2(1+e)\pi} D_n \tag{3-148}$$

$$G = \frac{\overline{m}}{4(1+e)\pi}(D_n + D_s) \tag{3-149}$$

$$\upsilon = \frac{D_n - D_s}{3D_n - D_s} = \frac{1-\xi}{3+\xi} \tag{3-150}$$

式中：$\xi = D_s / D_n$ 。

从上式可以看出，体积模量和剪切模量与孔隙比和配位数有关。

3)三维本构模型

三维情况时，取密度分布函数为：

$$E(\vec{n}) = \frac{1}{4\pi} \tag{3-151}$$

将其代入式(3-141)，并积分可得：

$$\begin{bmatrix} \Delta\sigma_{xx} \\ \Delta\sigma_{yy} \\ \Delta\sigma_{zz} \\ \Delta\sigma_{xy} \\ \Delta\sigma_{xz} \\ \Delta\sigma_{yx} \end{bmatrix} = \begin{bmatrix} D_{11} & & & & & \\ D_{21} & D_{22} & & & & \\ D_{31} & D_{32} & D_{33} & & & \\ 0 & 0 & 0 & D_{44} & & \\ 0 & 0 & 0 & 0 & D_{55} & \\ 0 & 0 & 0 & 0 & 0 & D_{66} \end{bmatrix} \begin{bmatrix} \Delta\varepsilon_{xx} \\ \Delta\varepsilon_{yy} \\ \Delta\varepsilon_{zz} \\ \Delta\gamma_{xy} \\ \Delta\gamma_{xz} \\ \Delta\gamma_{yx} \end{bmatrix} \tag{3-152}$$

式中：$D_{11} = D_{22} = \frac{D}{5}(12D_n + 3D_s + 5D_t)$ ；

$D_{33} = \frac{D}{5}(12D_n + 8D_s)$ ；

$D_{44} = \frac{D}{5}(4D_n + D_s + 5D_t)$ ；

$D_{55} = D_{66} = \frac{D}{10}(8D_n + 7D_s + 5D_t)$ ；

$D_{21} = \frac{D}{5}(4D_n + 3D_s - 5D_t)$ ；

$D_{31} = \frac{4D}{5}(D_n + D_s)$ ；

$D_{32} = \frac{4D}{5}(D_n - D_s)$ ；

其中：$D = \frac{\overline{m}}{8(1+e)\pi\overline{r}}$ 。

4)组构张量和刚度张量间的关系

对于各向同性组构，有：

$$N_{ij} = \begin{cases} 1 & i = j \\ 0 & i \neq j \end{cases} \tag{3-153}$$

且密度分布函数必须满足：

$$\int_{\Omega} E(\vec{n}) \mathrm{d}\Omega = 1 \tag{3-154}$$

因此有：

$$N_{11}+N_{22}+N_{33}=3 \tag{3-155}$$

此时,存在:

$$\begin{bmatrix} N_{11} & N_{12} & N_{13} \\ N_{21} & N_{22} & N_{23} \\ N_{31} & N_{32} & N_{33} \end{bmatrix} = \begin{bmatrix} 1 & 0 & 0 \\ 0 & 1 & 0 \\ 0 & 0 & 1 \end{bmatrix} \rightarrow$$

$$\begin{bmatrix} C_{11} & & & & & \\ C_{21} & C_{22} & & \text{对} & & \\ C_{31} & C_{32} & C_{33} & & \text{称} & \\ C_{41} & C_{42} & C_{43} & C_{44} & & \\ C_{51} & C_{52} & C_{53} & C_{54} & C_{55} & \\ C_{61} & C_{62} & C_{63} & C_{64} & C_{65} & C_{66} \end{bmatrix} = \begin{bmatrix} Q & & & & & \\ S & Q & & \text{对} & & \\ S & S & Q & & \text{称} & \\ 0 & 0 & 0 & R & & \\ 0 & 0 & 0 & 0 & R & \\ 0 & 0 & 0 & 0 & 0 & R \end{bmatrix} \tag{3-156}$$

刚度张量有三组系数相等:

$$Q=\frac{\overline{m}}{10(1+\mathrm{e})\pi\overline{r}}(3D_{\mathrm{n}}+2D_{\mathrm{s}}) \tag{3-157}$$

$$S=\frac{\overline{m}}{10(1+\mathrm{e})\pi\overline{r}}(D_{\mathrm{n}}-D_{\mathrm{s}}) \tag{3-158}$$

$$R=\frac{Q-S}{2}=\frac{\overline{m}}{20(1+\mathrm{e})\pi\overline{r}}(2D_{\mathrm{n}}+3D_{\mathrm{s}}) \tag{3-159}$$

12 个系数中只有 2 个是相互独立,可见土石混合料颗粒组构表现为各向同性时,其应力应变也为各向同性。

5)土石混合料组构、接触刚度和各模量间的关系

从前面的分析中,可得到土石混合料的平均体积模量 $\overline{K}$ 、剪切模量 $\overline{G}$ 和杨氏模量 $\overline{E}$ 。

$$\overline{K}=S+\frac{2}{3}R=\frac{\overline{m}}{6(1+e)\pi\overline{r}}D_{\mathrm{n}} \tag{3-160}$$

$$\overline{G}=\frac{\overline{m}}{20(1+e)\pi\overline{r}}(2+3\xi) \tag{3-161}$$

$$\overline{E}=\frac{\overline{m}}{20(1+e)\pi\overline{r}}(2+3\xi) \tag{3-162}$$

泊松比:

$$\upsilon=\frac{1-\xi}{4+\xi} \tag{3-163}$$

对式(3-160)两边同除以 D_0 ,可得:

$$\frac{\overline{K}}{D_0}=\alpha\frac{D_n}{D_0} \tag{3-164}$$

式中

$$\alpha=\frac{\overline{m}}{6(1+e)\pi\overline{r}}$$

同理

$$\frac{\overline{G}}{\overline{G}_0}=1+\frac{3}{2}\xi \tag{3-165}$$

式中

$$\overline{G}_0=\frac{\overline{m}}{10(1+e)\pi\overline{r}}$$

同理

$$\frac{\overline{E}}{\overline{E}_0}=2\cdot\frac{2+3\xi}{4+\xi} \qquad \overline{E}_0=\frac{\overline{m}}{4(1+e)\pi\overline{r}} \tag{3-166}$$

式中：$\xi=\dfrac{D_s}{D_n}$ 。

体积模量只与法向接触刚度有关，剪切模量与法向和切向接触刚度都有关，泊松比只与接触刚度比有关，与配位数、孔隙比以及粒径无关，但其他参数与粒径及其分布有关，其相互关系见图 3-13～图 3-16。

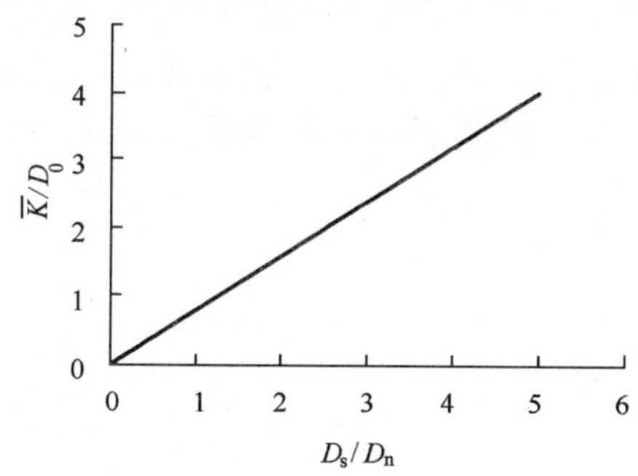

图 3-13 体积模量与法向接触刚度比的关系

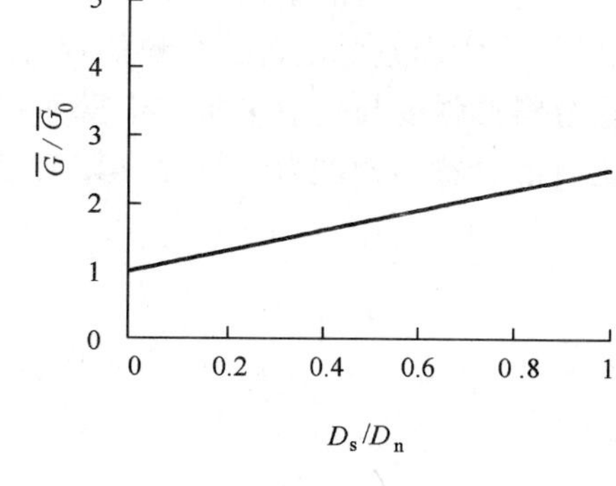

图 3-14 剪切模量与接触刚度比的关系

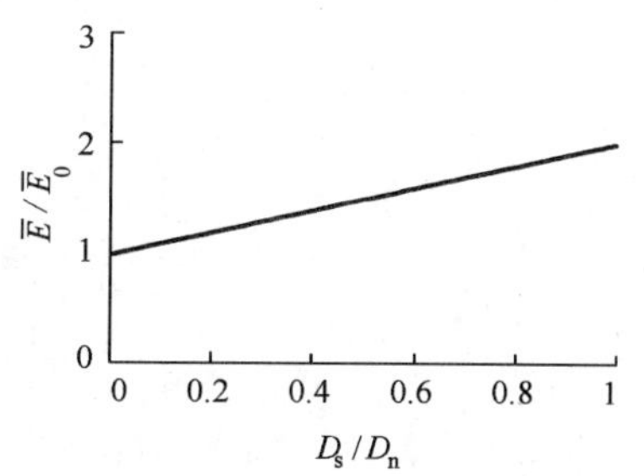

图 3-15 杨氏模量与接触刚度比的关系

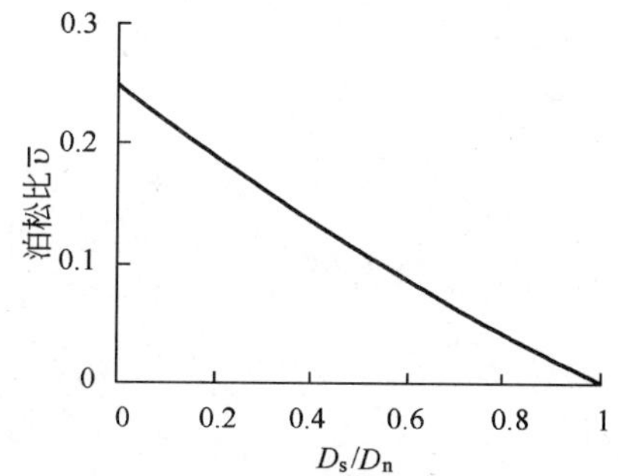

图 3-16 泊松比与接触刚度比的关系

从统计角度，用几种主要的微观组构参量来描述影响土石混合料宏观力学性能的微观特征，用统计理论、散粒体力学理论对土石混合料的物理力学特性进行分析研究，得到的结论如下。

(1)构成土石混合料微观组构的主要因素有：颗粒本身的性质，如粒径、颗粒形状、硬度、摩擦特性、咬合程度等；颗粒间排列与组合的性质，如级配、孔隙率、配位数、颗粒的定向排列方式等；颗粒间的几何关系，如接触点的法方向、枝矢量等。

(2)结合土石混合料的组构特征，从颗粒间的接触特征出发，以数理统计为工具，研究了颗粒间的接触力以及接触力的法方向，得出了颗粒间接触力的概率分布。土石混合料的力学性质与颗粒的空间堆积方式、孔隙的大小及孔隙的空间分布密切相关。具有相同孔隙比或接触点的土石混合料并不一定具有相同的力学性质。但可以近似认为，即使孔隙和接触点不完全一致，只要其均值和方差相近，即可有相近似的力学特性。

(3)平均应力和接触力之间的关系受到组构制约，由于在变形过程中组构的变化，使应力和应变、应力和接触力之间的非线性，其宏观上的力学响应表现出组构量的变化对材料的变形特征产生重要的影响。

(4)在载荷作用下，土石混合料将产生变形，组构量也随之改变，因此可以用组构量的变化来描述土石混合料的变形特征。当土石混合料体积膨胀时，总接触点数减少，体积收缩时，总接触点数增加。颗粒接触点数目的变化以及颗粒之间空间位置的变化是影响组构的一个重要因素。

(5)从土石混合料的微观结构出发，建立了土石混合料的刚性接触模型，将颗粒间的接触力同局部应力联系起来，建立了土石混合料的局部本构模型。以土石混合料局部本构关系为基础，建立了土石混合料的二维、三维本构模型。

针对土石混合料的结构特征，从影响土石混合料物理力学性质的组构特征出发，利用统计理论、散体力学理论对土石混合料的物理力学性质进行研究，是一次有益的探索，也更能揭示土石混合料的强度与变形本质。丰富和完善了对土石混合料强度与变形本质的研究，为继续研究土石混合料的物理力学特性及其工程应用奠定了理论基础。

第4章　土石混合料的工程分类

土石混合料的工程分类主要是针对土石混合料组成成分的复杂性、颗粒级配变化的特殊性(粒径相差悬殊)、工程性质的多变性等特征，考虑混合料固相组成中土和石的性质的差异，首先按固相成分中土和石的界限粒径，按土和石的成因及风化程度等分类划分大类；其次考虑土石混合料的结构特征，由于混合料中含石量的多少直接影响混合料的结构形式，按含石量的高低划分第二层次；第三层次主要考虑影响混合料工程性质的粒径及级配，按照混合料颗粒组成特征确定，以评价混合料的级配情况。在第三层次的分类中，结合现代影像技术和计算机，可快速确定分类，研究使用颗粒图像自动识别系统，确定混合料的级配组成。

4.1　第一层次分类

如前所述，现国内外的粗(巨)粒土的分类多从粒径和各粒径的含量着手，未涉及颗粒的性质。由于土石混合料固相组成包括土和石两种性质悬殊的材料，两种材料本身性质不同，由其组成的混合料显然具有不同的工程性质。如同样级配的两种混合料，其中一种由坚硬的不易软化的灰岩和砂性土组成，另一种由遇水易软化崩解的泥岩、页岩和砂性土组成，其工程性质迥然不同。因而第一个层次的分类，应首先考虑怎样区分混合料中的“土”和“石”，针对土和石的不同类别，考虑自然界可能的情况对土石混合料进行分类。

土石混合料颗粒的直径变化幅度很大，从小于1mm到大于200mm。按照在一定粒径变化范围内工程性质相似这一原则出发，工程界对土的粒组进行了初步的划分。按粒径由大到小对土的粒组划分，如表4-1、表4-2所示。

土的粒组划分(GBJ 145—90)　　表4-1

粒组统称	粒组名称		粒组粒径 d 的范围(mm)
巨粒	漂石(块石)粒		$d>200$
	卵石(碎石)粒		$200\geqslant d>60$
粗粒	砾粒	粗砾	$60\geqslant d>20$
		细砾	$20\geqslant d>2$
	砂粒		$2\geqslant d>0.075$
细粒	粉粒		$0.075\geqslant d>0.005$
	黏粒		$0.005\geqslant d$

土的分类(GBJ 145—90)　　表4-2

粒　组	土　类	粒组含量		土代号	土名称
巨粒土和含巨粒的土	巨粒土	巨粒含量 75%～100%	漂石粒>50%	B	漂石
			漂石粒>50%	Cb	卵石
	混合巨粒土	巨粒含量 <75%，>50%	漂石粒>50%	BS1	混合土漂石
			漂石粒>50%	CbS1	混合土卵石

续上表

粒组	土类	粒组含量		土代号	土名称
巨粒土和含巨粒的土	巨粒混合土	巨粒含量 15%～50%	漂石粒＞卵石	SB1	漂石混合土
			漂石≤卵石	S1Cb	卵石混合土
砾类土	砾	细粒含量＜5%	级配：$C_u \geq 5$，$C_c = 1 \sim 3$	GW	级配良好砾
			级配：不同时满足上述要求	GP	级配不良砾
	含细粒土砾	细粒含量 5%～15%		GF	含细粒土砾
	细粒土质砾	细粒含量＞15%，≤50%	细粒为黏土	GC	黏土质砾
			细粒为粉土	GM	粉土质砾
砂类土	砂	细粒含量＜5%	级配：$C_u \geq 5$，$C_c = 1 \sim 3$	SW	级配良好砂
			级配：不同时满足上述要求	SP	级配不良砂
	含细粒土砂	细粒含量 5%～15%		SF	含细粒土砂
	细粒土质砂	细粒含量＞15%，≤50%	细粒为黏土	SC	黏土质砂
			细粒为粉土	SM	粉土质砂
细粒土	塑性指数 I_p		液限 w_L		
	$I_p \geq 0.73$（或 0.63）$(w_L - 20)$ 和 $I_p \geq 10$		≥50%	CH	高液限黏土
			＜50%	CL	低液限黏土
	$I_p < 0.73$（或 0.63）$(w_L - 20)$ 和 $I_p < 10$		≥50%	MH	高液限粉土
			＜50%	ML	低液限粉土

1）土石界限的确定

土石混合料中"土"和"石"的确定，是分类的第一步，工程中关心的强度和变形等指标均与之相关。根据现有的研究成果及分类方法，土石的区分通常从颗粒粒径上体现。如《公路土工试验规程》（JTJ 051—93）的粒组划分中，将粒径大于 2mm 的颗粒视为砂、石，并根据粒径的大小分为漂石、卵石、砾石等，见表 4-3。

土的粒组划分（JTJ 051—93）　　表 4-3

粒组统称	粒组划分		粒组粒径 d 的范围（mm）
巨粒组	漂石（块石）		$d > 200$
	卵石（小块石）		$200 \geq d > 60$
粗粒组	砾（粗砾）	粗砾	$60 \geq d > 20$
		中砾	$20 \geq d > 5$
		细砾	$5 \geq d > 2$
	砂	粗砂	$2 \geq d > 0.5$
		中砂	$0.5 \geq d > 0.25$
		细砂	$0.25 \geq d > 0.074$
细粒组	粉粒		$0.074 \geq d > 0.002$
	黏粒		$d \geq 0.002$

而在工程施工和研究中，以 5mm 作为土与石的界限粒径已为广大工程和科研人员接受并采用。根据相关规范及前人研究成果，本分类采用 5mm 作为界限粒径对土石混合料中的

“土”和“石”加以区别，把 5mm 以上颗粒的含量称之为含石量。

2)土石混合料中岩石的分类

岩石是组成地壳的基本物质，是由一种或多种矿物组成的集合体。其外表形态多为坚硬的块体，但也可以是疏松的块体(土体)。岩石的工程性质，包括物理性质和力学性质两个主要方面。因此研究岩石的成因、结构、构造和性质等，在工程上有很大的实际意义。

岩石的种类繁多，性质复杂。由于岩石是由各种地质作用造成的，经受的地质作用不同，其类型和性质也各不相同。通常按照岩石的生成原因分为岩浆岩(火成岩)、沉积岩和变质岩三大类。而相对于土石混合料中的岩石，有别于岩体，多表现单个岩块的性质，而且工程上主要关心其强度，特别对于道路、堤坝、基础等工程，主要关心其抗压及抗剪强度，故对于混合料中岩石的分类仍采用工程中按照岩石极限抗压强度，将岩石分为硬质岩石和软质岩石两大类，见表 4-4。

岩石按强度分类 表 4-4

岩石类别		饱和单轴极限抗压强度(MPa)	代表性岩石
硬质岩石	极硬岩	>60	花岗岩、闪长岩、玄武岩等岩浆岩，硅质、钙质胶结的砾岩，砂岩、石灰岩、白云岩等沉积岩，片麻岩、石英岩、大理岩、板岩、片岩等变质岩
	硬质岩	30～60	
软质岩石	软质岩	5～30	凝灰岩、浮石等岩浆岩、泥砾岩、泥质页岩、泥质砂岩、泥灰岩、泥岩、黏土岩、煤等沉积岩、云母片岩或千枚岩等变质岩
	极软岩	<5	

参照表 4-4，将土石混合料中石料分为软岩和硬岩两大类，以饱和单轴极限抗压强度 30MPa 为界限指标，在实际应用中可参照表列相关岩石的鉴别方法，确定岩石的类别。

3)土石混合料中土的分类

土石混合料中的土包括 5mm 以下的所有颗粒，对于此粒径土的分类多依据粒径和塑性指数等进行。《公路土工试验规程》(JTJ 051—93)的分类较复杂，该粒径横跨三粒组，包括细砾、砂及细粒组，按现行分类，根据各粒径颗粒含量的不同及塑性指数和液限等可分为砂、含细粒土砂、细粒土质砂、高(低)液限黏(粉)土、含砂(砾)高(低)液限黏(粉)土等。

显然，在天然土石混合料中，由于细粒料多为岩石风化颗粒，为天然岩体的上覆层，故其中 0.075mm 以下颗粒较少，在混合料土的分类中简化分为黏性土和无黏性土，其中黏性土主要包括黏土类岩石的风化颗粒，如泥岩颗粒和页岩颗粒等。其他则归结为无黏性土。

4)土石混合料的第一层次分类

分类指标采用岩石和土的强度，按 5mm 为控制粒径，作为土与石的分界，对于混合料中的石，通过肉眼鉴别为凝灰岩、浮石等岩浆岩，或泥砾岩、泥质页岩、泥质砂岩、泥灰岩、泥岩、黏土岩等沉积岩，或云母片岩，或千枚岩等变质岩时(无法肉眼鉴别时以饱和单轴抗压强度 30MPa 为分界)，则确定其为软岩土石混合料；如为花岗岩、闪长岩、玄武岩等岩浆岩，或硅质、钙质胶结的砾岩、砂岩、石灰岩、白云岩等沉积岩，或片麻岩、石英岩、大理岩、板岩、片岩等变质岩时，则确定其为硬岩土石混合料。

在软岩土石混合料中，根据细粒料的情况，如细粒料多为黏土类岩石的细粒，则命名为软岩黏性土石混合料，记为 RN，如细粒料多为其他岩石的细粒和砂，则命名为软岩无黏性土石混合料，记为 RW。同理，对于硬岩土石混合料，根据细粒料情况分别分为硬岩黏性土石混合料和硬岩无黏性土土石混合料，分别记为 YN 和 YW。

至此，第一层次分类完成，如图 4-1 所示。

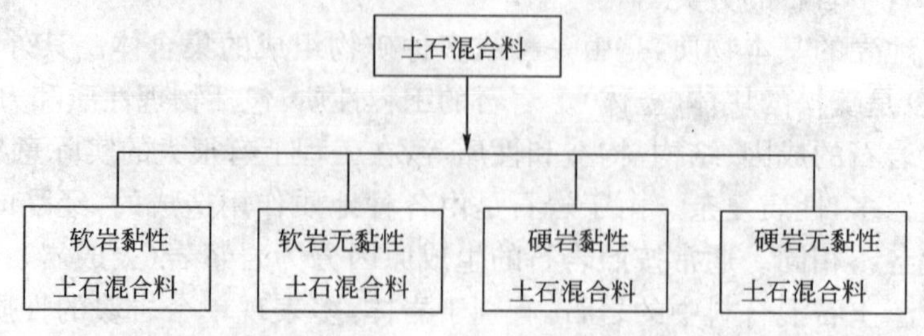

图 4-1　土石混合料第一层次分类图

此层次的分类具有突出的特点，主要表现在两个方面，首先是实际工程中容易应用，一般通过野外的肉眼识别，即可进行分类；其次，该分类充分体现了混合料中固相成分的工程性质，反映了软岩与硬岩、无黏性细粒料与黏性细粒料的区别，便于从其组成成分上初步确定土石混合料的工程性质。

4.2　第二层次分类

土石混合料是由于土和石两种工程性质相差悬殊的材料组成的分散颗粒系，其中土和石含量的不同，土石混合料的结构形式将发生变化，随含石量的增加，土石混合料的结构形式由密实—悬浮结构转化为骨架—密实结构，最终进入骨架—空隙结构状态，不同的结构形式表现出不同的强度和变形性能，故含石量的不同将显著影响土石混合料的工程性质。因此，土石混合料分类的第二个层次按含石量进行。

依据文献资料[7,8,10]，根据不同含石量下土石混合料在同一工艺下的压实特性，以含石量为指标，以干密度为判据对其进行了结构分类。给出了以含石量为指标的分类界限，对于实际工程土石混合料压实工艺的合理选择具有重要意义。

根据上述研究成果，结合渝(重庆)黔(贵阳)高速公路二期工程和綦(江)万(盛)高速公路的土石混合填料，按第一层次的分类调整岩石和土的类别，进行了室内大量的室内土工试验。

试验方法采用《公路土工试验规程》(JTJ 051—93)推荐的电动击实法和表面振动压实法，两种试验均采用内径为 28cm 的击实筒。考虑目前施工中压实机械功率逐渐增大，普遍采用 18t 以上光轮压路机和 45t 振动压路机，且多数山区高填方路基已采用强夯，故确定采用普氏重型击实试验。

试验所用的土石混合填料为强风化泥岩，属于软岩，最大粒径为 60mm，在室内采用原型级配，未对颗粒进行调整。但考虑第一层次分类，室内对混合料进行了筛分，得出级配曲线，然后依次调整 5mm 以上颗粒的含量(含石量)，按含石量分别为 0、20%、30%、40%、60%、70%、80%、100%得出 RN 类土石混合料不同含石量与最大干密度的关系曲线。再用灰岩相应的颗粒代替相应的 5mm 以上的颗粒，得到 YN 类土石混合料不同含石量与最大干密度的关系曲线。最后再将 5mm 以下细颗粒土用无黏土替代，得到 YW 类土石混合料不同含石量与最大干密度的关系曲线。

试验发现，对于 RN 类土石混合料，当含石量逐渐增加时，其最大干密度变化不大，从 2.08g/cm^{3}增加到 2.19g/cm^3，且当含石量超过 70%后，干密度反呈下降趋势，如图 4-2 所示。

对于 YN 类土石混合料，对应的击实曲线见图 4-3，随着含石量的增加，干密度逐渐从

2. 08g/cm³变化到 2. 32g/cm³，且当含石量小于 30%时，其最大干密度增长较快，从含石量为零时的 2. 08g/cm³ 迅速增加到 2. 215g/cm³，而当含石量由 30%增加到 70%时，增长幅度相对较慢，从 2. 215g/cm³ 增加到 2. 32g/cm³，当含石量继续增加时，干密度反略有减小。

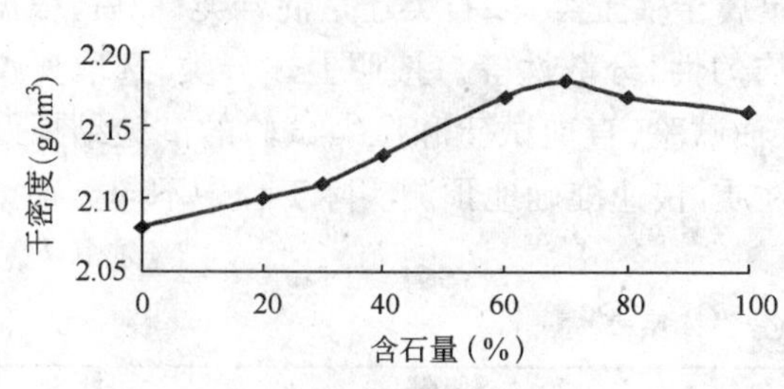

图 4-2　试验级配 1 含石量对干密度的影响

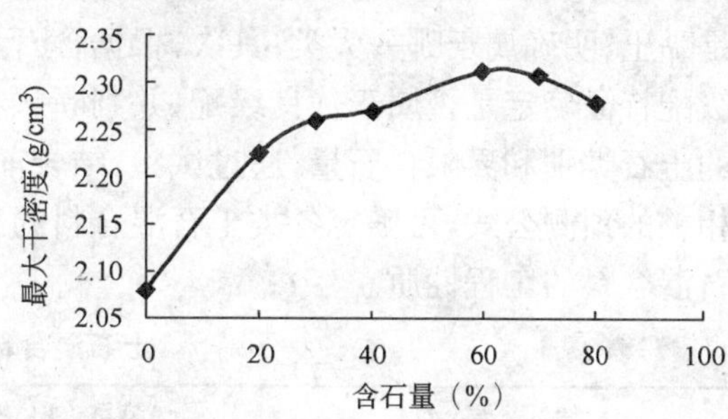

图 4-3　试验级配 2 击实曲线

对于 YS 类土石混合料，含石量变化对干密度的影响与 YN 类大致相同。

通过室内击实试验发现，各大类土石混合料含石量对混合料结构形式的影响基本一致，即在含石量较低时，混合料呈悬浮—密实结构，含石量在 30%～70%时混合料呈密实—骨架结构，当含石量大于 70%后，混合料呈骨架空隙结构，对于界限含石量的确定有一定的差异，但与大多数研究人员的结果基本一致。据此，我们将不同大类的土石混合料按含石量再细分为三小类，即当含石量小于 30%时，命名为多土类，记为 DT；含石量为 30%～70%的土石混合料命名为混合类，记为 HH；当含石量大于 70%时命名为多石类，记为 DS。

依据此指标划分第二层次的分类，其突出的优点在于，基本不需试验即可确定属于哪一类别的土石混合料，并且，由于不同类别混合料的结构形式不同，其中控制混合料工程性质的组成成分也不同。多土类显然是土的性质决定了混合料的工程性质，多石类是石料的性质控制着混合料的工程性质，可作为填石处理，而混合类则要依据含石量的多少，由土石的共同作用控制着土石混合料的工程性质。

4.3　第三层次分类

土石混合料综合分类法分类指标最关键的是第三个层次，即确定亚类的分类指标及分类标准。传统的粗粒土的分类没有采用多层次的分类体系，一般多按照粒度成分(辅以液限塑性指数等)，虽然这种指标具有简单和易操作性，但单个粒度成分参数并不能完全表现土体的粒度分布特征，土体的粒度分布特征需要多参数表征，正因为如此，目前尚未建立这些指标与土体的工程力学特性的关系。要实现对土石混合料的可用性进行快速判断决策，就需建立它们之间的关系或引进新的工程分类指标。

《公路土工试验规程》(JTJ 051—93)用不均匀系数 C_u 和曲率系数 C_c 表征土体的颗粒组成特征，不均匀系数 C_u 反映粒径分布曲线上的土粒分布范围，按下式计算：

$$C_u = d_{60}/d_{10} \tag{4-1}$$

曲率系数 C_c 反映粒径分布曲线上的土粒分布形状，按下式计算：

$$C_c = (d_{30})^2/(d_{10} \times d_{60}) \tag{4-2}$$

式中：d_{10}、d_{30}、d_{60}——分别为土的粒径分布曲线上对应通过率 10%、30%、60%的粒径(mm)。

当 $C_u \geq 5$，$C_c = 1 \sim 3$ 时，级配良好，其余则称为级配不良。在这种以各粒径颗粒含量的多少对粗(巨)粒土做出分类后，把对混合料工程性质研究的重点主要放在了它的物理力学性质上,这时,把颗粒组成对物理性质的影响考虑进来。

结合土石混合料的力学特征、结构特征及前人的研究成果,将土石混合料进行了三个层次的工程分类,如表4-5所示。首先,根据岩性和土的性质,确定属软岩还是硬岩,是无黏性土还是黏土,明确属于哪一大类;其次,根据含石量确定属于多土类、多石类还是混合类;最后,根据级配特征确定是否属于优良级配,并判断颗粒的均匀性、分散性等。按照上述分类,选取典型的土石类别和界限含石量,通过试验,结合前述三轴试验、直剪试验和压缩试验的试验结果及相关的预测公式,可确定各类土石混合料的工程性质,快速准确地预测实际工程中不同类别土石混合料的工程性质。

土石混合料综合分类体系表 表4-5

第一层次			第二层次		第三层次	
岩石强度	土性	分类	含石量(%)(>5mm颗粒)	分类	级配特征参数	分类
≥30MPa	黏性	硬岩黏性土石混合料	≤30	多土类	级配:$C_u \geqslant 5, C_c = 1 \sim 3$	级配良好
					级配:不同时满足上述要求	级配不良
			30~70	混合类	级配:$C_u \geqslant 5, C_c = 1 \sim 3$	级配良好
					级配:不同时满足上述要求	级配不良
			>70	多石类	级配:$C_u \geqslant 5, C_c = 1 \sim 3$	级配良好
					级配:不同时满足上述要求	级配不良
	无黏性	硬岩无黏性土石混合料	≤30	多土类	级配:$C_u \geqslant 5, C_c = 1 \sim 3$	级配良好
					级配:不同时满足上述要求	级配不良
			30~70	混合类	级配:$C_u \geqslant 5, C_c = 1 \sim 3$	级配良好
					级配:不同时满足上述要求	级配不良
			>70	多石类	级配:$C_u \geqslant 5, C_c = 1 \sim 3$	级配良好
					级配:不同时满足上述要求	级配不良
<30MPa	黏性	软岩黏性土石混合料	≤30	多土类	级配:$C_u \geqslant 5, C_c = 1 \sim 3$	级配良好
					级配:不同时满足上述要求	级配不良
			30~70	混合类	级配:$C_u \geqslant 5, C_c = 1 \sim 3$	级配良好
					级配:不同时满足上述要求	级配不良
			>70	多石类	级配:$C_u \geqslant 5, C_c = 1 \sim 3$	级配良好
					级配:不同时满足上述要求	级配不良
	无黏性	软岩无黏性土石混合料	≤30	多土类	级配:$C_u \geqslant 5, C_c = 1 \sim 3$	级配良好
					级配:不同时满足上述要求	级配不良
			30~70	混合类	级配:$C_u \geqslant 5, C_c = 1 \sim 3$	级配良好
					级配:不同时满足上述要求	级配不良
			>70	多石类	级配:$C_u \geqslant 5, C_c = 1 \sim 3$	级配良好
					级配:不同时满足上述要求	级配不良

4.4 土石混合料级配特征自动识别

土石混合料的土、石含量,粒径分布和组成对其工程性质具有重大影响,因此在工程施工中,必须严格控制土石混合料的级配,以确保工程质量和路基的稳定与安全。

公路工程中，一般认为粒径大于5mm的颗粒为石料，粒径小于5mm的颗粒为土料，并采用级配曲线及其特征粒径和级配参数来表示土石混合料颗粒组成特征，进而控制土石混合料工程性质。

从土石混合料的级配曲线中可以直接了解土石混合料中土、石的含量，粒径分布的均匀程度和级配的优劣。不同级配的土石混合料经压实后，其物理力学性质也不同。可见在公路建设中，对土石混合料级配特征的统计与分析是非常重要的。目前，土石混合料级配特征统计所采用的方法主要是筛分法，其主要缺点是工作量大，需要耗费大量的人力、物力和时间，又对工程施工和进度产生一定影响。工程建设中，需要一种简便快捷的方法对大量的土石混合料的级配进行准确的统计。

4.4.1 颗粒图像识别与检测的发展现状和趋势

许多生产和科研领域都需要对粉粒体原料和产品进行粒度分析，粒度分析是非常重要的检测手段之一。在粒状材料颗粒识别方面，为满足生产的需要，如进行颗粒形状控制、粒径控制等，进行了应用研究工作。

在矿物块度分布区域的检测方面，Kemeny、Moolman、Petersen和VanDeventer等人做了大量的工作。1994年，美国亚利桑那大学的Kemeny[65]利用矿石的屏幕尺寸参照和椭圆逼近法来估计爆破法开采矿石的尺寸分布，于1997年用此法设计了爆破块度分析系统，并用直方图和边缘检测对光强不均、阴影、重叠矿块以及图像噪声等作预处理。近年来，为了提高计算速度，有人提出新的区域逼近方法。Lin和Miller[66]用古典概率论的方法以测量弦长为基础，提出了另一种测量颗粒尺寸的方法。1994年，Barro[67]等人提出引入神经网络模式识别的方法来识别颗粒的思路。后来Parkin和Cakin[68]使用神经网终模式识别的方法检测颗粒。1998年，南非Petersen、Aldrich及澳大利亚VanDeVenter[69、70]等提出了另一种方法，即基于纹理的矿物颗粒分析法。该方法要把彩色图像转换为灰度图像，利用纹理具有一定的周期性来估计颗粒大小。Petersen介绍了用高分辨率（VHSC）照相机采集图像，作滤波、平滑、锐化等一些预处理，把彩色图像变成256级灰度的图像来分析纹理结构，分析总体平均粒度。

在国内，20世纪80年代后期，有人提出用数字图像处理来分析有关矿物、粉末材料的爆破块度和粒度。邹定祥[71]提出用摄影的方法测量爆破块度，并指出由于大块矿石埋在成堆物料下面，使得测量结果偏小。

在粒度分析中，矿料颗粒本身的特性以及加工方法的不同，决定了绝大多数物料都是非球体的。对同一样品用各种不同的方法进行测试会得到不同的粒度分析结果，其原因就在于颗粒表面形状的影响，因此，对颗粒形状进行统计就变得很重要。在粒度分析的众多参数中，形状因素用来表征颗粒与球形的差异程度，也是用各种方法测得的颗粒大小的重要校正因素。

随着民用CCD、CMOS摄像元件的发展，价格不断下降，当前千万级像素的CCD、CMOS摄像产品已经普及，可以采集到高分辨率的显微数字图像，基本上能满足颗粒材料显微图像粒度分析的要求。采用数字图像技术进行粒度分析涉及到图像目标区域的识别[72]。采用数字图像对颗粒材料级配分析的难点在于颗粒边缘的分割、重叠部分的统计分析。1984年，美国依阿华大学（University of Iowa）的Hsyung、Beddowt和Vetter引入了以图像中颗粒边界内部的灰度级作为颗粒纹理的思路，并用数字图像纹理处理技术来分析颗粒图像[73]。由于图像分析中涉及相邻颗粒的紧靠问题，当颗粒之间未充分的分离时，将遇到复杂的计算，人们总是想尽办法避开颗粒的紧靠问题。梁诚[74]等对粒度分析的数据处理方法进行了详细探讨，认为粒度分析的关键和难点在于图像处理和颗粒边缘识别。

按照上述思路，在施工中对土石混合料拍摄图像，通过对土石混合料图像中颗粒的分割、统计，从而得到土石混合料级配特征，并确定相关级配参数，实现土石混合料级配的自动识别。

4.4.2 图像分割的主要方法

1)基于区域的图像分割

基于区域的图像分割技术以区域为处理对象，依照共同的图像属性划分图像区域。分割的目的是把图像中的每一个像素都赋予一个类别属性，使得具有预定意义的像素都聚集在同一个类别中。这样的属性包括：

(1)原始图像的强度值，或基于图像算子的强度计算值。

(2)每个图像区域的独特的纹理或模式。

(3)提供多维图像数据的谱参数。

有些比较精致的图像分割系统可能综合采用好几种这些属性。用于区域分割的主要有：特征聚类、阈值、区域生长、分裂合并等方法。

2)基于边缘的图像分割

这种方法，主要是利用图像中像素之间在梯度、灰度等特征上的不连续性，对图像进行分割的。基于边缘的图像分割方法存在的主要问题是，容易产生对边缘点的错误跟踪，可能产生伪边缘、不连续边缘和边缘丢失，不能保证边缘的封闭性，具有灵敏性和确定性不足的问题。

3)基于数学形态学的图像分割

数学形态学运用集合变化方法进行二值图像分析。数学形态学算子已经广泛地应用于图像分割。数学形态学图像分割通常与空间聚类分割方法配合使用。数学形态学的两个最基本的变换是腐蚀和膨胀，两个混合变换是开和闭。

4)基于形变模型的图像分割

近年来，形变模型在图像分割中得到了广泛的应用。应用形变模型进行图像分割的方法很多。形变模型最初是由 Kass 等人在 1987 年提出的，即著名的活动模型轮廓模型，也称 Snake，它是一个以能量最小化变化的样条，表示图像中弹性对象的轮廓或表面，其形变受许多不同的能量项约束。能量最小化问题的解对应着这些彼此竞争的约束力的最佳平衡状态。形变模型以一般的形状约束如平滑、曲率等表示对象的先验知识。形变模型可以表示更特别的形状约束，特别适合于建立某一类型的形状描述模型。

5)基于分形的图像分割

所谓分形是对那些没有特征长度的图形和结构以及现象的总称。具有特征长度形状的物体具有一定的平滑度，分形却完全否定了平滑性。定量地表示分形的量叫分形维。图像的分形维(FD)对图像尺度缩放相对地不敏感，却与人对对象表面粗糙性的感知密切相关。图像 FD 的计算方法很多，计合维就是一个常用的方法。可以作为图像分割特征的分形维有 4 个：

(1)原始图像的分形维。

(2)原始图像的高灰度值版本图像的分形维。

(3)原始图像的低灰度值版本图像的分形维。

(4)图像的多分形维(以计合维的高阶矩表示)。

6)基于神经网络的图像分割

近年来，人工神经网络被广泛地用来解决图像分割问题。它的主要优点是不依赖丁概率密度分布函数，即使在数据严重偏离正常情况时也能改善分割结果。神经网络方法还可以减少图像分割过程对专家干预的要求，而这个问题是许多图像分割系统中普遍存在的一个问题。

神经网络图像分割实际上是对基于形状的图像分割方法,它提取和利用图像的形状特征信息。神经网络分割方法把图像分割看成是一个约束满足问题,使用一个约束满足神经网络施行图像分割。神经网络分割方法由两个重要的步骤组成:特征提取和神经网络分割。

特征提取这一步非常关键,决定了神经网络分割算法的输入数据。首先从图像中提取一定的特征,然后把它输入到随后的分割环节中。所选择的特征应当适合于分割算法,所以特征提取这一步非常重要。正确地选择要提取的特征可以大大地减少计算的复杂性,改善分割算法的总体性能。

所有选择的特征形成具有高度非线性聚类边界的特征空间。这个特征空间可以使用人工神经网络进行分割。使用神经网络方法分割图像,也存在一些问题:

(1)图像能量函数的最小化会过早地陷进图像能量场的局部极小值。

(2)分割得到的结果图像需要一个分割后分类滤波处理过程,这样会造成图像中一些细小结构成分的丢失。

(3)神经网络的收敛与数据有关,需要一个预设阈值来检测网络输入的稳定性。

7)基于多分辨率的图像分割

对于复杂的图像,仅在某个尺度下的图像分割并不能得到好的结果。多分辨率分析提供了一个描述和推导图像多层次信息的数学框架,经常用于图像分割和边缘检测场合。应用在图像分割上,由粗到细的逐层分割过程,能把图像中不同尺度大小的结构提取出来。小波变换图像分割可以避免许多基于区域的分割方法遇到的困难:过度分割和忽略细小区域。它能有效地控制分割过程,提取出希望的特征,小波变换对2D图像的分割效果较好。

8)基于知识的图像分割

经验表明,图像分割的结果强烈地依赖于人们对客观事物的先验知识。随着人工智能的发展,出现了基于知识的图像分割方法,它包含两个方面的内容:

(1)归纳及提取图像的特征,建立先验知识库。

(2)有效地利用先验知识指导、监督、实现、验证图像分割。

以上介绍的几种主要的图像分割方法,都有其各自的优缺点和各自的适用场合。但由于目前的任何一种和几种图像分割方法的组合,使用的都是图像的部分信息,而图像往往又是一个坏矩阵,因此,任何图像分割方法是不能对所有图像都适用的,任何一个图像分割系统都有其严格的使用范围。在以上的几种分割方法中,基于区域、边缘和数学形态学的方法是目前最成熟和使用最广泛的图像分割方法。基于多分辨率的分割方法,随着小波理论的发展,日益为广大研究工作者所采用。基于形变、神经网络和知识的图像分割为近年来的图像分割领域的研究热点,人们将开发出分割性能更好,使用范围更广的图像分割系统寄希望于该类新型分割方法。

数字图像检测的基础是数字图像采集和数字图像处理部分,随着其他学科如光学镜头、CCD器件、CMOS图像传感器的发展,以及数字图像处理理论中各种算法的改进完善,使得基于数字图像检测的技术应用越来越广。

数字图像检测一般包含两个方面,硬件部分和软件部分。通常情况下,硬件部分指的数字图像采集部分,当然包含了很多如数码相机、图像采集卡、数码摄像机等数字图像采集工具,在软件部分,有很多公司都根据不同的要求开发出了不同的数字图像处理与检测软件,在不同的场合发挥着不同的图像检测作用。根据数字图像检测的目的、应用环境、功能的不同,所需要的检测手段也有很大的不同。有的比较侧重硬件的采集速度,有的比较偏重检测的准确性和可重复性。所以图像检测的发展有两个发展方向,第一个就是在硬件方面,通过提高硬件的速度如采用专用的处理芯片来进行图像检测，另一个方向就是在软件方面，通过采用更好的算法来提高速度，随着通用计算机的发展，在这个领域软件的发展会越来越快。

当前，在图像分割领域，已经有基于亮度阈值的分割方法，一阶梯度、二阶梯度和拉普拉斯算子方法。然而，这几种方法都是用于边缘的提取，不能够保证得到的边缘的完整性。因此，在实际的图像分割中很少单独使用其中的任何一种方法，而是将这些方法和其他方法联合使用。真正用于图像分割的目前主要有基于亮度特征的模糊隶属度区域生长方法和基于梯度的分水岭方法两种方法。当然还有基于小波、频谱等方法，但是这些方法还不成熟。以上技术在处理实际的图像中，都有其局限性。比如，阈值分割方法只能在不同对象具有不同亮度的情况下，才能得到正确的分割结果。梯度方法只能在对象相当光滑（在同一对象中点的梯度很小）的情况下，才能获得好的分割结果。至于分水岭方法，由于它是基于图像的梯度特征的，所以同样面临着梯度方法的问题，在一般的图像中，往往得到过度分割的结果。模糊隶属度区域生长方法是基于图像的亮度特征，能够比较好地克服由于图像的噪声所带来的影响，因此在知道生长种子的情况下，一般能够得到比较好的分割结果。但是，目前人们在种子的确定方面的研究还相当不成熟，对于不同的图像很难得到统一的种子提取算法。这在一定程度上也限制了区域生长方法在图像分割中的应用。

在研究过程中，通过对颗粒图像的分布特征的广泛分析得知：

(1)土石混合料颗粒图像中，同一颗粒的不同部分的亮度特征之间的差异往往大于不同颗粒之间在邻近区域的差异，这就使得我们不可能利用亮度阈值的方法来提取种子。

(2)由于单个颗粒上常常赋有泥土、粉尘等，并且颗粒往往带有不规则色泽和花纹，这就使得我们也不能利用梯度的方法来提取种子。

(3)随着颗粒的成分和获取的方法不同，不同颗粒图像之间的统计规律具有十分明显的统计差别。

另外，在工程上，必须确保 5mm 以上直径的颗粒的统计准确。因此，也不能采用低通滤波之类的方法对图像进行光滑处理，也就是说，在图像分割的过程中，必须对亮度很不一致的颗粒图像直接进行图像分割。面对这样的实际情况，通过系统深入地分析，根据基于标准差和原点矩的相对统计特征来提取图像的区域生长种子，得到生长种子的正确提取。在获取正确的生长种子的基础上，针对大颗粒在不同的区域亮度特征相差大，而小颗粒的亮度特征比较一致的实际情况，对大颗粒和小颗粒采用了不同的区域生长算法。

4.4.3 图像分割原理

图像分割的实质是要正确地划分属性空间，使得有相同属性的像素归属同一区域，不同属性的像素归属不同的区域。图像分割将图像细分为构成它的子区域或对象。分割程度取决于要解决的问题。对土石混合料的级配分析来说，我们最感兴趣的是图像中的单个土颗粒，当图像中的土颗粒都被分离出来时，就完成了图像分割，可以进行颗粒计数与统计工作。复杂图像的分割是图像处理中最困难的任务之一，精确的分割决定着图像分析过程的成败。

土石混合料图像分割算法主要是基于亮度值的两个基本特征之一：不连续性和相似性。不连续性的应用途径是基于亮度的不连续性变化分割土石混合料颗粒图像，比如颗粒图像边缘的提取。相似性的主要应用途径是依据事先制定的准则将土颗粒图像分割为相似的区域。

1)基于范围的模糊连通图像分割理论

引入本理论，是为了得到更加精确的对象核。这样有利于在模糊连通度和相对模糊连通性的算法中，具有更加精确的参考像素选择基础和有效路径选择范围，从而提高对象的定义精度和降低运算复杂度。

这种方法在计算亲和性时，将考虑两方面的因素。首先，基于像素的同质性，也就是像素之间基于亮度特征的同质性。其次，基于对象特征的同质性，也就是像素的亮度特征与对象的期望特征的近似程度。比如在颗粒 c 的局部范围就是，以 c 为圆心，与 c 属于同一对象的像素组成的最大圆。因为亲和性是一个局部概念，所以在确定其强度时，考虑局部范围是合理的。通过考虑局部范围可以使系统对噪声具有更强的鲁棒性，从而提高模糊连通对象定义的精确性。

2)基于模糊隶属度的区域生长算法

对基于模糊隶属度的区域生长方法而言，主要有一般模糊隶属度生长方法、基于范围的模糊隶属度生长算法和基于相对隶属度的生长方法。由于一般模糊隶属度生长方法在生长过程中，稳定性较差，而且在本系统中所采用的生长算法也是基于范围和相对隶属度两种生长方法派生而来。

4.5 土石混合料级配特征自动识别系统

4.5.1 系统构成

1)指导思想

根据颗粒图像的实际情况，从总体上采用了区域生长方法。

2)种子提取

根据颗粒图像的实际情况，创新性地提出了基于相对统计特征的种子提取方法，实现了颗粒图像中，种子的正确提取。

3)生长方法

从总体上采用了模糊隶属度的生长方法，并结合尺寸不同的颗粒具有不同的亮度统计特征，对大小不同的颗粒采用了不同的生长隶属度函数。对大的颗粒不考虑颗粒的总体亮度特征，这也是本系统的一个创新点。

4)尺寸统计

以颗粒在某一方向上的长度为依据进行统计。

图 4-4 为系统结构图。

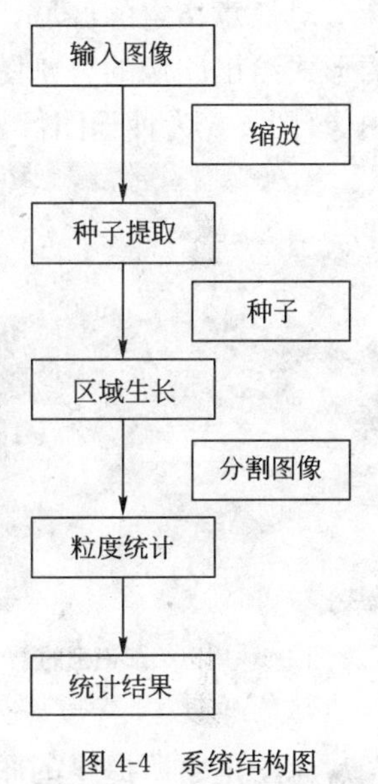

图 4-4 系统结构图

4.5.2 各功能实现

1)种子提取

对于区域生长方法而言，由于对多对象图像的种子提取还存在问题，因此目前主要应用于单个对象的图像中。对于本系统所处理的这类图像，使用区域生长方法，还没有看到相关报道。由于不能从现有的技术中找到适合于土石混合料图像的种子提取方法，因此必须结合项目的实际提出新的种子提取方法。

在研究过程中，发现土石混合料图像具有以下特点：

(1)颗粒图像中，同一颗粒的不同部分的亮度特征之间的差异往往大于不同颗粒之间在邻近区域的差异，不可能利用亮度阈值的方法来提取种子。

(2)由于颗粒上常常赋有泥土、粉尘，并且颗粒往往带有并不规则的色泽和花纹，不能利用梯度的方法来提取种子。

(3)随着颗粒的成分和获取的方法不同，不同颗粒图像之间的统计规律具有十分明显的统计差别。显然，不能简单地应用亮度阈值和梯度阈值进行种子提取。

通过大量的统计分析，发现土石混合料的边缘相对统计特征与土石混合料的中间相对统计特征具有比较明显的差别。因此，采用基于相对统计特征的种子提取方法。

2)种子生长过程

由于土石混合料图像具有对象多，形状、颜色相去甚远等特点，对于这类图像用现有的任何一种区域生长方法，都还不能得到好的分割结果。因此，必须结合土石混合料实际组成特征，提出新的生长算法。

在用相对统计特征对土石混合料图像进行种子提取之后，不仅得到了用于生长的种子，而且得到了土石混合料的大致形状、大小，并且可以进一步计算土石混合料的各种统计特征。这些重要信息的获取，为实现基于范围和相对隶属度的生长方法提供了完整的数据分析基础。因此，在现有的生长方法的基础上，提出采用基于范围和相对隶属度的生长方法来实现对土石混合料图像的分割。

4.5.3 识别效果

对任意指定的区域，能以较高的正确率对5mm以上的土石混合料进行提取，并以可视化的形式给出图像的分割图像结果和数据统计结果。图4-5为用以级配识别的土石混合料数码图像，图4-6为种子图像，图4-7为生长结果。

图4-5 用以级配识别的土石混合料数码图像

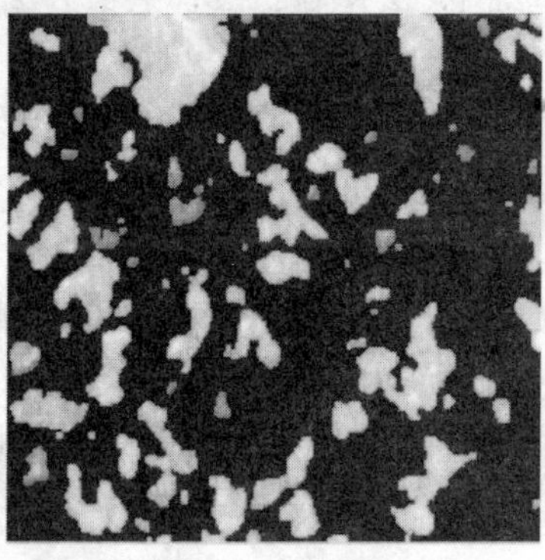

图4-6 种子图像

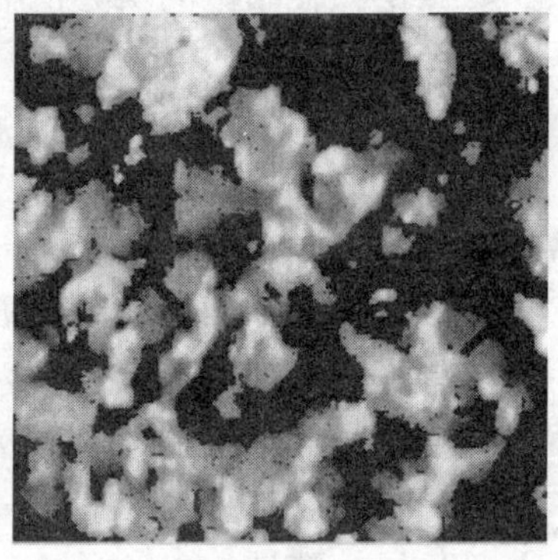

图4-7 生长结果

原图是由所提供的图片中的一个400×400像素的子图。种子图像是利用本系统提出的相对特征方法所得到的用于区域生长的种子。生长结果图像是利用本系统在种子提取和区域生长之后，所得到的最终分割结果。

为了检测识别效果，采用5组不同级配的试样进行检测，其级配组成见表4-6和表4-7，各组试样检测照片及实际级配与识别级配的关系曲线见图4-8～图4-19。

试样原级配组成 表4-6

含量(%) 编号	0～5	5～10	10～20	20～40	40～60
1	20	20	30	20	10
2	30	15	20	20	15
3	40	15	15	15	15
4	50	10	15	15	10
5	60	10	10	10	10

识　别　结　果　　　　表 4-7

含量(%) 编号	0～5	5～10	10～20	20～40	40～60
1	30.9	12.18	19.54	24.31	13.88
2	38.25	11.60	15.20	19.17	15.79
3	44.43	11.15	14.82	11.71	17.89
3-1	48.80	12.69	13.79	8.55	16.46
4	49.48	10.63	17.50	12.98	9.41
5	58.73	9.50	8.61	11.30	11.86
5-1	59.74	10.38	11.27	9.03	9.593

图 4-8　试样 1 检测照片

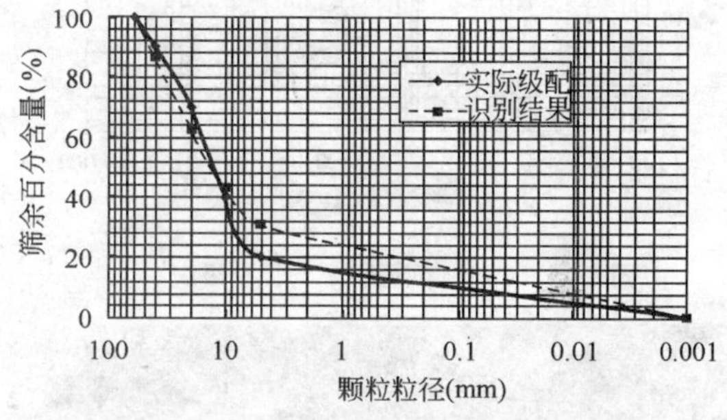

图 4-9　试样 1 实际级配与识别级配

图 4-10　试样 2 检测照片

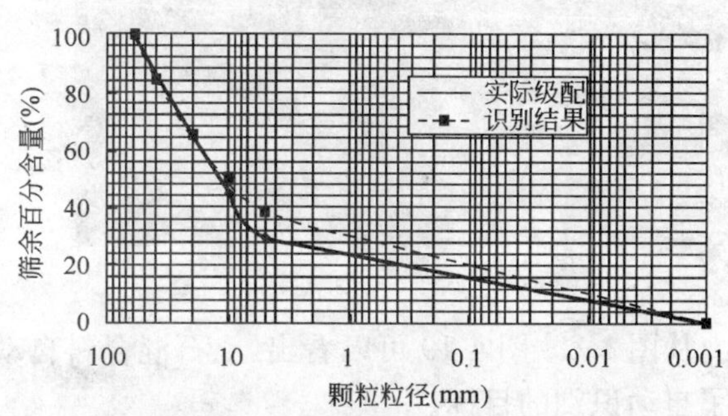

图 4-11　试样 2 实际级配与识别级配

图 4-12　试样 3 检测照片

图 4-13　试样 3-1 检测照片

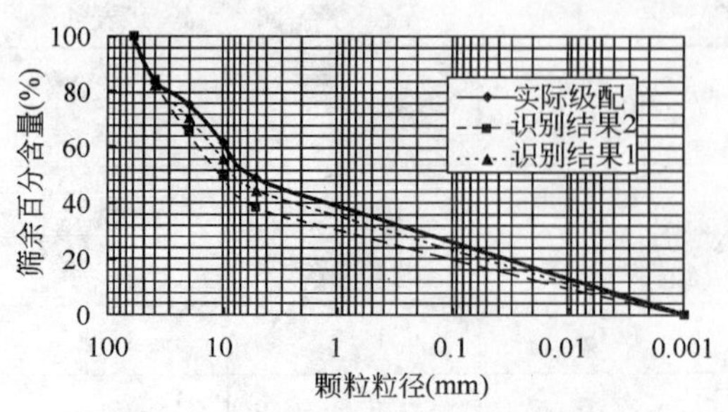

图 4-14 第 3 组试样实际级配与识别级配

图 4-15 试样 4 检测照片

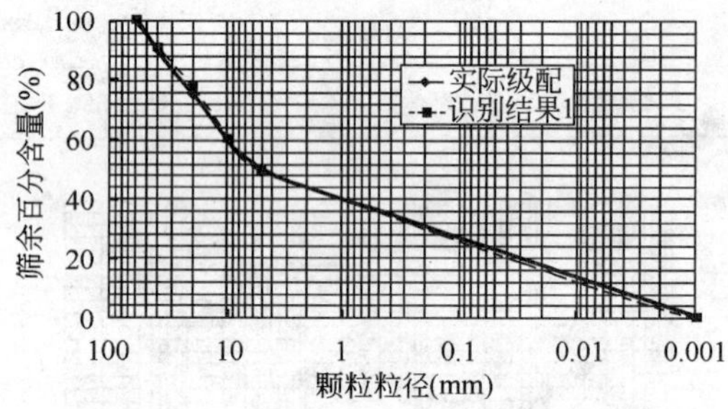

图 4-16 试样 4 实际级配与识别级配

图 4-17 试样 5 检测照片

图 4-18 试样 5-1 检测照片

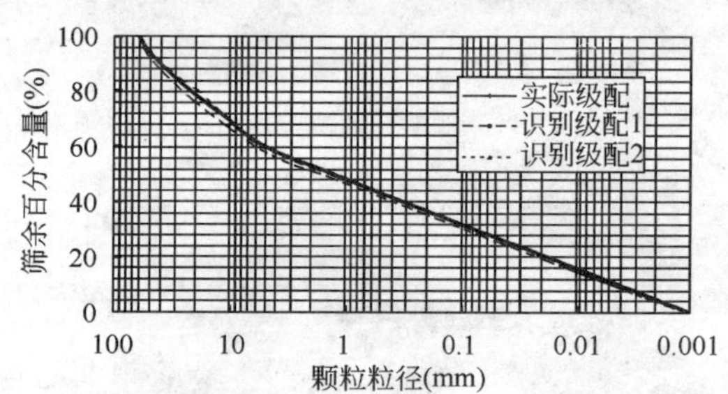

图 4-19 第 5 组试样实际级配与识别级配

从图 4-8～图 4-19 可以看出，土石混合料自动识别级配与实际级配曲线比较相近，基本达到了自动识别的目标。

(1)土石混合料级配自动识别系统是一个使用 VC^{++} 编写的土石混合料级配自动分析软件系统，可以在 Windows 等可视化环境下运行。

(2)采用了独自研究出的图像分割算法，使得土石混合料的级配分析准确性较高。

(3)采用了面向对象的编程技术，使得软件具有操作简单、界面友好等特点。

(4)土石混合料级配自动识别系统是用 VC^{++} 编写的软件，并且在计算过程中，都严格地将计算的范围限制在必须进行处理的局部范围之中，因此软件具有运算速度快的优点。

(5)在软件的编写过程中，对用户的每个需求都用一个独立的类进行编写，使得操作过程十分简单。

(6)由于土石混合料的实际堆积形态为三维堆积，在实际照片拍摄中获取的是二维图像，二维图像与三维图像间存在一定差别，同时土石混合料图像实际灰度值相差较大，对识别结果有一定影响，应对这两方面进一步进行研究。

第 2 篇　土石混填路基变形与稳定

第5章 土石混填路基现状调查

5.1 土石混填路基沉降变形的表现形式

土石混填路基的不均匀沉降不仅会导致路基本身的损坏，而且会因路基顶面的不平整在路面结构内产生附加应力，附加应力本身或与车载等共同作用，将导致路面结构的损坏。土石混填路基常见的病害有路基整体下沉或局部沉降、路基纵横向开裂、路基滑动或者边坡滑坍，其主要外观表现为裂缝。路面结构的损坏有多种表现形式，可以统称为路面病害。边坡失稳是路基特定部位不均匀沉降发展到一定程度之后的破坏形式。

5.1.1 路基裂缝

路基裂缝是指由路基内部发展而成的裂缝。填土裂缝由于其成因不同，可能出现在填土路堤的各个部位。微小的裂缝是广泛存在而且是无法避免的，但是过大的裂缝却会造成路基或路面的损坏，甚至使公路完全丧失营运能力。因此，研究裂缝问题是一项很有意义的工作，它将对设计、施工有一定的指导作用。

填土裂缝的类型可以从不同的方面加以分类，按部位可以分为堤面裂缝和内部裂缝，按走向可以分为横向裂缝、纵向裂缝和龟裂缝；按成因可以分为变形裂缝、水力劈裂裂缝、渗流裂缝、滑坡裂缝、干缩裂缝和振动裂缝等，其中对路堤影响最大、出现频率最多的是变形裂缝。图5-1为不同条件下由路基沉降产生的裂缝。图5-2为桥头填方沉降导致的开裂。在实际工程中，我们只要注意这些部位，就能较好地抑制不均匀沉降造成的危害。

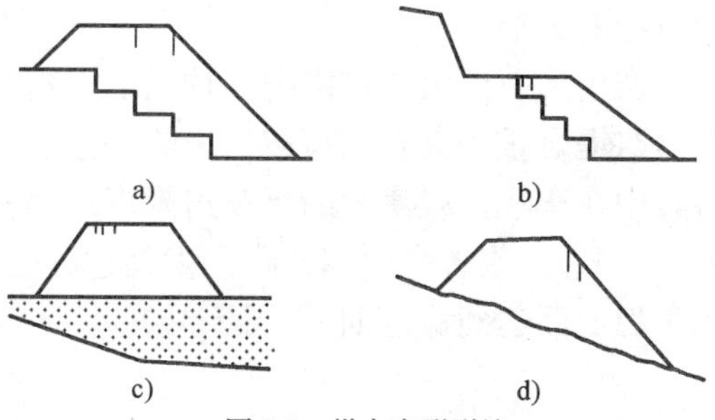

图5-1 纵向变形裂缝

a)填土厚度不同产生的裂缝；b)半挖半填路基；c)地基土层厚度差异产生的裂缝；d)路堤一侧水平应变较大产生的裂缝

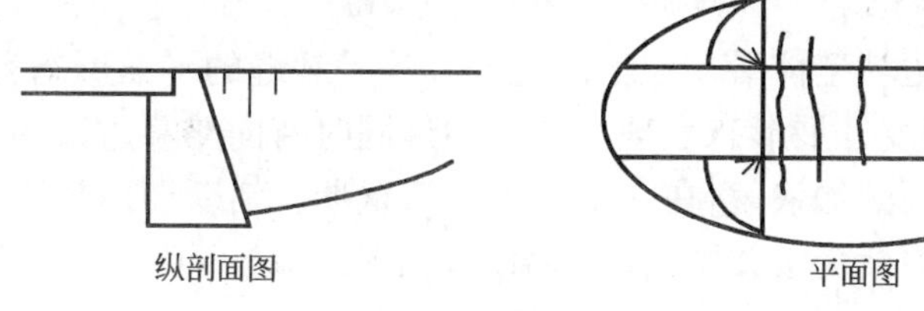

图5-2 桥台背填土中的横向缝

5.1.1.1 土石混填路基裂缝的主要表现形式

根据裂缝走向与路线走向的交叉关系，土石混填路基裂缝大致可分为横向裂缝和纵向裂缝。路堤横向裂缝是垂直路堤走向的裂缝。

其形成原因是路堤局部的纵向水平应力过大或路堤的横向不均匀沉降。通常，在填挖过渡段，当基底坡度过大时，在填方一侧易产生横向位移。在路堤与桥梁、涵洞、通道等交界处，主要是由于台背填土的沉降差异而产生裂缝。在涵洞、通道的顶部，主要因基础的差异沉降而产生裂缝。路堤纵向裂缝是平行路堤走向的裂缝。当路堤两侧填方厚度不同或地基可压缩层厚度变化较大，造成路堤两侧沉降大于路堤中部沉降或一侧沉降大于另一侧沉降时，容易形成纵向裂缝；当路堤某一侧的水平应变较大，其拉应力超过填土抗拉强度时，也会造成纵向裂缝；半填半挖路基或路堤某一侧浸水而产生湿化、软化变形，也会造成纵向裂缝。纵向裂缝平面发展示意见图 5-3。

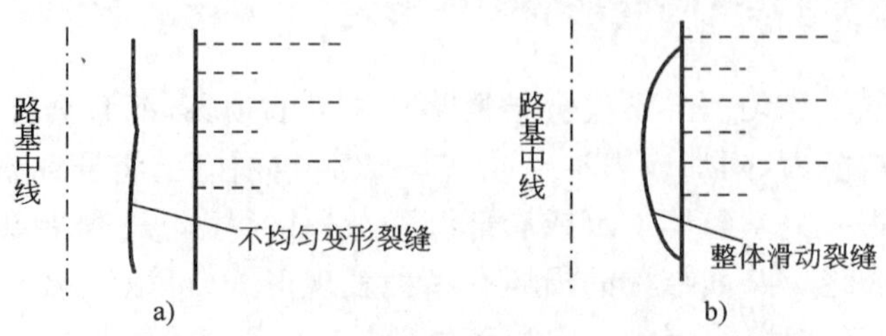

图 5-3　纵向裂缝平面发展示意图

5.1.1.2　路基纵向裂缝形成机理

公路工程中，路基纵向裂缝一般与路基及地基的沉降及变形有关。根据其产生的原因，可将纵向裂缝分为变形稳定性失稳产生的不均匀变形裂缝，以及强度稳定性失稳产生的整体滑动裂缝两大类。

产生土石混填路基纵向不均匀变形裂缝的内在因素是路堤填土变形稳定性较差，外在因素是路堤自重较大及动荷载的影响。这类裂缝平面分布近似一直线，平行于路基纵轴线，且相对集中在车辆荷载集中的行车道附近或路基排水不畅的区域。该种裂缝通常垂直向下发展，见图 5-4a)。裂缝宽度和错距的发展过程也存在一个变化较快的发展期，之后由快逐渐变缓并趋于稳定而达到稳定期，见图 5-4b)。

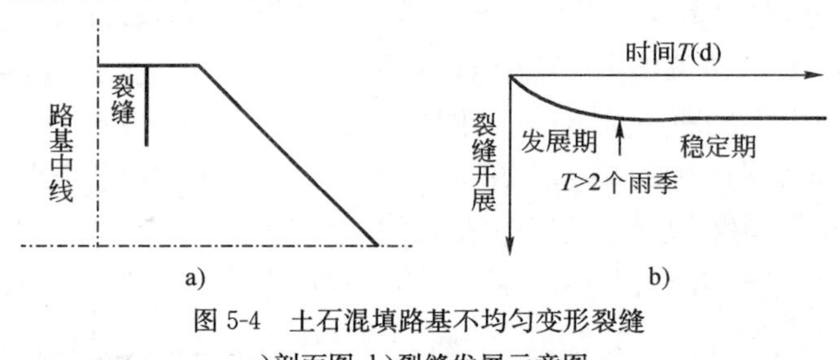

图 5-4　土石混填路基不均匀变形裂缝

a)剖面图；b)裂缝发展示意图

滑动裂缝是由高路堤边坡整体滑动失稳产生的。该种裂缝的平面形态表现为在两端或一端向路缘方向发展；裂缝深度开展形态表现为向下伸延同时弯向路基边缘的弧形，见图 5-5a)。这类裂缝发展一般由缓慢逐渐加快，存在一个发展的活跃期。活跃期内裂缝的发展速度快，直至高路堤整体失稳后才能逐渐变缓并重新趋于稳定，见图 5-5b)。

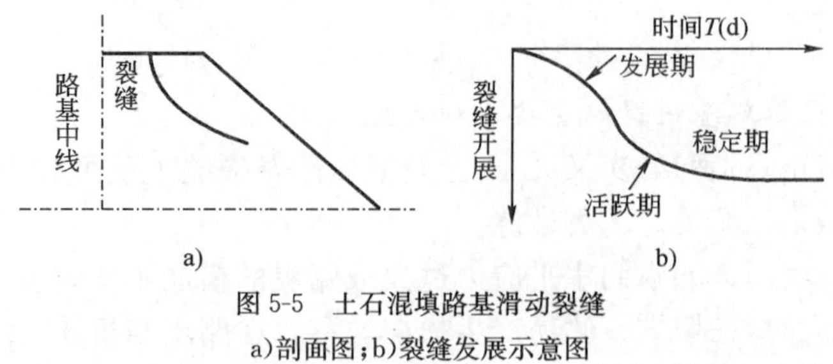

图 5-5　土石混填路基滑动裂缝

a)剖面图；b)裂缝发展示意图

5.1.2 路面病害

路面病害主要表现在以下几个方面。

1)裂缝

横向裂缝:与道路中线近于垂直,有的还伴有少量支缝,多由路基裂缝反射造成,最初多出现于路面两侧,逐渐发展形成贯通整个路幅。

纵向裂缝:与道路中线大致成平行的长裂缝,有时伴有少量支缝。路基沉降、滑动引起的纵向裂缝,通常延续很长距离。

2)沉陷

路面表面局部沉陷,雨后积水更加明显,多是因为路基不均匀沉降造成的局部凹陷。

路面病害多种多样,如沥青路面病害形式主要有裂缝(纵向裂缝、横向裂缝、龟裂)、变形(车辙、波浪或搓板、沉陷、隆起)、松散(磨光、松散、剥落、坑槽)等;水泥混凝土路面主要有两种类型:一为结构性损坏,如开裂、变形、接缝损坏等,另一类为功能性损坏,如表面滑溜、表面损坏等。路面病害的发生原因是多方面的,如施工、土石混合料性质、超载、路基沉降、排水和气候等。这些因素当中,路基不均匀沉降或其与其他方面联合作用对路面损害的影响更为严重,往往造成路面结构的整体变形和破裂。

土石混填路基不均匀沉降产生的纵向裂缝一般发生在距路堤边缘 3～5m(行车道与紧急停车带分界)处,也有一些发生在互通或服务区加减速车道与行车道的拼接处。其裂缝形式有两种:一种为纵向直线形,裂缝两端未延伸到路堤边缘;另一种为纵向弧形,裂缝两端延伸至路堤边缘。后一种形式可能引起路堤滑动,危险性更大。

在软土地基与非软土地基交界处、软土地基处理方法变化处或构造物台背与路段交接处,因地基或路基与构造物的差异沉降导致基层的开裂,并反射到沥青面层,形成横向裂缝。这种横向裂缝类似于基层反射裂缝,但往往为路面横向全幅贯通,其在软基分布比较广泛及构造物众多的水网地区的高速公路上有一定比例。

5.1.3 路基沉降

路基沉降是指路基表面在垂直方向上产生较大的沉落,如图 5-6 所示。路基沉降有两个成因,一是路基本身的压缩、固结沉降,二是由于路基下部天然地基承载力不足,在路基自重作用下产生沉降或向两侧挤出而造成的。土石混填路基下沉主要有堤身下沉与地基下沉两种类型。不均匀沉降将造成局部路段的破坏,影响公路的正常使用。

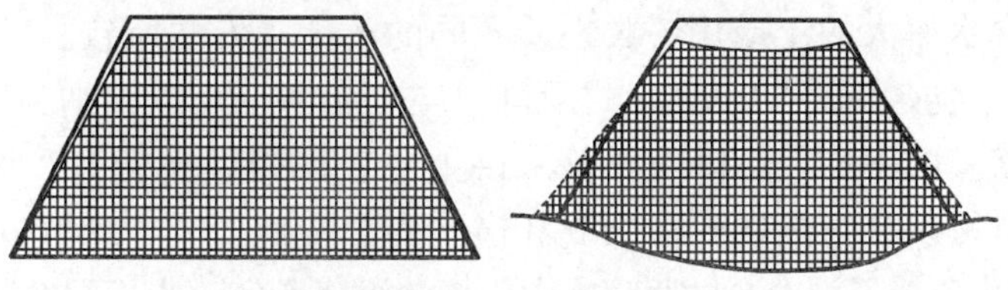

图 5-6 路基沉降

由于土石混填路基的整体沉降,在已经投入运营的高等级公路上,桥涵等构造物顶部明显凸起于前后路面的现象并不鲜见。尤其是处于软土地基上的土石混填路基,这种现象较为普遍。其特点是,无桥涵等构造物段的路面平顺完好,桥头及涵洞前后的路面无局部凹陷,在桥涵和高路堤结合部以及高填深挖路堤结合部路面间有较为明显的错台凸起,并在一定的时间范围内凸起的高度有不断增大的趋势,严重威胁着道路的安全。

由于不均匀下沉,导致路面局部凹陷,行车振颤、颠簸,雨季表面积水,进而导致面层、基层产生早期损坏。由于路基、路面及中央分隔带排水不畅，导致路基进水，路堤局部湿陷，路面结构层早期损坏。由于原地基未处理好，导致路堤局部下沉，引起基层开裂，裂缝反射到面层，雨水进入，造成面层和基层的损坏。桥涵和高填土路堤接合部及高填深挖路堤结合部不均匀沉降，造成的病害。

土石混填路基由于填料的级配不合理，造成其物理力学性质下降，在路基运营过程中出现路基填料开裂，其裂缝可延伸至路面，直至路面产生裂缝。对于半填半挖路基，常在挖方和填方接缝处产生沉降差，导致路面破坏。

土石混填路堤边坡不是全防护，裸露部位在雨水冲刷下，路堤填料中的土粒被带走，土石混合料结构被破坏，造成裸露的土石混合料结构松散，碎石滚落，从而使路堤和路面损坏。

另外在同一路段的不同地方，路基沉降量或沉降速度不一致，导致路面起伏不平整，影响道路的使用或导致路基或路面发生破坏，是土石混填路基常见的病害。目前，公路建设部门正加大力度狠抓工程质量，以高速公路为代表的高等级公路建设尽管取得了很大成绩，但表现出的问题，特别是路基不均匀沉降而导致的系列问题已经给国家财产带来很大损失。因而关于土石混填路基不均匀沉降，诸如：路基不均匀固结导致路面局部沉陷和面板错台，路基不均匀固结导致路面产生纵向裂缝等问题的研究，对保证道路的建设及正常运营具有重大意义。

5.1.4 路基边坡失稳

路基边坡滑塌(图 5-7)是最常见的路基病害。滑坡是指一部分土体在自重作用下沿某一滑动面向下滑动，主要是由土体稳定性不足引起。路堤边坡过陡、边坡坡脚被水淘空是路堤边坡滑坡的主要原因。土石混填路基是一种新型路基，工程技术经验等都还不完备，在参照已有土质路基设计和施工规范的基础上，很多是靠设计和施工人员按照自己的经验来进行的，这些都给路基安全稳定性带来很大隐患。

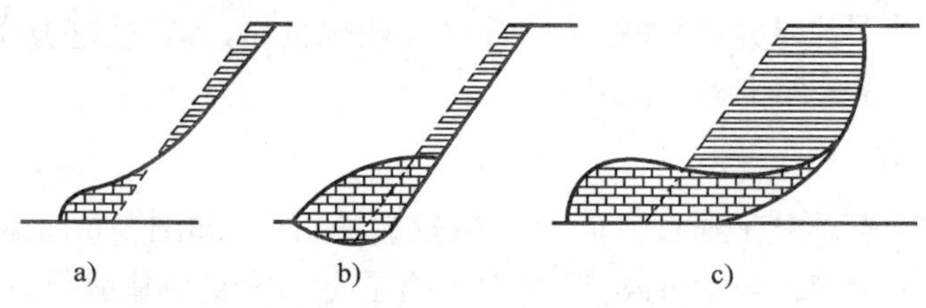

图 5-7 路基边坡失稳

路堤坍散的特征是边坡失去正常的形状，且坡面下沉。其主要原因是路堤填筑方法不正确，采用斜层堆填含水率大的土或用各类性质不同的土杂乱堆填所致。

土石混填路基不均匀沉降的表现形式及其时空变化特征可以归纳为以下几点：

(1)土石混填路基的不均匀沉降对路基来讲主要表现为填土裂缝。根据裂缝的产状与路基延伸方向的关系，可以分为纵向变形裂缝和横向变形裂缝。

(2)纵向裂缝是由于土石混合料的竖直方向不均匀沉降所致。土石混合料压实度不均匀，路基厚度不均匀、地基中存在软弱土层、路基刚度差异过大(如半填半挖)都会导致纵向裂缝的产生。

(3)横向裂缝常发生在填挖过渡段，路堤与桥台、涵洞等交接处，是由于填土与构筑物或原始地基刚度差异过大引起。

(4)路面病害形式多种多样。由路基不均匀沉降导致的路面病害主要有：①沥青混凝土路面变形；②与上述路基变形裂缝对应的纵、横裂缝；③水泥混凝土路面板的断裂。

(5)路基不均匀沉降的时空变化特征表明：一般沉降中心及附近处，不均匀沉降持续发展，沉降变形随时间的发展有三种类型，即渐趋稳定型、等速发展型和加速发展型。

(6)路基边坡失稳是特定条件下路基不均匀沉降发展的最终结果。

5.2 土石混填路基沉降变形模式及成因机制

5.2.1 土石混填路基沉降变形模式

大量的调查表明，路基沉降是多方面因素综合作用的结果。归纳起来，土石混填路基沉降模式有：填料压实度不足、地基中存在软弱土层、路基刚度差异过大、地基承载力不足、填筑物成分不均五种基本模式。下面对这五种基本模式的特点及成因机制进行分析。

1)填料压实度不足

路基施工时，天气太干燥，局部路基填料粉碎不足，致使路基压实度不均匀；暗埋式构造物处，因构造物长度限制使路基边缘不能超宽碾压，致使路基边缘压实度不够；有些超车道与行车道拼接段不是同步施工，且拼接处理得不好；在路基施工中，当路基施工到一定高度以后，路基边缘土体往往存在压实度不足问题。这些情况都会导致路基发生不均匀沉降。路基土体压实度不足主要原因：一是考虑到施工安全和进度，压力或压力作用时间不足；二是填方土体的最优含水率控制不力，压实效果达不到。由于压实度不足，往往导致填方路基的不均匀沉降变形(图 5-8)，路基两侧出现纵向裂缝。

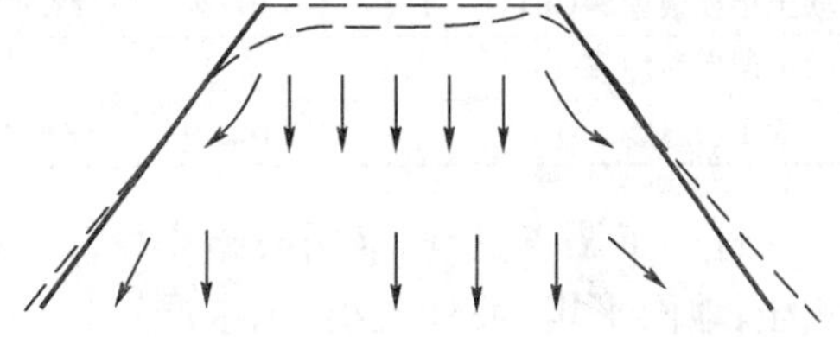

图 5-8　填料路基压实度不足导致路基不均匀沉降

2)地基中存在软弱土层

软弱土层本身力学性能差，在一定厚度的条件下，其附加应力会发生固结沉降、次固结沉降和侧向塑性挤出，导致明显的沉降变形。

某高速公路 A 段和 B 段发生明显的不均匀沉降变形和破坏，在地基中存在软弱土层，其主要物理力学性能差(表 5-1)，填筑土路堤之下具有天然含水率高(＞塑限，接近液限)，天然孔隙比大(＞1.0)，压缩系数高(＞0.5MPa^{-1}，属高压缩性土)，抗剪强度低(快剪：c＜27kPa，φ＜5°)，承载力低(标准值＜90kPa)等特点。非填筑区的地基软土，其物理力学性能比填筑区的同类土更差，这可能与填筑区的地基土经历了高速公路建设和运营中在外部荷载(填筑体和车载)作用下的压缩固结过程，其性能有所改善有关。

某高速公路地基　　表 5-1

指标名称		单位	A段		B段	
			非填筑区	填筑区	非填筑区	填筑区
天然含水率 w_0		%	55.40～62.10	42.98～45.61	28.6～25.7	42.16～66.20
天然孔隙比 e		—	1.195～1.522	1.047～1.20	1.152～1.582	1.028～2.054
压缩系数 a		MPa^{-1}	0.70～2.045	0.49～1.589	1.212～6.51	0.59～2.62
快剪强度	c	kPa	2.0～16.7	2.9～19.6	10.8～17.6	20.9～26.9
	φ	°	1.4～2.2	4.04～4.57	1.7～2.2	2.9～4.9
承载力 f_k		kPa	75～82	85～90	68～89	70～78

一般来说，土层的天然含水率越高、天然孔隙比越大，则压缩系数越大、承载力越低，则路基的沉降量和沉降差越大；抗剪强度和承载力越低，则侧向塑性挤出甚至局部坍滑的可能性越大。

该段地基土体中软土层还具有厚度、埋深、填筑土高度和宽度都大的特点(表5-2)。在高速公路中央分隔带上,除A段ZK10和B段ZK21、ZK22三个钻孔因位于原基岩裸露区未见软土层外,其余钻孔的软土层的顶板埋深为6.90~12.80m,底板埋深为14.9~28.5m,厚度为5.5~17.60m(一般都在8m以上)。软土层埋深较大,但经计算,均在压缩层深度范围以内(从填筑土层底部算起)。

软土层之上的填筑土层(含垫层和面层)的高度为5.20~12.80m(一般在7m以上),顶宽均为26m,而底宽除个别为40m外,其余多在50~68m之间。与我国已建成的高速公路的平均填土高度均在2.22~22m相比,本区填方的平均高度为8.90m。

一般来说,软弱土层的厚度、填筑土层的高度和宽度越大,则路基的沉降量和沉降差也越大。

某高速公路地基中软土层分布情况 表5-2

项目名称	A段					B段			
	ZK6	ZK7	ZK8	ZK9	ZK10	ZK21	ZK22	ZK23	ZK24
填土层高度(m)	9.4	10.20	12.80	10.90	7.40	5.20	6.90	5.90	11.20
软土层顶板埋深(m)	9.4	10.20	12.80	10.90	—	—	6.90	—	11.20
软土层底板埋深(m)	14.9	26.40	21.25	28.50	—	—	22.95	—	22.20
软土层厚度(m)	5.5	16.10	8.55	17.60	—	—	17.05	—	12.10

进一步调查发现,该两段路堤填筑区即是沟谷谷地所在区。这些部位,在筑路前就是地势低洼、地面平坦、坡降较小、积水严重的地方,当地人在这些地方种植水稻时都需要扁担或谷草垫在其上才能载人,俗称"烂板田"。在路堤建设初期,多采用碎块石堆填、碾压,局部夯填进行处治。路堤建成后就开始出现沉降变形和路基土挤出等现象。筑路后,地表水只能从断面很小的涵洞向谷地下游排泄,雨季必然排水更为不畅,地下水则更难以自然排泄。勘探发现,路堤填土层之下的路基土层均位于地下水位之下,处于软塑、局部流塑状态,至今仍继续沉降变形。这说明,地表水和地下水自然排泄困难,地基土未能固结,是地基土产生过强沉降和沉降差的重要原因(图5-9)。

碳酸盐岩地区,路基下有时分布有岩溶洼地或漏斗,其中的沉积物松软,在行车动载的作用下,沉积物压实,侧向流动和下陷,造成路基沉陷,如图5-10所示。在昆明至瑞丽公路K2415+800m段,有一处属这种类型。该处公路通过处为一灰岩地区的凹状地形区,自1991年开始,路面每年下沉约1.5m,1992年7~9月,每月垫高路面0.5m,侧向变形作用不明显。其原因可能是路基以下为岩溶洼地,洼地内风化残积物疏松软弱,该处在地貌上易于地下水的汇集。在交通振动作用下,残积物压密和侧向流动,使路基近于垂直下沉。

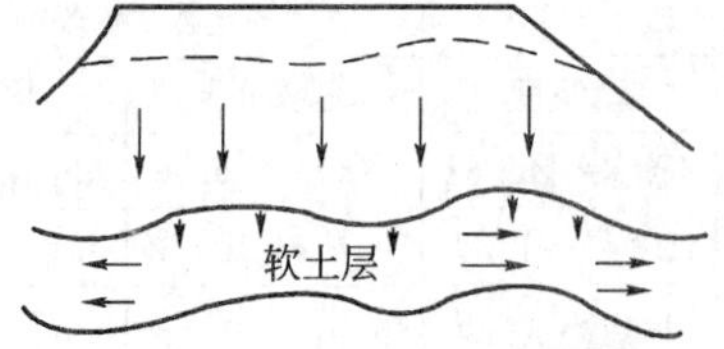

图5-9 地基中软土层导致路基不均匀沉降

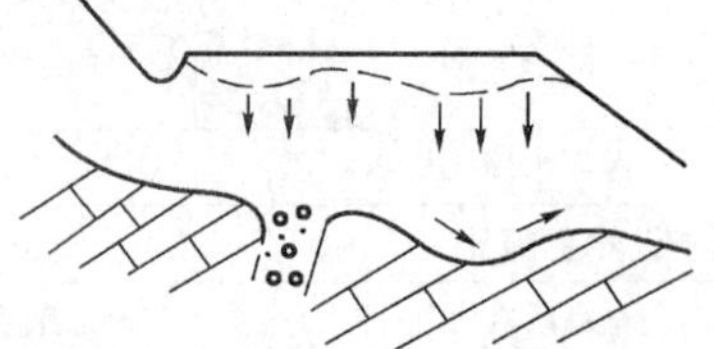

图5-10 碳酸盐岩地区岩溶导致的路基不均匀沉降

有些纵向裂缝路段所处地基不属于软土地基,但是处于丘陵低洼、河谷处,长期受水冲蚀,天然含水率较高,在设计时未发现或未作特别处理,在施工时也未作等载或超载预压,或者有些河谷、水塘虽作了清淤处理,但是处理不彻底或回填材料控制得不好,从而形成人为的相对软弱土层。在高填方后,地基出现不均匀沉降,造成路基的不均匀沉降,甚至路面开裂。

3)路基刚度差异显著

很多情况下，单从施工控制角度来说，地基处理满足要求，路堤压实度也能够满足设计要求；在路基及地基均匀时，路基沉降满足《公路路基设计规范》(JTG D30—2004)要求，而且也不会导致路面开裂，但是，如果沿路基纵向或横向路基综合刚度相差过大时，在路面动载等作用下，也会引起明显的差异沉降，导致路面裂缝。属于这种情况的有：桥头与路基交接处，挖填交接处，填土厚度明显变化处，路基中埋设构筑物(如涵洞)处，地基性质差别较大处。

结构物刚度差异诱发的沉陷。结构物的刚度不同是形成差异沉降的基本原因。桥台属刚性，沉降量极小，路基属柔性，沉降量大，刚柔之间必然存在沉降差。这是诱发桥头明显沉陷的客观原因。

不良地基造成的沉陷。路堤本身的塑性变形和地基的沉陷是构成桥头路堤沉陷的又一原因。在软土地基和一般地基中，软土地基会产生很大的沉陷，特别在地质情况较差地区，这种沉陷尤为突出，当然一般地基也会产生一定程度的沉陷。

设计不完善引发的沉陷。在道路桥梁设计中，往往桥头路基的换填材料与一般路基一样，压实度也一致，且换填厚度的确定过于简单，也有过分依赖于在其上设置搭板便可预防下沉的想法，对桥头路堤的特殊性认识不足，也是引发桥头路堤沉陷的原因之一。从以往桥头路堤采用换填方法而建成投入使用的情况看，因桥头路堤沉陷导致了桥头搭板发生裂缝的现象比比皆是。另因桥头路堤与其他结构物衔接设计不够合理，造成细料流失，出现搭板下脱空而沉陷的也是司空见惯。

桥台后填土困难。丘陵地区桥高，台后填土困难，容易产生“桥头跳车”。因桥梁结构物本身刚度大，而路基是柔性的。由于刚度不同，在外荷载及自重作用下，无论是基础以下还是基础本身，产生的压缩相对不同。桥跨结构的刚度较大，变形较小，丘陵地区桥梁基础多直接在岩石上，其基础下部不会产生明显变形。丘陵地区由于桥高，台后填土高度大，产生的变形也大。在施工中，桥涵两端路堤与桥台之间必然会留下一个衔接部位，放到最后修。由于作业面窄，压路机不便于碾压，容易产生死角。对策：最大限度地提高台后回填材料的刚度，最大限度地减小竖向变形。选用材料回弹模量大、透水性好、级配良好的砂砾作为填料，分层厚度虚铺不超过 20cm，洒水碾压密实，使其接近最大密实度，每层压实度均按 98％控制。从桥台承台顶向后 2m，再向后按 1∶1 的坡度延伸到路基表面。桥台基坑向后挖出 1∶5 的台阶，必须使压路机能够作业，压路机难以压实的边角用小冲击夯压实。为使台背与路基结合好，每层压实时，路基、台背及锥坡均形成一个工作面，压路机沿路线纵向行驶。

4)地基承载力不足

对高土石混填路堤(填方高度大于 20m)，土石混合料湿密度按 $2.2\times10^3 kg/m^3$，高为 20m 的土石混填路基对地基施加的平均压力为 430kPa，高为 40m 的土石混填路基对地基施加的平均压力为 862kPa。当地基为强风化坚硬岩石时，地基平均承载力为 500～1 000kPa，在低填方时为良性地基就有可能变为不良地基；当地基为强风化软质岩石时，地基平均承载力为 200～700kPa，地基为不良地基。对黏性土、粉土、红土等承载力较低的地基，其天然地基承载力一般在 100～400kPa 之间，其承载力很可能不能满足高土石混填路堤要求，造成路基下沉。

5)填料成分不均

土石混合料的成分、级配很难得到有效的控制，常常是开挖路堑、隧道产生的弃方。这些材料成分差异大、级配也相差甚远。一方面，在施工过程中，如果分层碾压厚度过大，小颗粒物质和软弱物质很难得到有效压实，在荷载的长期作用下，回填物质会产生不协调沉降变形。柔性路面会产生局部沉陷，刚性路面可能产生纹裂或局部沉陷。另一方面，由于回填物的性质不一样，特别是有的回填物具有膨胀性，在路基排水系统局部失效后，水的渗入会使路面产生胀起，影响行车舒适度，严重的会使路面破坏。

由于土石混合料组成复杂，在施工中级配也难以控制，压实指标难以确定。对于一个施工路段，用同样的压实机械组合和压实遍数以及确定的同一个最大干密度，压实度随机取样结果不稳定，这给施工和监理均带来一定难度，也给土方施工工期带来影响。虽对不合格点进行处理，仍会造成路基施工压实不匀，最终造成路基沉降不均匀，导致路面损坏。

总的来看，土石混填路基不均匀沉降模式及产生机理是十分复杂的，但从工程应用角度看，可对土石混填路基的不均匀沉降模式及机理归纳为如下几点：

(1)填方路基土石混合料压实度不足，土石混合料的先期固结压力小于自重应力，土石混合料将在自重作用下，继续沉降，直至先期固结压力等于自重应力。

(2)地基土体中存在饱和软土层时，由于渗透固结和次固结需要较长时间，在公路通车后的一段较长时间内，沉降会持续进行。地基由于处理不当会导致不均匀沉降，引起路面病害。

(3)路基刚度差异，在车载等动态荷载下，在路面结构内可能造成较大的附加不利应力，导致路面破坏。刚度较小的路基也可能因车载作用发生明显沉降。

(4)地下水的动态变化，将引起土体容重、孔隙水压力等的变化，尤其是负孔隙水压力，可能对土体产生较大的附加压力。这些附加压力，能造成填土的附加沉降。

(5)物质成分不均，回填物的物质组成和性质差异，可能引起不均匀沉降，导致路面的局部开裂或沉陷。

(6)填土路基的侧向变形也是路基产生不均匀沉降的原因。有效地限制侧向变形，可以减少不均匀沉降。

5.2.2 土石混填路基失稳变形诱因

通过大量调研，可以总结出土石混填路基沉降变形失稳，主要存在以下几方面原因。

5.2.2.1 工程地质与地形

当工程地质条件不良，原地面比较软弱，特别是在泥沼地段、流沙及垃圾以及其他劣质土地段填筑土石混填路堤，若填筑前未经换土或很好压实，则填筑完成后，原地面土壤易产生压缩下沉或挤压位移。

当路堤穿过沟谷时，沟谷中心往往填土高度最大，向两端逐渐减低，在路堤横断面上，往往迎水面填土高度小于背水面。这样也将由于填土高度不同而可能产生不均匀下沉，使路堤纵断面方向的路面中间低，两头高，横断面方向的路肩一侧高一侧低。

原地基承载力差，土质天然密实度低，加压时具有较大变形和可压缩性。一个平均高度为20.0m的土石混填路堤，填土密度为2.20g/cm^3，地表层单位应力为431kPa。再加上车辆的换算荷载，地表层的平均应力还要大一些，这样就使原来那些认为是优良地基的部分也变为不良地基，造成路基沉降。

而在路基施工前，由于种种原因，对地基承载力探测不详尽，也未对地基承载力不够的路段进行验算和综合处理，导致路基和路面完成后，开放交通时，局部位置和路段的路基仍未稳定，发生不均匀沉降，从而导致路面的早期损坏。

土石混填路基多在西部采用，受地形条件限制，有大量的半填半挖路基以及陡坡路基，填土厚度不均，造成沉降差异。

5.2.2.2 水文与气候

如降雨量过大、洪水猛烈、干旱、冰冻、积雪或温差过大等，都可能使土石混填路基中的细粒料流失，产生不均匀下沉。

路基和路面的第一大损坏因素，是水的侵入和冲刷造成的损坏。我国大部分地区夏季、秋季暴雨集中、强度大，对土石混填路基施工非常不利。因此在冬、春季形成的土石混填路基，由于少雨、缺水难以保证最佳含水率，难以达到压实要求，土的孔隙大。等到路槽形成时，又多在夏季和秋季，必然要遭受强暴雨的冲刷损坏；即使是路面形成后，当路面排水不善时，雨水也会侵入路堤，造成土路基浸水和软化，局部下沉塌陷，导致路面早期损坏。

路基排水是把路基工作区的路基含水率降低到一定的范围内。路基含水率过大、排水不良，会引起土石混合料遇水软化，强度降低，边坡坍塌，堤身沉陷或滑动以及产生冻害等。同时渗流也将带走一部分土粒，使土石混合料的孔隙率增大，在行车荷载及自重作用下压密，造成沉降。水是土石混填路基的大敌，对路基危害极大，当水渗入路基后，使填料中的含水率加大，强度、稳定件降低，同时渗流还可以带走土石混合料中的细颗粒，土石混合料自身产生变形，极易造成堤身下沉或滑动，边坡坍塌以及产生冻害等。

路基防排水设计也是重要环节，做好路基防排水设计的重要任务就是将路基工作区的土石混合料的含水率降至一定范围。

5.2.2.3 路基填料自身原因

土石混合料中土石比的不同，其工程性质相差甚远，如果土石混合料中土石比例不合适，将导致其强度降低，压缩性增大，在路基施工和运营期间产生较大的沉降变形。若土石混合料中混入了种植土、腐殖土或泥沼土等劣质土，或土中含有未经打碎的大块土等(由于这类土具有机物含量多、抗水性差、强度低等特性)，路堤将出现塑性变形或沉陷破坏。生产土石混合料的岩石性质不一、级配不匀或就地爆破堆积，造成土石混合料空隙率增大。这样，在一定期限内(例如经过一个雨季)可能产生局部的明显下沉。

土石混填路基下沉，首先是设计方面的原因，如断面尺寸不合理，边坡取值不当，排水、防护与加固不合理等。应对土石混填高路堤进行稳定性验算，且施工工艺、土石混合料应作特别要求说明。

5.2.2.4 施工方面的原因

土石混合料在分层填筑时，应按照《公路路基设计规范》(JTG D30—2004)要求的厚度进行铺筑。若随意将层厚加大，而压实机具则按照规定的碾压遍数压实时，压实度将达不到规范规定的要求，当填筑到路基设计高程时，必然产生累计的沉降变形，在重复荷载和土石混合料自重的作用下，便会产生下沉。工程施工过程中，工地现场人员的责任心不强，技术管理力度不够，施工现场混乱，使工程质量降低，造成施工过程中的隐患，甚至造成大的质量事故，危及路基的稳定性。

(1) 填筑顺序不当。路堤在填筑时未严格按《公路路基施工技术规范》(JTG F10—2006)要求在全宽范围内分层填筑，填筑厚度不符合规定等。

(2)压实不足。高填路堤应按规定选配压实机具，按正确的操作规范及要求进行压实操作，确保压实度达到《公路路基施工技术规范》(JTG F10—2006)规定的要求。

(3)在填挖交界处没有挖台阶，导致交界处发生不均匀沉降。或因为原地面与填料结构不同，二者密度、承载能力不同，如填挖交接处软土、腐殖土等未清除干净或填筑方式不对及压实不足，就会出现结合部沉降病害。

(4)台后和通道两边下沉，其主要原因是半刚性的土石混合料与刚性构造衔接处，二者强度、稳定性方面差异较大，加之土石混合料压实不够而致下沉。

(5)施工过程中未注意排水，遇雨天时，路基积水严重，无法自行排出，使土石混合料软化，强度降低。

(6)施工机械与碾压工艺方面的原因。在高填方土石混合料路基的施工过程中，应按要求配备相应的整平、碾压机具，并按规范进行操作。若未按要求的压实工艺进行碾压，土石混合料的压实强度不均匀，压实度达不到规定要求，将会导致路基产生较大的沉降变形。

5.2.2.5 路基防护工程不同步和防护工程不完善

土石混填路基路槽形成的时候，也是其最脆弱、最容易受暴雨毁坏的时候。对于填高5m以上的路基，施工期间一般至少要经过一次夏季暴雨冲刷过程，而现在高填土路基的施工方法，一般均是超宽填筑，再刷坡，然后再防护，加上填筑土质易被冲刷，由于防护和路基施工的不同步，造成土路堤暴露，被暴雨冲刷。当暴雨强度大时，毁坏会很严重。被冲得残损不全、沟槽较多的土石混填路基，如果处理不彻底、不完全，均会给后期施工和使用留下隐患，造成边坡部开裂、局部滑塌和路面的不均匀下沉。当土石混填路基不是全硬化防护和防护不完善时，也会在使用期间被暴雨冲刷，造成路堤和路面局部损坏。

5.2.2.6 设计不合理

当公路路线设计有高土石混填路基时，需对路堤进行稳定性验算和沉降计算，如验算和计算所需的地质条件、土工实验资料等不能真实反映现场情况时，就会造成设计的不合理，从而产生路基病害。

土石混合填筑路基已极为普遍，在上述土石混填路基常见病害中，技术人员最难以把握的是路基沉降量过大、不均匀沉降和稳定性问题，因此解决土石混填路基的沉降变形稳定问题，是土石混填路基修筑技术研究的重要组成部分。因而土石混填路基的沉降变形规律的探讨已成为我国高等级公路修筑面临的关键问题。

第 6 章　土石混填路基稳定与变形特性

物理模拟研究方法应用于边坡岩体的稳定性分析起始于 20 世纪 70 年代，而应用于路基稳定性分析还是近几年的事。它具有两个突出的特点，一是能够直接观测和记录研究对象的变形、破坏过程，二是可以通过实验应力分析获得研究对象在演变过程中各阶段的应力分布状况和由于变形与局部破坏导致的应力重分布情况，近年来有较大的发展。笔者采用底摩擦模型、二维地质力学模型和离心模型试验对土石混填路基的几种不同构造形式的稳定性、沉降变形、破坏模式的演变过程进行研究；与此同时，进行土石混填路基沉降及不均匀沉降的现场观测，以考察土石混填路基的真实沉降变形特性。

6.1　土石混填路基稳定与变形特性底摩擦试验研究

6.1.1　底摩擦试验方法的原理

填方路基不均匀变形破坏主要是受到重力作用的影响，因而在试验中要求模拟重力。重力是一种体积力，它作用在填方路基土的每一质点上。为了模拟重力，在实验室一般采用以下几种方法：自重力法、离心法、磁吸引法和基底摩擦力法也即底摩擦法等。

底摩擦物理模拟以相似原理为基础，建立研究对象和模型试验间的相似关系，从而保证模型试验中出现的物理现象与原型相似。模型与研究对象相似，需要在几何条件、受力条件和摩擦系数方面满足一定的关系。

几何条件相似系数：

$$C_L = \frac{L_P}{L_M} \tag{6-1}$$

受力条件相似系数：

$$C_\gamma = \frac{\gamma_P}{\gamma_M};C_\sigma = \frac{\sigma_P}{\sigma_M} \tag{6-2}$$

摩擦系数相似系数：

$$C_f = \frac{f_P}{f_M} \tag{6-3}$$

式中：C——相似系数；

L——几何尺寸；

γ——材料的密度；

σ——应力；

f——摩擦系数。

下标 P、M 分别代表原型和模型。

上述相似系数间关系由下式确定：

$$C_\sigma = C_\gamma \cdot C_L \tag{6-4}$$

底摩擦试验一般是通过在粗糙的基底面上推动一个准备好的模型来进行，模型的每一个单元在其底面上承受摩擦力，并引导了模型的变形；同时模型的最低边缘代表了一个不变的高程线，也即当模型向上推动时，基底面上的固定点相当于向下运动。

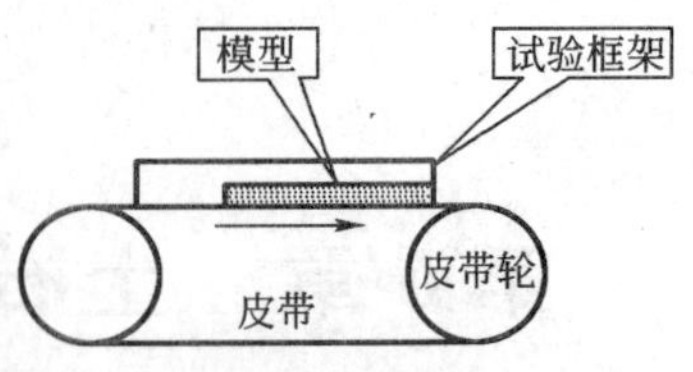

图 6-1　底摩擦模型试验原理示意图

底摩擦模型试验机的主要原理可用图 6-1 来分析。皮带轮带动皮带作连续的回绕运动，模型被皮带驱动，并遇到固定试验框架的阻挡，因此在模型与皮带接触面上产生了摩擦力，此力产生在模型底部，也称基底摩擦力。底摩擦模型试验就是用这个力来模拟一种重力作用。

底摩擦法是以摩擦力在摩擦方向上的分布与重力场相似的性质，利用模型和底面之间的摩擦力来模拟模型体积力(重力)。其原理如下：将研究对象的剖面制成模型平放在环形活动橡皮带的平直段上，并使原剖面的深度方向与皮带运动方向一致(图 6-2)[75]，根据圣维南原理，当模型足够薄时，认为摩擦力均匀作用在整个厚度上，根据相似第一定律：具有相同方程式和相同相似判据的现象群可视为相似现象。底面摩擦模型与原型的受力状态相同，对于厚度为 t 的平面模型上的重力与摩擦力形式完全一样，即相当于原型物体在天然状态下受到的重力作用。水平体积力 F 代替了实际路堤的自重，实现路堤自重应力场的加载模拟。

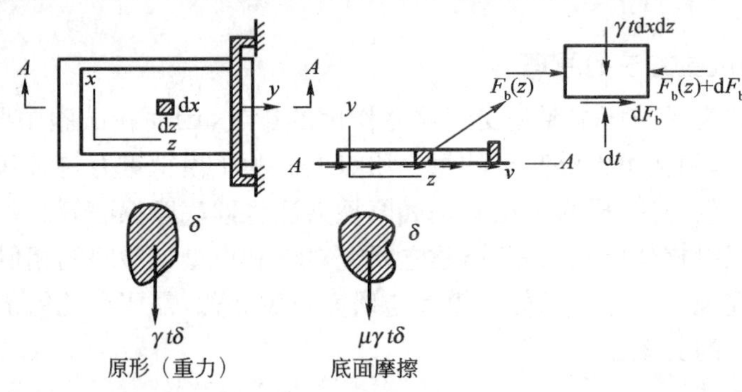

图 6-2　底摩擦模型受力图

当皮带转动时，模型随之移动，在皮带转动方向有一固定框架，当模型受到这一固定框架阻挡时，在自重情况下，单元 dz 所受的摩擦力为：

$$\mathrm{d}F = \mu_{\mathrm{b}} \gamma_{\mathrm{m}} t \mathrm{d}x \mathrm{d}z \tag{6-5}$$

式中：γ_{m}——模型材料的重度；

μ_{b}——模型与橡皮带接触面滑动摩擦系数；

t——模型厚度；

dxdz——模型中单元 dz 的面积。

在模型上方施加力 P(Egger 模型)，则有：

$$\mathrm{d}F_{\mathrm{b}} = \mu_{\mathrm{b}}(\gamma_{\mathrm{m}} t + P)\mathrm{d}x\mathrm{d}z \tag{6-6}$$

假设皮带匀速运行，模型处于平衡状态，如模型宽为 W，则模型所受摩擦力为：

$$F_{\mathrm{b}} = \mu_{\mathrm{b}}(\gamma_{\mathrm{m}} t + P)Wz \tag{6-7}$$

那么所求模型的应力值为：

$$\delta_{\mathrm{z}} = \mu_{\mathrm{b}}(\gamma_{\mathrm{m}} + P/t)z \tag{6-8}$$

$$\delta_{\mathrm{y}} = P + \gamma_{\mathrm{m}} t y_{\mathrm{t}} \tag{6-9}$$

$$\delta_{\mathrm{x}} = \mu(\delta_{\mathrm{v}} + \delta_{\mathrm{z}}) \tag{6-10}$$

式中：μ——模型材料的泊松比；

y_t——模型顶面的坐标。

本次试验不施加力，即 $P=0$，则模型深度 z 的应力分布为：

$$\delta_z = \mu_b \gamma_m z \tag{6-11}$$

$$\delta_y = 0 \tag{6-12}$$

$$\delta_x = \mu \delta_z \tag{6-13}$$

这种方法的特点是实验可根据情况随时暂停下来，以便观测试验过程的各个细节，这也是其他许多方法所不能办到的。

底摩擦法是一种新发展起来的二维物理模型，具有试验简单直观，效果显著的特点。底摩擦试验原理(Base Friction Model Test)是由英国皇家科学技术学院 Ever Hoek 教授于 1971 年最早提出的。Goodman 等[76,77]报告了很多有关边坡变形破坏的底摩擦模型试验。棚橋由彦等[78]采用底摩擦模型研究了不连续岩质中矩形硐室的变形稳定性。Ugo Andreaus 等[79]采用底摩擦模型研究了摩擦与碰撞冲击对非平稳型振荡器的动力特性的影响。A. Pirrotta 和 A. Pirrotta [80]采用底摩擦仪模拟地震作用，研究了建筑物的抗震性能。

而国内多采用底摩擦模型研究边坡稳定性，蒋爵光等[81]采用摩擦试验研究了北盘江大桥岸坡稳定性，取得了较好的效果，与数值模拟结果相吻合。金小萍[82]采用底摩擦试验，应用正交设计原理，进行了多因素的层状岩体高陡边坡底摩擦模拟，获得了层状岩体高陡边坡在自重应力作用下的变形规律和破坏机理。

而在路基稳定与变形研究中应用底摩擦试验的文献较少。在试验中，为使试件模拟的变形性态符合相似律，原则上不应使模型的块体产生因底面与表面二者差异所造成的畸变。试验时，对试件材料的强度、厚度、试件尺寸进行了全面的衡量分析，基本上达到以基底力主要代表岩体自重的要求。

6.1.2 试验设备简介

本次试验所采用的设备，是根据底摩擦试验的基本原理，在多年探索和经验积累的基础上新设计的一套全自动化底摩擦试验设施，如图 6-3 所示。该设备的最大优点是：橡皮带转速可随时控制，增减速比较均匀，不会出现转速骤增骤减而使摩擦力变化剧烈的不稳定现象；摩擦力可随时从观测仪上获取，可随时利用增减橡皮带转速而进行调节控制，以便适应实际要求，减少了烦琐的计算。

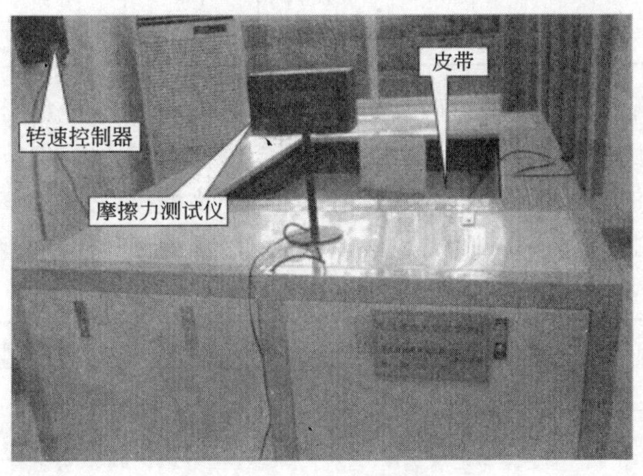

图 6-3 自动化底摩擦仪

6.1.3 模型材料

试验主要对土石混填高路堤变形破坏机理的一般性进行研究，对具体路堤没有特殊要求，因此，选取实体路堤高度为 20.0m，路堤顶宽为双向四车道宽 26m；同时，根据规范要求，路堤边坡坡度选取上部为 1∶1.5，下部为 1∶1.75。

试验的一个重要的比尺就是确定模型料的密度。对于底摩擦试验，由于皮带与模型间的摩擦系数小于 1，因此模型采用的密度要大于原型料，以利求得对模型重力场的模拟理论会接近于实际情况。

常用的底摩擦试验材料有两类，第一类是各种硬质块体成型材料，第二类是重复利用的可塑性材料。

我国长江水利水电科学研究院结构材料室经过试验研制成功一种以石膏、重晶石粉、砂子和甘油为原料的模型材料，其不同配比的部分试验成果见表 6-1 和图 6-4。在固定石膏用量的条件下，重晶石与砂子的比值越高，材料的抗压强度及变形模量也越大，当比值在 1∶2～2.5∶1范围内时，强度和变形模量的变化是比较有规律的[83]。

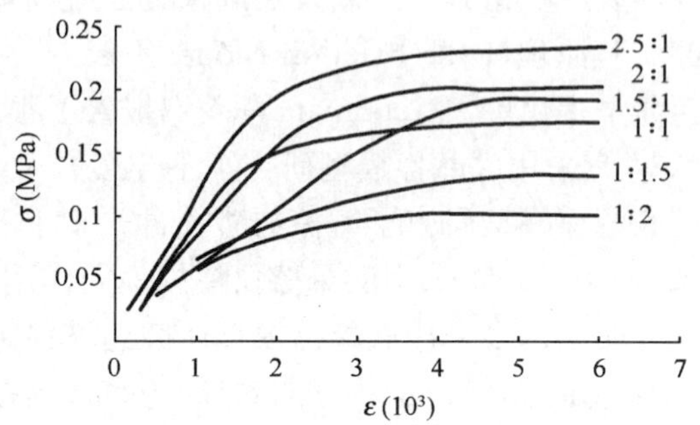

图 6-4 重晶石与砂子不同配比的材料应力应变曲线

重晶石与砂子不同配比的力学变形性能试验成果 表 6-1

重晶石粉∶砂子	重晶石粉(g)	砂子(g)	石膏(g)	水(g)	甘油(g)	重度(g/cm^3)	抗压强度(MPa)	变形模量(MPa^{-1})
1∶1	3 630	3 630	326	1 000	145	2.2	1.7	340
1.5∶1	4 360	2 900	326	1 000	145	2.3	1.9	350
2∶1	4 830	2 430	326	1 000	145	2.37	2.0	360
2.5∶1	5 200	2 070	326	1 000	145	2.4	2.3	380
3∶1	5 450	1 815	326	1 000	145	2.41	2.3	380
1∶2	2 430	4 830	326	1 200	145	1.94	1.0	250
1∶3	1 815	5 450	326	1 200	145	1.9	1.0	250
1∶1.5	4 360	6 540	490	1 600	218	2.07	1.3	290

试验主要模拟土石混填路堤变形破坏机理，因此对模型材料的变形模量和抗剪强度要求除与原型土石混合料相似之外，还要反映出土石混合料组成特征。有鉴于此，模型对粗粒料的模拟采用了不同粒径的石英砂和少量的铁粒、铁屑混合物模拟（表 6-2），用以控制模型料的内摩擦角，用重晶石粉模拟原型中的细粒料，液体石蜡作为粘结剂，控制模型料的 C 值。

底摩擦试验试料配制表 表 6-2

成　　分	铁　砂	重 晶 石 粉	石　英　砂	液 体 石 蜡
百分含量	10	20	30	10.0
规格描述	1mm	—	2～5mm	—

对于底摩擦模型试验，对模型厚度有一定的要求，本次试验模型厚度为 2.5cm，因此模型料的最大粒径不应超过 5mm，对细粒料模拟采用重晶石粉。底摩擦试验模型料的配比

见表 6-3。

底摩擦试验模型料的配比 表 6-3

编号	铁砂(1mm)	重晶石粉	砂子				液体石蜡	C	φ	ρ	备注
			总含量(%)	2~5	0.5~2	0.074~0.5					
1	12	40	40	13.3	18.0	10.0	8.0	4.27	37.5	2.81	
2	13	48	32	10.7	14.4	8.0	7.0	4.98	35.1	2.98	
3	12.5	53.7	26.3	7.9	11.8	6.6	7.5	7.08	33.4	3.07	
4	12	57.1	22.9	6.9	10.3	5.7	8.0	6.54	32.7	3.13	
5	12	60	20	6.0	9.0	5.0	8.0	6.12	33.7	3.15	

底摩擦法试验的工作程序为：

(1)将摩擦力观测仪电源接通，并打开开关，让观测仪进行自检，自检完成后，至少稳定10min以上。

(2)在摩擦力观测仪进行自检的过程中制作模型，并将模型放置于试验传动橡皮带上，将试验仪器可移动模型框向前推，使其与模型底面轻轻接触上。

(3)按照原型边界条件切割材料。

(4)将稳定10min以上的摩擦力观测仪进行归零操作。

(5)模型准备好后，用相机摄下模型的初始状态。

(6)打开转速控制器电源开关，指示灯稳定后，打开转动控制开关进行试验，转速一定要控制在极其微小的情况下，待二者接触后并将模型稍微向前推移，消除了模型底面与底带间的黏结力后，方可加快转速。

(7)在转动过程中对模型的变形破坏过程进行观测，并可随时将转速减小到零，对模型破坏现象进行摄像和描述；然后继续转动，直到模型破坏，试验终止。

通过以上步骤，便可得到模型的逐次变形破坏的发生、发展过程。

6.1.4 试验过程及现象

试验主要针对常见的两大类路堤情况，即路基刚度不均的斜坡填筑路堤(底部为基岩)和在压实度不足时的一般全填筑路堤，而在这两大类中又分不同情况。

由于试验主要对高路堤变形破坏的一般性进行研究，对具体路堤没有特殊要求，因此，根据高路堤的定义，即填方高度超过18.0m(土质)或超过20.0m(石质)的路基，选取实体路堤高度为20.0m，路堤顶宽26m；同时，根据规范要求，路堤边坡坡度选取上部为1∶1.5，下部为1∶1.75。按照试验仪器设备的条件，将实体模型缩小120倍，共做模型14个。

6.1.4.1 全填路基

对一般全填土石混填路基，主要考虑压实度不同时，路基的破坏模式。压实度从85%~95%，共做模型6个。

模型一：压实度为95%

对于压实度为95%的路堤模型，在试验开始时，可观察到整个模型向皮带运动方向稍有压密现象，随着试验继续进行，裂隙首先从左侧接近边坡基脚处发育，并迅速向坡底推进，最终成为贯通裂隙。随后路基边坡右台阶内侧出现裂隙，并缓慢发展。随试验继续进行，左右路肩外侧出现裂隙，裂隙在发展过程中远离路基中线。随着破坏的继续发展，最终裂隙均又向下发展，张开度也增大，路基中线处也出现裂缝，并逐步向下发展直至贯通，并在路基顶部中线处形成一楔形体。试验后期，在原有裂隙发育过程中出现次生裂隙，两侧坡脚均破坏较严重，如图6-5所示。

图6-5　全填路堤压实度为95%时最终变形破坏情况

模型二：压实度为93%

对于压实度为93%的路堤模型，随试验进行，裂隙首先从路基左侧基脚与台阶中部开始发育，逐步向坡底推进，并迅速成为贯通裂隙。随后，路基左、右侧台阶内侧出现裂缝，并逐渐发展，路基左侧基脚出现多条裂缝，同时在路基右侧台阶下5cm处出现裂缝，并向基底发展。路基边坡左侧台阶两侧处出现裂缝，裂缝与边坡倾向一致。随试验的进行，左路肩内侧出现裂隙，裂隙在发展过程中远离路基中线，逐渐与边坡方向一致。随着破坏的继续发展，最终裂隙均有所发展，张开度也增大。在破坏后期，原有裂隙处发育出次生裂隙，次生裂隙发展方向与路基边坡倾角一致，模型最终变形破坏如图6-6所示。

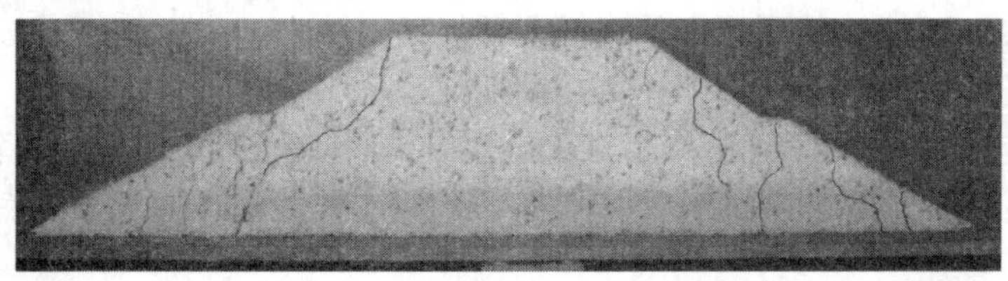

图6-6　全填路堤压实度为93%时最终变形破坏情况

模型三：压实度为91%

对于压实度为91%的路堤模型，试验开始后，首先在左、右基脚处出现裂隙，并迅速贯通。随后在左侧台阶侧出现2道裂隙，向下发展一段后向路基外侧倾斜。右侧基脚处出现2道裂隙，并迅速贯通。左侧路肩出现裂隙，并缓慢向下发展，在右侧路肩下4cm处产生裂隙，模型最终破坏形态如图6-7所示。前述产生的裂隙进一步发展，贯通，并在路基中线处产生了新的贯通裂隙，右侧台阶两侧也产生了裂隙。总的来说，裂隙集中于路基两侧。裂隙越靠近路基中部，越显示出外倾趋势，路基基脚附近的裂隙多竖直发展。

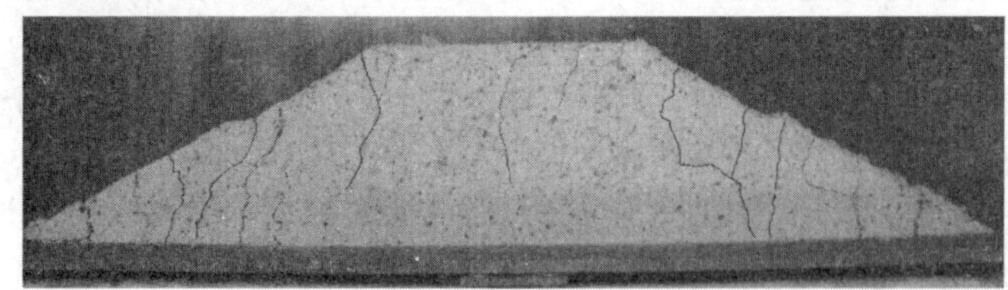

图6-7　全填路堤压实度为91%时最终变形破坏情况

模型四：压实度为89%

对于压实度为89%的路堤模型，在试验初期，模型左侧基脚处快速产生贯通裂隙，左侧台阶外侧产生裂隙，近乎垂直向下发展，在左侧台阶上部约8cm处出现裂隙，向下发展一段后，倾向于路基外侧。随试验进行，在路基右侧基脚与台阶中部出现三行裂隙，此组裂隙向下稍有发展后折向路基外侧，并伴有次生裂隙产生。同时在右侧路肩下5cm处有一弧形裂隙。路基左侧的裂隙进一步发展，并产生次生裂隙，将原有裂隙贯通，模型最终变形破坏如图 6-8 所示。

图 6-8 全填路堤压实度为 89%时最终变形破坏情况

模型五：压实度为 87%

对于压实度为 87%的路堤模型，首先在路基左侧基脚产生贯通裂隙，随之右侧基脚产生了相似的裂隙。随试验继续进行在左侧台阶下约 4cm 出现一条近乎垂直贯通裂隙，同时在台阶内侧产生一裂隙，向下发展一段距离后，其倾向折向路基外侧，并逐渐贯通。在路基右侧路肩下 3cm 出现一条弧形裂隙，并向路基底部缓慢发展。

随时间推移，在路基左侧路肩内侧产生了两条裂隙，靠近外侧一条裂隙最终贯通至路基底部，内侧裂隙延伸至台阶高度下约 2cm 处。在路基中线处发育有一竖向裂隙。在右侧台阶两侧各发育有一内倾裂隙。右路肩处的裂隙向下进一步发展，由上半段弧形发展转至内倾发展。台阶左侧产生次生裂隙，并在各竖向裂隙间可看到细微的横向次生裂隙，模型最终变形破坏形态如图 6-9 所示。

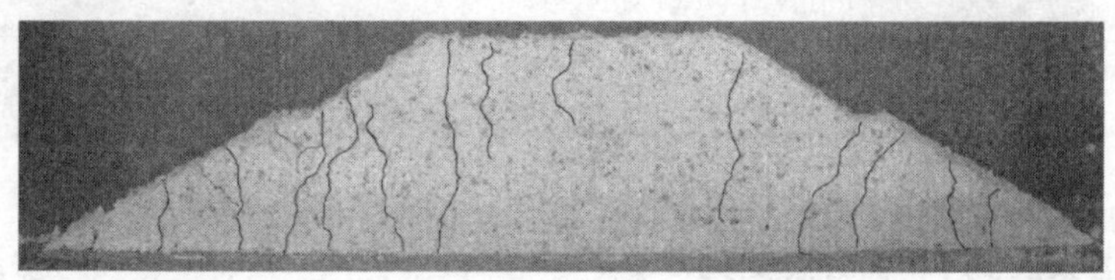

图 6-9 全填路堤压实度为 87%时最终变形破坏情况

模型六：压实度为 85%

对于压实度为 87%的路堤模型在试验初期，在路基右基脚处产生贯通裂隙，随之在左侧台阶处产生三条裂隙，此组裂隙产状相近，均为外倾。最后在路基左路肩内侧 5cm 处产生竖向裂隙，并与路肩外侧边坡内倾裂隙交汇后发展至路基底部。右路肩处内侧 3cm 处发育有一竖向裂隙，稍微外倾，此条裂隙直到试验结束也未贯通。右台阶内侧产生一组裂隙，近乎竖直发展贯通，模型最终变形破坏状态如图 6-10 所示。

图 6-10 全填路堤压实度为 85%时最终变形破坏情况

对不同压实质量下全填路堤的底摩擦试验研究，总结如下：

(1)路堤压实度在 95%以上时，路堤裂隙主要是以竖向为主的拉裂缝，这主要是因为土石混合料几乎为无黏聚性散体材料，路堤稳定性较好，路堤边坡滑动失稳趋势较小。

(2)随填土压实度的降低，路堤边坡上逐渐出现滑动裂隙，同时路堤变形裂隙密度增大，说明随压实度的降低，路堤强度有所降低，稳定性下降。

(3)压实度降至87%以下时，在路堤中出现数条与路堤边坡倾向相反(反倾)的裂隙，反映出路堤稳定性较差，路堤整体性大幅度下降。

(4)路堤坡脚部位是破坏较严重的部位，这与实际情况不太一致，主要是因为路堤填料本身黏聚性低，强度低，在制作模型时也往往是整个模型的薄弱部位，在模拟重力作用下往往首先产生变形破坏。

(5)路堤台阶部位是路堤的另一个薄弱环节，在台阶附近，多发生变形拉裂隙或滑动产生的剪切裂隙。

6.1.4.2 斜坡路堤

对斜坡路堤，主要考虑地基坡度变化以及开挖台阶的设置与否对路堤变形破坏模式的影响，共做模型6个。

模型一：地基坡度为5°，压实度为90%

试验开始后，路基左侧基脚处最先发生破坏，其次在左台阶下2cm处发育一条竖向裂隙，随试验进行，在左台阶内侧上部1 cm和3 cm处各发育有一条外倾贯通裂隙。左侧台阶上部8cm发育有一条内倾弧形贯通裂隙，在右路肩内侧3 cm处发育有一条竖向贯通裂隙，模型最终变形破坏形态如图6-11所示。

图6-11 陡坡路堤基岩坡度5°时最终变形破坏情况

模型二：地基坡度为10°，压实度为90%

在试验初期，左侧基脚处迅速破坏，随之台阶内侧裂隙开始发育，裂隙发育集中于路基左侧，即斜坡下游，并形成了数条贯通裂隙。在破坏中期，在路基中线处发育一条竖向裂隙，但未贯通整个路基。在试验后期，左侧台阶内侧上部3cm处发育一条反倾裂隙，左侧基脚处裂隙数目有所增加，并产生了横向次生裂隙，模型最终变形破坏形态如图6-12所示。

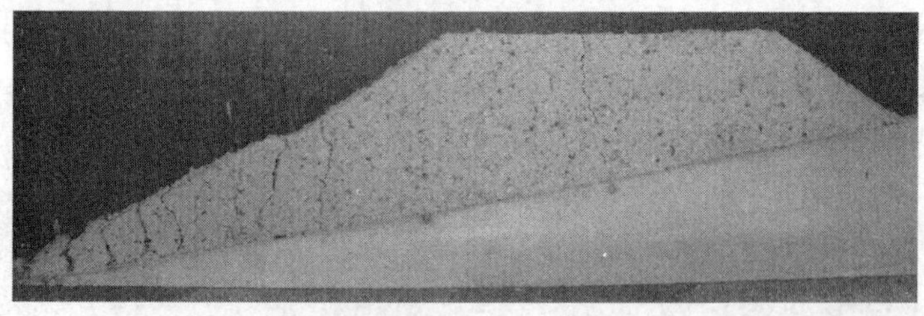

图6-12 陡坡路堤基岩坡度10°时最终变形破坏情况

模型三：地基坡度为15°，压实度为90%，未设开挖台阶

试验开始后，随重力作用时间的延续，在路堤左基脚处首先出现裂纹，随后在台阶下出现两条贯穿裂纹。随试验继续进行，在路堤台阶内侧发展贯通裂隙，该裂隙与路堤倾向相同，左路肩产生一近乎垂直的裂隙，在路面中部靠右面一点出与裂隙，向下发展，接近贯通，模型最终变形破坏形态如图6-13所示。

模型四：地基坡度为15°，压实度为90%，设开挖台阶

试验开始后，随重力作用时间的延续，在路堤左基脚处产生两条裂纹，随试验继续进行，原

有的两条裂隙继续发展，裂隙亮度增加，基脚和台阶中间又产生一贯通裂隙，其最终破坏形态如图 6-14 所示。

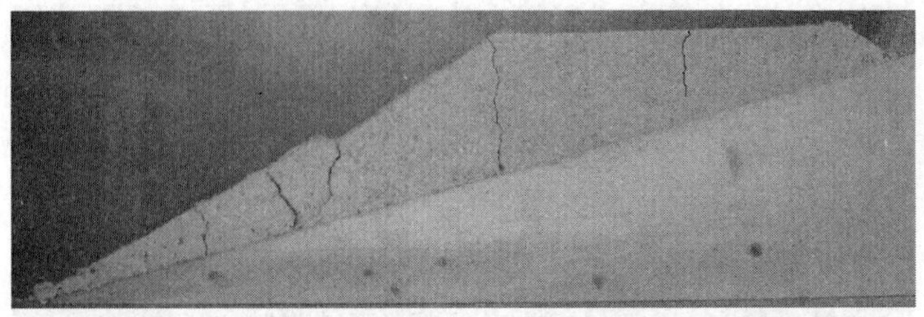

图 6-13　陡坡路堤基岩坡度 15°未设台阶时最终变形破坏情况

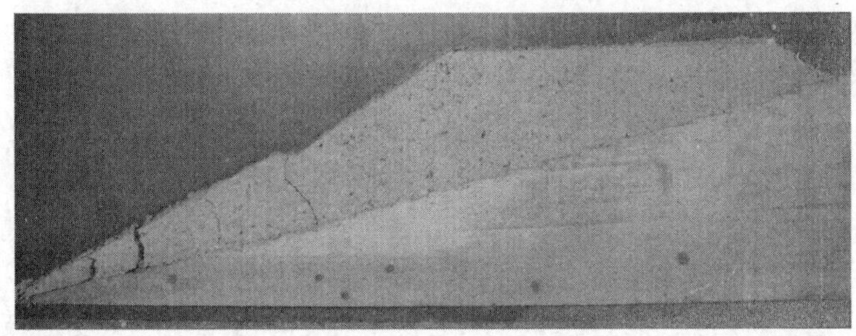

图 6-14　陡坡路堤基岩坡度 15°设台阶时最终变形破坏情况

模型五：地基坡度为 20°，压实度为 90%，未设开挖台阶

试验开始后，整个路堤沿坡面下滑慢滑动，同时在模型左侧基脚与台阶中部出现两条细裂隙，并逐渐贯通。随试验继续进行，在台阶内侧发育有一条反向裂隙，并逐渐贯通。原有裂隙进一步发育、贯通，路堤进一步下滑，左侧基脚处破坏较严重。直至试验最后，整个路堤沿基岩斜坡向下滑动约 1cm，原有裂隙宽度增加，并在路基中线偏左侧发育一贯通裂隙，同时路堤最上部填土薄弱处也出现贯通裂隙，路堤最终变形破坏形态如图 6-15 所示。

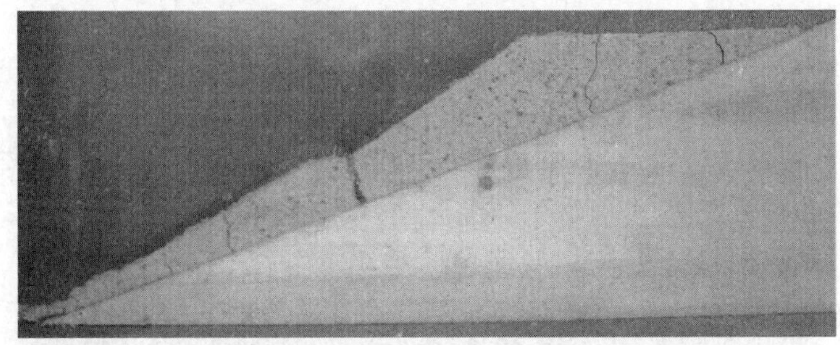

图 6-15　陡坡路堤基岩坡度 20°未设台阶时最终变形破坏情况

模型六：地基坡度为 20°，压实度为 90%，设开挖台阶

试验开始后，在模型左则路堤台阶至基脚中产生三条间距相等的裂隙，并逐渐向下发展、贯通，基脚处产生破坏。随试验继续进行，在台阶内侧产生一条新的裂隙，并发展贯通整个路堤，在台阶与路肩中间产生一新裂隙，但未贯通，路堤上部完好，未有裂隙产生。整个路堤向下略有滑动，如图 6-16 所示。

对不同基岩斜坡倾角情况下，均质填土压实度达 90%以上路堤变形破坏试验研究，总结如下：

(1)对于斜坡填筑体来说，填土厚度的均匀沉降变形(差异沉降变形)对坡面下游填筑体的影响大于对上游填筑体的影响，路堤模型左侧基脚(较低基岩面上)比右侧基脚更容易发生破坏，在下游填筑体内易形成贯通滑面便是很有力的证明。

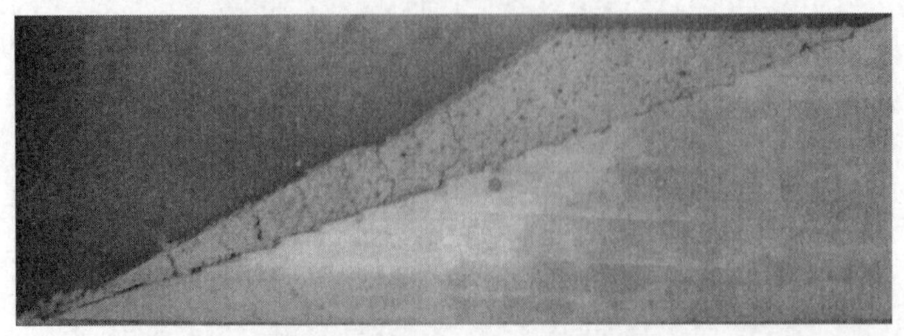

图 6-16　陡坡路堤基岩坡度 20°设台阶时最终变形破坏情况

(2)随基岩坡角增大，模型路堤上部的裂纹趋于减少，说明路堤中应力更多集中于下游填土，是由于整个路堤向下游滑动的趋势，使下游裂缝多于上游。随着基岩面倾角的增大，路堤面及路堤坡面靠近基岩倾斜面下部的破坏程度也较另一侧增大，主要原因是填筑体不均匀沉降变形差异程度的增强。

(3)在平直的基岩斜面填筑路堤，如不设计支挡结构物，很容易下滑，使底部产生剪裂。在基岩上设置台阶，可明显改善路堤的受力状态，直接表现是路堤中裂缝密度降低，下滑趋势降低，基岩中设置开挖台阶后，路堤上游中未产生裂缝密度降低或不产生变形破坏裂缝。

(4)随着基岩面倾角角度的增加，填筑体下滑趋势增大，这也是填筑体底部出现少量剪裂纹(尤其是靠近填筑体两坡脚部位)的重要原因，同时，这也是在斜坡填筑体下缘应设置挡墙结构物的主要因素之一。

(5)路堤填筑体坡脚通常是整个填筑体的薄弱环节，易出现变形破坏现象，且一旦出现，发展很快。

6.1.4.3　*半填半挖路基*

对半填半挖土石混填路基，主要研究坡度变化及开挖台阶设置与否对路基变形破坏模式的影响，共做模型 2 个。

模型一：坡度为 30°，压实度为 90％，设开挖台阶

试验开始后，在模型基脚附近产生一近乎垂直的裂隙，快速贯通，路堤沿岩体坡面整体下滑的趋势较明显。随试验进行，在基脚与台阶中部产生裂隙，路堤台阶内侧产生弧形裂隙。在试验后期，各裂隙都有所发展，并有次生裂隙产生，在左侧路肩至路基中线之间发育契形破坏区域，路堤与基岩之间滑动趋势明显，如图 6-17 所示。

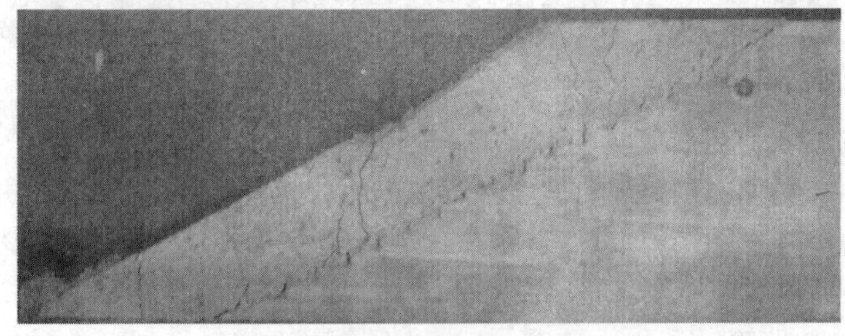

图 6-17　基岩坡度为 30°的半填半挖路堤最终变形破坏情况

模型二：坡度为 45°，压实度为 90％，设开挖台阶

试验开始后，在基脚处产生了竖直裂隙，迅速贯通。随试验进行，在路基左侧台阶内侧产

生一契形破坏区域，在试验末期，路基中线处发育反倾坡内的裂隙，路堤表现整体下滑趋势，如图 6-18 所示。

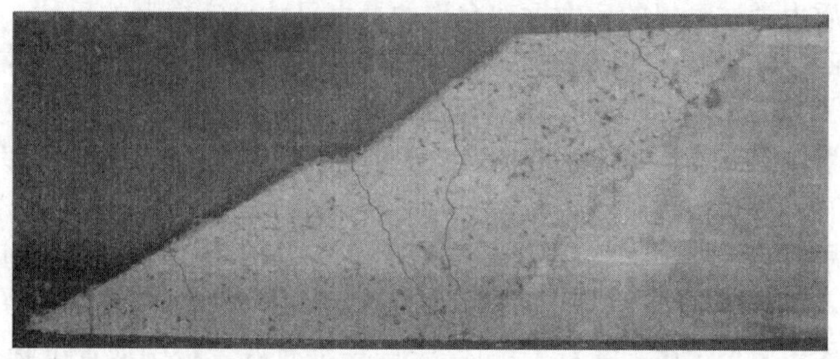

图 6-18 基岩坡度为 45°的半填半挖路堤最终变形破坏情况

通过对不同基岩斜倾角半填半挖路底摩擦试验研究，可以得到以下几点认识：

(1)随基岩坡度长高，路堤整体下滑趋势减弱，这是由于基岩坡度增大，相当于填土宽度增加，填土抗剪能力提高，路堤稳定性相应有所提高。

(2)路堤台阶处仍为裂隙易产生部位，台阶处应力发生突变。

(3)填土路堤坡脚，尤其是基岩面下缘的坡脚，仍是破坏较严重的部位。

(4)在台阶的转折点处，易发生自下而上的张裂纹，裂纹与转折点处基岩面夹角的角平分线接近重合。

(5)路堤模型有向基岩坡面下游滑出的趋势。

采用底摩擦试验可以较好地模拟土石混填路基的变形破坏特征，但由于土石混合料凝聚力极低的散体类介质，存在以下两点不足：

①由于试料强度较低，模型路堤基脚处填土较薄，强度低，往往率先产生裂隙，与实际情况不一致。

②由于模型路堤厚度仅为 2cm，模型料内聚力较低，皮带的平整度对试验结果有不利影响。

6.2 二维地质力学模型试验

针对丘陵和山区高速公路建设中出现大量填方路基不均匀沉降情况，采用二维地质力学模型模拟土石混填路基在施工过程中路基沉降变形发展规律和路基工后沉降的时空变化特征，可以为土石混填路基沉降变形和稳定性计算提供依据。

试验模拟一般全填，半挖半填两种不同形式土石混填路堤，模拟在不同填筑时期以及填筑完工后，路基沉降变形发展规律。

6.2.1 试验装置及试验方法

采用自主研制的二维地质力学试验仪，顶部加载，试验仪尺寸为 0.3m×3.2m×2.0m。两侧用有机玻璃板加工字钢约束，限制模型的侧向变形，又便于沉降观测。

二维地质力学试验系统主要包括以下组成部分。

(1)反力框架。

(2)加载系统。采用液压千斤顶加载，通过调节千斤顶的油压来模拟路基自重荷载。

(3)稳定系统。通过负反馈稳压装置，当千斤顶压力达到设计压力后，就自动停止施加压力，压力稳定在一固定值，在路堤变形后，可以自动反馈补偿因路基变形而造成的压力下降，对模型提供恒定的压力。

(4)监测系统。采用数据采集系统,测量路基变形。

根据二维地质力学试验仪的反力框架允许的最大尺寸确定模型的尺寸。因路基横断面为梯形,轴对称,因此模拟的断面为路基的一半,为直角梯形。实际模型宽、长、高分别为 30cm×235cm×150cm。图 6-19 为路基等于维地质力学模型试验原理图。

试料采用现场填料经相似级配法配制,用压实度控制填筑质量,相应物理力学性质与原型料相近。

在路堤上部用液压千斤顶加载,不同的高度用 $\gamma \cdot h$ 换算出上部路堤填土的自重,控制千斤顶的输出压力,就可以模拟路堤填土高度,改变千斤顶压力可以模拟路基填筑过程。

土压力测试采用微型土压力盒观测,沉降采用在土石混合料中埋置沉降标进行观测。沉降标用直径为 6mm 的高强钢筋做成,在路堤填筑时分层埋入路堤中,并在两侧有机玻璃挡板上画出十字线,用来测量沉降标的竖向位移。

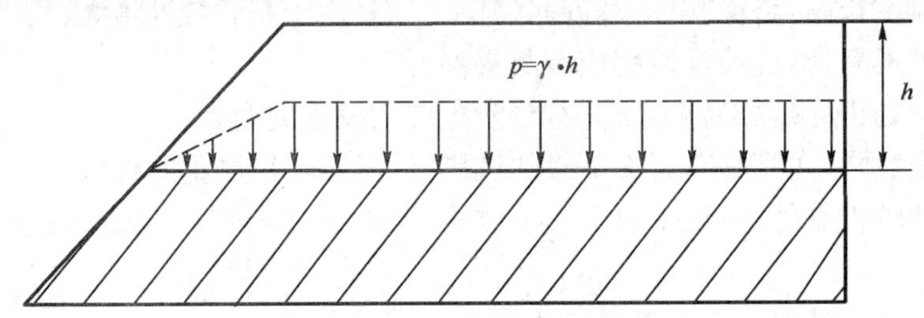

图 6-19 路基二维地质力学模型试验原理图

数据观测,试样分层填筑,共分四层埋设土压力盒,观测方案如图 6-20 所示。

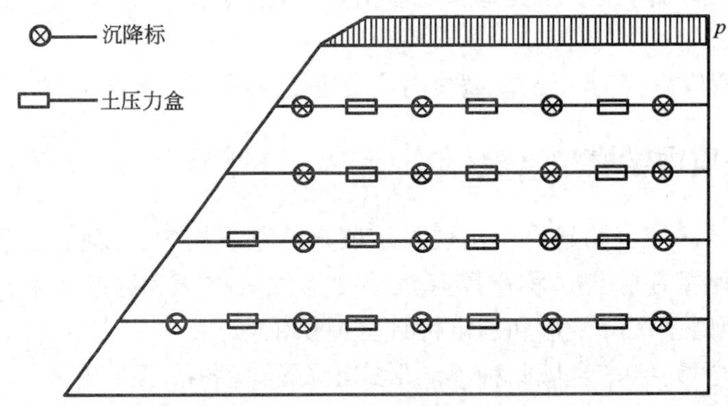

图 6-20 观测方案布置图

模型制作完毕后,在试样顶部逐级施加荷载,观测试样在不同荷载下的应力、沉降变形以及水平位移情况,以此模拟路堤填筑过程。在每加一级荷载之后,立即进行一次观测,然后每隔 2h 观测一次,待两次之间测得的沉降小于 0.1mm,即认为沉降稳定。在路堤填筑过程模拟完毕后,即施加最后一级荷载后,进行较长时间的应力、沉降变形和水平位移观测,即工后沉降观测。

6.2.2 试料制作

在模型试验中,一般采用原形的土料制作模型。但采用原型的土料,带来的问题是模型土

料粒径 d 和原形土料的粒径 D 之间不满足相似比例条件，模型土料的粒径 d 与模型结构物尺寸 B 之间，亦不能满足相似比例条件，由此而产生的试验偏差，叫做粒径效应与几何尺寸效应。粒径效应在模型试验中是始终存在的，它与时间、比例尺的矛盾问题一起被认为是模型技术的两个缺陷。如果要把模型的土料粒径严格按照相似比例尺缩小后，原型土石混合料在模型中就会变成有黏性的土。很显然，黏性土与土石混合料的力学性质有很大差别，这样就背离了模型材料力学性质与原型相同的模型试验基础，这种缩尺的做法是不合适的。也有人认为，所谓粒径效应并不存在，因为土力学本身就是在宏观的基础上建立的研究方法，不能按照细观甚至微观的要求来苛求宏观模型，宏观的力学表现一致应当作第一要求。

大量的试验证实，细粒土不存在粒径效应。但在进行粗粒材料的模型试验时，如土石坝、堆石坝、路堤等，原型的颗粒粒径太大，目前已达 60～100cm，用原型的土料来进行试验已无可能，必须通过缩尺来配制模拟试料。

目前，国内外对超粒径料的处理方法大体上有 3 种：剔除法、等量替代法和相似级配法。所谓剔除法，就是剔除超粒径颗粒，并将其剩余部分作为整体再计算各粒径组含量，这样使细粒含量增加，改变了粗粒土的性质，故除对超粒径颗粒含量极少的粗粒土外，一般不采用此法。所谓等量替代法，就是以模型箱最小尺寸所允许的最大粒径以下的粗粒，按比例等量替换超粒径颗粒部分，经替代后有粗粒土级配虽保持了原粗、细颗粒含量，但改变了粗粒部分的不均匀系数 C_u 及曲率系数 C_c，有关试验证实，用等量替代法制备的试样较剔除法符合实际情况。所谓相似级配法，就是根据所确定的最大允许粒径按几何相似原则等比例将原粗粒土粒径缩小，即其级配曲线按一定相似比例尺平移。这种方法虽使 C_u、C_c 保持不变，但细粒含量有所增加，使原粗粒土的工程性质有所改变。

目前，关于粗粒土模型料的缩制方法仍是一个值得进一步研究的课题。Saboya 研究表明，土的力学性质与参量是随粒径、级配和不均匀系数的变化而变化的。因此在试验中，应根据试验的主要目标，选择关键力学指标作为主要控制条件，以达到关键力学表现正确的目的[84]。

根据相关文献资料，模拟试样的直径应不小于试料最大直径的 5～6 倍，综合相似模拟试验研究成果[85]，模型框架宽度为 30cm，确定试验中采用最大粒径为 6cm，这也与相关规范联系起来[86]。对于 6cm 以上的超粒径料的处理方法采用等量代替法进行处理。将土料中超粒径料等重量地用允许最大粒径 d_{max} 至 6cm 的粒料按含量加权平均替代。这样既保持了原来粗料的骨架作用，又能保持颗粗粒级配的连续性和近似性。

将现场取回的土石混合料进行筛分，首先剔除 6cm 以上的超粒径料，将余下的料再次进行筛分，筛下 5mm 以下的料作为细料，其余为粒料，然后按现场大型直剪试验、室内大型直剪试验和击实试验成果，确定出最优土石比配制土料，见表 6-4。

模型试验土级配 表 6-4

粒组(mm)	0～5	5～20	20～40	40～60
含量(%)	32.9%	34.9%	20.5%	11.7%

控制填筑压实度，采用干密度控制法控制填筑密度。试验前采用击实试验测出试料的最大干密度和最优含水率，称出在控制含水率时土石混合料的重量，填筑时控制其压实后的体积，以此控制填筑密度达到设计要求。

6.2.3 试验过程及结果分析

路堤沉降二维地质力学模型试验，填料为微风化砂岩和新鲜泥岩，重型击实最大干密度

$2.16\times10^3 kg/m^3$，历时近 4 个月，共进行全填路堤和斜坡路堤模型试验 4 个。

(1)全填路堤

模型一：控制填筑含水率 4.36%，路堤高 150.5cm，平均压实度为 90.7%。

模型二：控制填筑含水率 5.31%，路堤高 150.5cm，平均压实度为 85.2%。

(2)斜坡路堤

模型一：控制填筑含水率 4.24%，平均压实度为 91.2%。

模型二：控制填筑含水率 4.61%，平均压实度为 81.5%。

图 6-21 为全填路堤图，图 6-22 为斜坡路堤图。

图 6-21　全填路堤

图 6-22　斜坡路堤

6.2.3.1　全填路堤模型试验结果

(1)全填路堤模型一中线试验结果见表 6-5 和图 6-23～图 6-26。

全填路堤模型一中线沉降(压实度 90.7%)　　表 6-5

填筑高度(m)	施工期沉降量(mm)	施工期沉降率(%)	工后沉降量(mm)	工后沉降率(%)	工后沉降/施工期沉降(%)
5	3.700	0.25	0.690	0.046	18.6
10	6.838	0.45	0.802	0.054	11.7
15	13.070	0.87	2.529	0.17	19.3
20	23.818	1.58	3.863	0.26	16.2
25	36.509	2.43	5.128	0.34	14
30	51.007	3.39	5.657	0.38	11.1

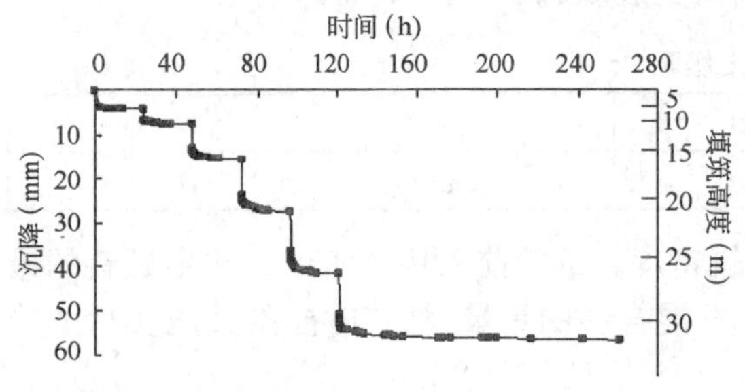

图 6-23　全填路堤模型一中线沉降曲线(压实度 90.7%)

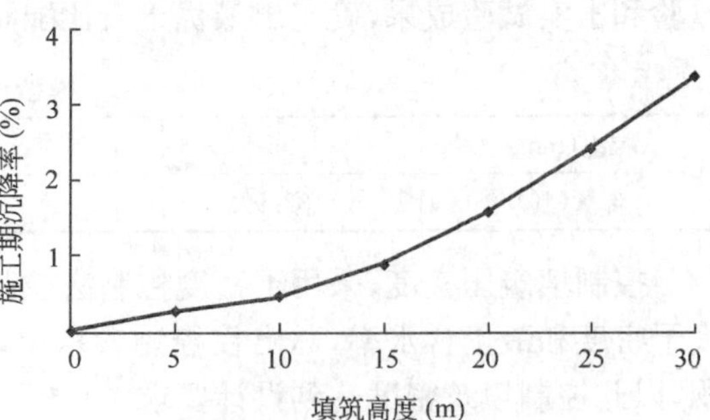

图 6-24　全填路堤模型一中线填筑高度—施工期沉降率曲线(压实度 90.7%)

图 6-23、图 6-24 表明，路堤施工期和工后沉降随路堤填筑高度的增加而逐渐升高，而工后沉降与施工期沉降的比值随路堤填筑高度的增加而趋于降低。工后沉降与施工沉降之比随路堤高度的增加而趋于降低，这是因为随路堤填土高度的增加，路堤自重应力增大，在自重作用下，路堤填土受到更大的预压应力，填土进一步密实，固结度提高。

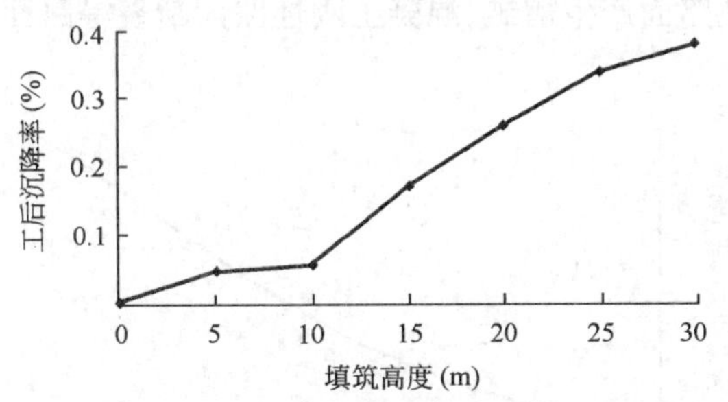

图 6-25　全填路堤模型一中线填筑高度一工后沉降率曲线(压实度 90.7%)

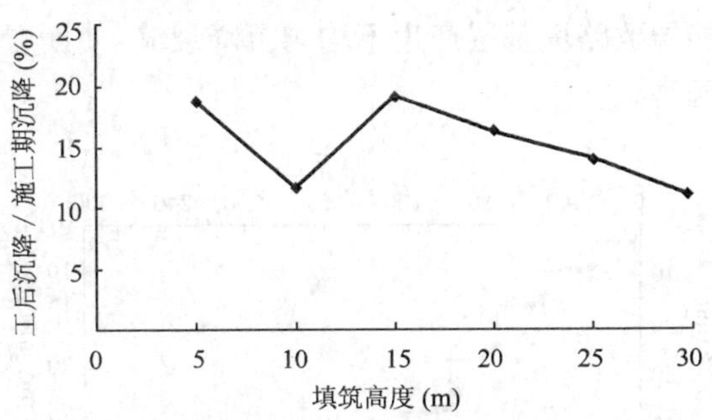

图 6-26　全填路堤模型一中线填筑高度一工后沉降/施工期沉降曲线(压实度 90.7%)

路堤工后沉降与施工期沉降相比，由于丘陵和山区路堤填土多为土石混合料，随路堤填筑高度增加，对其下面填筑层施加一定附加荷载，从路堤沉降过程曲线可以看出，路堤土石混填后沉降很快趋于稳定，在填筑下一层之前，对沉降起作用的主要是填料的蠕变，使路堤沉降发展缓慢。可以认为，路堤的变形分为两部分，一部分为荷载作用以后立即发生；另一部分在较长时间内持续发展，这反映出路堤变形具有应变滞后和蠕变性质。因此，可以将路堤压缩变形分成瞬时变形与蠕变变形，它们各自遵循着不同的变形规律。前者主要是由于颗粒位移、孔隙体积减小所引起的；后者则是应力转移，引起颗粒棱角破碎而产生的。

图 6-25 表明，路堤工后沉降与施工期沉降之比随路堤填土高度的增加而逐渐降低，体现了路堤自重的预压功能。随路堤高度的增加，自重应力增大，预压功能增强，使路堤施工期的沉降率增大。因此路堤施工中应充分应用路堤的自重应力对路堤进行预压，填方路堤应早施工，而路面应晚施工，预留出尽可能长的时间，使路堤蠕变变形发展，可以降低工后沉降量。

路堤瞬时变形即为施工期的沉降，蠕变变形即为工后沉降。由于路堤施工期较长，分层填筑使得路堤自重预压作用明显，其表现是工后沉降较小。模型试验表明，在路堤达到规范要求压实度(90%)时，路堤本身中线处工后沉降为 0.38%，对于 30m 高的填方路堤，其工后沉降约为 11cm，可见以土石混合料为主要填料的路堤，其工后沉降量还是比较小的。

(2)全填路堤模型一路肩沉降试验结果见表 6-6 和图 6-27～图 6-30。

全填路堤模型一路肩沉降(压实度 90.7%)　　表 6-6

填筑高度(m)	施工期沉降(mm)	施工期沉降率(%)	工后沉降量(mm)	工后沉降率(%)	工后沉降/施工期沉降(%)
5	3.170	0.21	0.618	0.04	19.5
10	7.818	0.52	1.153	0.08	14.7
15	14.170	0.94	2.174	0.14	15.3
20	23.320	1.55	3.010	0.20	12.9
25	34.319	2.28	3.460	0.23	10.1
30	44.529	2.96	4.001	0.27	9.0

对比路堤中线与路肩处沉降发展变化规律，可以发现无论是施工期沉降还是工后沉降，路肩处都小于路堤中线，这使路面产生不均匀沉降。按模型试验结果，在压实度为90.7%时，路肩与路堤中线工后沉降率差0.11%，对于30m高的填方路基，不均匀沉降差为3.3cm，对于20m高的填方路堤，不均匀沉降差为2.2cm，不均匀沉降将在路面与基层间产生附加应力，可能导致路堤基层产生不均匀沉降裂缝，使沥青柔性路面产生褶皱、混凝土刚性路面断裂等路面病害。

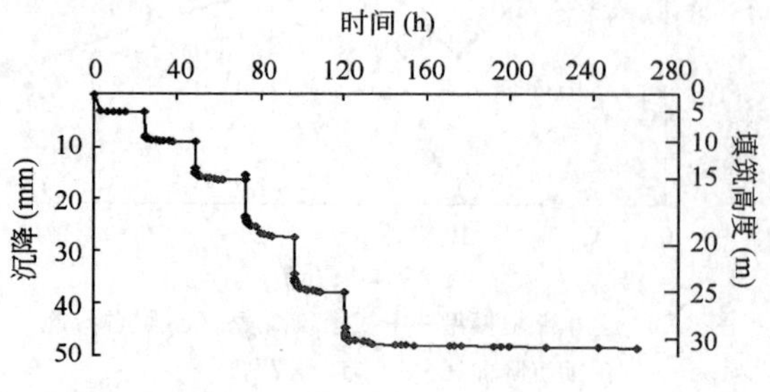

图 6-27　全填路堤模型一路肩沉降曲线(压实度 90.7%)

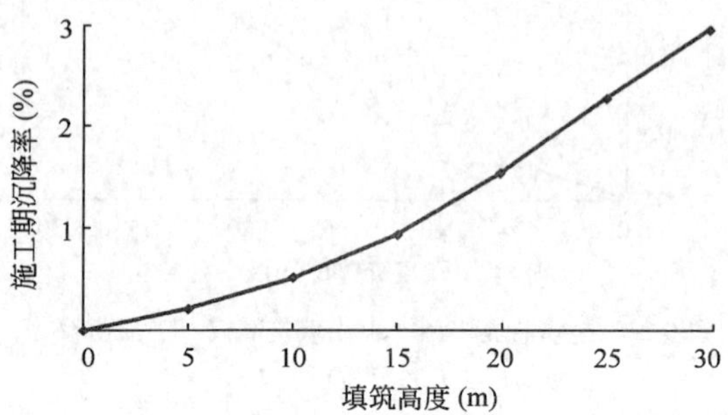

图 6-28　全填路堤模型一路肩填筑高度—施工期沉降率曲线(压实度 90.7%)

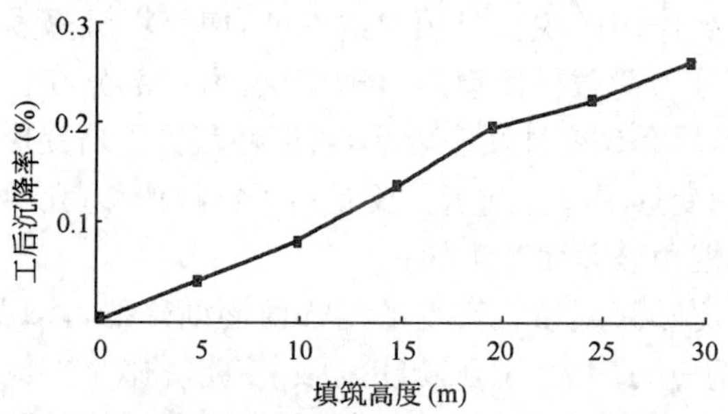

图 6-29　全填路堤模型一路肩填筑高度—工后沉降率曲线(压实度 90.7%)

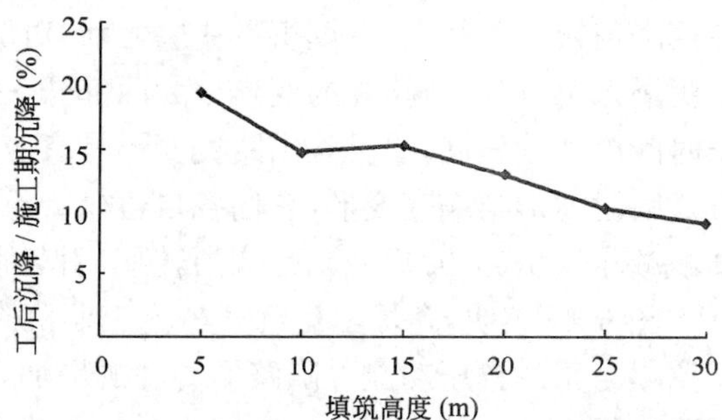

图 6-30　全填路堤模型一路肩填筑高度—工后沉降/施工期沉降曲线(压实度 90.7%)

6.2.3.2　全填路堤模型二试验结果

(1)全填路堤模型二中线试验结果见表 6-7 和图 6-31～图 6-34。

全填路堤模型二中线沉降(压实度 85.2%)　　表 6-7

填筑高度(m)	施工期沉降量(mm)	施工期沉降率(%)	工后沉降量(mm)	工后沉降率(%)	工后沉降/施工期沉降(%)
5	6.352	0.42	1.940	0.13	30.5
10	16.251	1.08	2.717	0.18	16.72
15	28.692	1.91	4.369	0.29	15.23
20	43.512	2.89	4.872	0.32	11.20
25	57.492	3.82	5.652	0.38	9.83
30	70.894	4.71	6.671	0.44	9.41

(2)全填路堤模型二路肩沉降试验结果见表 6-8 和图 6-35～图 6-38。

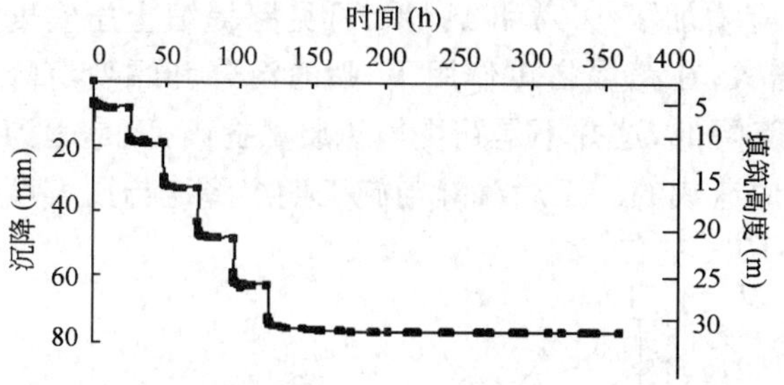

图 6-31　全填路堤模型二中线沉降曲线(压实度 85.2%)

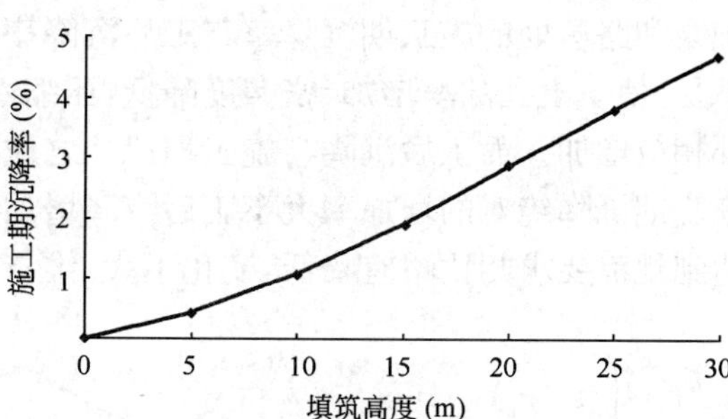

图 6-32　全填路堤模型二中线填筑高度—施工期沉降率曲线(压实度 85.2%)

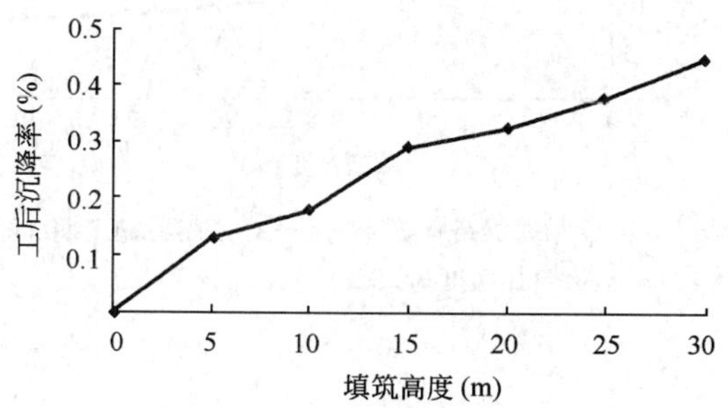

图 6-33　全填路堤模型二中线填筑高度—工后沉降率曲线(压实度 85.2%)

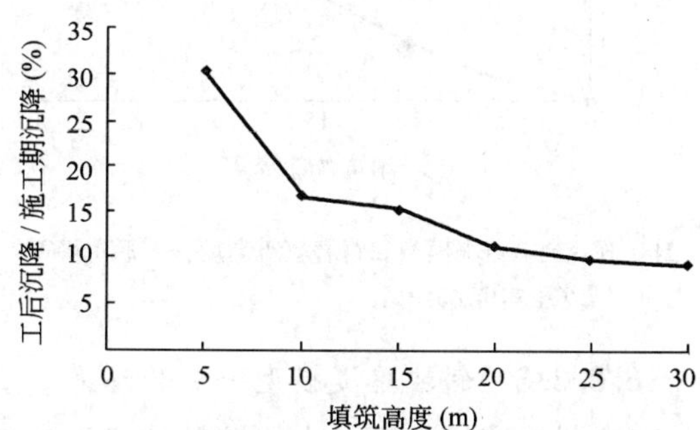

图 6-34　全填路堤模型二中线填筑高度—工后沉降/施工期沉降曲线(压实度 85.2%)

全填路堤模型二路肩沉降(压实度 85.2%)　　表 6-8

填筑高度(m)	施工沉降量(mm)	施工期沉降率(%)	工后沉降量(mm)	工后沉降率(%)	工后沉降/施工期沉降(%)
5	5.772	0.38	1.808	0.12	31.32
10	15.010	1.00	2.370	0.16	15.79
15	27.641	1.84	3.049	0.20	11.03
20	40.663	2.70	4.087	0.27	10.05
25	52.590	3.49	4.810	0.32	9.15
30	64.024	4.25	5.645	0.38	8.82

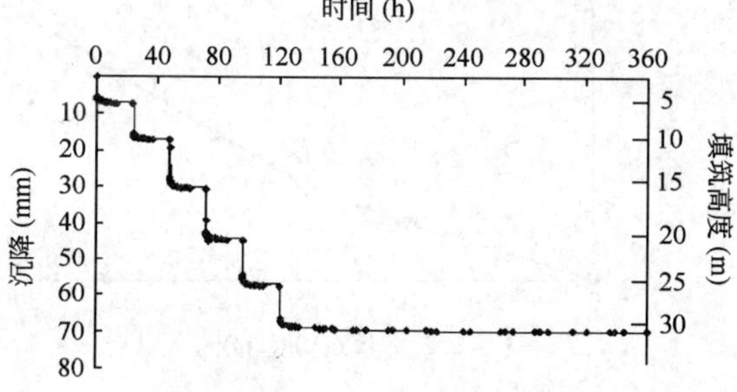

图 6-35　全填路堤模型二路肩沉降曲线(压实度 85.2%)

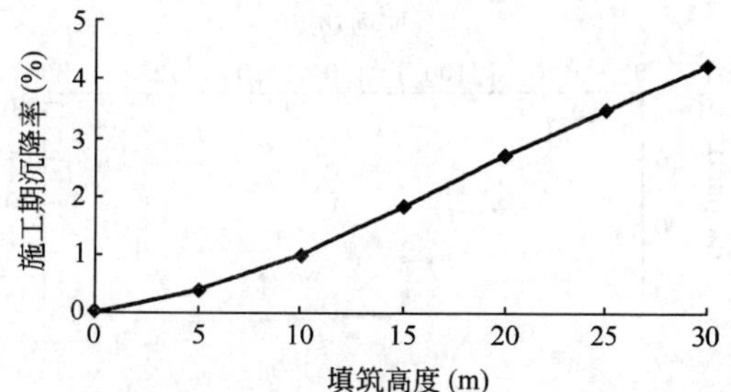

图 6-36　全填路堤模型二路肩填筑高度—工后沉降率曲线(压实度 85.2%)

模型二试验结果表明，在路堤压实度不足情况下(85.2%)，与压实度为 90.7%相比，路堤中线和路肩处的施工期沉降率与工后沉降率相应增加了 16%和 41%。可见路堤填土压实度不足，使填土孔隙率增加，密实度降低，压缩性增大，在路堤自重作用下，瞬时沉降和蠕变沉降都相应增加。而工后沉降与施工期沉降之比略有降低，这并不是路堤填筑质量提高，而是因为施工期沉降绝对的增加率大于工后沉降增加率而造成的。工后沉降与施工期沉降比与压实度达到规范要求相比略有降低，变化不大，维持在 10%左右。

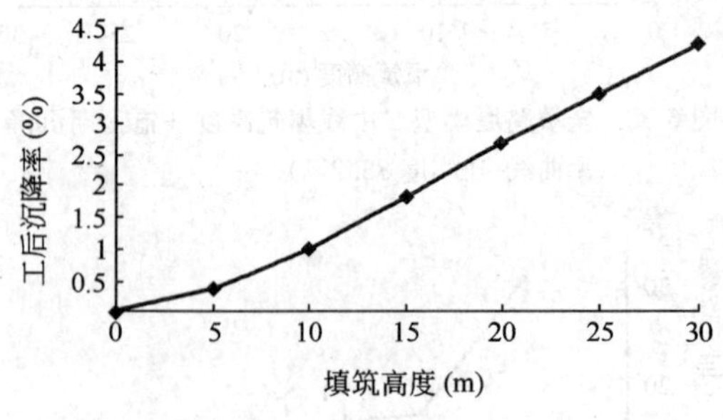

图 6-37 全填路堤模型二路肩填筑高度—工后沉降率(压实度 85.2%)

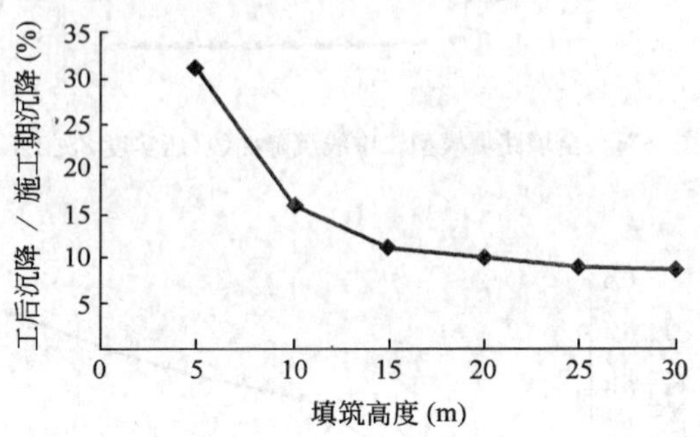

图 6-38 全填路堤路肩填筑高度—工后沉降/施工期沉降曲线(压实度 85.2%)

6.2.3.3 斜坡路堤模型一试验结果

(1)斜坡路堤模型一中线试验结果见表 6-9 和图 6-39～图 6-42。

斜坡路堤模型一中线沉降(压实度 91.2%) 表 6-9

填筑高度(m)	施工期沉降(mm)	施工期沉降率(%)	工后沉降量(m)	工后沉降率(%)	工后沉降/施工期沉降(%)
5	3.822	0.25	0.168	0.01	4.4
10	6.232	0.42	0.817	0.05	13.1
15	10.669	0.71	1.140	0.08	10.7
20	16.209	1.08	1.850	0.12	11.4
25	22.803	1.52	2.266	0.15	9.9
30	29.392	1.96	3.848	0.26	13.1

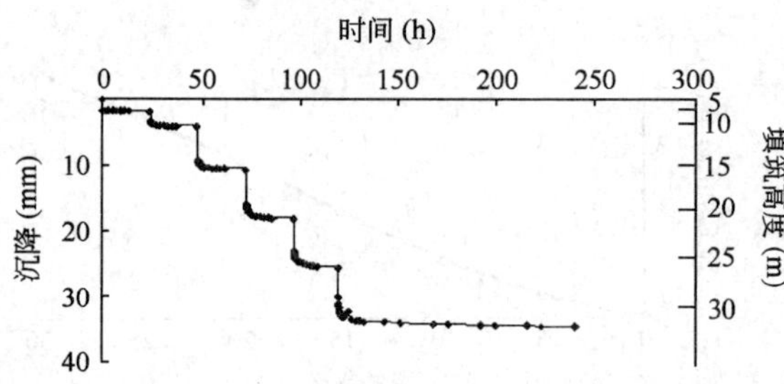

图 6-39 斜坡路堤模型一中心沉降曲线(压实度 91.2%)

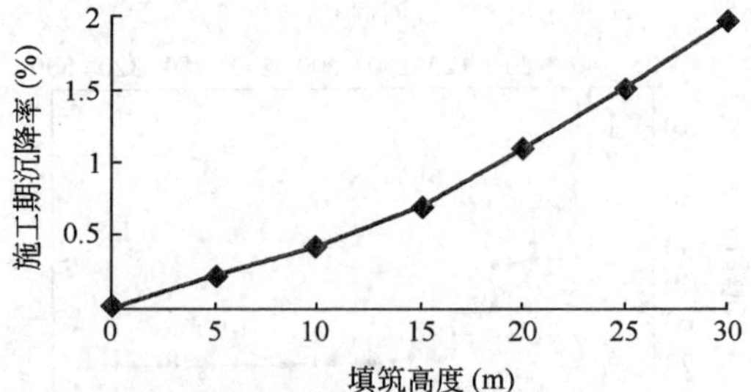

图 6-40 斜坡路堤模型一中线填筑高度—施工期沉降率曲线(压实度 91.2%)

(2)斜坡路堤模型—路肩试验结果见表 6-10 和图 6-43～图 6-46。

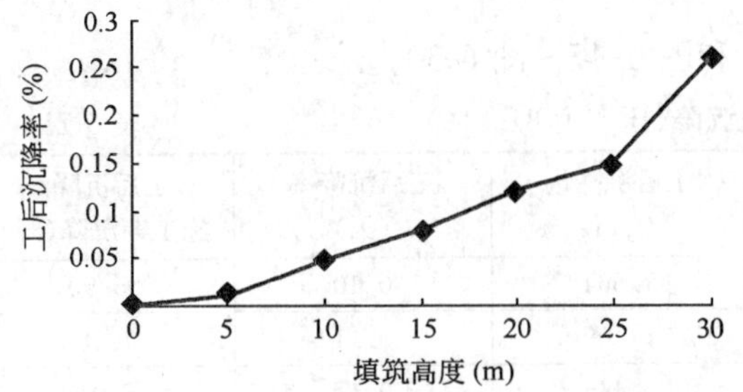

图 6-41　斜坡路堤模型—中线填筑高度—工后沉降率曲线（压实度 91.2%）

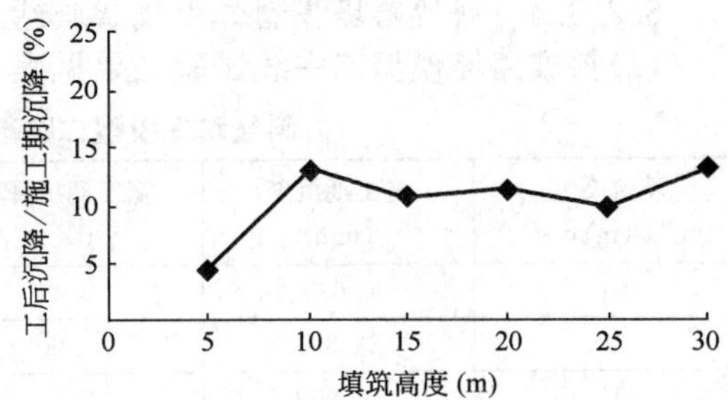

图6-42　斜坡路堤模型—中线填筑高度—工后沉降/施工期沉降曲线（压实度 91.2%）

斜坡路堤模型—路肩沉降（压实度 91.2%）　　表 6-10

填筑高度（m）	施工期沉降（mm）	施工期沉降率（%）	工后沉降（mm）	工后沉降率（%）	工后沉降/施工期沉降（%）
5	1.645	0.11	0.180	0.01	10.9
10	3.339	0.22	0.825	0.06	24.7
15	9.283	0.62	1.380	0.09	14.9
20	15.881	1.06	2.223	0.15	14.0
25	22.850	1.52	2.586	0.17	11.30
30	30.056	2.00	4.396	0.29	14.60

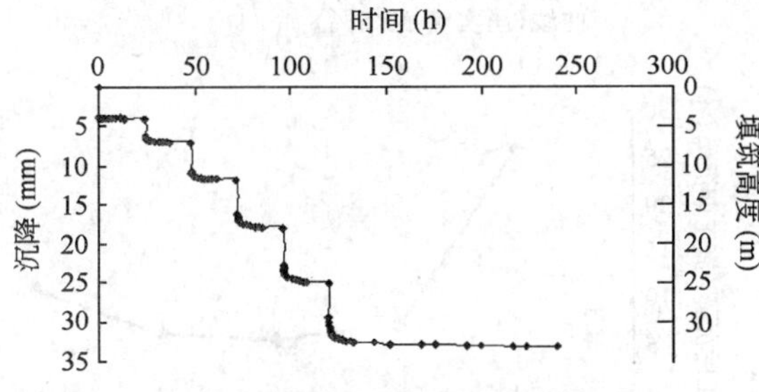

图 6-43　斜坡路堤模型—路肩沉降曲线（压实度 91.2%）

施工期沉降率 (%)
填筑高度 (m)

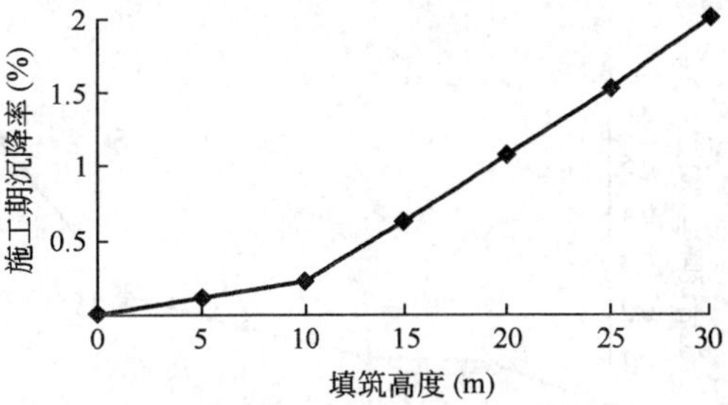

图 6-44　斜坡路堤模型—路肩填筑高度—施工期沉降率曲线（压实度 91.2%）

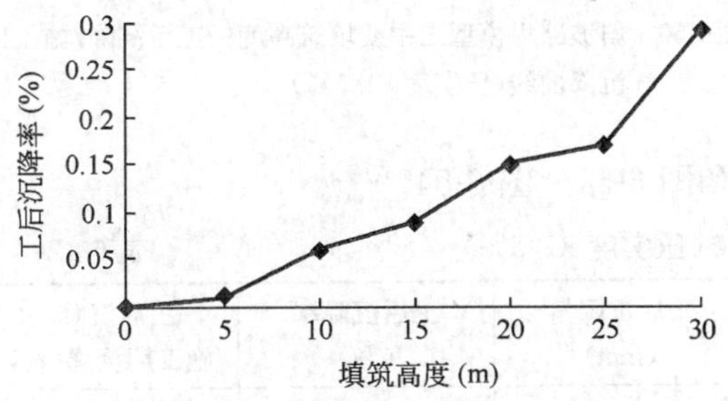

图 6-45　斜坡路堤模型—路肩填筑高度—工后沉降率曲线（压实度 91.2%）

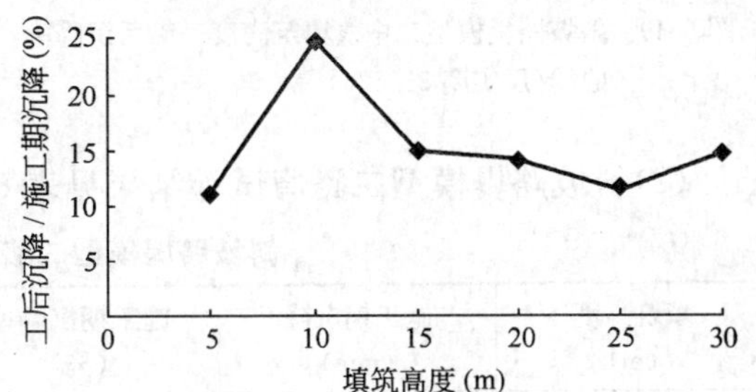

图6-46　斜坡路堤模型—路肩填筑高度—工后沉降/施工期沉降曲线（压实度 91.2%）

对于斜坡路堤，其整体沉降发展变化规律与全填路堤沉降规律基本一致，不同之处在于，由于开挖台阶的存在，路堤中线处的填土高度降低，使左路肩处填土高度大于路堤中线处，路堤中线处的施工期沉降率有所降低，左路肩处的施工期沉降率和工后沉降率也大于路堤中线处。

6.2.3.4 斜坡路堤模型二中线试验结果

(1)斜坡路堤模型二中线试验结果见表 6-11 和图 6-47～图 6-50。

斜坡路堤模型二路基中线沉降(压实度 81.5%) 表 6-11

填筑高度(m)	施工期沉降(mm)	施工期沉降率(%)	工后沉降量(mm)	工后沉降率(%)	工后沉降/施工期沉降(%)
5	6.038	0.41	1.564	0.10	25.90
10	23.891	1.60	1.709	0.11	7.15
15	40.999	2.75	2.465	0.17	6.01
20	54.878	3.68	3.595	0.24	6.55
25	75.173	5.05	8.398	0.56	11.17

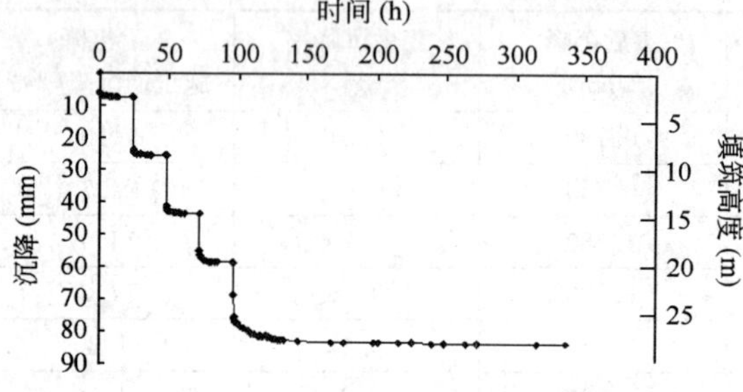

图 6-47 斜坡路堤模型二中线沉降曲线(压实度 81.5%)

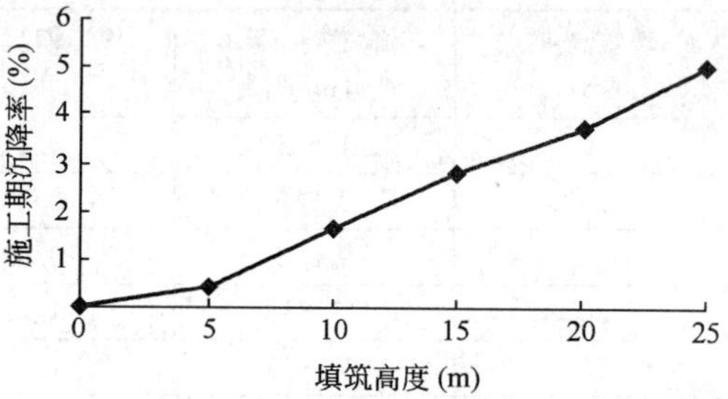

图 6-48 斜坡路堤模型二中线填筑高度—施工期沉降率曲线(压实度 81.5%)

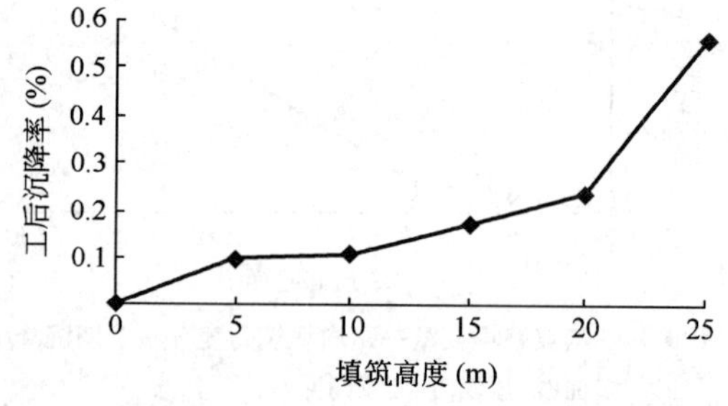

图 6-49 斜坡路堤模型二中线填筑高度—工后沉降率曲线(压实度 81.5%)

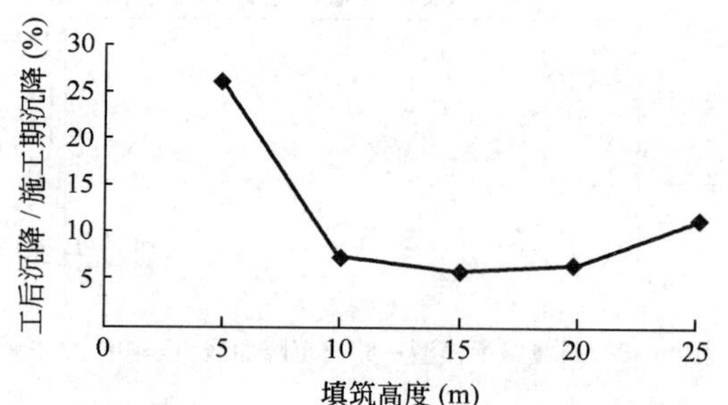

图6-50 斜坡路堤模型二中线填筑高度—工后沉降/施工期沉降曲线(压实度 81.5%)

(2)斜坡路堤模型二路肩试验结果见表 6-12 和图 6-51～图 6-54。

斜坡路堤模型二路肩沉降(压实度 81.5%) 表 6-12

填筑高度(m)	施工期沉降(mm)	施工期沉降率(%)	工后沉降量(mm)	工后沉降率(%)	工后沉降/施工期沉降(%)
5	6.889	0.46	1.560	0.10	22.644 796 05
10	27.243	1.83	2.086	0.14	7.657 012 811
15	48.649	3.27	3.033	0.20	6.234 454 973
20	71.739	4.815	3.319	0.22	4.626 493 26
25	96.218	6.46	10.847	0.73	11.273 358 42

对于斜坡路堤，压实度 81.5%与压实度 91.2%模型试验相比，其施工期沉降率和工后沉降率相应增加了 1 倍以上，可见路堤填土的压实度对路堤沉降有很大影响。

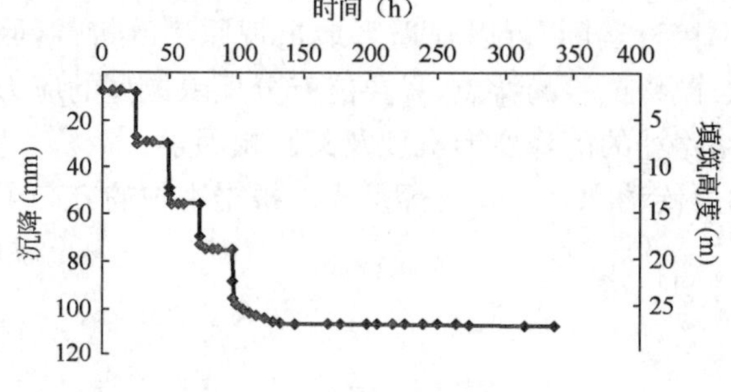

图 6-51 斜坡路堤模型二路肩沉降曲线(压实度 81.5%)

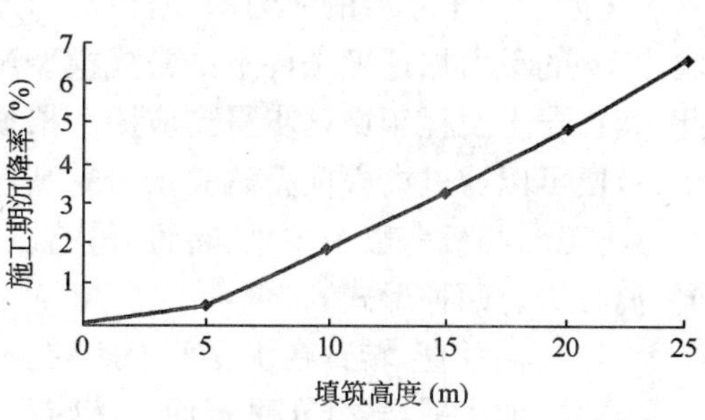

图 6-52 斜坡路堤模型二路肩填筑高度—施工期沉降率曲线(压实度 81.5%)

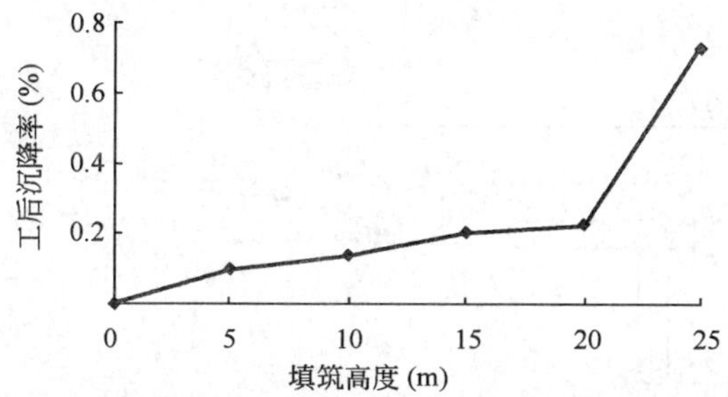

图 6-53 斜坡路堤模型二路肩填筑高度—工后沉降率曲线(压实度 81.5%)

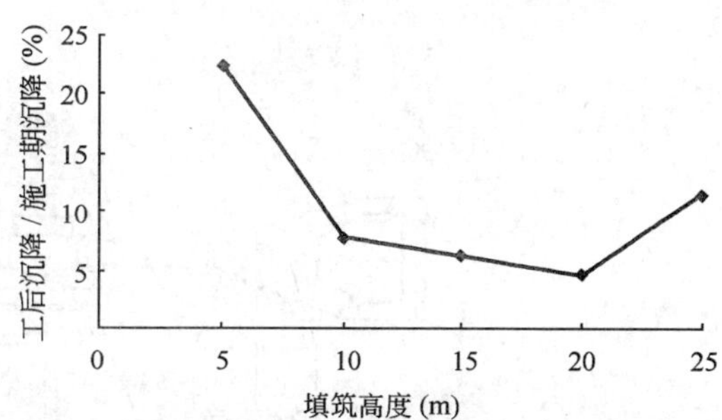

图 6-54 斜坡路堤模型二路肩填筑高度—工后沉降/施工期沉降曲线(压实度 81.5%)

全填路堤和斜坡路堤，其路堤自身工后沉降与施工期沉降之比都是随路堤高度的增加而略有降低，对高路堤一般在 10%左右。因此可以利用路堤施工期的沉降观测数据预估路堤的工后沉降量，为路堤超高预留提供依据。

6.3 土石混填路基沉降变形离心模型试验研究

高速公路建设中，公路路基的沉降变形问题是设计、施工单位非常关心的重点问题之一。关于公路路基的沉降变形机理及其影响因素的研究，一般采用数值模拟和物理模型试验两种模拟方式来进行。由于目前公路路基填筑材料大多为土石混合料，土石混合料中块石与块石之间以及块石与细粒土之间的作用机理十分复杂。在目前的数值模拟分析中，大多根据填筑材料的物理力学性质，按照有关的材料模型本构关系建立计算模型来研究。若单纯按照随机分布的、离散的不同颗粒粒径材料介质来考虑，则较难通过数值模型方式实现，目前可以用颗粒离散元进行分析，但对具体工程而言，颗粒离散元软件就显得有些力不从心，尚不能满足工程需要。

就物理模型试验而言，土工离心模型试验是近年来才在我国逐步发展起来的。其最早是由法国工程师 Philip 于 1869 年提出来的，基本思想是用离心机来模拟土工构筑物的自重效应。它是将欲试验的土工模型置于高速旋转的离心机中，让模型承受大于重力加速度 g 的离心加速度作用，补偿因模型缩尺带来的土工构筑物原型自重的损失，从而保持模型的应力状态与原型相同或近似。

在常规的物理模型试验中，由于模型自重应力水平很低，毛细现象在 1g 状态下有着不可估量的影响，其试验结果不能准确反映原型的性态。在离心模型试验中，离心机提供的离心力可等于或近似于原型的应力水平，得出与原型相等或相近的应力体系。由于土工离心模型试验比 1g 的重力加速度条件下的常规模型试验更接近实际，可以很逼真地重现原型的特性，因此，其在岩土工程领域逐步得到应用。根据离心模型试验的特点，只要能充分反映原型的应力水平，便可以通过离心模型试验来研究高速公路路堤的沉降变形机理及其影响因素。

土工离心机一般由主轴、转臂、吊篮以及动力传动和量测设备等组成。根据主轴的方向不同，离心机有两种形式：

(1)主轴垂直，转臂在水平面上旋转。

(2)主轴水平，转臂在垂直面上旋转。

目前国内外大多采用转臂旋转面为水平的形式，图 6-55 为其示意图。

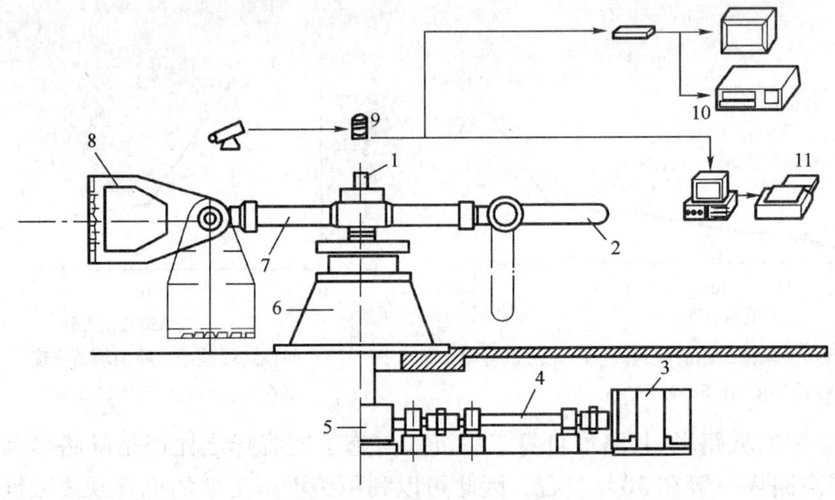

图 6-55　离心机构造示意图

1-转轴；2-平衡重；3-电动机及整流系统；4-传动轴；5-减速器；6-机座；7-转臂；8-吊篮；9-滑轮；10-计算机系统；11-数据采集系统

由于高速公路填筑体为土石混合料，与自然界中的土体材料一样，它也是一种非线性材料。数值分析中，它的应力应变关系可用邓肯—张双曲线模型等本构关系来描述。就双曲线本构模型而言，土的性状受应力水平的影响十分显著。因此，对高速公路路基进行物理模拟时，首要的是保证模型的应力水平与原型相同或近似。土工离心模型试验是通过高速旋转的离心机在模型上施加 ng 的离心惯性力，以补偿因模型缩尺造成原型自重应力的损失，达到与原型相同或近似的应力水平，从而可以在模型中再现土工原型构筑物性状。根据近代相对论的原理，重力与惯性力本质上是等效的，均为体力，而土的性质并不因加速度的变化而改变。因此，离心模拟技术对于以重力为主要荷载的土工构筑物特别有效。但是正像其他任何模拟方法均有近似性一样，离心模拟也存在着一定的近似性。

6.3.1　土石混填路基离心模型试验过程

离心模型试验重点研究的是土石混填路基填筑材料的适宜性及路基沉降变形特征，由于离心模型试验能很好地模拟土石混填路基筑后的应力水平，结合项目关心的重点，土石混填路基沉降变形的离心模型试验主要研究以下两个方面的内容：

(1)土石混合料在不同设计干密度和含水率条件下的沉降变形特征，以及沉降变形与填筑体的干密度和含水率之间的关系，为土石混填路基沉降的预测及超填量的确定提供一定的依据。

(2)土石混合料在相同干密度、相同含水率条件下，其不同粒径含量配比对路基沉降变形的影响。

试验采用离心机转动半径1.5m，能提供的最大离心加速度约200g，与之相配套的模型箱共有两个，模型箱基本尺寸为：1号模型箱，宽度47.7cm，厚度29.70cm，高度31.3cm；2号模型箱，宽度47.6cm，厚度29.25cm，高度31.3cm。总体来讲，两个模型箱的尺寸差异不大，不会对模型试验结果产生太大的误差。

为了保持与原型条件一致，试验时模型没有考虑地下水的作用。由于本项目重点研究的是路堤沉降变形问题，为了消除各种传感设备对模型试验成果的影响，在试验模型中没有埋设土压力和孔隙水压力量测计。而模型沉降变形则通过试验前后监测点的坐标变化来反映。

为了尽可能地反映高速公路路堤填筑体的几何尺寸，同时便于离心模型制样，且使问题具有一定的代表性，公路路堤原型和离心模型试验采用了如图6-56所示的对称模型断面。离心模型试验中需要的参数：试验模型重心坐标 $x=23.193$cm，$y=11.975$cm。

离心模型甩用试料来自渝黔高速公路的泥岩和砂岩混合料，颗分根据模型尺寸要求，结合三轴试验的颗分基本资料，按照相似级配原则等比例缩小，缩小后试料级配见表6-13。

离心模型试验试料级配组成表 表6-13

粒径(mm)	1～2	0.5～1	0.5以下
含量(%)	4.32	18.31	77.37

配制好的试料的击实曲线如图6-57所示，其最大填密度为2.033g/cm^3，最优含水率为8.94%。

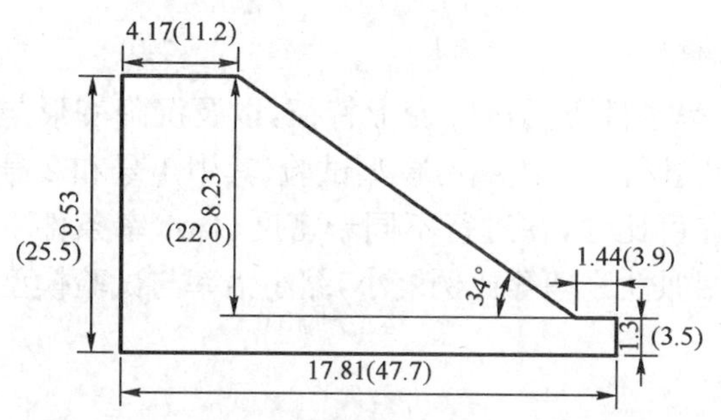

(图中括号外为原型尺寸，单位为m；括号内为模型尺寸，单位为cm)

图6-56 离心模型试验设计断面示意图

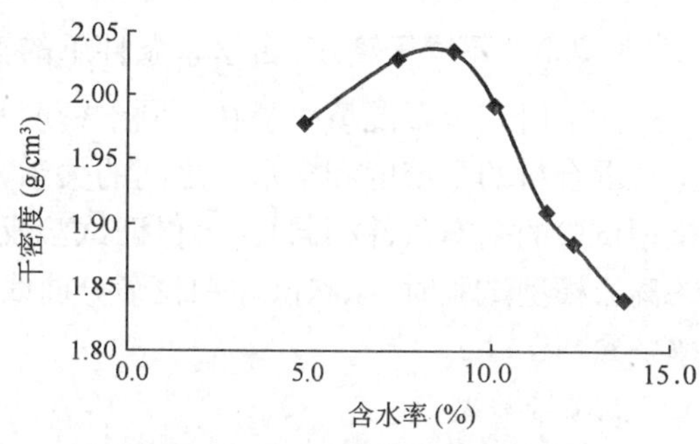

图6-57 离心模型原型试料击实曲线

离心模型试验时，为了加快试验流程，制样时共采用了两个模型箱。总体来讲，两个模型箱的几何尺寸差别不大。根据模型箱的尺寸，确定相应试验条件下的模型率、离心加速度及有关参数见表6-14。

离心模型试验确定的模型率、离心加速度及有关参数 表6-14

参数	1号模型箱 (宽47.7cm，厚29.7cm，高31.3cm)	2号模型箱 (宽47.6cm，厚29.25cm，高31.3cm)
模型率	$n=\frac{L_p}{L_m}=37.34$	$n=\frac{L_p}{L_m}=37.42$

续上表

参　数	1号模型箱 (宽 47.7cm,厚 29.7cm,高 31.3cm)	2号模型箱 (宽 47.6cm,厚 29.25cm,高 31.3cm)
离心加速度	$a_m = \frac{L_p}{L_m}g = 37.34g$	$a_m = \frac{L_p}{L_m}g = 37.42g$
原型面积	$A_p = 1\ 077\ 250cm^2$	$A_p = 1\ 077\ 250cm^2$
模型面积	$A_m = \frac{A_p}{n^2} = 772.73cm^2$	$A_m = \frac{A_p}{n^2} = 769.49cm^2$
模型体积	$V_m = A_m \cdot D = 722\ 949.96cm^3$	$V_m = A_m \cdot D = 22\ 507.58cm^3$

注:模型率和离心加速度的确定以路堤填筑体断面的水平宽度为参考。

试验基本步骤:

(1)按照相似性原理进行等比例缩小,缩小倍率与试验模型率一致。根据设计的颗粒筛分曲线以及相应的干密度和含水率配制试样,在拌和均匀的基础上,将配制好的试样装于密封的容器中放置 24h,以保证试样添加的水分均匀地分布在土体中。

(2)在预先画好几何边界及分层填筑线的模型箱中分层夯压填筑,并将试样修平至设计断面形状。

(3)将制好样的模型箱置于离心机的吊篮中并加以固定,在吊篮的另一端,根据模型箱的总重(含试样重)设定相应的平衡重。

(4)最后按照模型试验缩小比尺设定的离心加速度进行离心试验。根据离心试验的经验,试验总历时一般控制在 40min 左右。

(5)试验结束后,抬出模型箱,测读监测点位移变化,并对试验后的试样进行描述。

6.3.2　不同干密度、含水率条件下的模型试验

为了研究土石混填路基在不同干密度和含水率条件下的沉降变形特征,以及沉降变形与土石混合料的干密度和含水率之间的关系,我们共进行了 5 组离心模型试验(其中 1 号和 2 号模型试验的基本条件相同)。为保证试验成果具有可比性,在进行不同干密度、含水率条件下的离心模型试验时,原状试样颗粒筛分曲线按照相似性原理等比例缩小,缩小倍率与试验模型率一致。

1)1 号模型

1 号模型采用分层击实填筑,实际初始密度为 2.032g/cm^3,含水率为 8.94%,干密度 1.864g/cm^3,压实度为 91.7%。1 号模型试验位移监测点号位置如图 6-58 所示,1 号模型试样裂缝位置分布见图 6-59。

试件结果描述:

(1)模型最大沉降点位于顶部对称面中部,最大沉降位移为 2.5mm,为路堤模型高度的 0.98%,此沉降为路基施工期沉降和工后沉降之和。

(2)监测断面上,总体趋势是上部沉降位移大,向下逐渐减小。但是监测断面上的最大沉降位移(0.4mm)远小于模型的最大沉降位移(2.5mm),分析试验环境条件,可能是由于模型周边与模型箱边界的接触摩擦效应所致。

(3)监测断面上,位于模型的第 4 部位的坡体表部(对应高度约 16.0cm)有明显的水平向外位移趋势。

(4)位于模型的第 2～3 层间(高度约 18cm)产生有一条沿坡体走向，且近于水平的裂缝，裂缝长度约 14.5cm，水平深度约 2cm。从试验情况看，裂缝的形成一方面与制样时分层击实有关，估计分层击实时导致分层面夯压不实所致，另外估计也与试验时插大头针(作为监测读数用)时表部受到扰动有关。在后面的试样中，为了避免大头针的影响，没有再采用大头针读数。

(监测点为照片中白线的交点，以模型左下角为坐标原点)

图 6-58　1 号模型试样位移监测点号位置

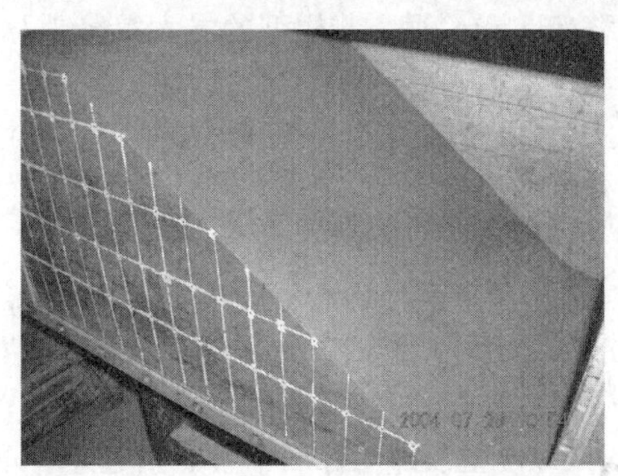

(监测点为照片中白线的交点，以模型左下角为坐标原点)

图 6-59　1 号模型试样裂缝位置分布图

2)2 号模型

2 号模型实际初始密度为 2.014g/cm^3，含水率为 8.94%，干密度 1.849g/cm^3，压实度为 90.9%。2 号模型试验位移监测点位置如图6-60所示。

试件描述：

(1)模型顶部对称面中心点附近总体下沉量 2.8mm，为路堤模型高度的 1.1%，此沉降为路基施工期沉降和工后沉降之和。对比 1 号试样的沉降特征，由于 1 号和 2 号模型试验基本参数一致，两者的总体沉降量差异不大。

(2)监测断面上，总体趋势是上部沉降位移大，向下逐渐减小，但是监测断面上的最大沉降位移(0.4mm)远小于模型的最大沉降位移(2.8mm)，分析试验环境条件，可能是由于模型周边与模型箱边界的接触摩擦效应所致。

(3)监测断面上，位于模型的第 4 层附近的坡体表部(对应高度约 13.5cm)有明显的水平向外位移趋势。

3)3 号模型

3 号模型实际初始密度为 2.001g/cm^3，含水率为 10.10%，干密度 1.817g/cm^3，压实度为 89.4%。3 号模型试验位移监测点号位置如图 6-61 所示。

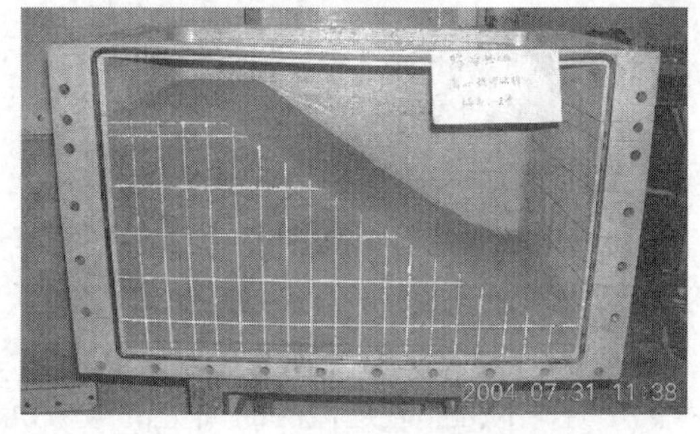

(监测点为照片中白线的交点，以模型左下角为坐标原点)

图 6-60　2 号模型试样位移监测点号位置

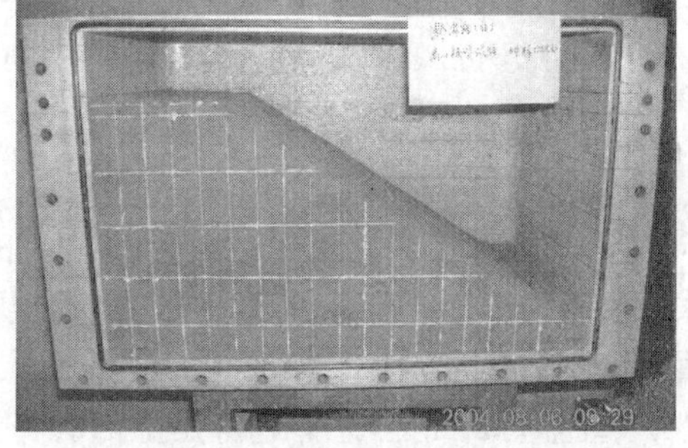

(监测点为照片中白线的交点，以模型左下角为坐标原点)

图 6-61　3 号模型试样位移监测点号位置

试件描述：

(1)模型顶部对称面中心点附近总体下沉量5.2mm，为路堤模型高度的2.04%，此沉降为路基施工期沉降和工后沉降之和。

(2)监测断面上，总体趋势是上部沉降位移大，向下逐渐减小，但是监测断面上的最大沉降位移(0.6mm)远小于模型的最大沉降位移(5.2mm)，分析试验环境条件，可能是由于模型周边与模型箱边界的接触摩擦效应所致。

(3)监测断面上，位于模型的第4层附近的坡体表部(对应高度约13.5cm)有明显的水平向外位移趋势。

4)4号模型

4号模型实际初始密度为1.908g/cm³，含水率为11.46%，干密度1.712g/cm³，压实度为84.2%。4号模型试验位移监测点号位置如图6-62所示。

试件描述：

(1)模型顶部对称面中心点附近总体下沉量9.4mm，为路堤模型高度的3.69%，此沉降为路基施工期沉降和工后沉降之和。

(2)监测断面上，总体趋势是上部沉降位移大，向下逐渐减小，但是监测断面上的最大沉降位移(1.5mm)远小于模型的最大沉降位移(9.4mm)，分析试验环境条件，可能是由于模型周边与模型箱边界的接触摩擦效应所致。

(3)监测断面上，位于模型的第4层下侧附近的坡体表部(对应高度约11.0cm)有明显的水平向外位移趋势。

5)5号模型

5号模型的实际初始密度为1.782g/cm³，含水率为13.68%，干密度1.599g/cm³，压实度为78.6%。5号模型试验位移监测点号位置如图6-63所示。

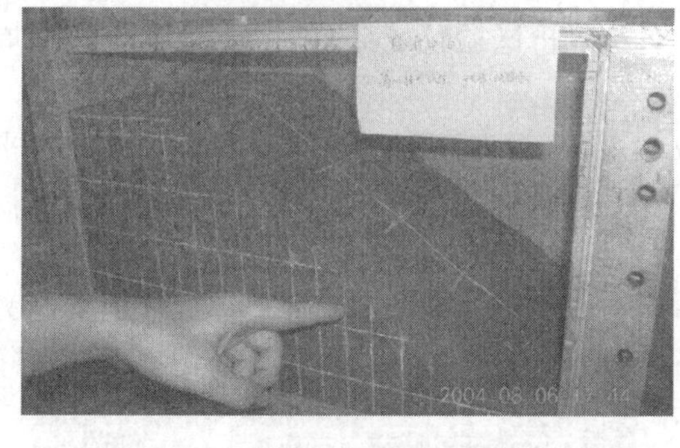

(监测点为照片中白线的交点，以模型左下角为坐标原点)

图6-62　4号模型试样位移监测点号位置

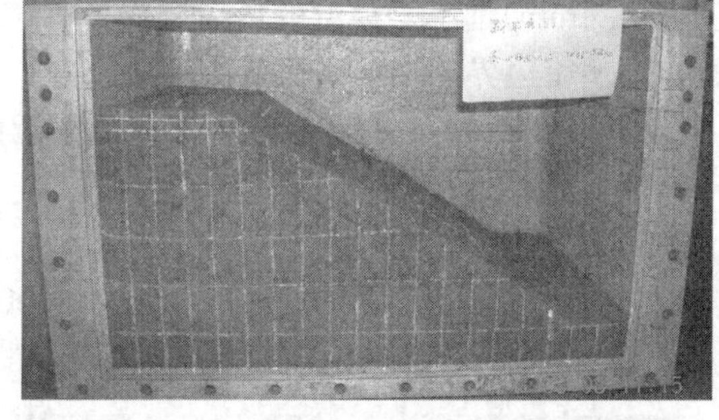

(监测点为照片中白线的交点，以模型左下角为坐标原点)

图6-63　5号模型试样位移监测点号位置

试件描述：

(1)模型顶部对称面中心点附近总体下沉量16.3mm，为路堤模型高度的6.40%。由于该试验配制的干密度较低、含水率较高，相应的土体力学性质较差，使得模型整体沉降趋势较前面几个模型显著(图6-64)。

(2)监测断面上，总体趋势是上部沉降位移大，向下逐渐减小，但是监测断面上的最大沉降位移(4.6mm)远小于模型的最大沉降位移(16.3mm)，分析试验环境条件，可能是由于模型周边与模型箱边界的接触摩擦效应所致。

(3)监测断面上，位于模型的第 4 层下侧附近的坡体表部(对应高度约 11.0cm)有明显的水平向外位移趋势。

图 6-64　5 号模型试样顶部沉降趋势

6.3.3　试验结果分析

分析试验数据，可以得出包括最大沉降变形在内的路堤变形特征参数与路堤填筑体的压实度、含水率之间的关系。

在不同压实度、含水率条件下进行的离心模型具有很好的可比性。我们对 5 组离心模型试验进行了比较分析，得出了不同压实度、含水率条件下的变形沉降特征和沉降变形与干密度、含水率之间关系的结论。

1)变形沉降特征分析

虽然离心模型试验中由于边界条件的影响，使得监测断面(位于模型端部)上的变形和沉降量值较小，但是由于各试验模型对应的压实度和含水率变化，使得模型的变形沉降随之发生变化。

为了比较清楚地看出压实度和含水率条件对试验模型沉降变形的影响，选取模型左侧(路堤中心线)、路堤顶部、路堤及斜坡表部，对前述的变形沉降监测资料进行整理，并分别绘制相应的沉降变形曲线见图 6-65～图 6-67。分析图 6-65～图 6-67 的沉降变形曲线特征，可以得到以下结论：

(1)由图 6-65 可知，对于路堤中心线，不同压实度、含水率条件下的垂直位移(沉降)的总体趋势均随深度增加而递减，这种变形特征与按不分层整体一次性填筑路堤的有限元计算位移分布特征保持一致，且路堤中心线沉降变形总体随填土的压实度降低而递增。由于填土的压实度降低，相应孔隙比增加，使得填土的结构逐渐疏松，相应地，在离心力作用下对应的沉降变形越显著。

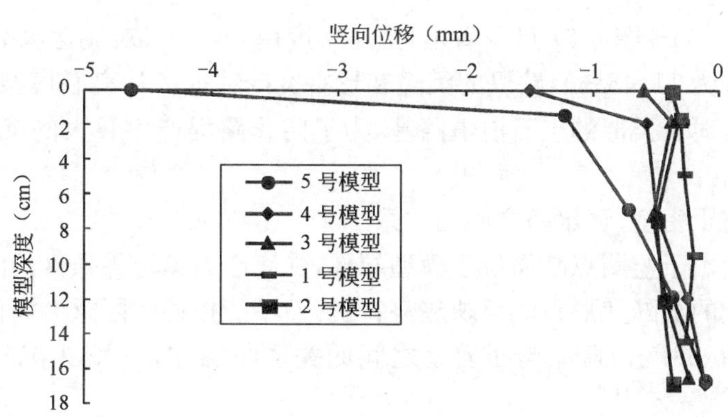

图 6-65　不同压实度、含水率条件下路堤竖直位移随深度的变化
(路堤中心线位置)

(2)由图 6-66 可知，对于路堤顶部，从路肩向路堤中心线方向，沉降变形总体趋势逐渐增大，且以路堤中心线位置附近的沉降量值最大，亦即，路堤中心线位置的沉降变形总体趋势较路肩两侧更为显著。同样，路堤顶部的沉降变形也随压实度的降低而增大。

(3)由图 6-67 可知，对于路堤及斜坡表部，产生水平位移最大值的部位主要位于路堤斜坡的 1/3～2/3 高度附近。同样，路堤及斜坡表部的水平位移也随压实度的降低而增大。

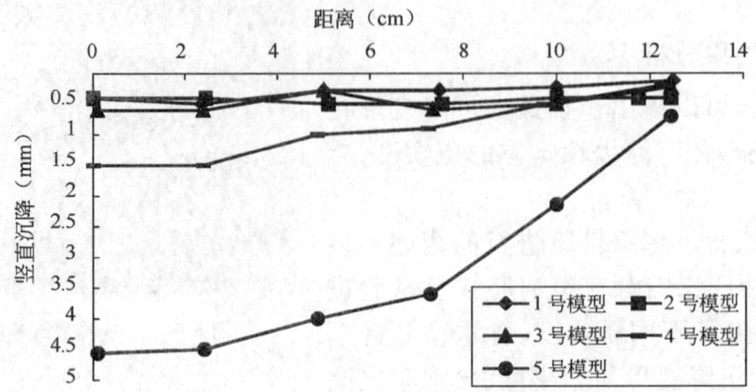

图 6-66 不同压实度、含水率条件下路堤顶部垂直位移随距离的变化

（左侧为路堤中心线位置，右侧为路肩位置）

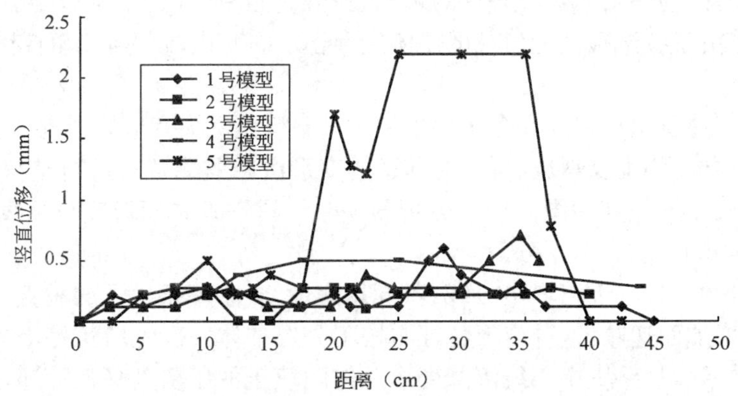

图 6-67 不同压实度、含水率条件下路堤及斜坡表部水平位移随距离的变化

（左侧为路堤中心线位置，右侧为坡脚位置）

(4)另外，由图 6-65～图 6-67 可以看出，当压实度由 89.4%(对应含水率为 10.10%)降至 84.2%(对应含水率为 11.46%)，路堤的沉降变形有突变特征。从离心模型试验成果看，在实际路堤工程施工中，对于类似的土石混填路基，为了防止路堤产生较大的沉降变形，应保证压实度满足规范要求。

2)沉降、变形与干密度、含水率之间的关系

前面已经指出，由于监测点断面位于模型端部，受离心力场边界条件的法向约束和摩擦效应，使得监测断面上的沉降变形只能反映趋势特征，而不能描述实际重力场作用下的最大变形位移作用效果。图 6-68 为沉降率与压实度之间的关系曲线，图 6-69 为沉降率与路基土含水率之间的关系曲线。

为了反映路堤沉降变形与干密度、含水率之间的关系，将 1～5 号模型的最大沉降率和对应的压实度和含水率(表 6-15)进行相关性分析(图 6-68 和图 6-69)，相关性分析结果如下：

$$D = -0.4109P - 38.576 \quad (r^2 = 0.9925) \tag{6-14}$$

$$D = 1.1306w - 9.1693 \quad (r^2 = 0.9955) \tag{6-15}$$

不同试验条件与对应的模型变形特征参数　　表 6-15

模型编号	含水率（%）	干密度（g/cm^3）	路堤表面中心沉降量（mm）	路肩处位移(mm)		坡面最大水平位移(mm)	
				水平	沉降	位置	量值
1号	8.94	91.7	−2.5	0.2	−0.2	1/2～2/3 坡高处	0.5
2号	8.94	90.9	−2.8	0.2	−0.4	1/2～2/3 坡高处	0.6
3号	10.1	89.4	5.2	0.3	−0.5	1/2～2/3 坡高处	0.9
4号	11.46	84.2	−9.4	0.3	−0.5	1/2～2/3 坡高处	0.7
5号	13.68	78.7	−16.3	0.5	−2.1	1/2～2/3 坡高处	2.9

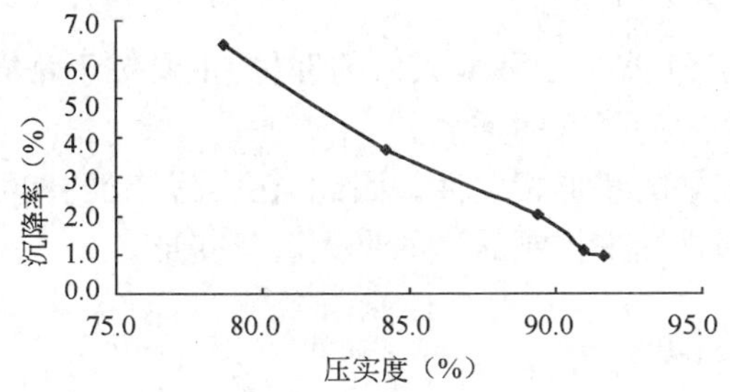

图 6-68　沉降率与压实度之间的关系曲线

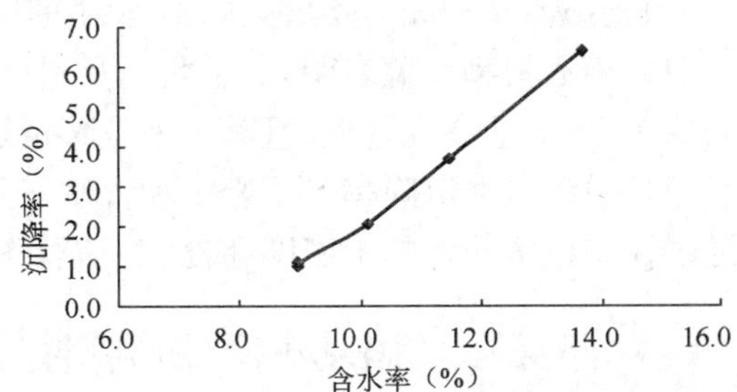

图 6-69　沉降率与路基土含水率之间的关系曲线

由式(6-14)、式(6-15)及图 6-68、图 6-69 可以看出，模型最大沉降率与压实度和含水率具有较好的线形相关性。因此，在实际施工中，可以通过控制好填筑体的干密度和含水率等基本物理指标来控制路堤的最大沉降变形。

图 6-70、图 6-71 是离心模型得到的路堤坡肩的水平位移、垂直位移和发生于路堤坡面 1/3～2/3 坡高处的最大水平位移与压实度和含水率的关系曲线。从中可见，反映路堤变形的这几个特征变形参数均随压实度的增大和含水率的降低而减少。

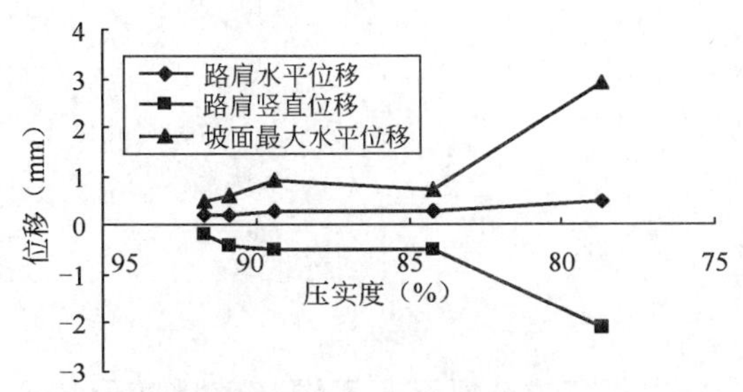

图 6-70　路堤变形与压实度关系曲线

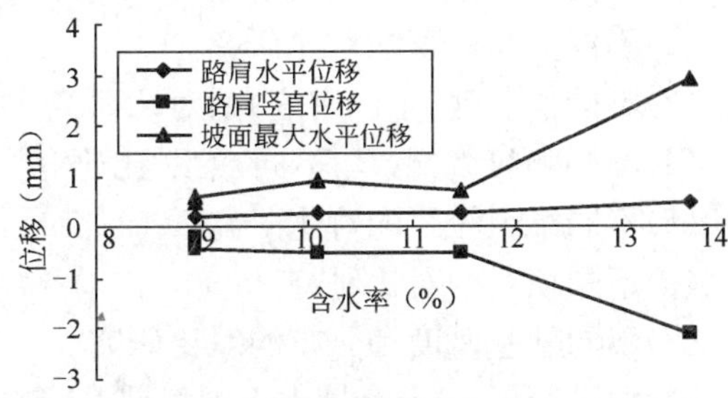

图 6-71　路堤变形与含水率关系曲线

通过土石混填路基稳定与变形特性模型试验研究，得到以下几点结论：

(1)一般来说，填筑路基不均匀沉降是不可避免的。即使是压实度均一的均质填筑土体，由于填筑厚度的差异也将产生不均匀沉降。因而，设计、施工过程中，应根据具体情况尽量减小填筑路基不均匀沉降量，并采取相应的结构措施减轻或消除其危害。

(2)对于高路堤，难免存在两边压实度不足(中部满足要求)的问题。此时，差异沉降变形以及由此产生的拉裂变形破坏较之压实度均一的土体要强烈些，并且容易在两边形成贯通的滑移面，不均匀沉降变形有可能转化为滑动破坏。

(3)填筑路基不均匀沉降变形随岩质(刚性)地基横向坡度的增大而增强。

(4)岩质(刚性)地基横向坡度较陡时,设置台阶虽有利于填筑路堤的整体稳定性,但易导致应力集中,加剧不均匀沉降的拉张破坏。

(5)填筑路基高度越大,坡度越陡,不均匀沉降引起的变形破坏就越强烈。

(6)对同等高度的高路堤填筑体来说,两侧坡比越大,坡脚部位的应力就越集中,主应力差就越大,因而坡脚部位就更易发生破坏(包含滑移—压致拉裂)。

(7)路基沉降与施工质量有密切相关,路基施工期沉降主要是填土瞬时的沉降,工后沉降主要是填土的蠕变变形,压实度不足可导致路基沉降率增大,加剧了路基的不均匀沉降。

(8)高路堤工后沉降与施工期沉降之比一般在10%~20%之间。可以通过路基早施工,迟铺路面的办法降低路基的工后沉降。

(9)全填路基中线与路肩处的不均匀沉降差异大于斜坡路基。

(10)离心模型试验表明,对于路堤及斜坡表部产生水平位移最大值的部位,主要位于路堤斜坡的1/3~2/3高度附近,且其水平位移也随干密度的降低而增大。

(11)模型最大沉降率与干密度和含水率具有较好的线形相关性。因此,在实际施工中,可以通过控制好填筑体的干密度和含水率等基本物理指标来控制路堤的最大沉降变形。

6.4 土石混填路基沉降变形特性数值模拟

6.4.1 数值模拟研究内容

土石混合料的路用性能主要表现为各个可控因素对路堤填筑体的沉降变形和稳定性的影响。为了充分揭示这些因素对土石混填路堤力学效应的影响,进行了一系列数值模拟分析研究。其目的是利用同样的计算分析手段、同样的计算分析条件和同样的典型路堤断面进行多因素的对比计算分析,本次典型路堤断面采用的是20m高填方土石混填路堤,主要研究内容为:

(1)不同试验条件的对比研究。

(2)不同力学模型的对比研究。

(3)不同压实度(不同密度)的对比研究。

(4)不同颗粒级配(P_5 不同)的对比研究。

(5)不同最大粒径的对比研究。

(6)不同填料的对比研究。

(7)不同软基厚度和分布的对比研究。

同时,进行了30m全填土石混填路基、斜坡路堤、沟谷穿越情况下土石混填路堤变形特征的数值模拟。

6.4.2 有限元法基本理论与计算程序功能介绍

随着计算机技术的发展,计算机及其相关的数值分析方法在岩土工程中的应用越来越广泛。从早期的有限差分法、有限元法、边界元法到近二十年来出现的主要针对岩土材料的离散元法、关键块理论、非连续变形分析、刚体弹簧元法、快速 Lagrangian 分析法、无网格 Galerkin 法、数值流形方法等共计有十多种[87]。这些方法虽然有其自身的优势和特点,但就目前而言,有限元法仍然是发展最为成熟、在各种领域应用最为广泛的方法。目前,人们正逐步将现有的新方法与成熟的有限元法进行耦合分析,一方面发挥有限元方法的成熟性与可靠性;另一方面,充分利用新方法能求解特殊问题的长处。

6.4.2.1 有限元法基本原理[88]

1)平衡方程

弹性有限元平衡方程,其形式为:

$$[\boldsymbol{K}]\{\boldsymbol{\delta}\}=\{\boldsymbol{F}\} \tag{6-16}$$

式中:$\{\boldsymbol{F}\}$——荷载矢量列阵;

$[\boldsymbol{K}]$——总刚度矩阵,与介质的力学特性有关;

$\{\boldsymbol{\delta}\}$——位移矢量列阵。

总刚度矩阵$[\boldsymbol{K}]$通过单刚度矩阵累加求取。引入边界条件(荷载和位移条件),求解式(6-16)可得到节点位移矢量$\{\boldsymbol{\delta}\}$。

2)几何方程

对式(6-16)求解得到节点位移矢量$\{\boldsymbol{\delta}\}$后,可以通过下面的几何方程求得单元节点的应变$\{\boldsymbol{\varepsilon}\}$:

$$\{\boldsymbol{\varepsilon}\}=[\boldsymbol{B}]\{\boldsymbol{\delta}\} \tag{6-17}$$

式中:$\{\boldsymbol{\varepsilon}\}$——应变列阵;

$[\boldsymbol{B}]$——几何矩阵,与形函数有关,反映了单元应变与节点位移之间的几何关系,可由弹性力学的几何方程导出;

$\{\boldsymbol{\delta}\}$——位移列阵。

3)物理方程——弹性本构关系

由物理方程,可将单元的应力—应变关系写为:

$$\{\boldsymbol{\sigma}\}=[\boldsymbol{C}]\{\boldsymbol{\varepsilon}\} \tag{6-18}$$

式中:$\{\boldsymbol{\sigma}\}$——应力列阵;

$\{\boldsymbol{\varepsilon}\}$——应变列阵;

$[\boldsymbol{C}]$——本构矩阵,取决于介质的杨氏模量E和泊松比μ,对于平面应变问题,则:

$$[\boldsymbol{C}]=\frac{E}{(1+\mu)(1-2\mu)}\begin{Bmatrix}1-\mu & \mu & \mu & 0\\ & 1-\mu & \mu & 0\\ \text{对} & & 1-\mu & 0\\ & \text{称} & & \dfrac{1-2\mu}{2}\end{Bmatrix} \tag{6-19}$$

应力符号的正负定义与弹性力学理论一致:对于法向应力,定义拉应力为正,压应力为负;对于剪应力,使剪应力下标对应的两个坐标轴发生相向旋转为正。

4)求解基本步骤

(1)选取坐标系,划分单元,建立离散化有限元计算模型。

(2)给定材料参数,计算单元刚度矩阵。

(3)由单元刚度矩阵,形成总刚度矩阵,建立系统的平衡方程。

(4)引入边界条件(荷载和位移边界)。

(5)根据平衡方程求节点位移。

(6)根据几何方程求单元应变。

(7)根据物理方程求单元应力。

6.4.2.2 有限元计算程序功能

本次采用的有限元程序所考虑的材料本构模型有:线弹性材料、各向异性弹性材料、非线性弹性材料、弹塑性材料、应变硬化/软化材料、剑桥模型及修正的剑桥模型、夹层材料等模型。除此以外,还可以用来模拟诸如岩土体孔隙、裂隙介质材料中的污染物的运移,可以进行地震荷载作用下的岩土工程的动力分析,可以进行地下水的渗流分析,以及温度场和热问题的分析。

6.4.3 模型概化与研究方案

6.4.3.1 模型概化

按照《公路路基设计规范》(JTG D30—2004)的规定,并参考《道路交通常用数据手册》,将研究对象概化为一个典型计算模型,该模型为20m填方路堤,其主要特征为:

(1)在几何图形上为两级等腰梯形,路堤面总宽为26.0m(24.5m),路堤基底总宽度为96.0m,坡体高度20m,上路堤8m,下路堤12.0m,中间有一个2m宽的平台,坡比为1∶1.5(图6-72)。

(2)为减小边界对计算结果的影响,将上述剖面下延20.0m,左右各延27m,延伸部分作为天然岩石地基处理来建立模型(图6-73)。

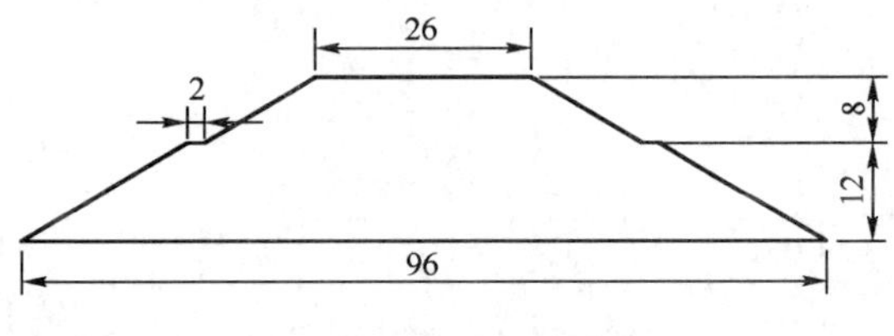

图6-72 概化模型(尺寸单位:m)

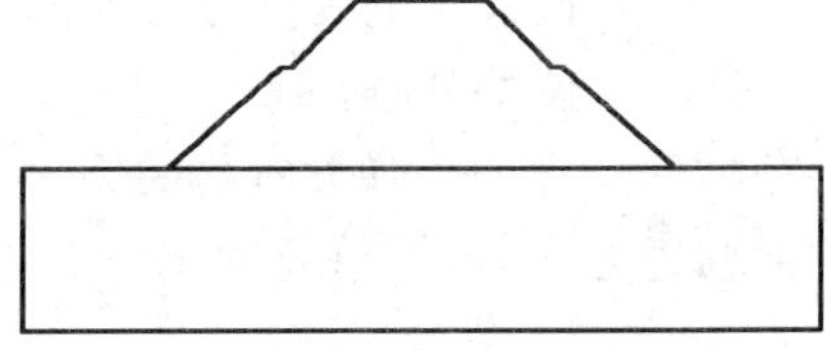

图6-73 概化计算模型

建立有限元计算模型时,坐标系定义为:x轴水平向右为正,y轴垂直向上为正。

上述概化模型的具有沿中轴对称性,可以按照对称条件取一半模型进行分析,考虑到本分析将模拟填筑材料不均以及软弱地基的情况,实际计算分析时,取完整的概化模型作为计算模型,这样,模型高度H=40m,顶部宽度=26m,底部宽度B=150m(图6-73)。

6.4.3.2 研究方案

计算模型如图6-73所示。

前两个计算模型采用了E-μ(Duncan-Chang)模型进行计算。每个模型都分别采用了饱和固结及非饱和固结两种计算方案。

前几个计算模型考虑了不同压实度、不同颗粒级配(不同P_5)和不同最大粒径等几个系列,每个系列均包含若干种不同计算方案,模型如图6-74所示。

不同压实度的三个计算方案分别为ρ=2.20g/cm^3、2.10g/cm^3、2.00g/cm^3;不同颗粒级配(不同P_5)的四个计算方案分别为P_5=30%、40%、70%、80%;不同最大粒径的四个计算方案分别为d_{max}=30mm、40mm、50mm、60mm;填料不均时有一个计算方案;根据地基中软弱岩层的存在位置及厚度分布的不同做了两个计算方案;路堤不分层填筑时一个计算方案,概化模型使用的参数均由大型三轴试验或工程实践提供。

6.4.3.3 边界条件

由图6-72概化模型及图6-73计算模型的力学分析可知,计算模型具有如下边界条件:

$$\left.\begin{array}{l} x=-\infty \text{ 与 } x=+\infty \text{ 两面上}: u=0 \\ y=0 \text{ 面上}: u=0, v=0 \\ \text{在 } y=H \text{ 与其他自由表面上}: \sigma_{x}=0, \sigma_{y}=0 \end{array}\right\} \tag{6-20}$$

因此将计算模型的左侧和右侧边界添加无穷边界，设定为水平方向约束，限制其在水平方向的位移；将计算模型的下边界设定为水平和垂直方向的约束，限制其在水平和垂直方向的位移；将上边界和右侧倾斜边界设定为自由边界，使其能在垂直和水平方向自由产生位移（图 6-74）。

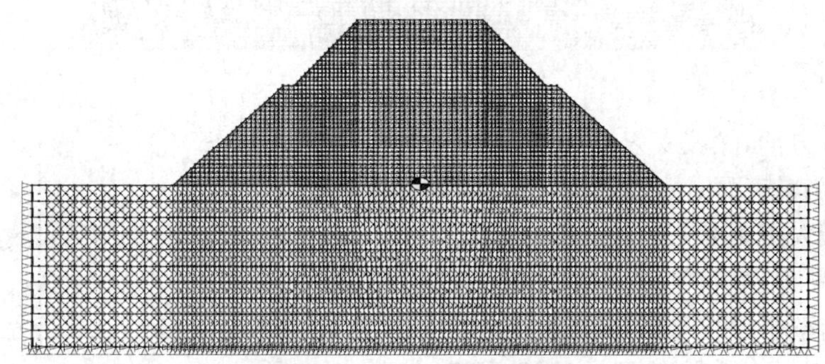

图 6-74　计算模型网格和边界条件

6.4.3.4　计算过程

在非线性弹性模型和线弹性模型的计算分析中，全部采用了如图 6-75 所示的四节点等参实体单元，该四节点等参实体单元有限元计算模型计算共划分实体单元 3 976 个，节点总数 4 137个。同时，在建立模型时也考虑了实际施工中的逐层碾压的施工过程，将图 6-74 计算模型按照 0.5m 一层进行分层填筑模拟计算。该计算模型共分 40 层，计算时由下向上逐层填筑模拟施工过程。

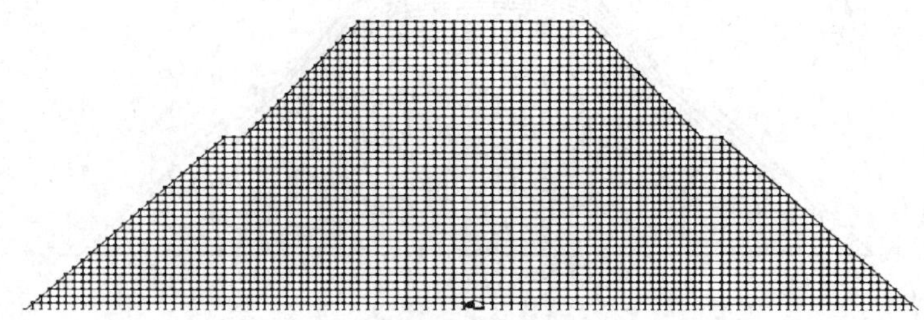

图 6-75　四节点等参实体单元

6.4.4　*E*-*μ*(*E*-*B*)模型计算分析

6.4.4.1　采用非饱和快剪模型的计算分析

本方案采用非饱和不固结快剪三轴试验所得的总应力强度参数，各项力学参数见表6-16。

E-μ 模型力学参数表　　表 6-16

模 型 类 别	K	N	R_f	c(kPa)	φ(°)	K_b	m	γ(kN/m³)
非饱和快剪	355	0.40	0.81	41.25	31	295	0.32	22.8

1)位移形变特点

位移形变场的分析计算结果(图 6-76～图 6-80)表明，路堤位移形变场主要特征为：

(1)断面的整体几何形状上，路堤具有微小沉降，且以中部沉降量最大；以路堤大约 2/3 的高度为界，其上部分水平位移不大，其中下部分靠台阶处有一定的外鼓现象（见图 6-76，该变形图变形按比例进行了放大，下同）。

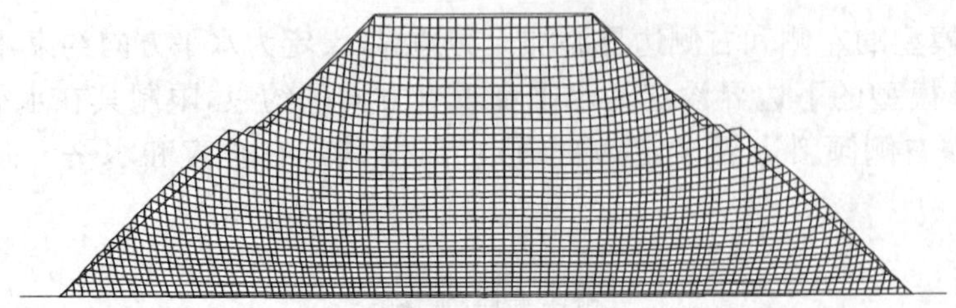

图 6-76　变形网格图

(2)垂直位移方面，除坡底以外的路堤填筑体主体主要表现为沉降。路堤表面沿宽度方向（x 方向）的沉降量分布见图 6-77，最大沉降量（垂直位移分量）为8.79mm，出现在路堤表面中部，分布宽度大致有 4m，向两旁逐渐减小至 5.09mm；整个路堤填筑体的垂直位移分量分布情况如图 6-78 所示，最大沉降量达到了 70.83mm，此最大沉降发生在高度略大于一半的中间部位。

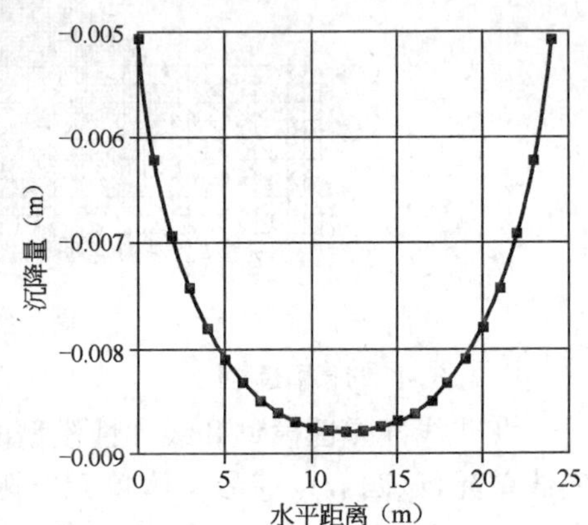

图 6-77　路堤表面沉降量分布曲线

(3)水平位移分布如图 6-79。在路坡坡面高度范围内，水平位移沿高度的分布如图 6-80 所示，在 2m 的台阶处，水平位移保持不变。断面上表现的主要特点是：下部的外鼓部分，在坡面上向临空方向的最大水平位移为 44.23mm。图 6-81 为位移矢量图。

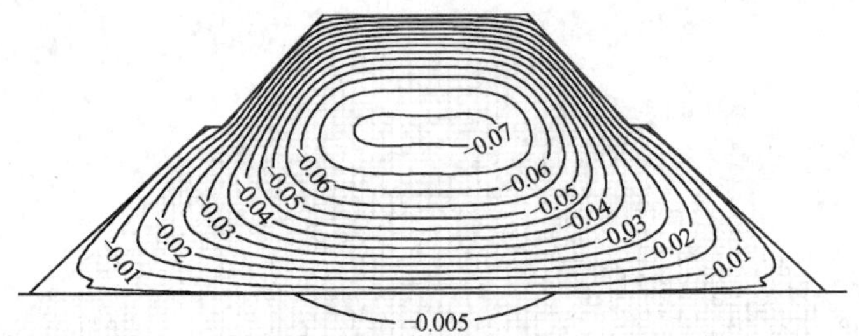

图 6-78　垂直位移分量等值线图（单位：m）

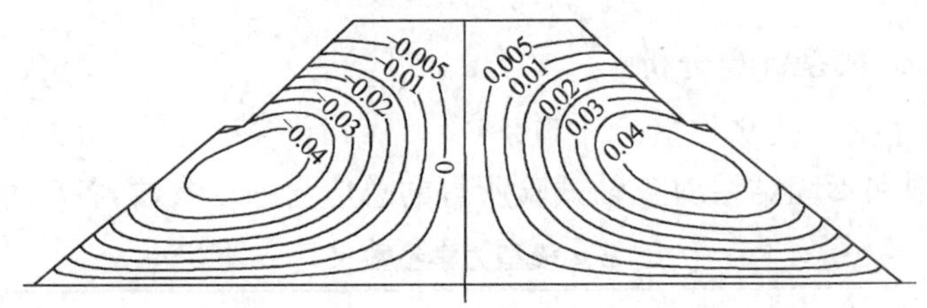

图 6-79　水平位移分量等值线图（单位：m）

2)应力场特征

应力场的分析计算结果如图 6-82～图 6-85 所示，其特征主要有：

(1)图 6-82 显示了路堤填筑体中的垂直应力分布状况，垂直应力分量最大值为

435.36kPa，出现在路堤（全断面）中间底部。水平应力分布情况如图 6-83 所示，最大值为 245.62kPa，出现在路坡坡底中间部位。

(2)最大主应力的分布状况如图 6-84 所示。出现在路堤（全断面）中间底部的最大主压应力的最大值为 435.36kPa，与垂直应力分量的最大值出现的部位、方向和量值一致，说明路堤中的最大主应力在路堤内部就是重力。

(3)路堤填筑体中的最大剪应力分布如图 6-85 所示。可见填筑体中有一个剪应力集中区，是在填筑体中间的底部附近，该部位最大值达到了 97.42kPa。

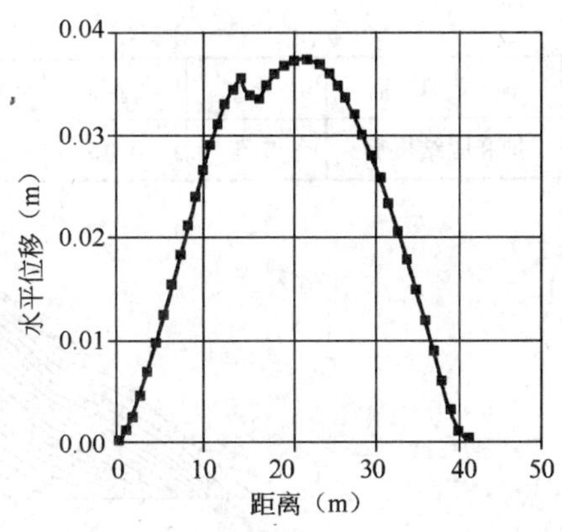

图 6-80　路坡坡面上水平位移分布曲线

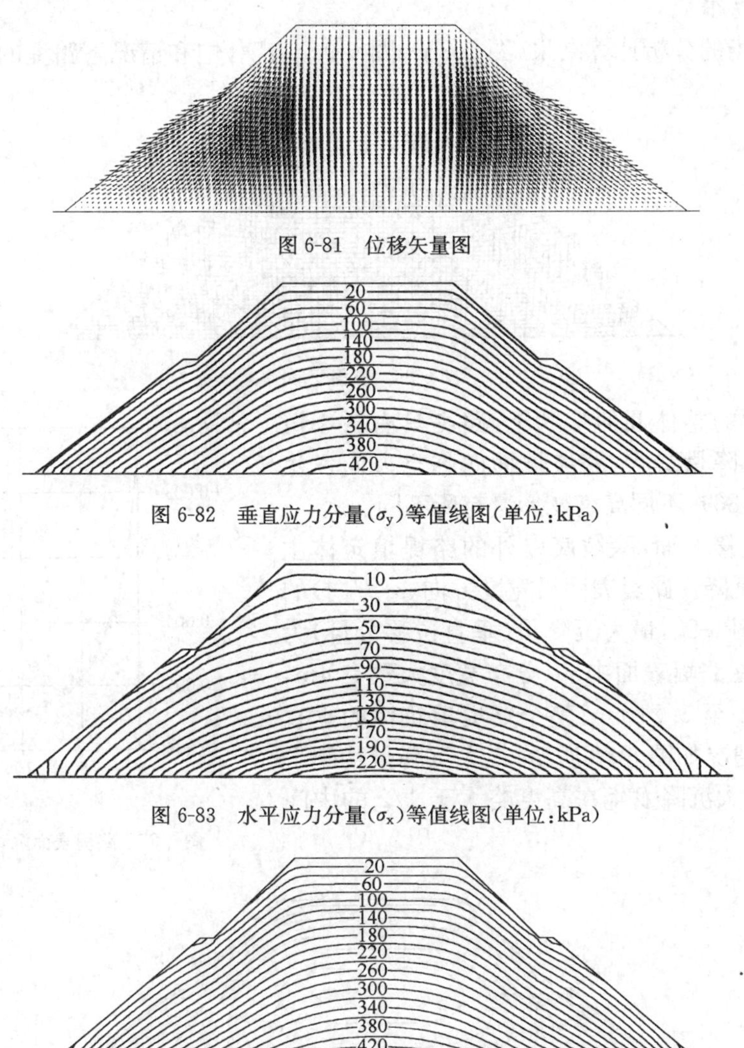

图 6-81　位移矢量图

图 6-82　垂直应力分量（σ_y）等值线图（单位：kPa）

图 6-83　水平应力分量（σ_x）等值线图（单位：kPa）

图 6-84　最大主应力等值线图（单位：kPa）

6.4.4.2　采用饱和固结慢剪模型的计算分析

本方案采用饱和固结慢剪三轴试验所得的总应力强度参数，各项力学参数见表 6-17。

E-μ 模型力学参数表　　表 6-17

模 型 类 别	K	N	R_f	c(kPa)	φ(°)	K_b	m	γ(kN/m³)
饱和固结慢剪	676	0.45	0.85	13.68	39	475	0.37	22.8

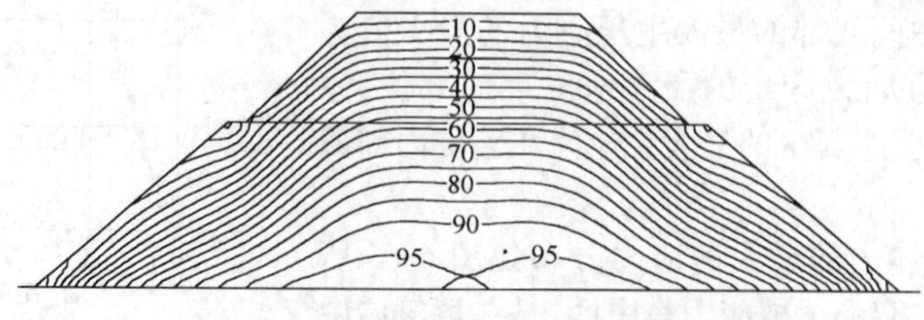

图 6-85　最大剪应力等值线图(单位:kPa)

1)位移场特征

位移形变场的分析计算结果(图 6-86～图 6-91)表明,饱和情况下路堤的位移形变场主要特征为:

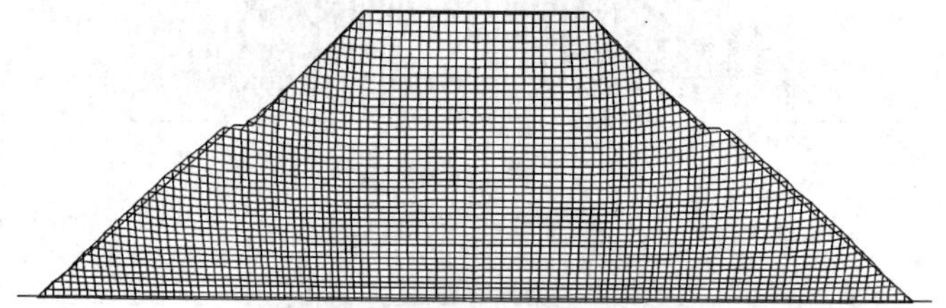

图 6-86　位移变形图

(1)在断面的整体几何形状上,路堤具有微小沉降,且以中部沉降量最大;路坡坡面向临空方向发生外鼓变形(图 6-86),不同高度变形量有所不同。

(2)垂直位移方面,除坡底以外的路堤填筑体主体主要表现为沉降。路堤表面沿宽度方向(x 方向)的沉降量分布见图 6-87,最大沉降量(垂直位移分量)为 5.21mm,出现在路堤表面中部,分布宽度大致有 4m,向两旁逐渐减小至 3.21mm;整个路堤填筑体的垂直位移分量分布情况如图 6-88 所示,最大沉降量达到了 42.18mm,此最大沉降发生在高度略大于 1/2 的中间部位。

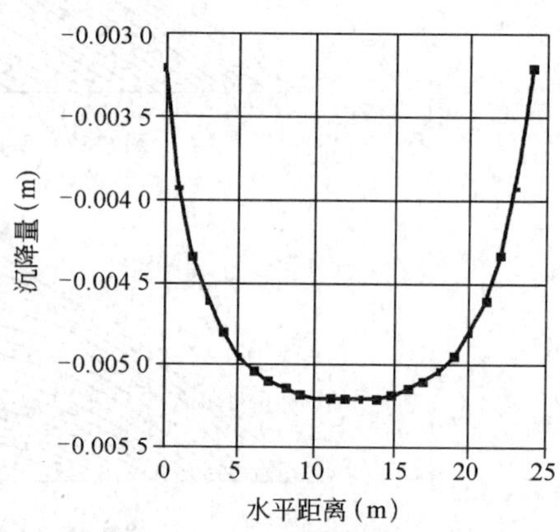

图 6-87　路堤表面沉降量分布曲线

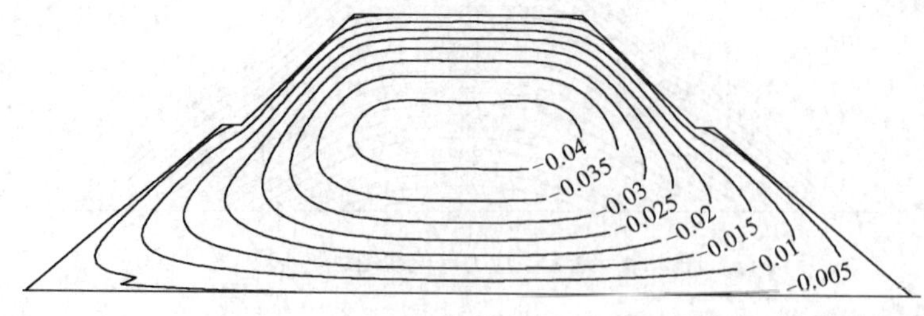

图 6-88　垂直位移分量等值线图(单位:m)

(3)水平位移分布如图 6-89。在路坡坡面高度范围内，水平位移沿高度的分布如图 6-90 所示，在 2m 的台阶处，水平位移保持不变。断面上表现的主要特点是：上部无收缩部分；下部的外鼓部分，在坡面上向临空方向的最大水平位移为 24.97mm。图 6-91 为位移矢量图。

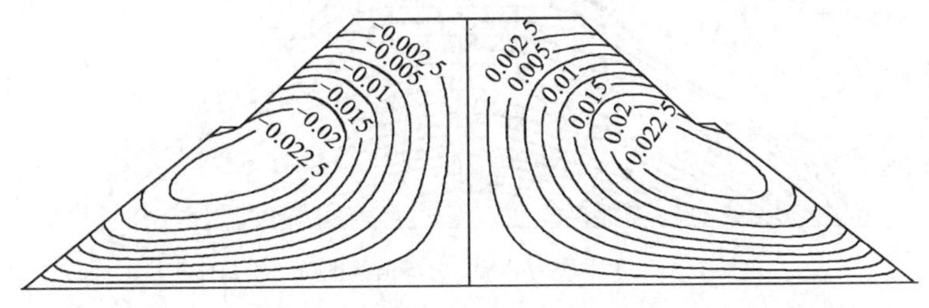

图 6-89 水平位移分量等值线图(单位：m)

2)应力场特征

应力场的分析计算结果如图 6-92～图 6-95 所示，其特征主要有：

(1)图 6-92 显示了路堤填筑体中的垂直应力分布状况，垂直应力分量最大值为 433.81kPa，出现在路堤(全断面)中间底部。水平应力分布情况如图 6-93 所示，水平应力分量最大值为 223.74kPa，出现在路坡坡底中间部位。

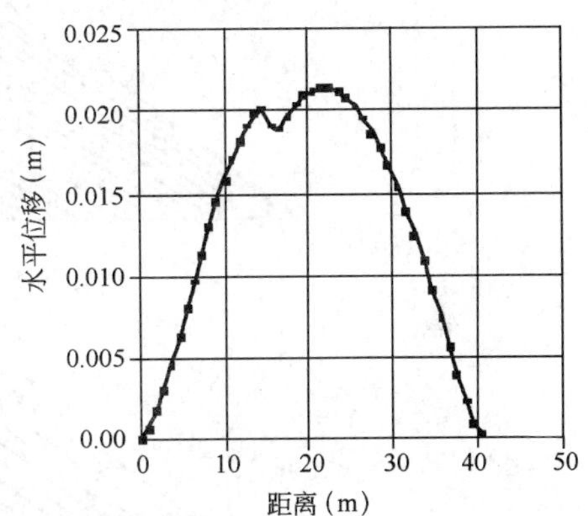

图 6-90 路坡坡面上水平位移分布曲线

(2)最大主应力的分布状况如图 6-94 所示。出现在路堤(全断面)中间底部的最大主应力的最大值为 433.81kPa，与垂直应力分量的最大值出现的部位、方向和量值一致，说明路堤中的最大主应力在路堤内部就是重力。

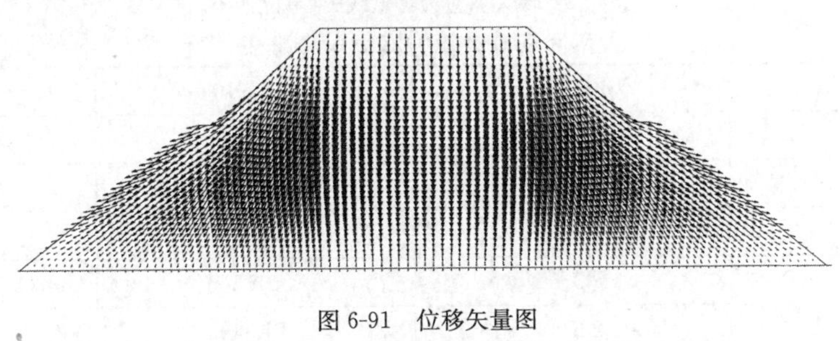

图 6-91 位移矢量图

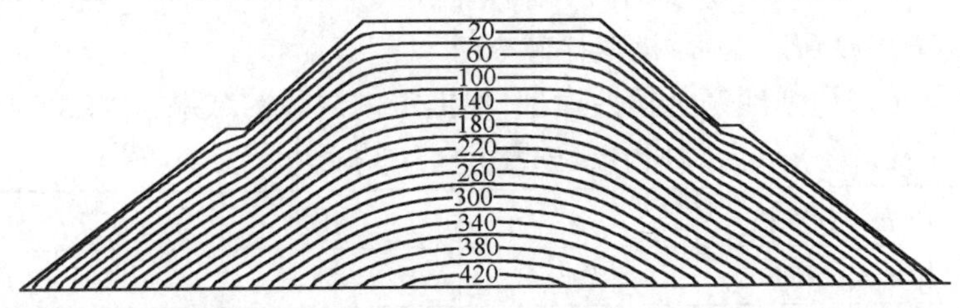

图 6-92 垂直应力分量(σ_y)等值线图(单位：kPa)

(3)路堤填筑体中的最大剪应力分布如图 6-95 所示。可见填筑体中有一个剪应力集中区，是在填筑体中间的底部附近，该部位最大值达到了 105.13kPa。

6.4.5 不同模型计算参数

6.4.5.1 密实度不同模型

本系列计算分析采用完全弹性塑性模型，根据室内试验的结果，各项力学参数见表6-18。

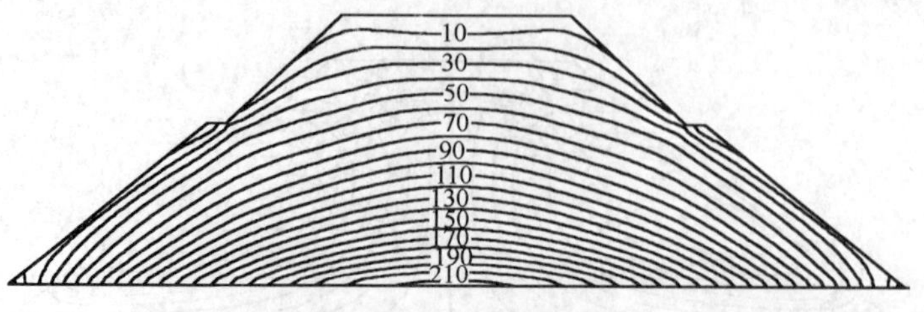

图6-93 水平应力分量(σ_x)等值线图(单位:kPa)

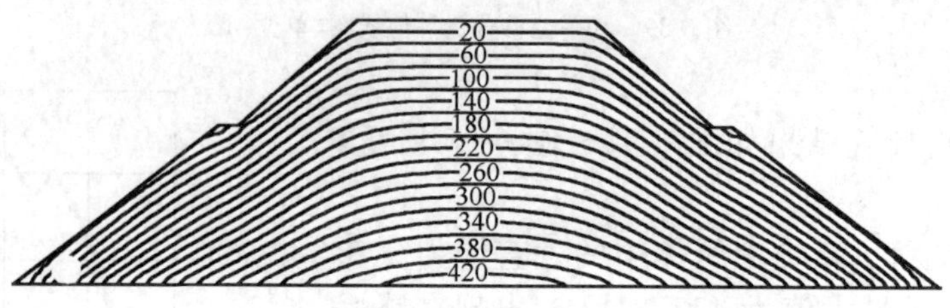

图6-94 最大主应力等值线图(单位:kPa)

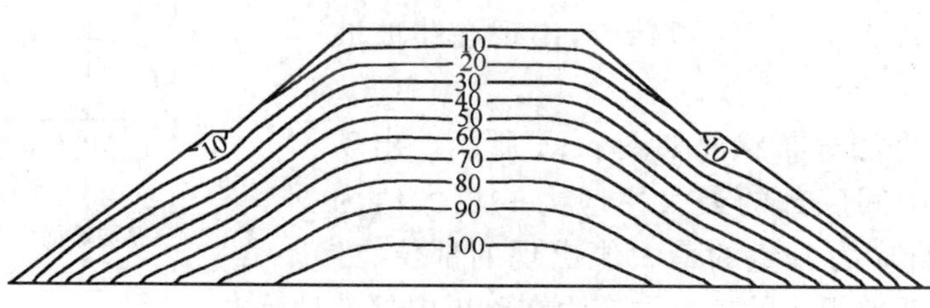

图6-95 最大剪应力等值线图(单位:kPa)

不同密度计算方案力学参数表　　表6-18

密度(g/cm³)	ρ=2.20	ρ=2.10	ρ=2.00
E(kPa)	20 180	17 780	14 240
μ	0.28	0.28	0.3
c(kPa)	36	33	29
φ(°)	33.5	31.5	30
γ(kN/m³)	22.00	21.00	20.00

6.4.5.2 不同粒度(P_5不同)模型计算分析

本系列计算分析采用弹性完全塑性模型，根据室内试验的结果，各项力学参数见表6-19。

不同粒度计算方案力学参数表　　表6-19

不同P_5	E(kPa)	μ	c(kPa)	φ(°)	γ(kN/m³)
P_5=30%	18 600	0.3	32	24	22.5
P_5=40%	17 710	0.3	30	27	22.5
P_5=70%	19 100	0.3	29	29	22.5
P_5=80%	21 850	0.3	27	33	22.5

6.4.5.3 不同最大粒径模型计算分析

本系列计算分析采用弹性完全塑性模型，根据室内试验的结果，各项力学参数见表6-20。

不同最大粒径计算方案力学参数表 表6-20

不同最大粒径(mm)	E(kPa)	μ	c(kPa)	φ(°)	γ(kN/m³)
30	22 990	0.3	31	35	22.5
40	20 600	0.3	25	36	22.5
50	19 420	0.3	23	38	22.5
60	17 400	0.3	20	41	22.5

6.4.5.4 软基存在时的模型计算分析

本方案采用非饱和不固结快剪三轴试验所得的总应力强度参数，各项力学参数见表6-21及表6-22，软基分布均匀与分布不均匀时的路堤填筑体的力学参数相同。

路堤填筑体计算方案力学参数表 表6-21

参数项	K	N	R_f	c(kPa)	φ(°)	K_b	m	γ(kN/m³)
参数值	355	0.4	0.81	41.25	31	295	0.32	22.8

软基计算方案力学参数表 表6-22

模型类别	厚度(m)	在地基中分布深度(m)	E(kPa)	μ	c(kPa)	φ(°)	γ(kN/m³)
软基分布均匀	2	2～4	4 000	0.45	5	5	19.5
软基分布不均匀	2～7不等	3～10	4 000	0.45	5	5	19.5

6.4.6 20m全填土石混填路堤计算成果分析

6.4.6.1 土石混合料粒度组成和粒径大小对变形和稳定的影响

由于P_5=30%时土样的性质变化较大，与P_5>30%的其他土样有较大的差异，细颗粒含量较多，而不再是通常意义上的粗粒土，因此无论是通过大型三轴试验或通过有限元模拟得到的结果都与P_5>30%的其他三组得到的结果有较大差异。虽然表6-23中纳入了P_5=30%时的有限元模拟结果，但考虑到P_5=30%时的土样与其他土样有一定差异，因此以下结果分析时未将该数据结果考虑在内。

表6-23统计的计算分析数据表明，土石混填路堤的沉降变形受粒度组成的影响。

P_5不同及最大粒径不同有限元模拟结果 表6-23

类别	P_5不同				最大粒径不同d_{max}			
	P_5=30%	P_5=40%	P_5=70%	P_5=80%	30mm	40mm	50mm	60mm
v_{min}(mm)	−99.77	−104.77	−97.16	−85.00	−80.83	−90.12	−95.57	−106.63
v_{max}(mm)	−0.83	−0.85	−0.82	−0.76	−0.74	−0.78	−0.81	−0.86
u_{min}(mm)	−25.34	−26.63	−24.66	−21.52	−20.44	−22.84	−24.25	−27.11
u_{max}(mm)	25.34	26.63	24.66	21.52	20.44	22.84	24.25	27.11
最大位移量(mm)	99.77	104.77	97.16	85.00	80.83	90.12	95.57	106.48
路堤顶部最大垂直位移分量(mm)	−9.17	−9.64	−8.93	−7.80	−7.41	−8.27	−8.78	−9.81

续上表

类　别	P_5 不同				最大粒径不同 d_{max}			
	$P_5=30\%$	$P_5=40\%$	$P_5=70\%$	$P_5=80\%$	30mm	40mm	50mm	60mm
σ_{ymax} (kPa)	434.43	434.62	434.33	433.87	433.70	434.06	434.27	434.69
σ_{ymin} (kPa)	4.96	4.96	4.96	4.95	4.95	4.95	4.95	4.96
σ_{xmax} (kPa)	183.83	183.94	183.77	183.48	183.38	183.61	183.73	183.98
σ_{xmin} (kPa)	3.24	3.23	3.25	3.30	3.32	3.28	3.26	3.22
σ_{1max} (kPa)	434.43	434.62	434.33	433.87	433.70	434.06	434.27	434.69
σ_{1min} (kPa)	5.58	5.58	5.57	5.57	5.56	5.57	5.57	5.58
τ_{max} (kPa)	125.30	125.34	125.28	125.19	125.16	125.23	125.27	125.36
τ_{min} (kPa)	0.43	0.43	0.43	0.428 92	0.43	0.43	0.43	0.43
屈服区域	无	无	无	无	无	无	无	无

(1)在 P_5 大于40%的条件下，随着 P_5 的增加，垂直位移分量(v 负向位移)、水平位移分量最大值、最大位移量、坡顶最大垂直位移分量(即坡顶表面最大沉降量)呈逐渐递减趋势，说明随 P_5 的增加位移量递减，因此路堤的沉降变形随 P_5 的增加而变小。所以当 P_5 大于40%以后，P_5 越大路堤的沉降变形量越小，其关系见图6-96。

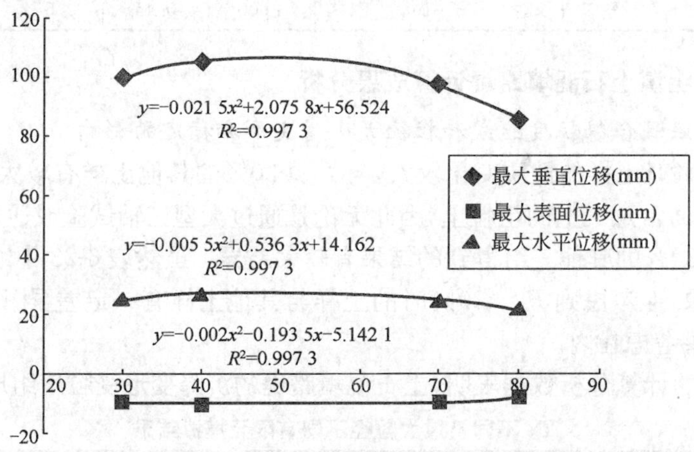

图6-96　不同 P_5 与各位移分量的关系曲线

(2)随着最大粒径的增加，垂直位移分量(负向位移)、水平位移分量最大值、最大位移量、坡顶最大垂直位移分量呈逐渐递增趋势，说明随最大粒径的增加，路堤的沉降变形增大，其关系见图6-97。

(3)从表6-23可以看出，尽管土料中 P_5 在30%～80%的大范围内改变和最大粒径在30～60mm的范围内变化，而表征路堤中应力分布状态的那些计算结果特征数据则基本相同，说明土石混合料的粒度组成对路堤填筑体内的应力分布状态没有影响，至少在弹塑性范围内是这样。因此可以认为土石混合料粒度组成对路堤的稳定性的影响主要取决于其对土石混合料强度的影响。

6.4.6.2 不同压实度对路堤的影响

不同压实度在计算中由填筑料的干密度不同予以表征。计算结果的一些特征数据列于表6-24，可见随着密度的增加，垂直位移分量、水平位移分量最大值、最大位移量、坡顶最大垂直位移分量（即路堤表面最大沉降量）呈逐渐递减趋势，说明随密度的增加，路堤的沉降变形量降低。路堤填筑体上表面最大沉降量与土料密度之间的相关关系如图6-98所示。

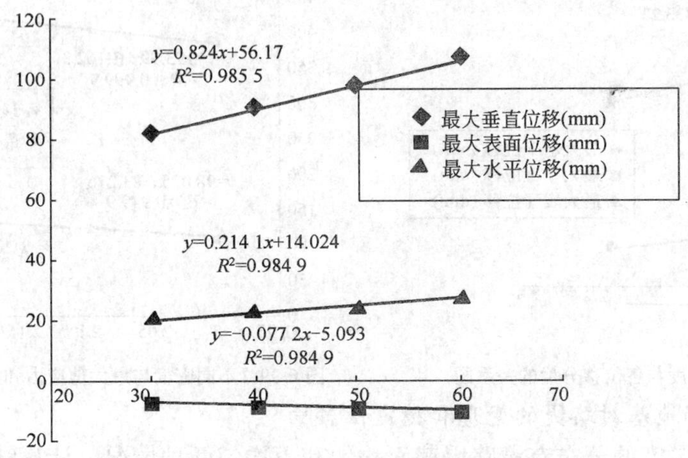

图6-97 不同最大粒径 d_{max} 与各位移分量的关系图

不同压实度有限元模拟结果 表6-24

密度(g/cm³)	ρ=2.20	ρ=2.10	ρ=2.00
v_{min}(mm)	−93.762	−101.478	−115.629
v_{max}(mm)	0	−0.808 48	−0.862 29
u_{min}(mm)	−20.002 9	−21.698	−29.485 9
u_{max}(mm)	20.002 9	21.698	29.485 9
最大位移量(mm)	93.762	101.478	115.629
路堤顶部最大垂直位移分量(mm)	−8.514 1	−9.229 3	−10.663
σ_{ymax}(kPa)	425.503	406.442	386.705
σ_{ymin}(kPa)	4.800 27	4.584 91	4.411 12
σ_{xmax}(kPa)	163.343	150.091	163.754
σ_{xmin}(kPa)	2.695 87	2.542 57	2.813 27
σ_{1max}(kPa)	425.503	406.442	386.705
σ_{1min}(kPa)	5.168 05	4.936 76	4.967 7
τ_{max}(kPa)	131.08	125.176	111.475
τ_{min}(kPa)	0.334 741	0.320 786	0.385 808
屈服区域	无	无	无

从表6-24中还可以看出，随着密度的增加，代表路堤内应力分布的各特征数据（包括 σ_y 最大值、σ_x 最大值、最大主应力、最大剪应力等）基本上都是呈逐渐递增趋势，说明随密度的增加，路堤内应力分布状况恶化，但计算结果表明在该密度变化范围内路堤填筑体内没有出现屈服区。

另一方面，土石混合料的密度提高以后，其强度也必然有所升高。不同密度的土料填筑的路堤中路坡坡脚附近的最大剪应力大小是不同的，该部位土的抗剪强度也随土体的密度变化而不同。绘制其第一主应力和最大剪应力随密度变化的关系曲线，可以看出强度—密度关系曲线的斜率比最大剪应力—密度关系曲线的斜率略大，说明在比较小的密度范围内适当提高土料密度有利于路堤的稳定性，见图 6-99。

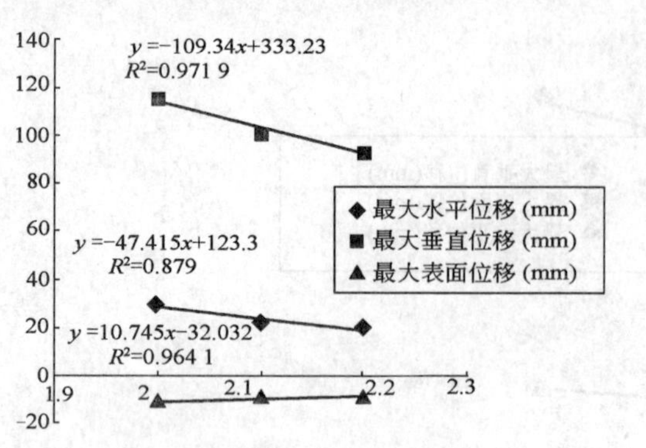

图 6-98　不同密度与各位移分量的关系图

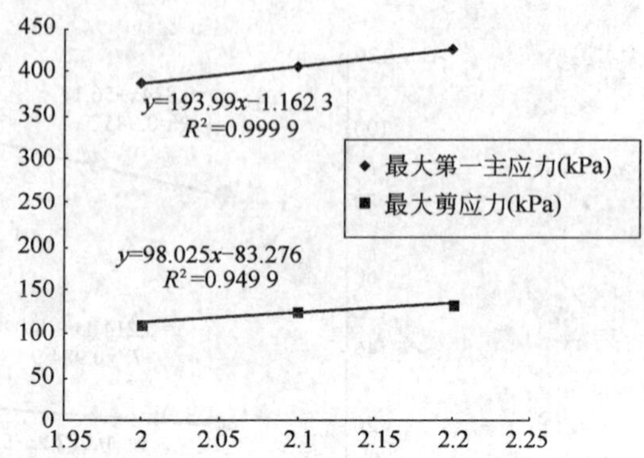

图 6-99　不同密度与最大剪应力和第一主应力的关系图

6.4.6.3　软弱地基对路堤的变形和稳定性影响

软基在地基中厚度的分布有沿路堤截面均匀和不均匀两种情况。计算结果的一些特征数据列于表 6-25，可见当软基厚度不均匀时，路堤垂直位移分量、最大位移量会明显增大，而水平位移分量、坡顶最大垂直位移分量变化不剧烈。说明当软基厚度不均时，影响主要表现在路堤整体的垂直位移方面。

软弱地基厚度一致时，路堤的位移也表现为对称分布，由于采用了分层填筑的模拟方式，软基变形引起的沉降并没有体现在最终的沉降位移中，分层填筑只能反应位移不均导致的沉降差。当软弱地基厚度不均时，由于分层填筑的方式并不能修正这种在水平向的沉降差异，导致不均软基的最大沉降量是软弱地基的 2 倍，并且由于软基不均，其应力场也发生了巨大变化，出现了拉应力区，路堤很容易出现拉裂破坏。

两种情况下，路堤虽然没有出现塑性区，但是软基均出现了塑性区，并且塑性区呈贯通的趋势，塑性区的发展容易导致路堤的整体失稳，因而不管是软基均匀与否，都需要进行处治，使得基础不影响路堤的稳定性为宜。

从表 6-25 中还可以看出，当软基厚度分布不均时，代表路堤内应力分布的各特征数据（包括 σ_y 最大值、σ_x 最大值、最大主应力、最大剪应力等）和软基均匀时基本上变化不明显，说明厚度不均匀性对应力的大小影响不大，但是其分布发生了变化，软基不均更容易导致应力集中，从而出现破坏。

软基均匀性的有限元模拟结果　　表 6-25

类　别	软基厚度均匀	软基厚度不均匀
v_{min}(mm)	−92.15	−171.961
v_{max}(mm)	−3.967 15	−6.270 94
u_{min}(mm)	−40.583 9	−31.951 9
u_{max}(mm)	40.583 9	27.337 1
最大位移量(mm)	92.15	171.96

续上表

类　　别	软基厚度均匀	软基厚度不均匀
路堤顶部最大垂直位移分量（mm）	−9.339 1	−9.784 4
σ_{ymax}(kPa)	435.37	428.333
σ_{ymin}(kPa)	4.955 5	4.897 21
σ_{xmax}(kPa)	239.828	237.892
σ_{xmin}(kPa)	1.560 83	−3.377 81
σ_{1max}(kPa)	435.37	428.525
σ_{1min}(kPa)	5.582 55	5.547 02
τ_{max}(kPa)	99.346 8	100.742
τ_{min}(kPa)	0.939 472	0.827 546
屈服区域	无	无

6.4.6.4　不同力学模型与不同试验条件的对比分析

将不同力学模型与不同试验条件的有限元对比分析得到的，表征混填路堤应力形变场的主要特征数据列于表 6-26。对比计算结果表明，对于同样的土料采用不同的力学模型和不同的试验条件得到的结果具有一定差别，并且有的数据差别可达到 3 倍以上。因此在具体工程的应用中，一定要结合工程实际情况，正确选择土体的力学模型，并根据具体工况确定试验条件。

不同力学模型与不同试验条件特征数据分析结果　　表 6-26

类　　别	D-C　模　型	
	不饱和不固结快剪	饱和固结慢剪
路堤上表面最大沉降量	8.79	5.21
路堤中最大垂直位移量	70.83	42.18
坡面最大临空向水平位移	44.23	24.97
最大垂直应力	345.9	433.81
坡脚最大剪应力	10.0	9.5

注：表中位移单位为 mm，应力单位为 kPa。

一般而言，不兼有防洪挡水功能的路堤，采用《公路土工试验规程》(JTJ 051—93)规定的不饱和不固结快剪试验参数是合适的。

6.4.7　其他计算分析模型

6.4.7.1　30m 高全填土石混填路堤

标准 30m 高全填土石混填路堤断面形式如图 6-100 所示。

6.4.7.2　斜坡坡度为 15°时的路堤

斜坡路堤为 15°时的路堤断面形式如图 6-101 所示，由于坡比大于 1∶5，故使用开挖台阶的方式，台阶高 0.5m，宽 1m。

进行单元离散时，为了比较真实地反映实际路堤施工中逐层碾压的施工工序，将计算模型按照每层约 0.5m 进行分层模拟计算，而该路堤高度为 20m，计算模型根据实际情况共分为 39 层。该模型设开挖台阶，台阶宽度为 1m。离散的有限元计算网格示意见图 6-102，计算模型共划分实体单元总数 4 723 个，节点总数 5 071 个。

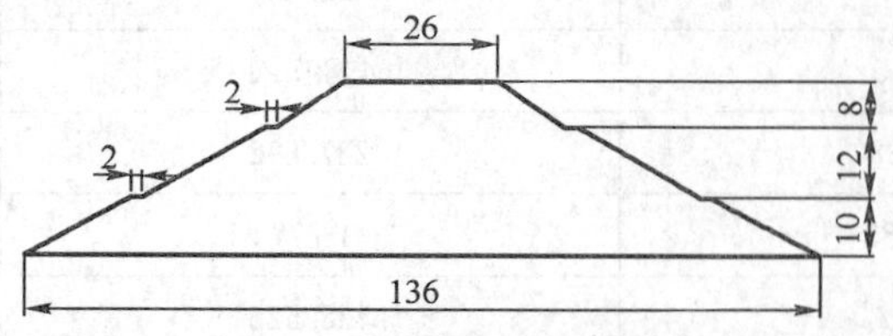

图 6-100 全填路堤高度 30m 断面示意图(尺寸单位：m)

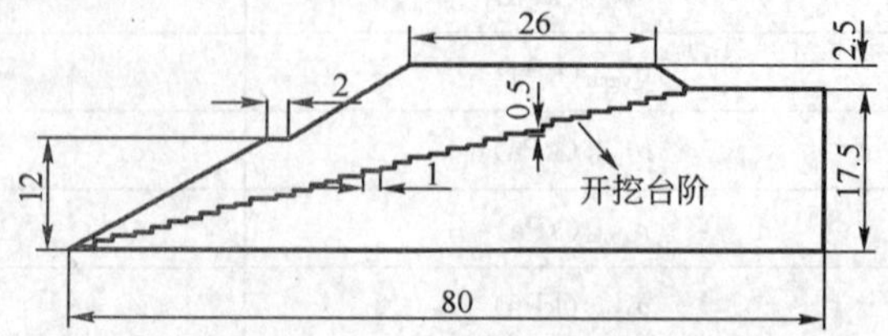

图 6-101 斜坡坡度为 15°(设开挖台阶)断面示意图(尺寸单位：m)

计算模型位移边界条件取岩石左侧边界和右侧边界为法向约束，底部边界为固定支座约束，上部边界为自由边界(图 6-102)，荷载条件仅考虑自重作用。为了真实地反映路堤填筑过程中的位移和应力变化，在模拟分层填筑前，将岩石地基自重作用下产生的自重应力作为初始应力场，岩石地基的形变场仅考虑后期路堤填筑过程的影响。具体计算时，按照路堤填筑的施工工序，进行分层填筑模拟计算。

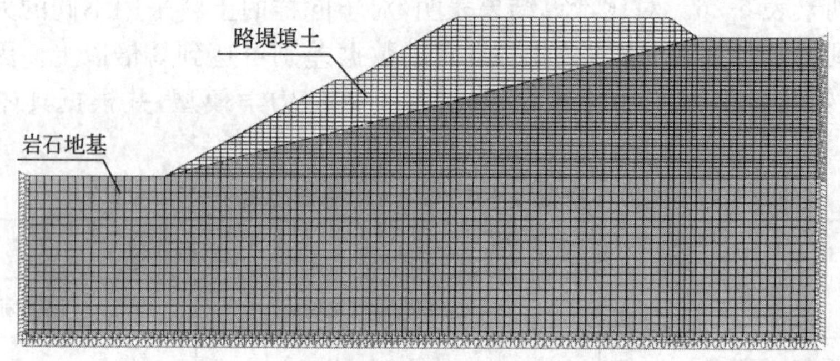

图 6-102 离散的有限元网格示意图及边界条件

6.4.7.3 斜坡坡度为 20°时的路堤

斜坡坡度为 20°时土石混填路堤断面形式如图 6-103 所示，同样采用开挖台阶的方式。

进行单元离散时，为了比较真实地反映实际路堤施工中逐层碾压的施工工序，将计算模型按照每层 0.5m 进行分层模拟计算，而该路堤高度为 20m，根据实际计算模型共分为 39 层。离散的有限元计算网格示意见图 6-104，计算模型共划分实体单元总数 4 808 个，节点总数 4 995 个。

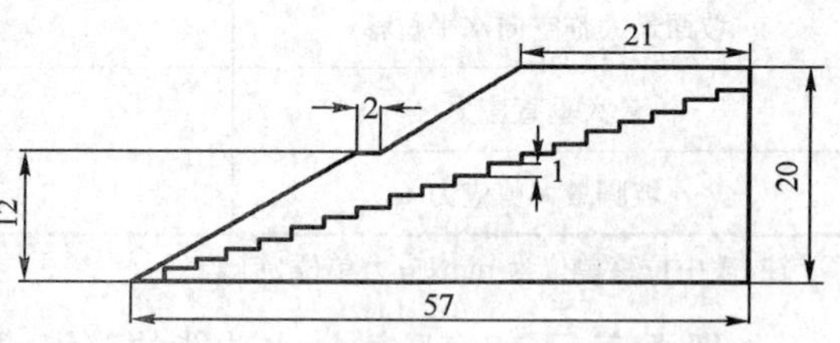

图 6-103 斜坡坡度为 20°(设开挖台阶)模型(尺寸单位：m)

计算模型位移边界条件取左侧对称边界和右侧边界为法向约束，底部边界为固定支座约束，上部边界为自由边界(图 6-104)，荷载条件仅考虑自重作用。为了真实地反映路堤填筑过程中的位移和应力变化，在模拟分层填筑前，将岩石地基自重作用下产生的自重应力作为初始应力场，岩石地基的形变场仅考虑后期路堤填筑过程的影响。具体计算时，按照路堤填筑的施工工序，进行分层填筑模拟计算。

6.4.7.4 坡度为30°时的半挖半填路堤

坡度为30°时的半填半挖路堤断面形式如图6-105所示。

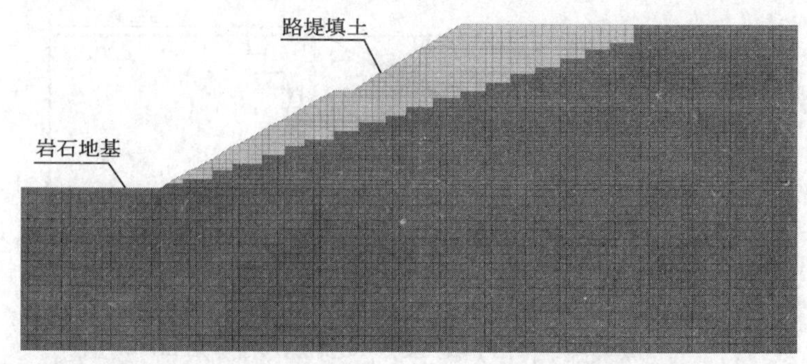

图6-104 离散的有限元网格示意图及边界条件

根据模型的特点,采用整体模型作为研究对象是合理的。建立有限元计算模型时,坐标系定义为:x轴水平向右为正,y轴垂直向上为正。有限元计算按平面应变问题考虑。为了尽量消除边界条件对计算模型中路堤填筑范围的影响和更好地模拟工程实际情况,将路堤阶梯以下部分视为岩石地基,在建模时分别沿路堤深度和宽度方向延伸1倍路堤高度,则计算模型范围水平宽79m,垂直向高40m。

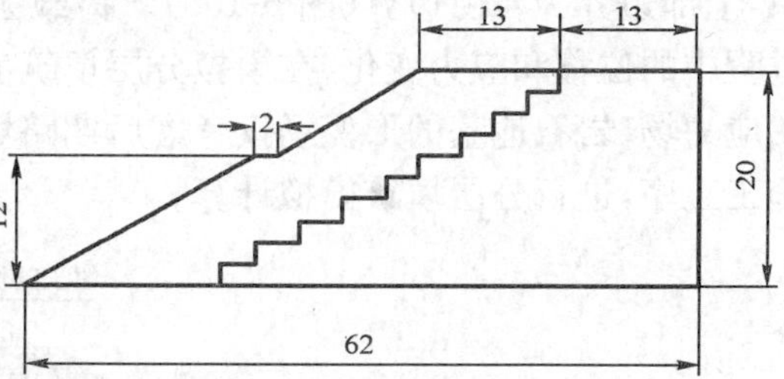

图6-105 半挖半填坡度为30°模型(尺寸单位:m)

进行单元离散时,为了比较真实地反映实际路堤施工中的逐层碾压的施工工序,将计算模型按照每层约0.5m进行分层模拟计算,而该路堤高度为20m,计算模型共分为40层。离散的有限元计算网格示意见图6-106,计算模型共划分实体单元总数3 608个,节点总数3 956个。

计算模型位移边界条件取左侧对称边界和右侧边界为法向约束,底部边界为固定支座约束,上部边界为自由边界(图6-106),荷载条件仅考虑自重作用。为了真实地反映路堤填筑过程中的位移和应力变化,在模拟分层填筑前,将岩石地基自重作用下产生的自重应力作为初始应力场,岩石地基的形变场仅考虑后期路堤填筑过程的影响。具体计算时,按照路堤填筑的施工工序,进行分层填筑模拟计算。

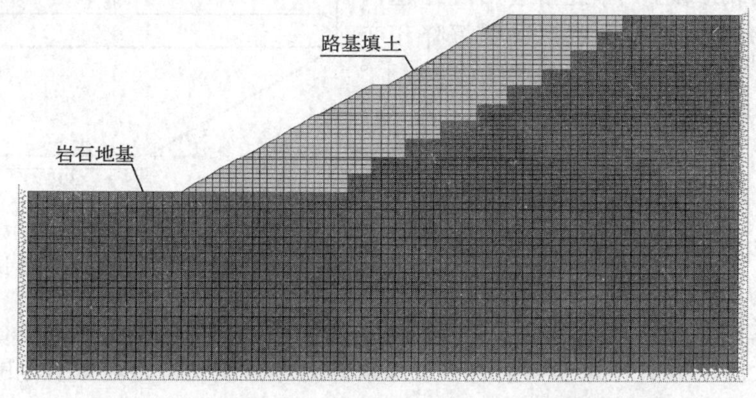

图6-106 离散的有限元网格示意图及边界条件

6.4.7.5　坡度为 45°时的半挖半填模型

坡度为 45°时的半填半挖路堤断面形式如图 6-107 所示。

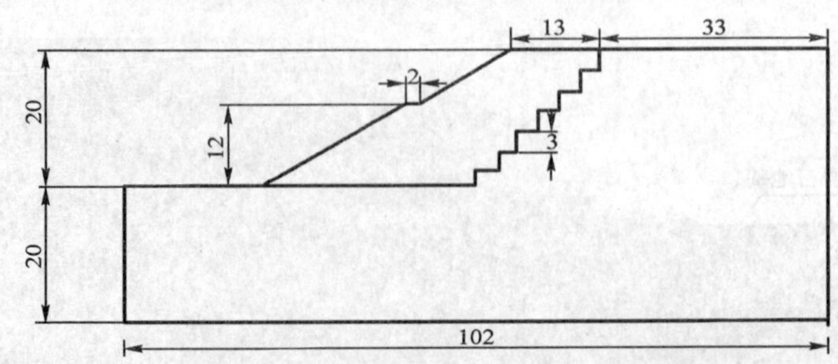

图 6-107　半挖半填坡度为 45°模型(尺寸单位:m)

进行单元离散时,为了比较真实地反映实际路堤施工中逐层碾压的施工工序,将计算模型按照每层约 0.5m 进行分层模拟计算,而该路堤高度为 20m,计算模型共分为 40 层。离散的有限元计算网格示意见图 6-108,计算模型共划分实体单元总数 3 788 个,节点总数 4 089 个。

计算模型位移边界条件取左侧对称边界和右侧边界为法向约束,底部边界为固定支座约束,上部边界为自由边界(图 6-108)。荷载条件仅考虑自重作用。为了真实地反映路堤填筑过程中的位移和应力变化,在模拟分层填筑前,将岩石地基自重作用下产生的自重应力作为初始应力场,岩石地基的形变场仅考虑后期路堤填筑过程的影响。具体计算时,按照路堤填筑的施工工序,进行分层填筑模拟计算。

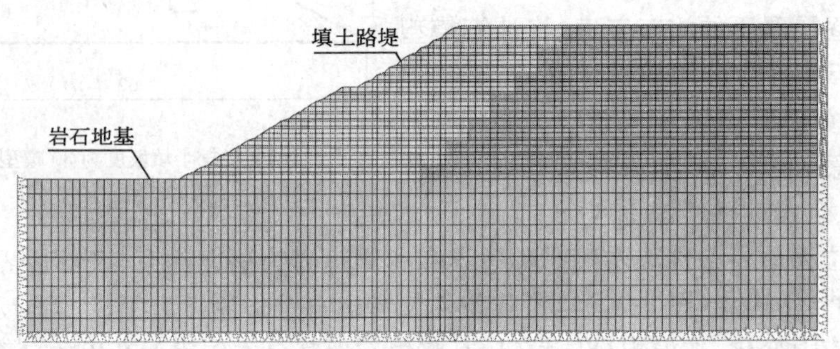

图 6-108　离散的有限元网格示意图及边界条件

6.4.7.6　路线穿越沟谷地形的情形

在高速公路线形设计中,经常会出现穿越沟谷的情形,为研究路线跨越沟谷对路堤沉降和变形的影响,设计了一侧坡度为 30°,另一侧为 45°的不对称沟谷(沟谷深 20m)作为研究对象。路堤断面形式如图 6-109 所示。

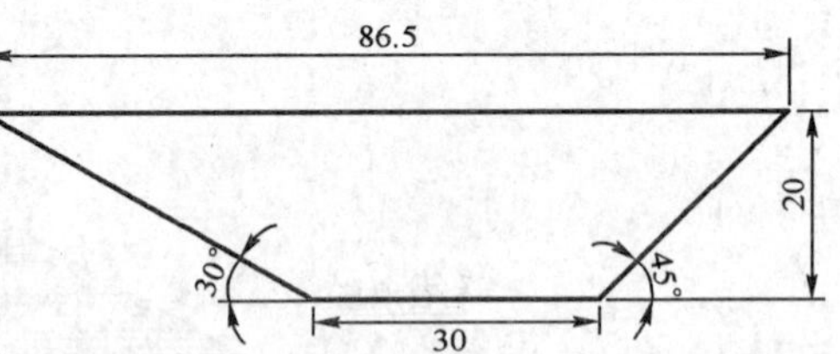

图 6-109　全填不对称沟谷路堤断面示意图
(一侧 30°,另一侧 45°)(尺寸单位:m)

如图 6-109 所示,模型的断面形式是不对称的,在建立有限元计算模型时,需建立整体模型进行计算。

建立有限元计算模型时,坐标系定义为:x 轴水平向右为正,y 轴垂直向上为正。有限元计算按平面应变问题考虑。为了尽量消除边界条件对计算模型中路堤填筑范围的影响和更好地模拟工程实际情况,将路堤下部视为岩石地基,在建模时分别沿路堤深度和宽度方向延伸 20m 和 12m 及 22m,则计算模型范围水平宽 120.5m,垂直向高 40m。

进行单元离散时，为了比较真实地反映实际路堤施工中逐层碾压的施工工序，将计算模型按照一层约0.5m进行分层模拟计算，而该路堤高度为20 m，计算模型共分为40层。离散的有限元计算网格示意见图6-110，计算模型共划分实体单元总数7 200个，节点总数7 743个。

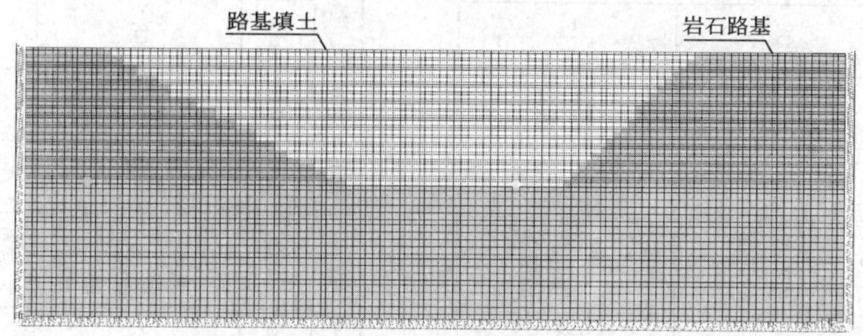

图6-110　离散的有限元网格示意图及边界条件

计算模型位移边界条件取左右两侧边界为法向约束，底部边界为固定支座约束，上部边界为自由边界(图6-110)，荷载条件仅考虑自重作用。为了真实地反映路堤填筑过程中的位移和应力变化，在模拟分层填筑前，将岩石地基自重作用下产生的自重应力作为初始应力场，岩石地基的形变场仅考虑后期路堤填筑过程的影响。具体计算时按照路堤填筑的施工工序，进行分层填筑模拟计算。

以上计算分析结果限于篇幅不再详细介绍，计算结果汇总于表6-27～表6-31。

计算模型位移边界条件取左右两侧边界为法向约束，底部边界为固定支座约束，上部边界为自由边界(图6-110)。荷载条件仅考虑自重作用。为了真实地反映路堤填筑过程中的位移和应力变化，在模拟分层填筑前，将岩石地基自重作用下产生的自重应力作为初始应力场，岩石地基的形变场仅考虑后期路堤填筑过程的影响。具体计算时按照路堤填筑的施工工序，进行分层填筑模拟计算。

6.4.8　结果分析与小结

针对20m全填土石混填路堤进行了详细的计算分析，分析了不同计算模型，不同P_5含量、不同密度、不同粒度组成以及含均匀和不均软弱基础的土石混填路堤的沉降变形规律。同时分析了填筑高度为30m的高路堤的变形规律(表6-27)，分析了斜坡路堤的情形(斜坡5°、10°、15°、20°，其中斜坡5°和10°模型分析过程略，详见表6-28、表6-29)，半填半挖模型(坡度为30°、45°)以及沟谷跨越(省略部分模型的分析过程，统计结果见表6-30、表6-31)的模型。

通过分析揭示了不同土石混填路堤的变形规律及其稳定性情况，可以得出以下结论：

(1)对于20m全填土石混填路堤的情形，其变形受土石混合料的密实度、粒度组成以及不同材料模型的影响。密实度越大，路堤的沉降值越小，路堤越稳定，密实度越差，路堤的沉降值就越大。不同粒度下，P_5越大，路堤的沉降变形量越少，稳定性越好。分析结果同时表明，路堤填筑材料的粒径越大，其沉降量也越大，因而在路堤的填筑过程中，应控制粒径的大小。对于填料不均的情形，路堤的沉降规律比较复杂，由于材料不均匀导致路堤出现大量的不均匀沉降，将可能导致后期路面的破损，因而应避免使用材料性质相差较大的填料。

(2)对于含软弱地基的情形，当软弱地基为对称分布时，其沉降变形为对称性的，分布均匀，软弱地基出现塑性区，并有贯通趋势。对于软弱地基厚度不均的情形，路堤的位移明显较大，并且不均匀沉降为主导，软弱地基出现大面积的塑性区，塑性区发展很容易导致路堤失稳。因而对于含有软基的路堤需要小心进行处理，特别是软基不均匀的情况。

表 6-27

全填土石混填路堤

路堤类型	坡高(m)	模型范围	单元数	节点数	最大沉降		最大水平位移		路堤表面最大沉降		坡肩位移		最大主应力		最小主应力		最大剪应力	
					mm	位置	mm	位置	mm	位置	水平 mm	垂直 mm	kPa	位置	kPa	位置	kPa	位置
全填路堤	20	(未延伸剖面) 延伸 20m 后,水平宽 68m,垂直高 40m	1 908	2 007	77	出现在路堤中部约 1/2 高度处	43	路堤高度一半靠坡面附近位置	18.2	路堤表面的最大沉降位于路堤中心线(对称线)位置	0.23	−2.7	435	路堤中心线的底部	−4.5	路堤坡面	102	岩石地基与路堤填筑体的交界面附近
	30	(未延伸剖面) 延伸 20m 后,水平宽 88m,垂直高 50m	3 618	4 045	161	出现在路堤中部约 1/2 高度处	92	路堤高度一半靠坡面附近位置	13.5	路堤表面的最大沉降位于路堤中心线(对称线)位置	0.38	−3.9	638	路堤中心线的底部	−2.7	路堤坡面	147	岩石地基与路堤填筑体的交界面附近

注:表中最小主应力为最小值,其值为负则为拉应力。

表 6-28

斜坡不设台阶土石混填路堤

路堤类型	坡度角(°)	模型范围	单元数	节点数	最大沉降		最大水平位移		路堤表面最大沉降		坡肩位移		最大主应力		最小主应力		最大剪应力	
					mm	位置	mm	位置	mm	位置	水平 mm	垂直 mm	kPa	位置	kPa	位置	kPa	位置
不设台阶开挖	5	延伸 20m 后,水平宽 124m,垂直高 40m	4 300	4 635	38	出现在路堤填土中部约 1/2 高度靠近两侧坡面位置处	38	路堤填土高度一半两侧坡面位置附近	7.3	路堤表面中部靠左坡面方向附近	左:−0.67 右:0.13	左:−2.4 右:−2.1	362	岩石地基坡面线中部高度略下周围填土	−11	左坡面中部附近	98	岩石地基坡面线中部略下周围填土
	10	延伸 20m、30m 后,水平宽 102m,垂直高 40m	4 317	4 621	41	出现在路堤填土中部约 2/3 高度靠近左坡面位置处	31	路堤填土高度一半靠近左坡面位置	6.1	路堤表面距左坡面 6m 范围	左:−0.65 右:0.084	左:−1.3 右:−0.96	289	岩石地基坡面线中部高度周围填土	−13	左坡面中部附近	86	岩石地基坡面线中部略下周围填土

表 6-29

斜坡设开挖台阶土石混填路堤

路堤类型	坡度角(°)	模型范围	单元数	节点数	最大沉降		最大水平位移		路堤表面最大沉降		坡肩位移		最大主应力		最小主应力		最大剪应力	
					mm	位置	mm	位置	mm	位置	水平 mm	垂直 mm	kPa	位置	kPa	位置	kPa	位置
设台阶开挖	15	延伸 17m、20m 后，水平宽 97m，垂直高 40m	4 723	5 071	29	出现在路堤中部约 2/3 高度处	23	路堤填土高度一半靠近左坡面位置	4.9	路堤表面距左坡面约 4m 位置	左：−0.79 右：−0.085	左：−1.66 右：−0.67	240	岩石地基台阶中部高度周围填土	−6.7	左右坡面中点高度附近	75	岩石地基台阶高度约一半周围填土
	20	延伸 20m、27m 后，水平宽 94m，垂直高 40m	4 808	4 995	20.08	出现在填筑路堤中部	9.01	出现在中下部的外鼓部分	3.96	出现在填筑路堤距坡顶 4m 处	0.916	2.20	185.42	出现在路堤与岩石地基交界面的中部	−3.31	出现在坡脚处	58.55	出现在路堤与岩石地基交界面的中部

表 6-30

半填半挖土石混填路堤

路堤类型	坡度角(°)	模型范围	单元数	节点数	最大沉降		最大水平位移		路堤表面最大沉降		坡肩位移		最大主应力		最小主应力		最大剪应力	
					mm	位置	mm	位置	mm	位置	水平 mm	垂直 mm	kPa	位置	kPa	位置	kPa	位置
半填半挖路堤	30	延伸 20m 后，水平宽 79m，垂直高 40m	3 608	3 956	28.24	出现在路堤中部约 1/2 高度处	20.23	出现在中下部的外鼓部分	4.03	出现在填筑路堤距斜坡坡顶 4m 处	−0.861	−1.52	213.97	出现在填筑路堤中间底部	−12.21	出现在坡脚处	71.78	出现在填筑路堤与岩石地基交界处的中部
	45 (1)	延伸 20m、30m 后，水平宽 102m，垂直高 40m	3 788	4 089	58.62	出现在路堤中部约 1/2 高度处	32.14	出现在中下部的外鼓部分	1.26	出现在填筑路堤距斜坡坡顶 5m 处	−1.09	−2.27	323.37	出现在填筑路堤中间底部	−10.19	出现在坡脚处	99.89	出现在靠近岩石地基的路堤底部

沟谷跨越土石混填路堤 表 6-31

路堤类型	坡度角(°)	模型范围	单元数	节点数	最大沉降		最大水平位移		填土面最大沉降		最大主应力		最小主应力		最大剪应力	
					mm	位置	mm	位置	mm	位置	kPa	位置	kPa	位置	kPa	位置
对称V形谷	20	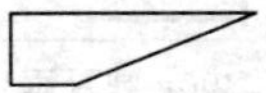 延伸 10m 后，水平宽 57m，垂直高 30m	2 200	2 417	21.67	路堤中心线上路堤高度约1/2 的位置	2.72	路堤高度 1/2 与岩石坡面交界处	7.21	路堤中心线上填土路基表面	227.97	位于路堤中心线的底部	−4.75	靠近路堤中心线的底部	55.27	靠近岩基的土体底部
	30	 延伸 20m、19.5m 后，水平宽 57.5m，垂直高 30m	2 200	2 417	21.8	路堤中心线上路堤高度约1/2 的位置	2.78	路堤高度1/2 与岩石坡面交界处	3.89	路堤中心线上填土路基表面	223.37	位于路堤中心线的底部	−3.02	靠近路堤中心线的底部	53.55	靠近岩基的土体底部
	45	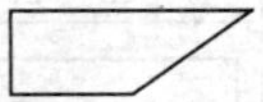 延伸 20m、27.5m 后，水平宽 57.5m，垂直高 35m	2 750	3 007	41.6	路堤中心线上路堤高度约1/2 的位置	5.04	路堤高度1/2 与岩石坡面交界处	1.04	路堤中心线上填土路基表面	338.36	位于路堤中心线的底部	−2.39	靠近路堤中心线的底部	78.59	靠近岩基的土体底部

续上表

路堤类型	坡度角(°)	模型范围	单元数	节点数	最大沉降		最大水平位移		填土面最大沉降		最大主应力		最小主应力		最大剪应力	
					mm	位置	mm	位置	mm	位置	kPa	位置	kPa	位置	kPa	位置
不对称V形谷	左侧20，右侧30	延伸20m、29.5m后，水平宽120m，垂直高30m	4 800	5 203	21.8	填土路堤高度约1/2、偏向30°坡一侧	2.78	30°边坡一侧路堤高度1/2与岩石坡面交界附近	7.676	填筑路基距20°一侧约39m处	223.34	路堤中心线的底部	−4.23	路堤中心线的底部	54.68	靠近岩基的土体底部30°边坡一侧
不对称V形谷	左侧20，右侧45	延伸20m、33m后，水平宽120m，垂直高30m	4 800	5 203	22.07	填土路堤高度约1/2、偏向45°坡一侧	2.72	45°边坡一侧路堤高度1/2与岩石坡面交界附近	7.5	填筑路基距20°一侧约47m处	223.2 2	路堤中心线的底部	−4.49	路堤中心线的底部	54.68	靠近岩基的土体底部20°边坡一侧
不对称V形谷	左侧30，右侧45（路堤高15m）	延伸20m、27.5m后，水平宽121m，垂直高35m 延伸20m、12m、22m后，水平宽120m，垂直高40m	6 000	6 473	41.56	填土路堤高度约1/2、偏向45°坡一侧	5.62	45°边坡一侧路堤高度1/2与岩石坡面交界附近	2.77	填筑路基距30°一侧约43.2m处	338.84	路堤中心线的底部	−2.84	路堤中心线的底部	80.14	靠近岩基的土体底部30°边坡一侧

(3)对于斜坡路堤和半挖半填路堤以及沟谷跨越路堤，这些路堤的沉降规律比较一致，均在岩土交界处存在一定的相对位移，这是由于土性和岩性的差异引起的，并且在土岩交界区域出现小范围的拉应力区，该区域的土石混合料容易出现拉裂破坏。

通过以上有限元计算和分析，得到了全填高土石混填路堤、斜坡不设开挖台阶土石混填路堤、斜坡有开挖台阶土石混填路堤、半填半挖路堤及V形谷填方土石混填路基等多种路堤(路基)的位移及应力计算结果。为了使计算结果更加明了，也为了使各种类型的路堤便于对比，现分别按全填高土石混填路堤(表6-27)、斜坡不设开挖台阶土石混填路堤(表6-28)、斜坡设开挖台阶土石混填路堤(表6-29)、半填半挖土石混填路堤(表6-30)及沟谷跨越土石混填路基(表6-31)五种形式将以上计算结果简要列表归类。

6.5 土石混填路基沉降变形现场观测

在山区修筑公路由于地形、地貌的复杂性，土石混填路堤成为一种常见的结构形式。土石混填路基由于填筑体的堤身较高，因填料自重应力引起的填筑体的自身压缩沉降及地基沉降较大。路面经常因填筑体的沉降过大，超出了路面结构层容许变形范围，导致路面无法正常使用，给公路运营带来不良影响。因此在土石混填路基的设计计算中，路堤沉降是一个重要的课题。

一般来说，观测目的及内容有以下4个方面。

(1)填方路堤高度可达30m以上，其对地基表面的竖向压力大于600 kPa，为了确保地基能在稳定状态下工作，有利于及时发现问题，施工中必须加以有效监测。

(2)采用土石混合料填筑路基，一方面填料之间不易嵌锁密实，路堤要做到密实、均匀、稳定，难度较大；另一方面填方路堤必须压实到弹性状态才可以保证路堤本身不发生过大的工后沉降；因此必须通过观测取得填土层沉降数据，揭示填土压实后的状态。

(3)填方路堤在公路运营过程中沉降规律的研究开展得很少，通过工程沉降观测可以取得大量数据，利于开展填方路堤沉降规律的研究。

(4)通过沉降观测数据的理论分析，进一步揭示路基在行车及自重荷载作用下的压缩规律。

通过对填方路堤进行施工期以及工后的沉降观测，从而分析填方路堤施工期及工后的沉降规律。

6.5.1 路基沉降观测需要获取的数据及技术方案

1)施工期路基的沉降数据

通过这部分数据可以分析填土在自重荷载作用下的不均匀沉降变形情况。

2)竣工后路堤表面的沉降数据

通过这部分数据可以分析土石混填路基在工后环境、荷载作用下的沉降变形情况，一方面可以论证施工期压实工艺的效果；另一方面可以研究填土的工后蠕变特性。

6.5.1.1 采用光学仪器观测路基表面变形

路基表面变形观测包括垂直位移观测和水平位移观测。在公路工程中垂直位移一般又称为沉降，水平位移一般指路基横向水平位移。路基表面沉降一般采用水准仪观测，路基横向水平位移一般采用经纬仪或全站仪观测，配合活动觇标观测。一般每个路基选择2～3个典型断面，从路基填筑开始，设置固定的观测点。在路基施工影响以外区域设置2～3个观测基点，在观测时一般只采用一个固定基点，其他基点作为校核使用。

随路基施工，每隔一定的时间观测一次，直至路基完工后1年左右变形趋于稳定为止。

6.5.1.2　采用GPS定位系统观测路基沉降

近年来，工业、交通、能源和建筑系统等各部门都引进了GPS接收机，促进了GPS技术在我国的发展。其在土木工程领域的应用主要表现在大坝、公路勘测、桥梁、隧道等方面的测量及定位控制。

GPS是英文Global Positioning System的缩写，即全球定位系统。它是美国国防部为陆、海、空三军研制的、利用卫星发射的无线电信号进行导航定位的系统，具有全球、全天候、实时的导航定位功能，能为用户提供高精度的七维信息(三维位置、三维速度、一维时间)。

GPS系统包括三大部分：空间部分，GPS卫星星座地面控制部分，地面监控系统用户设备部分。GPS信号接收机和GPS卫星的基本功能是，接收和储存由地面监控站发来的导航信息，接收并执行监控站的控制指令，利用星载微处理机进行必要的数据处理工作，通过星载高精度的铷钟和铯钟提供精密的时间标准，向用户发送导航和定位信息，在地面监控站的指令下，通过推进器调整卫星的姿态和启用备用卫星。

采用GPS进行沉降观测的主要仪器是GPS信号接收机。GPS信号接收机的任务是能够捕获到按一定卫星高度截止角所选择的待测卫星的信号并跟踪这些卫星的运行，对所接收到的GPS信号进行变换、放大和处理，以便测量出GPS信号从卫星到接收机天线的传播时间，解译出GPS卫星所发送的导航电文，实时地计算出测站的三维位置甚至三维速度和时间。静态定位是GPS接收机在跟踪GPS卫星的过程中固定不变，接收机高精度地测量GPS信号的传播时间联同GPS卫星在轨的已知位置，从而解算出接收机天线所在位置的三维坐标。静态定位的特点是，多余观测量大，可靠性强定位精度高，但观测时间较长。动态定位是用GPS接收机测定一个运动物体的运动轨迹，通常将GPS接收机所位于的运动物体叫做载体。载体可以是陆地车辆、河海舰船、空中飞机等，载体上的GPS接收机在跟踪GPS卫星的过程中，相对地球而运动。接收机用GPS信号实时地测得运动载体的状态、参数、三维位置、三维速度及时间GPS。用户设备由接收机机体、机内软件和GPS数据后处理软件包构成。GPS接收机机体结构分为天线单元和接收单元两大部分。天线单元由接收天线和前置放大器两个部件组成，接受单元由信号波道存储器、计算与显示器等组成。对于测地型接收机来说，观测时将天线单元安置在测站上，接收单元置于测站附近适当的地方，用电缆将两者连接成一个整机，也有的将天线单元和接收单元制作成一个整体，观测时将其安置在测站点上。GPS接收机一般用蓄电池作电源，甚至采用机内和机外两种直流电源。设置机内电池的目的，是更换外电池时不中断连续观测。在用机外电池的过程中，机内电池自动充电，关机后机内电池继续为RAM存储器供电以免数据丢失。

在渝黔高速公路部分土石混填路基沉降变形监测中，采用了GPS定位技术。

目前，国内引进了各种类型的GPS测地型接收机，其双频接收机的精密相对定位精度可达5mm+1·Dppm，单频接收机在一定距离内定位精度可达10mm+2Dppm。各种类型的GPS接收机体积越来越小，重量越来越轻，便于野外作业。

采用GPS接收机观测路基沉降的步骤：

(1)根据路基施工基准点，确定沉降观测基点。一般选择2个基准点，采用GPS接收机对基准点做长时间测量3次，每次测量时间不小于5h。

(2)沉降板的埋设。确认沉降板可自由沉降，不受路基边坡护坡等结构物影响。

(3)采用GPS接收机进行路基沉降观测，一般采用3台以下GPS接收机进行观测，如有3台以上接收机，可用两台进行基准点测量，形成固定基线，以提高测量精度。对路基沉降观测，一般采用静态观测，每个测点同时观测时间不少于10min。

(4)将观测数据导入计算机中，进行数据处理，主要步骤有基线解算、观测数据平差等。

(5)将观测结果填入统一观测表格中，与历次观测结果进行对比。如发现数据异常，应及时找出原因；如是因为现场观测原因，应及时进行补测。

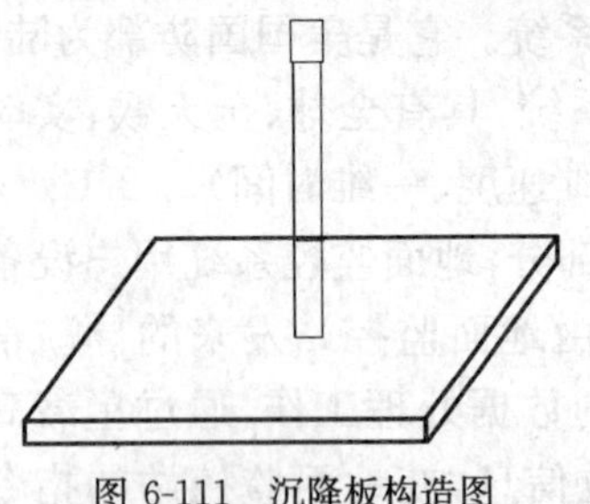

图 6-111 沉降板构造图

6.5.1.3 采用沉降板观测路基沉降

1)沉降板构造

沉降板板块选用15mm厚钢板，尺寸为30cm×30cm，沉降管选用钢管，其构造如图6-111所示。

2)观测仪器设备

沉降观测一般采用带测微装置的精密水准仪。

3)沉降板的埋置及沉降管套接方法

沉降板埋设在所需观测地基或路堤分层的表面。首先在该表面填筑一层填土，压实完后，由施工人员人工开挖(或辅助以小型机具)至原层次表面，挖孔尺寸为1.0m ×1.0m，埋设第一块沉降板。用水准尺调整沉降板使镀锌管垂直，然后用水准仪测量沉降管顶高程，回填到开挖前高程，沉降管顶端将会在开挖前面层下10cm左右处，防止在上一层填筑时填料和机械对它的碰撞。镀锌管的顶端用钢盖盖住管口，防止土填料落入空心管中。以后其上每进行一层填土和压实，都按上述方法人工挖洞找出下一层的镀锌管，再套接相应长度镀锌管，并在管口盖上钢盖。

4)沉降板的观测方法和要求

沉降点布设时，首先需计算出各个断面处的路中线和路基边线各个沉降点的坐标，在埋置沉降板时，应利用导线点对各个沉降点进行实地放样，以确保各个沉降点确实处于路基中线和边线上；另一方面还可方便今后沉降点的找寻。

观测时需注意以下各点：

(1) 采用后—前—后的观测程序，两次后视读数较差不应超过1mm，取平均读数为计算值。

(2)视线长度不应超过100m，且前后视距差不应超过5.0m。

(3)沉降观测的路线、观测的季节以及所使用的仪器和标尺应相对固定。

(4)在施工期间，需要有专人对测杆进行安装、保护和监测，测量标志一旦遭受碰损，应立即复位并复测。

(5)为快速、准确找寻测点，每测点宜用全站仪观测其平面位置并做记载，外业观测数据记录清晰、规范并妥善保管，不得遗失。

6.5.1.4 采用沉降杯法测路基内部沉降

沉降杯法观测路基内部沉降量的方法，是利用液体在连通管两端口保持同一水平面的原理制成。沉降杯用外径ϕ20cm，高约35cm的有机玻璃筒或防锈处理的钢管制成，沉降杯底部设有带保护送流水管、通气管、排水管的底座；另一端量测板上安装有玻璃管，为溢流水管的量测管。通气管和排水管的终端也固定在量测板上，并设有阀门以控制进水及排气，见图6-112。

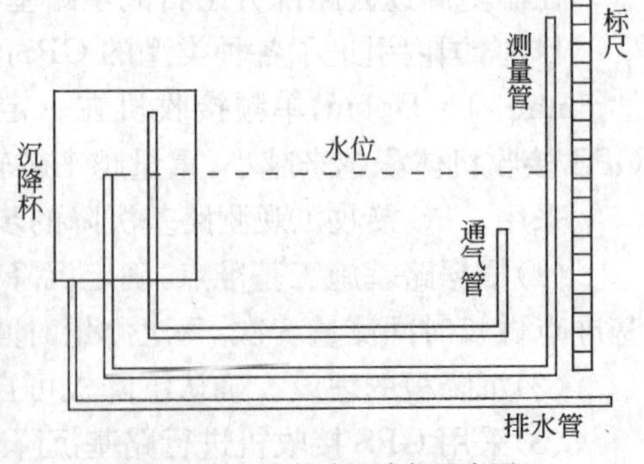

图 6-112 水管式沉降仪示意图

当测知连通管一个端口的液面高程时，使可知另一端口(测点)的背面高程,前后高程之差,即为被测点的沉降量。

6.5.1.5　路基内部断面变形沉降的观测

路基断面变形一般采用测斜仪进行观测,测斜仪一般采用石英挠性伺服加速度计作敏感元件。

测斜仪主要由斜度测头、导管及测读系统组成。导管由铝合金制造,导管的断面形式及测斜仪工作原理见图 6-113、图 6-114。

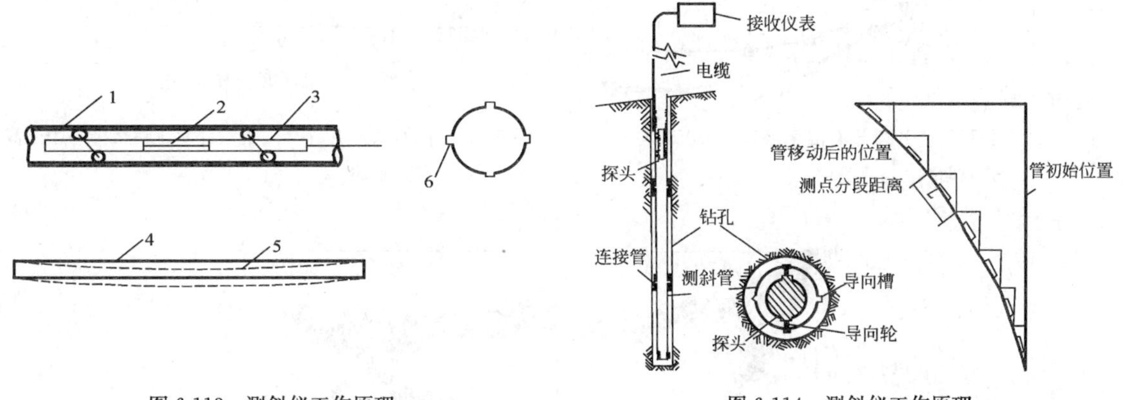

图 6-113　测斜仪工作原理

1-导管;2-感应元件;3-测头;4-测斜管原始位置;5-变形后的测斜管;6-导槽

图 6-114　测斜仪工作原理

测头由导轮嵌入导槽内滑动,自一端部固定点起,记录每段量程的倾角,在图上逐段描绘,即可得出路基变形后的剖面,与初始值对比,能直观地看出不同时期、不同高程路基的法向变位,并可由此计算出各点的垂直沉降。

6.5.2　路基变形观测实例

6.5.2.1　昆石高速公路 K27 土石混填路基沉降观测结果

昆明～石林高速公路是国道主干线二连浩特～昆明～河口、衡阳～南宁～昆明及国道 324 线交汇段,是昆明通往滇东、滇南及边境和出海的主要运输通道。路线全长 70 余公里,路线通过重山丘区,全线有高填方路基、半挖半填路基多处。为了了解路基施工期沉降和工后沉降发展规律,对昆石路典型土石混填路基进行了断面不均匀沉降观测和工后沉降观测。

沉降观测点选择了昆石高速公路试验路段中 K27＋700 断面,路基中线处最大填方高度分别为 21.56m,如图 6-115 所示。

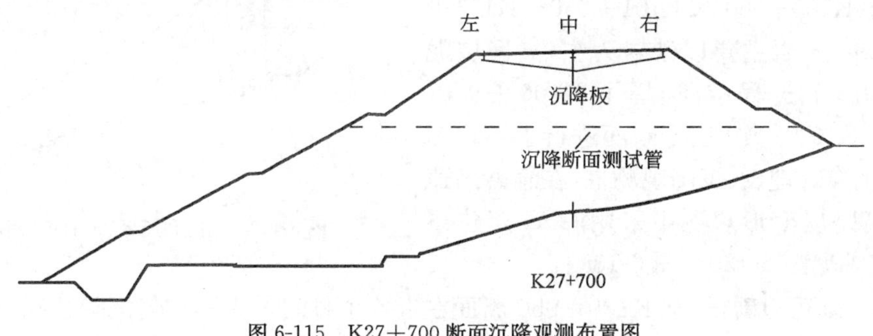

图 6-115　K27＋700 断面沉降观测布置图

从路基填筑完工开始，对K27填高路基三个断面进行了历时1年多的沉降观测，观测结果如图6-116～图6-118所示。

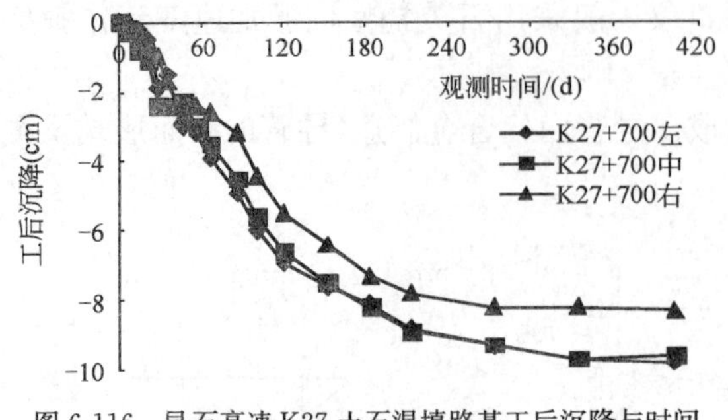

图6-116 昆石高速K27土石混填路基工后沉降与时间关系曲线

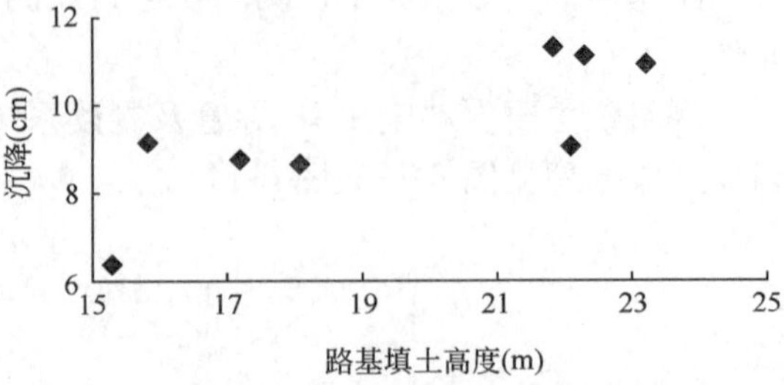

图6-117 昆石高速K27土石混填路基工后沉降与填土高度关系曲线

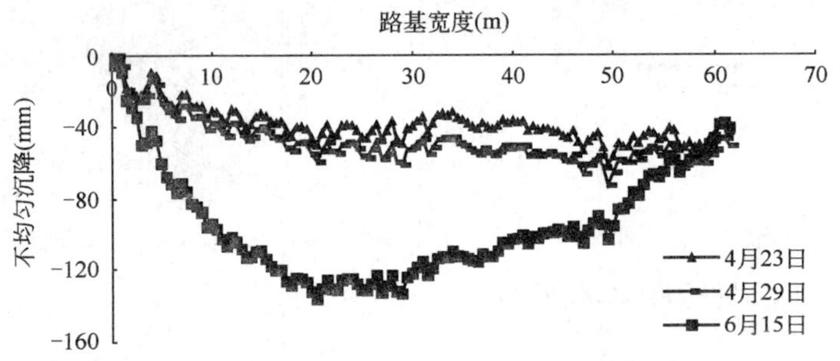

图6-118 昆石高速K27+700断面施工期不均匀沉降观测成果

从历时1年多的沉降观测曲线可以看出，路基工后沉降随时间缓慢增加，其曲线形状与模型试验相近，总体上示范工程填方路基工后沉降量是比较小的。从沉降曲线中可以看出，路基完工后8个月左右，路基沉降趋于稳定。通过沉降观测曲线可以确定路基合理预压时间，以及基层和路面施工最佳时间。如果在路基沉降快速上升期铺筑基层和路面，则剩余未完成的工后沉降量将导致路面和基层的附加应力或应力集中，造成路面的早期破坏，影响行车安全和道路使用效率。在路基工后沉降稳定期铺筑基层和路面，预留时间进行预压，可以避免路面和基层由于不均匀沉降而导致的早期破坏。

从图6-118可以看出，随时间的增加，在路基横断面中产生了约13cm的不均匀沉降。

6.5.2.2 渝黔高速公路K100土石混填路基沉降监测

选择K100+800～K101+050土石混填路基，该路基为一陡斜路堤，路基中线处最大填方高度为21.96m(图6-119)。路基填料主要为K100+520～K100+760和K101+050～K101+280挖方弃料，原岩主要以砂岩为主，夹薄层泥岩。在路基施工过程中，选择了K100+950、K100+980、K101+010三个断面进行了不均匀沉降观测，沉降管埋设、沉降观测桩，在渝黔高速土石混填高路堤变形观测中采用GPS定位系统。观测结果见图6-120～图6-131。

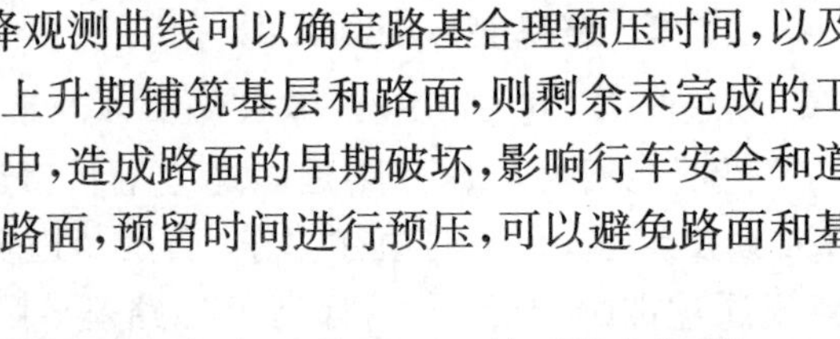

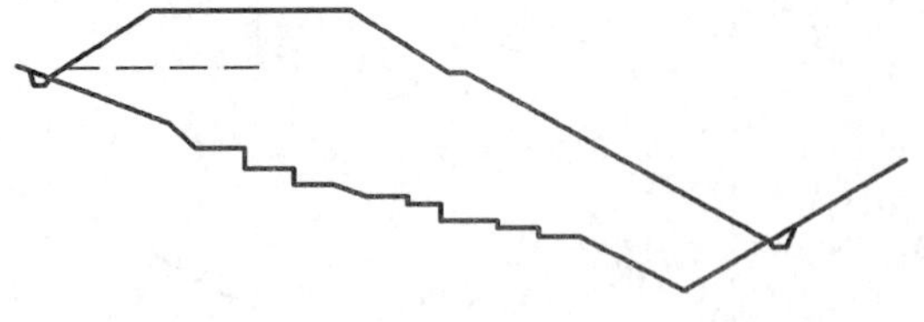

图6-119 渝黔高速K100+950断面图

从图6-120可以看出，从K100+950断面在近4个月间最大不均匀沉降达到了17cm。沉降管上部填土高度为7m，由于上部荷载的增加与时间延续，路基不均匀沉降开始发展较快，随后发展速度变慢，不均匀沉降量缓慢增大。由此可见，影响不均匀沉降的主要因素是填土高度和地基地形。

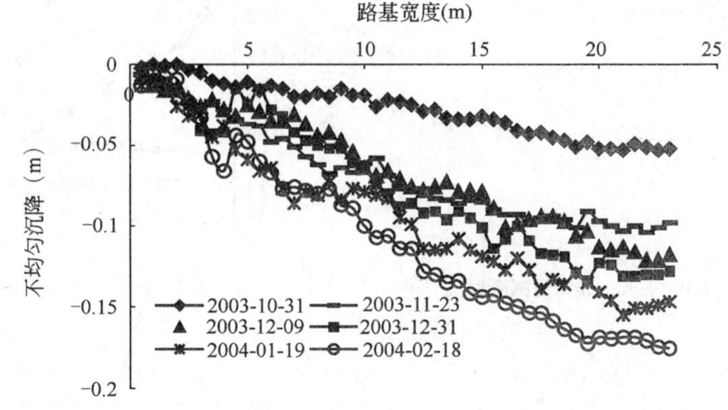

图 6-120　K100＋950 断面不均匀沉降

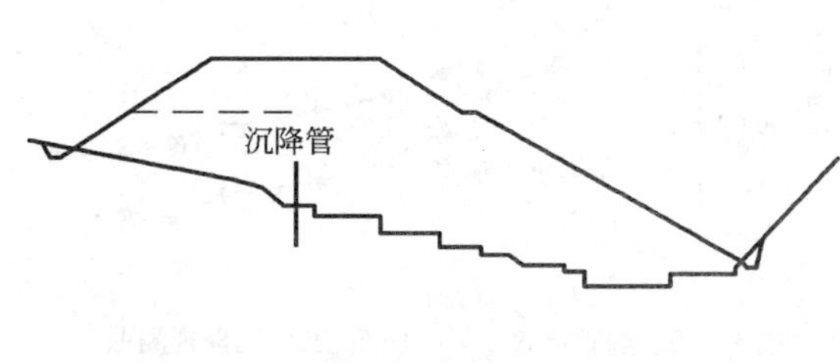

图 6-121　渝黔高速 K100＋980 断面图

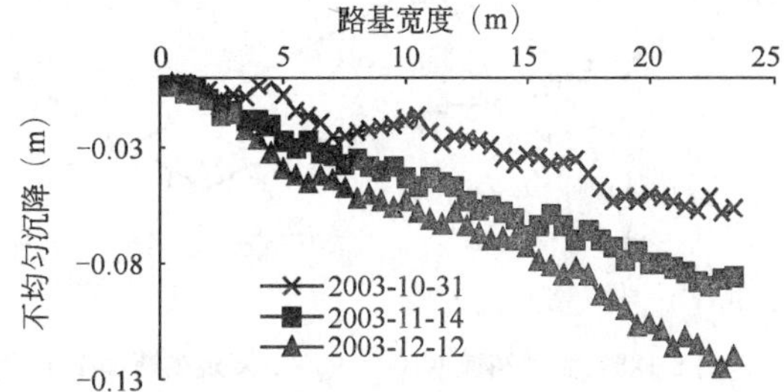

图 6-122　K100＋980 断面不均匀沉降

图 6-123　采用 GPS 进行路基沉降观测

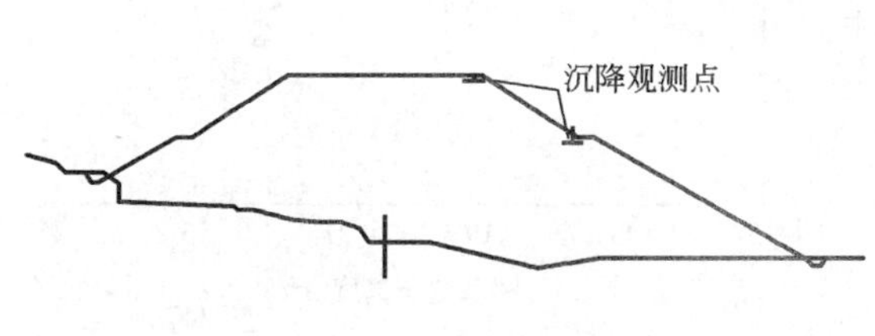

图 6-124　渝黔高速 K100＋850 沉降观测断面图

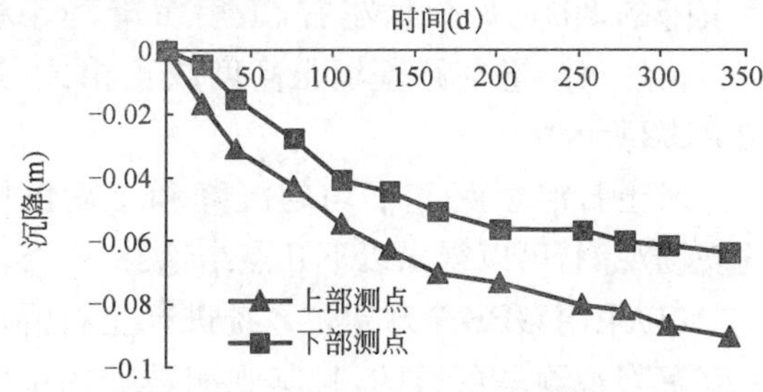

图 6-125　渝黔高速 K100＋850 工后沉降观测曲线

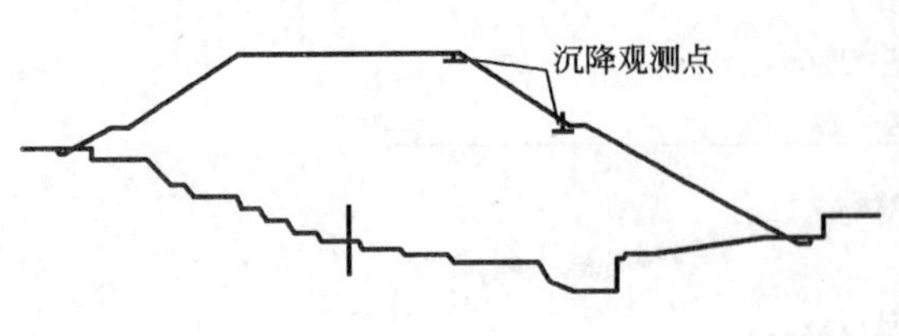

图 6-126　渝黔高速 K100＋900 沉降观测断面图

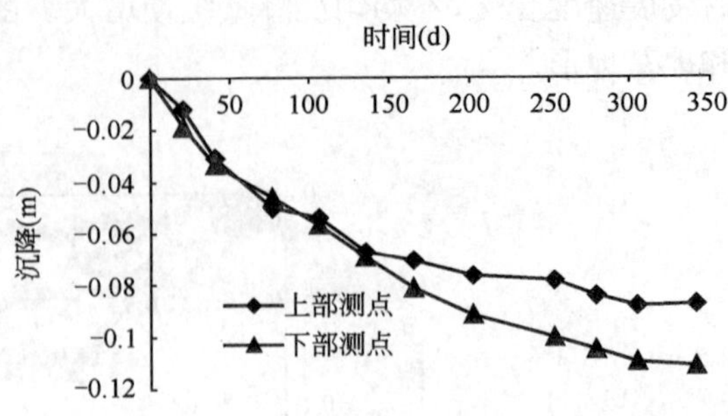

图 6-127　渝黔高速 K100＋900 工后沉降观测曲线

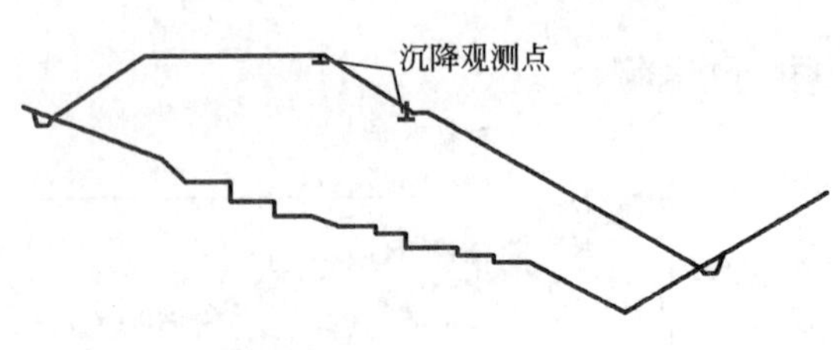

图 6-128　渝黔高速 K100＋950 沉降观测断面图

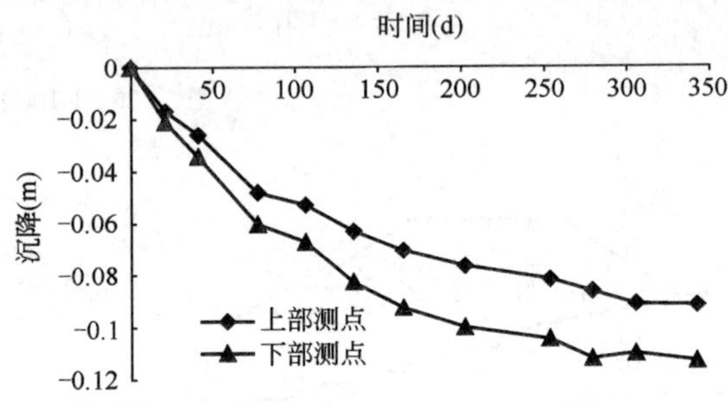

图 6-129　渝黔高速 K100＋950 工后沉降观测曲线

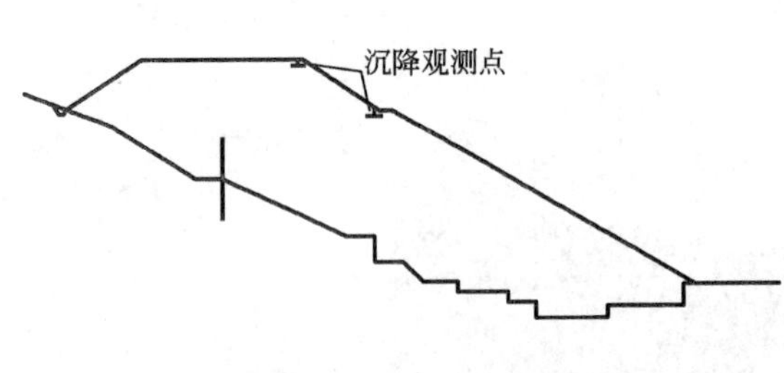

图 6-130　渝黔高速 K101＋000 沉降观测断面图

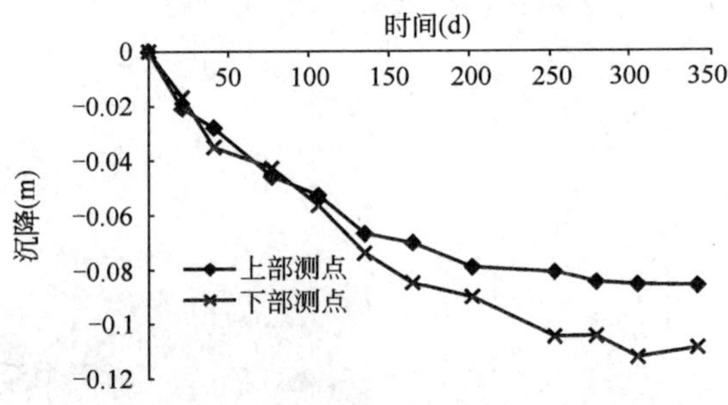

图 6-131　渝黔高速 K101＋000 工后沉降观测曲线

从图 6-125、图 6-127、图 6-129、图 6-131 可以看出，渝黔高速示范工程土石混填路基的工后沉降率在 0.3％～0.55％之间，这比室内二维地质力学试验结果要高一些。同时其工后沉降发展较快，大约在 6 个月左右，可完成全部工后沉降的 80％，8 个月左右，工后沉降趋于稳定。工后沉降量与路基填土高度成正相关，如图6-132所示。

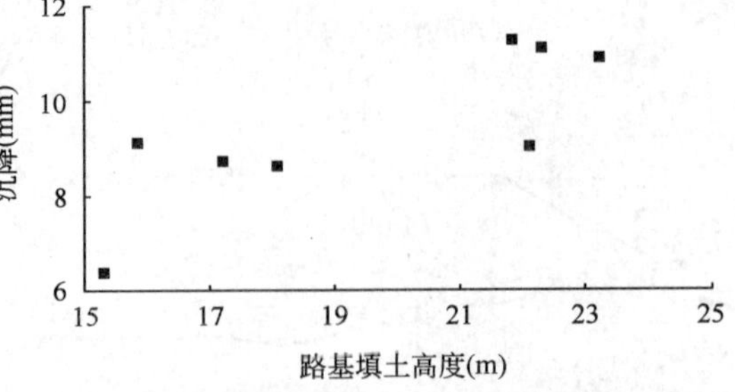

图 6-132　渝黔高速 K100 土石混填路基工后沉降与填土高度关系曲线

对土石混填路基不均匀沉降和工后沉降的现场观测，可以得出以下几点结论：

(1)采用 GPS 全球定位系统进行土石混填路基沉降观测是可行的，且其观测数据的稳定性要优于传统观测方法。

(2)地基坡度影响土石混填路基不均匀沉降的主要因素。

(3)土石混填路基自身工后沉降一般在路基填筑完工后 6 个月即可完成全部工后沉降的 80%。

(4)路基水平位移值与地基坡度和路基高度密切相关,随地基坡度和路基高度的增加,路基水平位移随之增大。

(5)示范工程工后沉降观测结果表明,土石混填路基工后沉降率一般在 0.3%～0.55%之间。

第 7 章　土石混填路基稳定与变形计算方法

要保证高等级公路修筑质量，必须充分认识土石混合料的工程性质，进行较深入的探讨和研究。公路中的土石混合料大部分是路堑开挖，部分是料场开挖的土石混合料，由于土石混合料的孔隙比大，压缩性高，在外荷载作用下将产生较大的变形。过大的沉降或沉降差会影响路面的平整度、公路线形上的平顺流畅及路面结构的稳定性。因此，土石混填路基沉降计算方法的可靠程度在公路建设中已显得十分重要。

就公路行业而言，国内在高等级公路方面采用土石混合料填筑路基积累的数据和经验很少，但是在筑坝领域，采用土石混合料筑坝是一项较为成熟的技术，土石坝与公路土石混填路基相比有许多相同或相似的地方，例如在填筑材料、施工工艺、检测技术方面基本相同。因此，我国众多土石坝和面板堆石坝工程的成功经验，对于修筑土石混填路基具有广泛的参考和借鉴价值。但是需要指出的是，与土石坝工程相比，土石混填路基具有其自身特点。

(1)土石坝的坝址一般选择在地基条件良好，甚至修建在基本不产生压缩变形的基岩上；而作为线状的公路工程，线路经过的地质条件复杂，甚至很大一部分处于不良地质和地基承载力不足地区。

(2)土石坝坝址固定、料场固定，用以填筑的土石料来源单一，土石料的颗粒级配相对稳定，土石料的最大干密度、碾压参数容易控制；而公路土石混填路基土石混合料来自公路沿线挖方，土石混合料的开采、配制工艺相对难以控制，级配变化大，最大干密度变化大，路基碾压参数变化可能比较大，这导致土石混填路基的质量控制相对而言比较复杂。

工程实践证明，由于具有一定级配的颗粒形成骨架的土石混合料具有较好的稳定性，土石混合料具有足够强度能够维持较陡边坡的稳定性。土石混填路基的主要工程问题是路堤变形以及随之而来混凝土路面面板断裂或沥青路面破坏。因此，变形控制已成为土石混填路基设计的核心问题之一。近年来，路基应力、应变有限元分析发展较快，已有不少平面和空间有限元计算程序，考虑因素也越来越完善，并促进了土石混合料变形性质的试验研究。但所取得的计算结果尚缺乏可靠的原型观测验证，仅能定性地说明一些问题，供定量参考。目前工程设计中还是以采用工程类比法来算土石混填路基变形的经验方法为多。

由于土石混合料性质变化较大，在土石混填路基的施工过程中，往往采用相同的施工碾压工艺，造成土石混填路基性质不均。另外，随着路堤高度的增加，地基所受荷载强度越来越大。例如：一些公路土石混填路堤高度已超过 40m，在自重荷载作用下，路基应力达 800kPa 以上，一般常用的沉降计算方法显然不适用。以目前两种常用的基于压缩曲线的分层总和法和基于各种固定模量的分层总和法为例，一般的压缩试验的最大荷载为 400kPa，达不到高路堤的荷载要求，试验不能反映土体在更大荷载作用下的变形特征，因此试验结果不能用于大荷载下地基的沉降计算；而以固定的模量值为特征的线弹性模型，只适用于不发生屈服的沉降计算，这类方法难以满足大荷载作用下土体沉降计算的精度要求。因此弹塑性模型是解决大荷载条件下地基沉降计算问题较为理想的途径，但是，弹塑性模型本身处于发展之中，用于实际工程存在不少困难。非线性弹性模型是为了避免采用弹塑性模型的一种方法，它能够模拟土体发生屈服以后的非线性变形性质，在很多情况下能够解决土体变形计算的实际问题。

因此，通过对土石混填路基，特别是高土石混填路堤和陡斜土石混填路堤稳定性计算方法及稳定性要求的研究，得出切实可行的计算方法和合理的稳定性指标，为保证路堤稳定性提供理论依据。同时，研究土石混填路基沉降规律，不仅可以加深对土石混填路堤沉降特性的认识，指导公路建设，而且能对土石混填路堤沉降计算理论作有益的探索。

7.1 土石混填路基边坡稳定性分析

公路路堤具有倾斜坡面，当由于各种自然因素或人为因素的作用而破坏了路堤边坡的力学平衡时，边坡就要沿着其中某一滑动面发生滑动，工程中称这一现象为滑坡。所谓边坡的稳定性分析，就是用土力学的理论来研究发生滑坡时滑动面可能的位置和形式、滑动面上的剪应力和抗剪强度的大小、抵抗下滑的因素分析以及如何采取措施等问题，以评估路基边坡是否安全，设计的坡度是否符合技术和经济的要求。

路基的稳定分析主要为静力稳定分析，一般不考虑动力稳定分析。20 世纪 70 年代初，几乎全部根据极限平衡的原理进行；70 年代末，随着土的本构理论与计算机的发展和应用，开始应用有限元方法来分析路基的稳定。由于极限平衡分析法的简单和运用它来判定土体稳定的成熟经验，同时有限元法尚处在发展之中，因此至今仍是分析路基稳定的主要方法。

极限平衡法因其计算模型简单、计算方法简便、计算结果能满足工作需要等优点，而仍然被认为是边坡工程分析与设计中最主要的，且最有效的实用分析方法，并为各国规范所采用。

7.1.1 路堤稳定性的主要影响因素

由于路基的作用重要，除要求路基设计有正确合理的断面尺寸以外，还应满足以下基本要求。

1)具有足够的整体稳定性

路基是直接在天然地面上填筑或挖除部分地面而建成的。路基修建后改变了原地面的自然平衡状态。为防止路基在行车荷载及各种自然因素作用下，发生过大的变形(高程和几何形状)和破坏，必须针对当地具体情况，采取一定的措施来保证路基整体结构的稳定性。

2)具有足够的强度

路基的上层要与路面共同作用，来抵抗行车荷载和路基路面自重产生的变形。所以路基的强度是指路基抵抗变形的能力。路基的变形常占路面总变形的较大部分，路基过大的变形，会降低路面的使用品质，甚至会造成路面的损坏。因此，为保证路基在荷载作用下，不致产生超过容许范围的变形，要求路基应具有足够的强度。

影响高路堤稳定的主要因素有如下几点。

1)地基固结沉降

当地基为软基时，由于其固结沉降需要一定的时间才能完成，特别在软基较厚时，若面层施工前，地基固结沉降尚未完成，则其较大的工后沉降就会引起路面的损坏。对高路堤而言，尤其是土石混填高路堤，土石混合料的压实密度一般比土的压实密度要大一些，因此相同高度的土石混填路基施加给地基的荷载要大于普通的填土路基。因此软基的概念仅仅是相对的，同样的地基，在低填方为良好地基，但对高路堤，却可能表现为类似于软基的固结沉降甚至失稳破坏。为了保证土石混填高路堤的稳定，必须了解、掌握相应的地基土物理状态指标及其力学变形指标，并提出相应的处理方案。

2)路堤本身的变形

(1)路堤自身压缩引起沉降。当土石混合料压实度不足或混入不良土质时，路堤本身会产生竖向压缩变形而引起沉降。对高路堤而言，即使土石混合料的质量和压实度均满足要求，但由于仍存在空隙，在雨水渗流及上部荷载的作用下产生竖向压缩变形，若这一变形有很大部分在工后发生，则路面的损坏不可避免。由这一原因引起的沉降可通过选择合适的级配、填土方法和提高压实度进行解决。

(2)边坡不稳定引起路堤差异沉降。路堤边坡为永久性边坡，为节约土地和资金，将坡度尽量取大值，降低了边坡的稳定性，并增加了边坡压实的施工难度。对土石混填高路堤而言，尽管填料的强度能满足路基稳定的要求，但路堤边坡潜在的滑动面仍使边坡存在滑动的趋势，特别在雨水渗流或冲刷的作用下，这一现象更为明显，从而引起高路堤的较大侧向位移或沉降。另外，在分层碾压过程中，设备不能靠近路边，加之边坡部位的失水和侵水性都较高，难控制最佳含水率，造成边坡部位很难达到设计压实度。特别在大型机械的动载加压下，边坡填料易产生横向蠕动，并沿坡面方向产生位移，不但降低压实度，而且边坡内部产生纵向裂隙，填方越高，此现象越严重。路堤完工后，在雨水渗入或毛细水作用等影响下，使边坡转化并连续向公路中线方向发展，造成路堤纵向裂纹并下沉，尤其路肩部位更为严重。

山区土石混填高路堤地基有以下几种情况：一是全为基岩；二是原地面土层很薄，经过处理后，力学性质很好，变形模量很大，变形很小，可以忽略；三是原地面土层很厚，在上覆填筑体的作用下，变形很大。前两种情况，基岩和薄土层的变形微小，填筑地基的变形主要为填筑体的变形。

地基稳定性无论对填土路基还是土石混填路基都是至关重要的，但地基稳定性对土石混填路基的影响或敏感性则更为突出。土石混填路基接近于半刚性，主要靠土石混合料颗粒间的嵌锁而构成强度并保持其稳定性，其要求地基的强度较高且分布较均匀，一旦地基失稳甚至局部失稳或沉降，都会导致整个土石混填路基内部产生应力重分布，破坏其已有的嵌锁状态和稳定性，寻求新的嵌锁状态和稳定性，从而导致纵向开裂现象或局部沉陷现象。

7.1.2 路基稳定性分析内容与方法

公路路堤的稳定性一般指边坡的稳定性，其稳定分析一般采用极限平衡原理的近似分析法。通常，公路路基设计只从边坡滑坍的角度，并根据土石混合料的性质、边坡坡度、路基宽度和高度以及水文情况等方面进行综合考虑。对土石混填高路堤，必须进行稳定性验算。

路基的稳定性，包括路堤边坡的稳定性分析、路基下地基的稳定性分析、路堤及地基的变形稳定性分析。对于高路堤，稳定性分析显得更为重要。边坡的稳定性是以避免边坡滑坍可能性的安全度指标来衡量，通常用安全系数表示。路基下地基的稳定性是指在路堤及车辆荷载作用下，地基土层抵抗外荷载引起的剪切破坏的安全程度，它可以通过地基内某点的应力与强度乃至地基应力与整体抗滑动(剪切)的承载能力来判断。变形稳定是指路堤自身的变形和外荷引起的地基变形。当这两类变形很小，不至于引起行车安全及其他相关问题，或满足某一确定的值以保证路面的平整度，则认为是稳定的。如果以上三个方面的稳定有任一方不能满足时，则路堤是不稳定的。

边坡稳定性分析，又分为黏性边坡和非黏性边坡路基下地基的稳定性分析。

在土石混合料路堤荷载及行车荷载作用下，路堤下地基也应满足稳定条件，否则地基内将会出现破坏，引起地基内部滑动并导致破坏。假设在填土荷载等作用下，地基内部引起的附加应力为 σ_z，地基土的自重应力为 σ_{zs}，地基的稳定条件应该满足：

$$\sigma_z + \sigma_{zs} < p \text{ 或 } \sigma_1 < \sigma_3 \tan^2\left(45° + \frac{\varphi}{2}\right) + 2c\tan\left(45° + \frac{\varphi}{2}\right) \tag{7-1}$$

式中：p——地基土的承载能力；

σ_1、σ_3——地基土层内任一点在自重及外荷作用下的主应力。

土石混填路基稳定性计算主要有以下 3 个部分：土石混合料强度参数的确定、静力计算方法和确定要求的安全系数值。

土石混填高路堤边坡稳定问题至关重要，如果压实和防护施工不当，将产生滑移开裂、坍塌等病害，造成路基路面破坏。

土石混填路基破坏时，在路基内部将形成一滑动面，滑动面的形状与土石混合料的性质有关，对于常用的具有较大内摩擦角和较小内聚力 c 的土石混合料，当填方路段地基情况良好，无软弱层时，可视滑动面为近似平面，即可采用直线破裂滑动面进行计算。

极限平衡法，近似地把岩土看做刚塑性材料，计算路堤边坡体在破坏面（又称滑动面或剪切面）上达到极限平衡状态时的安全系数，以判断其稳定性。在计算安全系数时，将材料的强度下降到坡体开始失稳（满足极限平衡条件）为止，而材料强度的降低倍数（储备系数）即为安全系数。

对土石混填路基，其破坏面一般是未知的，只有对陡坡路堤才对已知陡坡面进行稳定性计算。当可能的滑动面不止一个时，应分别计算各自的安全系数，取其中最小值作为该坡体实有的安全系数。

路基是一种线形结构物，通常沿道路纵向截取单位长度（1m）进行稳定性分析计算，并对前后两个竖直截面上的力不予考虑（偏于安全），这样就把路基稳定性作为平面问题来研究。路基边坡稳定性分析常用方法，主要有滑动面法和以有限元为主体的应力应变分析法。

滑动面法，就是研究路基会不会沿着某一假定的结构面坍滑，即将路堤侧土石混合料的凝聚力和内摩擦角所决定的抗滑力和使其产生坍滑的滑动力进行比较。抗滑力在坍滑过程中认为是不变的，并假定整个滑动面同时发生破坏。

应力应变分析法依据弹性理论或弹塑性理论进行分析，它不仅弥补了滑动面法的缺点，而且把应力和应变同时作为分析的对象，是一种很好的分析方法。但对于设计者来说，对每一路堤进行有限元分析，工作量大，而且也不好进行规范，所以在设计中还是普遍采用滑动面法。表 7-1 为边坡稳定性分析方法汇总表。

边坡稳定性分析方法汇总表 表 7-1

方法类型与名称	适用范围说明
瑞典条分法（1927）	滑动面为圆弧滑面，条块间作用合力平行滑面。适用于均质土坡，通过搜索来确定最危险滑面。可计算获得安全系数
毕肖普法（1955）	非圆弧滑面。条块间作用力水平，条间切向力 X 为零，适用于均质土坡或层状土坡。通过迭代计算获得稳定系数
简布法（1956）	非圆弧滑面。假定条间推力作用点满足全部静力平衡条件。适用于土坡和似均质岩质边坡，可用来校核特殊形状滑裂面的边坡稳定性。通过迭代计算获得稳定系数
斯宾塞法（1967）	圆弧滑面，假定条间切向力 X 与法向力 E 的比值为一给定常值，满足全部静力平衡条件，适用于土坡。通过迭代计算获得稳定系数

续上表

方法类型与名称	适用范围说明
摩根斯坦—普赖斯法(1965)	非圆弧滑面。条间切向力 X 与法向力 E 的比值存在与水平方向坐标的函数关系。是土边坡稳定性分析计算最一般的方法
传递系数法	非圆弧滑面。条块间合力方向与上一条块滑面平行,在稳定性系数和安全系数条件下,可获得不稳定坡体各条块的下滑力
块体分析法(E. 霍克,1974)	楔形滑面,各滑面均为平面。以各滑面总抗滑力和楔体总下滑力确定稳定系数。用于分析节理岩体边坡各类结构面与坡面组合形成三维块体的稳定性
萨尔玛法(1979)	非圆弧滑面或楔形滑面等复杂滑面。认为除平面和圆弧面外,滑体必先破裂成相互错动的块体才能滑动,方法以保证块体处于极限平衡状态为准确定稳定系数

由于难以求得在复杂边界条件下结构物的严格理论解,所以从库伦的土压力理论开始,已提出了许多实用的稳定性分析方法。这些方法都事先假定相应形状的滑动面,并使滑动面上的作用力得到静定,因此在路堤的稳定性设计分析中几乎都采用滑动面法来计算。

通过设计路堤的假想滑动面,试算该滑动面上的抗滑力和滑动力的比值,求出安全系数最小的滑动面,以此判断路堤的安全性。

滑动面法由于假定接近实际破坏形态的滑动面较为困难,不能考虑采用材料的变形特性,决定强度的试验值和设计值的关系、材料动力特性都不明确等,因此也有其不足的一面,而当前根据应力应变法所得的结果和路堤的破坏现象之间,找不到普遍的关系,因此滑动面法仍是判断路堤稳定性的有效方法。

作为土石混填路堤滑动面分析的方法主要有:

(1)平面滑动面法。

(2)圆弧滑动面法。

(3)复合滑动面法。

7.1.3 平面滑动面法

滑动面的形状主要取决于土石混合料自身的性状和路基的断面形状。对于用无黏性的土石混合料填筑的均质路基,填土的抗力主要是土石混合料的摩擦阻力,可以采用平面滑动面法简单计算路基的稳定性,如图 7-1 所示。

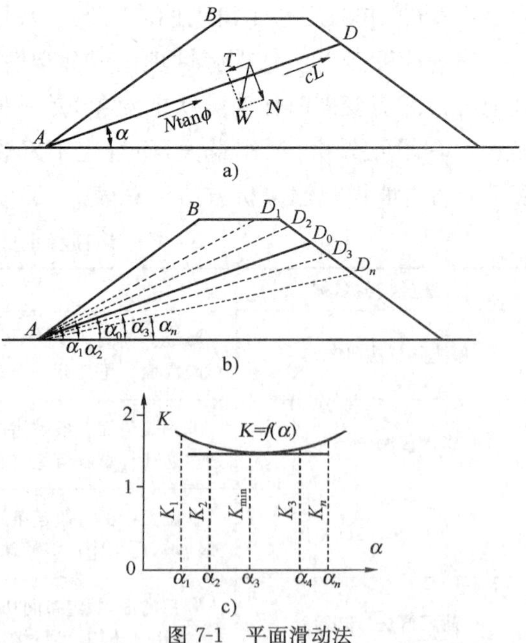

图 7-1 平面滑动法

则单位长度路堤的稳定性可按下式计算:

$$K=\frac{F}{T}=\frac{W\cos\alpha\cdot\tan\varphi+cL}{W\sin\alpha} \qquad (7\text{-}2)$$

式中:F——沿破裂面的抗滑力(kN);

T——沿破裂面的下滑力(kN);

W——土石混合料楔体重量及路基顶面换算土柱之和(kN);

α——破裂面和水平间的夹角(°);

φ —土石混合料的内摩擦角(°);

c——土石混合料的单位黏聚力(kPa);

L——破裂面 AD 的长度,m。

通过坡脚 A 点,可以假定 n 个可能的破裂面,如图 7-1b)所示,按式求出相应的 K_1,K_2,…,K_n 值,并绘出 $K=f(\alpha)$ 曲线及其水平切线,如图 7-1c)所示,就可以确定出路堤的最小稳定系数 $K_{\min}$ 值及最危险破裂面的倾角 α_0 值。

7.1.4 圆弧滑动面法

对于工程中的土石混合料来说,经过碾压施工后,其内聚力 c 一般都大于 10kPa [4,35,89],这是因为此时 c 值不再完全是土粒之间的黏聚力,更多的是颗粒之间的咬合力。土石混合料本身属于粗粒土范畴,其受剪切的破坏面并非平面,其强度来源也非颗粒表面的摩擦力。由于剪切面上的粗颗粒阻挡剪切,使剪切面形成不规则的曲面或剪切带。粗颗粒相互交错镶嵌形成一种新的结构力,称为咬合力[10],使土石混合料的强度大幅度提升。因此,对土石混合料来说,平时所用的内摩擦角实质是土石混合料中粗颗粒的咬合产生的摩阻力,而内聚力是咬合力产生的结构力,为方便起见,仍采用原有的名称,但其实质含义已经发生了改变。

因此,必须重视土石混合料的内聚力 c 对土石混填路基边坡稳定性的影响,这样按假定平面滑动法来进行稳定性计算就显得不够合理。这样就可以按照圆弧滑动面来计算土石混填路基边坡的稳定性。

此时,土石混合料的抗剪强度由摩擦强度和类似于内聚力的结构强度两部分组成,由于结构力的存在,土石混填路基边坡不会像无黏性土坡那样沿平面滑动。通过观察,相似模型试验滑坡体的形态,也与圆弧面相似。因此在土石混填路基设计中,仍以假定圆弧滑动面来计算路基边坡的稳定性。

圆弧滑动法又包括整体圆弧滑动法、瑞典条分法、毕肖普法以及简布条分法等。整体圆弧法因为其只适用于内摩擦角 $\varphi=0$ 的情况,因而不常使用。

7.1.4.1 瑞典条分法

先假设滑动面是一圆弧面,并认为条块间的作用力对边坡的整体稳定性影响不大,可以忽略,或者说假定条块间的作用力是一对反作用力。如图 7-2 所示,取条块 i 进行分析,由于不考虑条块间的作用力,根据径向力的平衡条件,有:

$$N_i = W_i\cos\theta_i \tag{7-3}$$

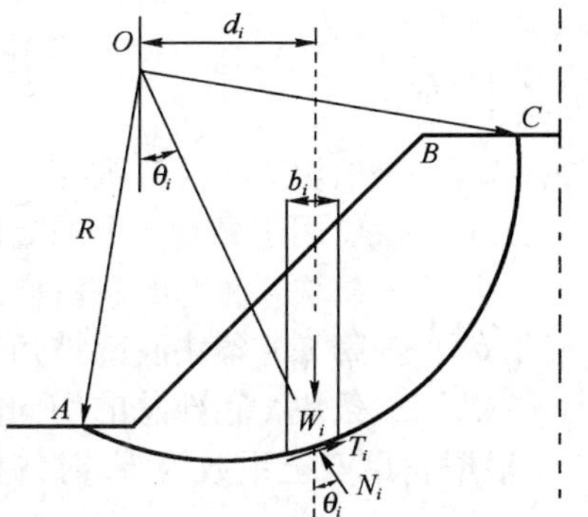

图 7-2 瑞典条分法计算示意图

式中:θ_i——第 i 个条块底部坡角;

W_i——条块 i 本身自重与上部荷载之和;

N_i——条块 i 底部的总法向反力。

根据圆弧面上的极限平衡条件可得:

$$T_i = \frac{T_{fi}}{F_s} = \frac{c_i l_i + N_i\tan\varphi_i}{F_s} \tag{7-4}$$

式中:T_i——条块 i 底部总的切向阻力;

T_{fi}——条块 i 在滑动面上的抗剪强度;

F_s——滑动圆弧的安全系数;

c_i——条块 i 土石混合料的单位黏聚力;

l_i——条块 i 底部长度;

φ_i——条块 i 土石混合料的内摩擦角。

滑动面上产生的抗滑力矩为：

$$\sum T_i R=\sum\frac{c_i l_i+N_i\tan\varphi_i}{F_s}\cdot R \tag{7-5}$$

式中：R——滑裂面圆弧半径。

由力矩平衡，可最终得到：

$$F_s=\frac{\sum(c_i l_i+W_i\cos\theta_i\tan\varphi_i)}{\sum W_i\sin\theta_i} \tag{7-6}$$

瑞典条分法应用的时间长，并积累了丰富的工程经验，一般得到的安全系数偏底，即误差偏于安全方面，故目前仍然是工程上常用的方法，因此可以用来计算土石混填路堤的稳定性。

7.1.4.2 简化毕肖普法

如图 7-3 所示，从圆弧中取出条块 i 进行分析，若条块处于静力不平衡状态，根据竖向力平衡条件$\sum F_z=0$，可得：

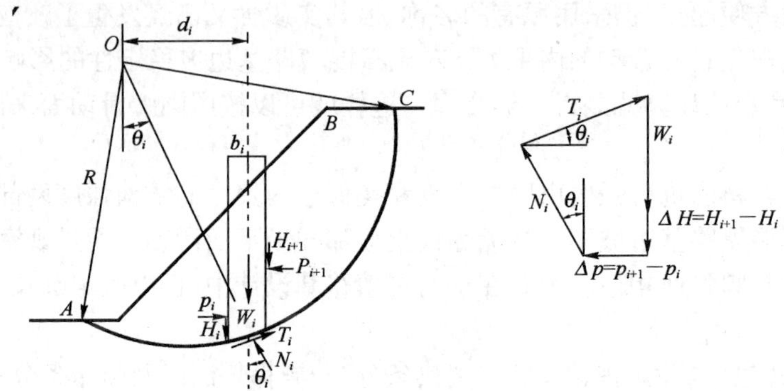

图 7-3 简化毕肖普法计算示意图

$$W_i+\Delta H_i=N_i\cos\theta_i+T_i\sin\theta_i \tag{7-7}$$

$$N_i\cos\theta_i=W_i+\Delta H_i-T_i\sin\theta_i \tag{7-8}$$

式中：W_i——条块 i 本身自重与上部荷载之和；

ΔH_i——作用于条块 i 上的竖向剪切力之差，$\Delta H_i = H_{i+1}-H_i$；

N_i——条块 i 底部的总法向反力；

θ_i——第 i 个条块底部坡角；

T_i——条块 i 底部总的切向阻力。

根据满足安全系数为 F_s 时的极限平衡条件可得：

$$T_i=\frac{1}{F_s}(c_i l_i+N_i\tan\varphi_i) \tag{7-9}$$

式中：c_i——条块 i 土石混合料的单位黏聚力；

l_i——条块 i 底部长度；

φ_i——条块 i 土石混合料的内摩擦角。

将式(7-9)代入式(7-7)、式(7-8)可得到：

$$N_i=\frac{W_i+\Delta H_i-\dfrac{c_i l_i}{F_s}\sin\theta_i}{\cos\theta_i+\dfrac{\sin\theta_i\tan\varphi_i}{F_s}}=\frac{1}{m_{\theta i}}\left(W_i+\Delta H_i-\frac{c_i l_i}{F_s}\sin\theta_i\right) \tag{7-10}$$

$$m_{\theta i}=\cos\theta_i+\frac{\sin\theta_i\tan\varphi_i}{F_s} \tag{7-11}$$

再考虑整个路堤边坡滑动土体的整体力矩平衡条件，各条块的作用力对圆心力矩之和为零。这时，条块间力 P_i、H_i 成对出现，是一对反力，对圆心不产生力矩。滑动面上的正压力 N_i 通过圆心，也不产生力矩。因此只有重力 W_i 和滑动面上的切向力 T_i 对圆心产生力矩，可得：

$$\sum W_i d_i = \sum T_i R \tag{7-12}$$

式中：d_i——第 i 个条块中心至裂面圆弧圆心水平距离；

R——滑裂面圆弧半径。

将式(7-9)代入式(7-12)，可得：

$$\sum W_i R \sin\theta_i = \sum \frac{1}{F_s}(c_i l_i + N_i \tan\varphi_i)R \tag{7-13}$$

将式(7-10)代入式(7-13)，可得：

$$F_s = \frac{\sum \frac{1}{m_{\theta i}}[c_i b_i + (W_i + \Delta H_i)\tan\varphi_i]}{\sum W_i \sin\theta_i} \tag{7-14}$$

式中：b_i——第 i 个条块宽度。

进一步认为条块间只有水平作用力 P_i 而不存在切向力 H_i，则式(7-14)可简化为：

$$F_s = \frac{\sum \frac{1}{m_{\theta i}}(c_i b_i + W_i \tan\varphi_i)}{\sum W_i \sin\theta_i} \tag{7-15}$$

从式中可以发现，参数 $m_{\theta i}$ 包含有安全系数 F_s，因此不能直接求出安全系数，需要采用试算的办法，迭代求出 F_s 值。

与瑞典条分法相比，考虑了条块间水平力的作用，得到的安全系数较瑞典条分法略高一些。

7.1.4.3 简布法

简布(N. Janbu)提出了非圆弧普遍条分法(图 7-4)。

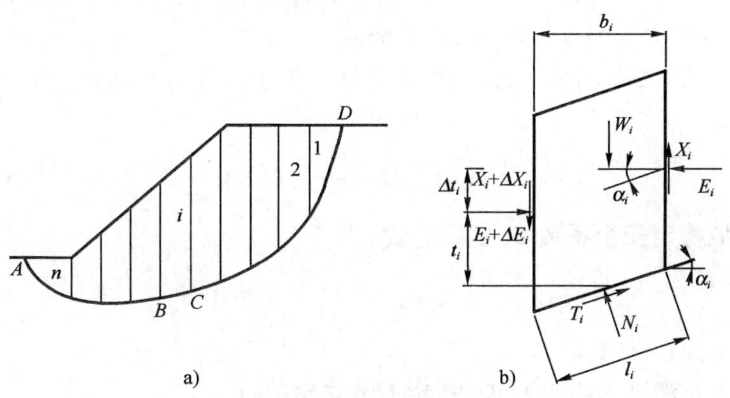

图 7-4 简布法示意图

如图 7-4a)所示的路堤边坡，已知滑动面为 $ABCD$，将滑动体分成许多竖向土条，其中任一土条 i 上的作用力如图 7-4b)所示。其受力是二次不静定问题，简布在求解时也给出了两个假定条件：第一个与毕肖普相同，认为滑动面上的切向力 T_i 等于滑动面上土条所发挥的抗剪强度 $T_i = \tau_i l_i = (N_i \tan\varphi_i + c_i l_i)/F_s$，即第二个假定是给出了土条两侧法向力 E 的作用点位置。通常假定 E 的作用点位置在土条底面以上 1/3 高度处。

1)稳定安全系数的表达式

根据图 7-4b)所示土条 i 在竖直向及水平向的静力平衡条件，求得土条的水平法向力增量 ΔE_i 的表达式，然后根据 $\sum\Delta E_i=0$ 的条件导出稳定安全系数 K 的表达式。

按 $\sum F_y=0$ 得：

$$W_i+(X_i+\Delta X_i)-X_i-N_i\cos\alpha_i-T_i\sin\alpha_i=0 \tag{7-16}$$

$$N_i=\frac{W_i+\Delta X_i}{\cos\alpha_i}-T_i\tan\alpha_i \tag{7-17}$$

按 $\sum F_x=0$ 得：

$$E_i+(E_i+\Delta E_i)-N_i\sin\alpha_i-T_i\cos\alpha_i=0 \tag{7-18}$$

$$\Delta E_i=N_i\sin\alpha_i-T_i\cos\alpha_i \tag{7-19}$$

式中符号意义见图 7-4b)。

将式(7-17)代入式(7-19)，可得：

$$\Delta E_i=(W_i+\Delta X_i)\tan\varphi_i-T_i\sec\alpha_i \tag{7-20}$$

根据简布的第一个假设条件知：

$$T_i=(N_i\tan\varphi_i+c_il_i)/F_s \tag{7-21}$$

联立式(7-17)及式(7-21)可求得：

$$T_i=\frac{1}{F_s}[(W_i+\Delta X_i)\tan\varphi_i+c_ib_i]\frac{1}{m_{\alpha_i}\cos\alpha_i} \tag{7-22}$$

式中：$m_{\alpha_i}=\frac{1}{F_s}\tan\varphi_i\sin\alpha_i+\cos\alpha_i$；$b_i$ 为土条 i 的宽度，$b_i=l_i\cos\alpha_i$。

将式(7-22)代入式(7-20)可得：

$$\Delta E=(W_i+\Delta X_i)\tan\alpha_i-\frac{1}{F_s}[(W_i+\Delta X_i)\tan\varphi_i+c_ib_i]\frac{1}{m_{\alpha_i}\cos\alpha_i}=B_i-\frac{A_i}{F_s} \tag{7-23}$$

式中：

$$A_i=[(W_i+\Delta X_i)\tan\varphi_i+c_ib_i]\frac{1}{m_{\alpha_i}\cos\alpha_i} \tag{7-24}$$

$$B_i=(W_i+\Delta X_i)\tan\alpha_i \tag{7-25}$$

对整个边坡而言，ΔE_i 均为内力，若滑动土体上无水平外力时，则 $\sum E_i=0$。

故得：

$$\sum E_i=\sum B_i-\frac{1}{F_s}\sum A_i=0 \tag{7-26}$$

由此求得土坡稳定安全系数 F_s 的表达式：

$$F_s=\frac{\sum A_i}{\sum B_i} \tag{7-27}$$

2)求 ΔX_i 值

土条各作用力对滑动面中点 O 取矩，按力矩平衡 $\sum M_O=0$ 得：

$$X_ib_i+\frac{1}{2}\Delta X_ib_i+E_i\Delta t_i-\Delta E_it_i=0 \tag{7-28}$$

如果土条宽度 b_i 很小，则高阶微量可略去不计，上式可写成：

$$X_i=\Delta E_i\frac{t_i}{b_i}-E_i\tan\alpha_t \tag{7-29}$$

式中：α_t ——E_i 与 $E_i+\Delta E_i$ 作用点连线(压力线)的倾角，E_i 值是土条 i 一侧各土条的 ΔE_i 之和，即 $E_i=E_1\sum_{i=1}^{i-1}\Delta E_i$，其中 E_i 是第 1 个土条边界上的水平法向力。

如图 7-4 所示，E_1 值为边坡点处边界上的水平法向力，由图知 $E_1 = 0$，可得：

$$\Delta X_i = X_{i+1} - X_i \tag{7-30}$$

因此，若已知 ΔE_i 及 E_i 值，可按式(7-29)及式(7-30)求得 ΔX_i 值。

3)计算步骤

用式(7-27)计算边坡稳定安全系数 F_s 时，可以看到该式安全系数 F_s 的隐函数。因为 m_{α_i} 是 F_s 的函数，而且式(7-23)中的 ΔE_i 也是 F_s 的函数，因此，在求解安全系数 F_s 时需用迭代法计算，其计算步骤如下：

(1)第一次迭代时，先假定 $\Delta X_i = 0$，按式(7-23)、式(7-25)计算 A_i、B_i 值。但计算 A_i 时要先知道 m_{α_i} 值，但 m_{α_i} 是 F_s 的函数，故要先假定一个 F_s 值进行试算。为了节省试算时间，简布建议开始假定 $\frac{1}{m_{\alpha_i}\cos\alpha} = 1$，按式(7-27)求得试算的安全系数 F_{s1} 值。若 F_{s1} 值与假定 F_s 值相近，误差小于 5%时，即可停止计算。

(2)第二次迭代计算时应考虑 ΔX_i。这时先用 F_{s1} 值代入式(7-23)计算 ΔE_i 及 E_i 值(这时 A_i、B_i 仍为第一次迭代时的结果)，并由式(7-29)、式(7-30)计算 ΔX_i 值。然后假设一个安全系数 F_s 值计算 m_{α_i} 值，考虑 ΔX_i 影响求得 A_i、B_i 值，代入式(7-27)求得安全系数 F_{s2} 值。同样，若 F_{s2} 值与假定 F_s 值相差很小时，即可停止计算。

(3)第三次迭代计算同第二次迭代，用 F_{s2} 值计算 ΔE_i、E_i 及 ΔX_i 值；然后用试算方法计算 m_{α_i}、A_i、B_i 值及安全系数 F_{s3} 值。

当多次迭代求得的安全系数值趋于接近时，一般当误差≤0.5%时，即可停止计算。

上述计算是在滑动面已经确定的情况下进行的，因此，整个边坡稳定分析过程，需假定几个可能的滑动面分别按上述步骤进行计算，相应于最小安全系数的滑动面才是最危险的滑动面。由此可见，边坡稳定分析的计算工作量是很大的，一般借助于电算进行。可以看到，简布条分法同样可用于圆弧滑动面的情况。

7.1.4.4 斯宾塞法

斯宾塞(Spencer)假定相邻土条之间的法向条间力 E 与切向条间力 X 之间有一固定的常数关系：

$$\frac{X_i}{E_i} = \frac{X_{i+1}}{E_{i+1}} = \tan\theta \tag{7-31}$$

因此，各条间力合力 P 的方向是互相平行的(图 7-5)。

如图 7-5 所示，取垂直土条底部方向力的平衡，则：

$$N_i + (P_i - P_{i+1})\sin(\alpha_i - \theta) - W_i\cos\alpha_i = 0 \tag{7-32}$$

再取平行土条底部方向力的平衡，则：

$$T_i + (P_i - P_{i+1})\cos(\alpha_i - \theta) - W_i\sin\alpha_i = 0 \tag{7-33}$$

同时根据安全系数的定义及摩尔—库伦准则可得：

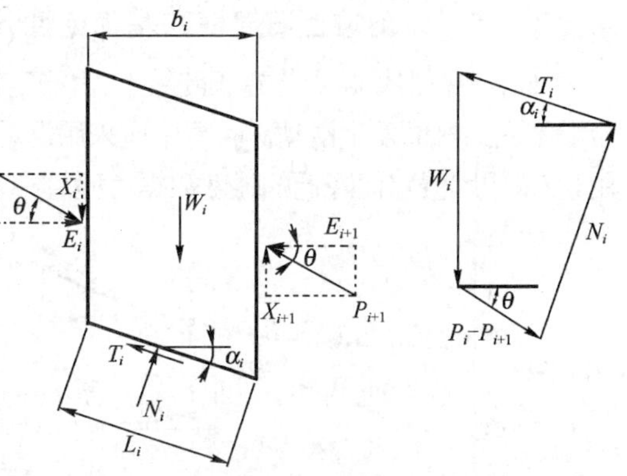

图 7-5　斯宾塞法条块受力图

$$T_i=\frac{c'_i l_i}{F_s}+[N_i-u_i l_i]\frac{\tan\varphi'_i}{F_s} \tag{7-34}$$

$$P_i-P_{i+1}=\frac{\dfrac{c'_i l_i}{F_s}\sec\alpha_i+\dfrac{\tan\varphi'_i}{F_s}(W_i\cos\alpha_i-u_i b_i\sec\alpha_i)-W_i\sin\alpha_i}{\cos(\alpha_i-\theta)\left[1+\dfrac{\tan\varphi'_i}{F_s}\tan(\alpha_i-\theta)\right]}=0 \tag{7-35}$$

对整个滑动土体来说，为了维持力的平衡，必须满足水平和铅直方向的平衡条件：

$$\sum(P_i-P_{i+1})\cos\theta=0 \tag{7-36}$$

$$\sum(P_i-P_{i+1})\sin\theta=0 \tag{7-37}$$

因为 θ 是一个常数，$\sin\theta$ 和 $\cos\theta$ 不可能为零，因此上面两式实际上是同一个平衡条件，即：

$$\sum(P_i-P_{i+1})=0 \tag{7-38}$$

同样，对整个滑动土体，还必须满足力矩平衡条件，即：

$$\sum(P_i-P_{i+1})\cos(\alpha_i-\theta)R=0 \tag{7-39}$$

式中，R 为各土条底部中点离转动中心的距离，如果取滑裂面为圆柱面，R 就是圆弧的半径，而且对所有土条都是常数，上式可写成：

$$\sum(P_i-P_{i+1})\cos(\alpha_i-\theta)=0 \tag{7-40}$$

将式(7-35)分别代入式(7-38)和式(7-40)，可得到两个方程，而边坡的几何形状及滑裂面已定，同时土质指标又已知时，只有 θ 及 F_s 两个未知数，问题因而得解。

斯宾塞法的具体解题步骤如下：

(1)任意选择一圆弧滑动，划分垂直土条，宽度相同，在图上量出土中心高 h 及底坡 α。

(2)选定若干个 θ 值，对于每一个 θ，都可求出不同 F_s 值以满足式(7-38)及式(7-40)，用力的平衡方程式(7-38)得到的 F_s 值以 F_{sf}表示，而以力矩平衡方程式(7-40)求得的 F_{sm}，当 $\theta=0$ 时，用力矩平衡方程求得安全系数 F_{sm0}，它相当于简化毕肖普法求得的 F_s 值。

(3)作出 F_{sm}-θ 及 F_{sm0}-θ 关系曲线，绘于同一张图上，如图 7-6 所示，两条曲线的交点就给出了同时满足式(7-38)及式(7-40)的安全系数 F_s 及条间力的坡度 θ。

(4)以求出的 F 及 θ 代入式(7-40)，从上往下逐条求出每一土条两侧的条间力合力，并由此求出土条分界面上的法向力及剪力，然后根据分界面上土的强度指标，求出抗剪安全系数 F_v；

(5)再从上往下逐条求出条间力合力作用点的位置，这可以通过对土条底部中点矩求出。

(6)重新选择滑裂面，重复上述步骤，以求得最危险的滑裂面位置及 F_{smin} 值。

7.1.5 陡斜坡土石混填路基稳定性计算

如果土石混填路堤修建于陡坡上，其稳定性计算除验算路堤本身的稳定之外，还要验算路堤是否会沿基底接触面发生滑动。验算中应采用滑动面附近较为软弱土的有关数据，其滑动面附近有水的作用，应采用因浸水而降低的强度数据。验算中，通常假定整个路堤沿滑动面做整体滑动(图 7-7)。

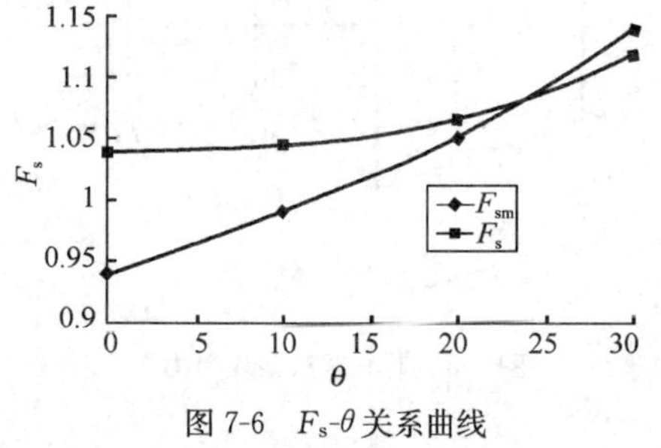

图 7-6　F_s-θ 关系曲线

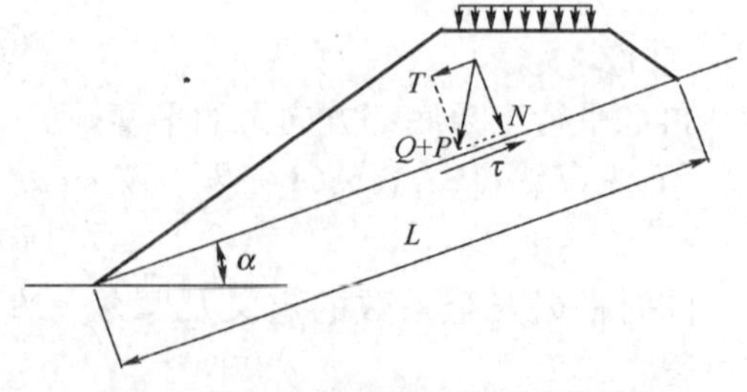

图 7-7　单一滑动面陡斜地基稳定性计算

当滑动面为单一坡度的倾斜面时，路堤的滑动稳定性系数可以按下式计算：

$$K=\frac{(Q+P)\cos\alpha\tan\varphi+cL}{(Q+P)\sin\alpha} \tag{7-41}$$

式中：Q——滑动面以上土料自重(kN)；

P——路堤顶部的换算土柱荷载(kN)；

α——滑动面与水平面间的夹角(°)；

c——滑动面上土的单位黏聚力(kPa)；

L——滑动面的长度(m)。

当滑动面为多个坡度的折线倾斜面时(图 7-8)，可以将滑动面以上路堤按折线段划为若干条块，按照下式计算：

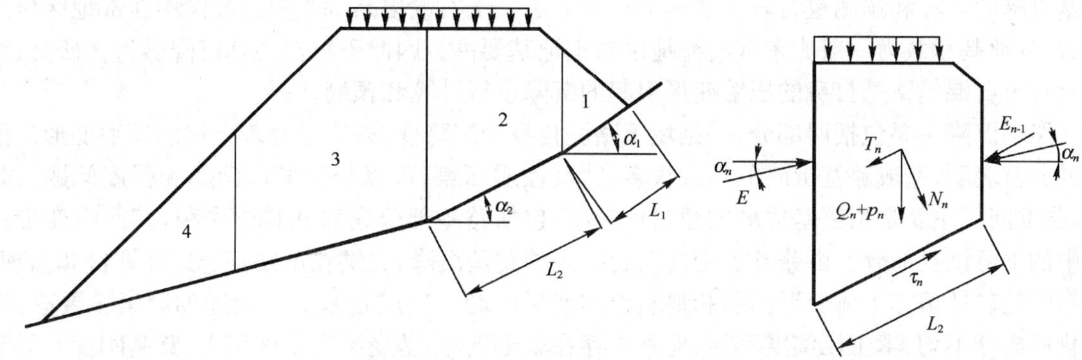

图 7-8　折线滑动面陡斜地基稳定性计算

$$E_n=[T_n+E_{n-1}\cos(\alpha_{n-1}-\alpha_n)]-\frac{1}{K}\{[N_n+E_{n-1}\sin(\alpha_{n-1}-\alpha_n)]\tan\varphi_n+c_nL_n\} \tag{7-42}$$

式中：E_n——第 n 个条块的剩余下滑力(kN)；

T_n——第 n 个条块的自重 Q_n 与荷载 P_n 的切向下滑力(kN)，$T_n=(Q_n+P_n)\sin\alpha_n$；

N_n——第 n 个条块的自重 Q_n 与荷载 P_n 的法向下滑力(kN)，$T_n=(Q_n+P_n)\cos\alpha_n$；

α_n——第 n 个条块滑动面的倾角(°)；

φ_n——第 n 个条块滑动面上填料的内摩擦角(°)；

c_n——第 n 个条块滑动面上土的单位黏聚力(kPa)；

L_n——第 n 个条块滑动面的长度(m)；

E_{n-1}——第 $n-1$ 个条块传递而来的剩余下滑力(kN)；

α_{n-1}——第 $n-1$ 个条块滑动面倾角(°)。

这样假定每一条块的剩余下滑力 E 的作用方向与该条块底面平行，从上而下计算，求出最后一个条块的剩余下滑力，按所求得的下滑力判定路堤的稳定性。当最后的剩余下滑力等于或小于零时，认为路堤边坡合乎稳定要求。

路基稳定性验算的基本程序如下：

(1)根据路基(包括周围地层)可能出现的滑动面形状，选择分析计算方法。

(2)把滑动面以上的坡体划分为适当数量的竖直条块。

(3)按不同的荷载组合，计算各条块的自重及其他已知作用力。

(4)考虑坡体的工作条件，选取滑动面上的抗剪强度指标，求其安全系数。

(5)将每种荷载组合情况下求得的最危险滑动面的安全系数(为最小值)与所规定的容许值相比较,以判断路基是否稳定。

7.2 土石混填路堤沉降变形计算方法研究

随着土石混填路基越来越广泛的应用,许多工程实际表明,这种填筑高度大的土石料实体,一方面自重大,给路堤下的压缩层带来了很大的附加压力,因此对其变形观测非常重要;另一方面,土石混合料自身的变形性能非常复杂,目前还没有一套成熟的计算理论。因此,土石混填路基的沉降计算无疑成为当前在山区修建高等级公路必须解决的关键问题之一。

对土石混填路基的沉降计算和预测,主要有两方面的问题需要解决:一是土石混填路堤沉降的计算与预测;二是对地基沉降的计算与预测。对于前者,国内外已进行了大量的研究,对地基沉降的计算和预测也有较为成熟的计算方法。土石混填路基主要在我国中西部地区应用得较多,地基承载力一般比东部沿海地区软土地基要高。因此不再对地基沉降做过多研究,将重点对土石混填路基自身的压缩变形引起的沉降进行计算和预测。

路基沉降主要包括两部分:一是填土路堤自身的沉降变形;二是地基土体的压缩变形。前面的分析表明,造成路基沉降的因素很多,就其性质而言,可以分为变形问题和强度问题。其中,强度问题主要是指路基边坡的稳定性问题,包括路基部分失稳和整体失稳,其次为变形过程中的不可恢复部分。由路基稳定性问题导致的路基沉降,关键在于路基稳定性评价和治理。变形问题包括填方土体变形问题和地基土体变形问题。造成路基变形问题的因素主要有:填土物质成分不均、填土压实度不足、地基中存在软土层、路基受到交变作用力、路基刚度差异明显或地基处理不当等。

路基沉降计算,从内容上看,包括最终沉降量的计算和沉降过程的分析;从时间上看,有在路基设计时进行沉降量计算和问题发生后进行沉降量计算;从最终目的来说,沉降计算是为路基路面合理设计施工和路基病害防治决策提供科学的依据。计算内容不同、计算目的不同,相应地,计算方法或计算中考虑的问题也会不同。

填方路堤堤身较高,填土自重会引起路基沉降。填方路堤在施工过程中,由于填料含水率过大,难于压实而造成压实度不足;在公路建成通车后,在自重及其车载等作用下,也会发生沉降变形。一般来说,公路等级的提高,对沉降提出更高要求。

分析路堤压缩需要切实分析路堤的变形特点:首先,路堤内各点的变形常数实际上是不同的,它随所处的应力状态而变化;其次,路堤在压缩过程中,各点的应力状态也是变化的,土的变形模量随着压密而逐渐增大,直到压缩稳定为止。

7.2.1 土石混合料的变形特性

土体的应力应变关系通常是通过对大量试验结果的整理分析提出来的。常用的试验有:压缩仪、三轴仪、平面应变仪、真三轴仪等。与普通金属和混凝土等坚硬材料相比,土体的变形有如下 5 个特点。

(1)明显的非线性和非弹性

金属和混凝土等坚硬材料在轴向受压时,应力—应变关系在初始阶段为直线关系,当应力达到某一临界值时应力应变关系明显转为曲线,即坚硬材料同时存在弹性变形和塑性变形。土体也有类似的特征,但是直线关系段很短,其非线性变形特性比坚硬材料明显得多。

(2)各向异性

地基土往往由成层沉积而成，为层状分布，同一层土内土的性质比较均匀，而各层之间土的性质差别较大。在水平方向一般表现为各向同性，而沿深度方向由于土的自重应力不同，在不同固结应力长期作用下，即使同种土的各种参数如密度、模量、渗透性也会不同，因此在竖直方向表现出较大的差异性，为各向异性。

(3)塑性体积应变

对于金属而言，它的塑性变形是由于晶格之间的错动滑移而造成的，没有体积变化。但是土体颗粒间存在较大空隙，土样在施加各向相等的压力后，颗粒错动，有些颗粒挤入原来的空隙中，卸除压力后无法恢复到原来的体积，所以存在不可恢复的塑性体积应变。

(4)固结压力影响

因为土颗粒是由各种矿物通过黏聚、吸附等弱作用力组成的，而且颗粒形状不规则，因此颗粒本身所能承受的压力比金属等坚硬材料要低得多，在高围压的作用下颗粒产生破碎，使土体级配发生变化，因此高围压作用下土体的变形特性与低围压下有很大差别。

(5)硬化和软化

三轴测得土样的轴向应力与轴向应变的关系曲线有两种状态。如图 7-9a)所示曲线，应力增加，应变亦增加，曲线一直上升，直到破坏，这种形状的应力应变关系称为硬化；图 7-9b)所示曲线，曲线前面部分上升，当应力达到某一峰值后转为下降，即应力下降，应变却在增加，这种形状的应力应变关系称为软化。在实际工程中，软化会降低土体强度，加重周围土体负担，产生大面积破坏，因此要重点考虑软化问题。

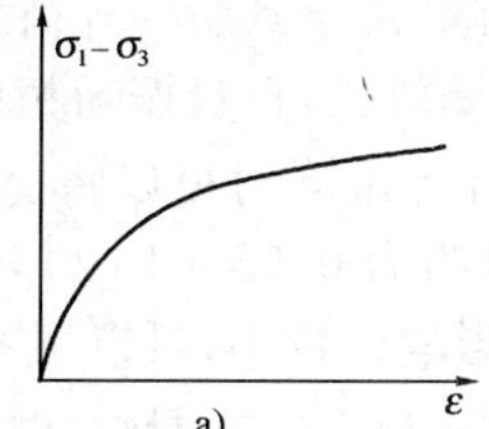

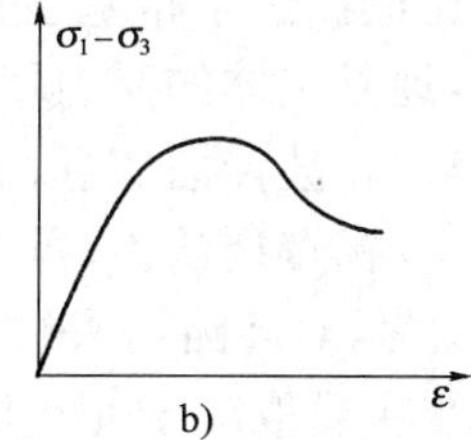

图 7-9　土石混合料应变曲线

a)应变硬化；b)应变软化

影响土体变形的因素有很多，如土的种类、结构性等，因此土的变形规律十分复杂，要在其应力应变关系中完全反映这些特征是不可能的，也是不必要的。在实际应用中，应该根据工程的实际和受力情况等主要特性去建立其应力应变关系模型。

一般而言，根据模型建立的假定不同，土体应力应变模型分为两类：弹性非线性模型和弹塑性模型。弹性非线性模型侧重反映土体在应力作用下表现出来的非线性，它认为全部变形都是弹性变形，通过改变弹性常数来表达其非线性；而弹塑性模型则把土体总的变形分为弹性变形和塑性变形两部分，用虎克定律计算弹性变形部分，用塑性理论来解释塑性变形部分。从理论上看，弹塑性模型比弹性非线性模型更符合实际情况。但在实际应用中，弹塑性理论又暴露出许多不合理之处，使有限元的计算结果反而不如弹性非线性模型的结果，因此在本文研究中拟采用弹性非线性模型进行土体应力应变分析。

7.2.2　影响土石混填路基变形的因素

影响土石混填路基变形的因素较多，可概括为以下几个方面。

(1)路基高度

在传统填土沉降计算中，总沉降量是应力、计算层厚度和体积压缩模量的乘积之和，即：

$$S=\sum m_{\mathrm{V}}\cdot\Delta p\cdot\Delta h_i \tag{7-43}$$

式中：Δp ——引起沉降之应力增量；

Δh_i ——压缩层厚度；

m_{V}——体积压缩模量。

土石混填路基内某点的应力主要取决于土石混合料自重，应力和压缩层厚两者都是路基高度的函数，所以堆石体的总沉降量是 H^2 的函数。

(2)变形模量 E

土石混填路基总沉降量 S 与变形模量成反比关系，岩石的强度、土石混合料的密实度、土石混合料的级配、颗粒形状、应力历史等因素都能影响土石混填路基的压缩性，从而影响路基的变形量。

(3)沟谷形态

在陡窄沟谷中的土石混填路基，因拱作用的影响，初期变形较小。由于土石混合料的蠕变作用，随时间增长变形将有所增加。

7.2.3 土石混填路基沉降变形计算方法

土石混填路基沉降由两部分组成：一部分是土石混合料在外荷载和自重作用下产生的压缩变形和不断增加的后期蠕变变形；另一部分是地基在路堤荷载作用下，将产生的压缩和固结变形。对于软土地基来说，地基土的沉降占主要部分，对于土石混填高路堤来说，路堤本身的沉降占相当大的比例。至于路基在交通荷载作用下的沉降，由于其所受外荷载是运动的，同时自身又产生振动，地基土体的受力状况很复杂，交通的周期较长，自身振动频率也低，荷载产生的振动波的波长较长，波传播较远，影响范围较大[87,90]，计算沉降时可以将荷载折算为一定厚度的土层。刘银生、杨东授认为，行车荷载产生的压应力约为 0.98×10^4Pa，据此就可以进行折算[91]；张留俊认为，对高路堤来讲，行车荷载对沉降的影响比较小，可以不考虑[92]。

沉降量的大小主要取决于使土体产生变形的外部因素和土体本身性状两个方面，影响路基沉降量大小的因素主要有：无限期的环境条件、地基土的应力历史和物理力学性质、地基处理方法及施工质量、路堤填料的工程性质、路堤的填筑高度、路堤的压实度、上部荷载等。

经典的沉降计算方法将路基沉降分为瞬时沉降、固结沉降和次固结沉降三部分。瞬时沉降包括两部分：由地基的弹性变形产生的；由地基塑性区的开展，继而扩大所产生的侧向剪切位移引起的。对于固结沉降的计算，主要采用分层总和法。次固结沉降常采用分层总和并根据蠕变试验确定参数求解。最终沉降量的计算通常采用固结沉降值乘以经验系数的方法。因此土石混填路基的沉降计算问题主要在于次固结的沉降，也就是对土石混合料自身的沉降应变进行计算。

土石混填路基的沉降计算对预测路基超高、分析路堤不均匀沉降，都具有重要意义。可用于土石混填路基沉降的计算方法主要有分层总和法、经验公式法、数值模拟法。

针对土石混合料的变形情况，计算沉降的方法很多，下面介绍一下几种路堤沉降计算常用的方法。

7.2.3.1 *分层总和法*

分层总和法是一类沉降计算方法的总称。它将压缩层范围内的土层分成若干层，分层计算土体竖向压缩量，然后求和得到总的竖向压缩量，即总沉降量。

分层总和法是在假定的半无限空间弹性体中推导出来的，一般只用于地基沉降计算。和地基沉降相比，土石混填路基的填筑过程，是一个逐级加荷过程，各填筑层既可能是荷载，也可能是受压层。因此路基沉降的变形机理与地基沉降不同，必须根据路堤压缩变形的特点，改进分层总和法，使之能够适用于路堤自身压缩变形的估算。

根据计算中所用试验参数的差异，分层总和法包括 e-p 曲线法、压缩系数法和压缩指数法等。

e-p 曲线法是根据路基中某分层的平均自重应力及平均自重应力与平均附加应力之和分别从 e-p 曲线上查取对应的孔隙比，其计算公式为：

$$S=\sum_{i=1}^{n}\Delta S_i=\sum_{i=1}^{n}\Delta\varepsilon_i H_i=\sum_{i=1}^{n}\frac{e_{1i}-e_{2i}}{1+e_{1i}}H_i \tag{7-44}$$

式中：ΔS_i ——第 i 层土的压缩量；

ε_i ——第 i 层土的侧限压缩应变；

H_i ——第 i 层土的厚度；

e_{1i} 、e_{2i} ——第 i 层土体压缩前和压缩后土体的孔隙比。

压缩系数法是根据 e-p 曲线确定压缩系数及各分层的平均附加应力。

$$s=\sum_{i=1}^{n}\frac{a_{vi}}{1+e_{1i}}\Delta p_i H_i \tag{7-45}$$

式中：a_{vi}——第 i 层土的压缩系数；

H_i ——第 i 层土的厚度；

e_{1i} ——第 i 层土体的孔隙比。

压缩指数法是根据 e-$\lg p$ 曲线确定前期固结压力，通过现有上覆有效压力确定路基土的固结类型，并根据现场压缩曲线确定压缩指数和再压缩指数，按照不同土类的相应沉降计算公式确定路堤的沉降量。

分层总和法物理意义简单明确，易于接受，因而在工程中得到了广泛的应用，但在实际应用中发现，这种方法往往误差较大。造成误差较大的原因，一方面与所采用的计算模型有关；另一方面也与土工参数选取的可靠性有关。准确反映实际工程用土的工程性质参数目前还无法获得，只能通过精心操作、重复测试减少误差，而不能消除误差。另外分层总和法所作的一些假定不符合工作实际，需要能过对比研究加以修正。

分层总和法是先求出路基土的竖向应力，然后用室内压缩曲线或相应的压缩性指标，压缩系数或压缩模量分层求算变形量再总和起来的方法，这种方法没有考虑路基土的前期应力。e-$\lg p$曲线法可以克服这个不足，能够求出正常固结、超固结和欠固结情况下路基土的沉降。但这两者都是完全侧限条件下的变形计算方法，所以开普顿和比利提出了利用半经验的方法来解决这个问题。关于分层总和法的介绍比较多，这里不再赘述。

由于路堤在逐级堆填加荷过程中，土体内部的应力变化和固结沉降过程极为复杂。为了能够进行沉降过程和沉降量的分析计算，作以下假设(图 7-10)：

(1)路堤自身压缩按照分层总和法计算。在计算某一填土层对下面土层的作用时，该填土层重量作为附加荷载，以下土层按照自重应力计算。

(2)填土内部自重应力呈线性增加。土中的附加应力符合半无限体上条形荷载作用下的应力分布。

(3)随着应力水平的增加，填土的孔隙比逐渐减小，压缩模量逐渐提高，其应力应变关系符合 e-p 曲线。

(4)计算路基中点处的沉降值。

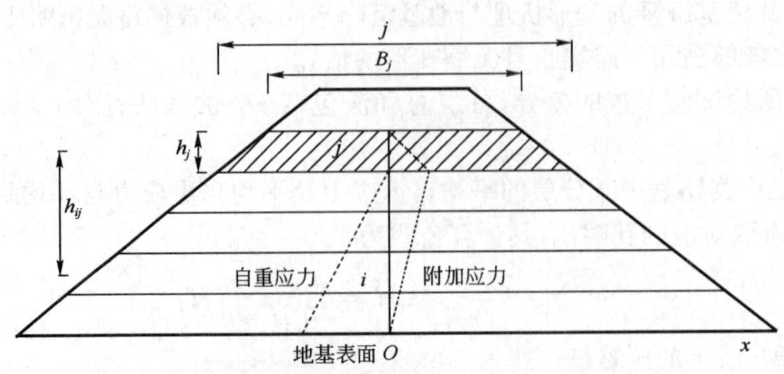

图 7-10　填土内部应力关系

在各填土层中，自重应力的简化计算式为：

$$\sigma_i = \gamma\left(h_{ij} - \frac{h_j}{2}\right) \tag{7-46}$$

式中：h_{ij}——第 i 层填土中心点至第 j 层填土中心点的距离；

h_j——第 j 层填土厚度；

σ_i——第 i 层填土中部自重应力；

γ——填土容重。

在上述假设条件下，每增加一填土层，其下各土层中心线上的附加应力增量为：

$$\sigma_{ij} = \gamma\frac{h_j}{\pi}\frac{2\left(\frac{B_j}{2}+L_j\right)}{L_j}\arctan\frac{\frac{B_j}{2}+L_j}{h_{ij}} - \frac{B_j}{L_j}\arctan\frac{B_j}{2h_{ij}} \tag{7-47}$$

式中：B_j——第 j 层填土顶宽；

L_j——第 j 层填土边坡水平投影长度；

σ_{ij}——第 j 层填土在第 i 层中引起的附加应力。

在各层填土的自重应力和附加应力求出后，填土压缩变形的计算公式为：

$$S_{ij} = \frac{\sigma_{ij}}{E_i h_i} \tag{7-48}$$

或

$$S_{ij} = \frac{e_1 - e_2}{(1-e_1)h_i} \tag{7-49}$$

式中：E_i——第 i 层填土压缩模量；

e_1——对应于自重应力 σ_i 的孔隙比；

e_2——对应于应力 $\sigma_i+\sigma_{ij}$ 的孔隙比；

S_{ij}——由第 j 层填土引起的第 i 层填土的压缩量。

这样，第 i 层的自身压缩量为：

$$S_i = S_{i1} + S_{i2} + \cdots + S_{in} = \sum_{k=1}^{n} S_{ik} \tag{7-50}$$

在各分层的压缩变形量求出以后，整个路堤的最终压缩变形量为：

$$S_\infty = S_1 + S_2 + \cdots + S_n = \sum_{i=1}^{n} S_i \tag{7-51}$$

在不考虑施工时间和排水固结的情况下，S_∞ 即为完工后路堤顶总的压缩变形量。

分层总和法虽简便易行，计算参数容易获得，但其计算结果有时与实测值有较大误差。这导致了各种改进方法的出现。

目前，改进分层总和法的方法主要考虑以下几点：根据实测值与计算值差异的规律性，引入经验系数，直接修正分层总和法的计算结果；土体应力历史（前期固结压力）对土体变形特性的影响；土体压缩变形时，受压土体并不完全满足侧限变形条件。下面，分别介绍各种改进的分层总和法。

1)黄文熙三维压缩法

黄文熙建议在沉降计算中考虑土体三维变形情况。在三维应力状态下，竖向应变表达式为：

$$\varepsilon_z = \frac{1}{E}[\sigma_z - \mu(\sigma_x + \sigma_y)] = \frac{1}{E}[(1+\mu)\sigma_z - \mu\Theta] \tag{7-52}$$

式中：$\Theta = \sigma_x + \sigma_y + \sigma_z$。

根据球应力张量作用下土体体积应变公式导出沉降修正系数的表达式：

$$K_i = \frac{1}{1-2\mu}\left[(1+\mu)\frac{\sigma_z}{\Theta} - \mu\right] \tag{7-53}$$

采用分层总和法计算沉降时的计算公式为：

$$S = \sum_{i=1}^{n} K_i \frac{e_{1i} - e_{2i}}{1 + e_{1i}} H_i \tag{7-54}$$

式中符号意义同上。

2)经验系数校正法

公路软土地基沉降预测目前国内最常用的方法是应用经验系数校正法，该方法通过引入经验系数 m，修正一般分层总和法计算结果（称为主固结沉降），是一种改进的分层总和法。其分析模式简单，又能够将理论计算结果与实际工程经验密切结合。但其计算结果的可靠性在很大程度上取决于物理含义不太明确的沉降系数值。

《原公路软土地基路堤设计与施工技术规范》规定，地基的总沉降量宜采用下式计算：

$$S_\infty = mS \tag{7-55}$$

式中：m——沉降系数；

S——主固结沉降。

m 是一经验数据，与地基条件、荷载强度、加荷速率等因素有关，其范围值为 1.1～1.7，应根据现场沉降观测资料确定，这也反映出了填土性质的多变性。

但在实际应用中，经常遇到这样的问题：

(1)沉降系数有相当个数介于 0.8～1.1 之间，超出了规范所规定的值；

(2)沉降系数究竟如何相对定量确定，规范条款中未明朗化。

在《建筑地基基础设计规范》中，除了引入经验系数，对附加应力的计算还进行了改进。沉降量的计算公式为：

$$S_\infty = \psi_s \sum_{i=1}^{n} \frac{\bar{\sigma}_{zi}}{E_{si}} (z_i \bar{a}_i - z_{i-1} \bar{a}_{i-1}) \tag{7-56}$$

式中：ψ_s——降计算经验系数，根据地区沉降观测资料及有关经验数据表确定；

z_{i-1}、z_i——i 层顶、底面相对于基础地面的埋深；

$\bar{a}_{i-1}$、$\bar{a}_i$——i 层顶、底面处的平均附加应力系数。

7.2.3.2　*应力路径法*

土体中一点的应力状态可以用应力空间中的一个应力点来描述。在荷载作用下，土体中一点的应力状态的改变过程，可以用对应的应力点在应力空间的运动轨迹来描述。应力点在应力空间的运动轨迹称为应力路径。

传统的分层总和法计算沉降只考虑压缩变形，而在土体发生变形过程中不仅存在竖向压缩变形，还存在剪切变形。剪切变形使地基土的模量随着剪应力的增大逐步减小。压缩变形使土体进一步固结，地基土模量不断增大。因此合理的计算方法应同时考虑这两种变形的作用。

已有的各种本构关系模型对应力路径的适应性是不同的。研究表明，绝大多数模型只能适应一定范围的应力路径变化，即使是常用的邓肯—张模型也只对常围压的应力路径表现出很好的适应性。在一般工程条件下，土体因其所处位置的不同而经受不同的应力路径，且在加载过程中应力路径也是变化的，所以应力路径的变化应在地基模型中加以考虑。

Lambe 和 Mars 提出采用应力路径法计算沉降。根据土体所经过的应力路径计算土体压缩量，如图 7-11所示。地基中一单元土体原始状态为图中 A 点，不排水条件下加荷的有效应力路径如 AB 所示。

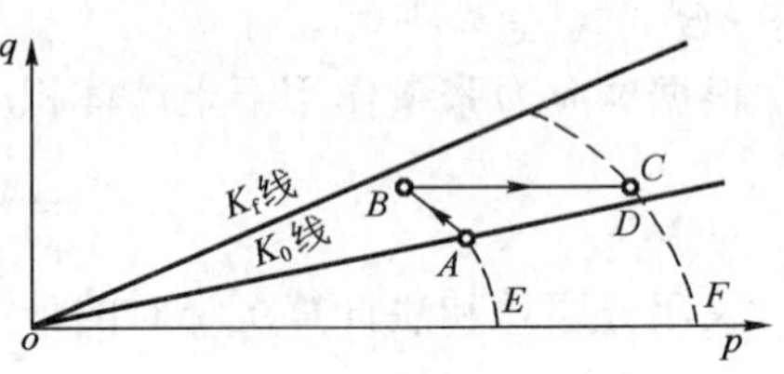

图 7-11　应力路径法示意图

A 点和 B 点的轴向变形相当于土体剪切变形引起的竖向压缩量。土体固结过程中的有效应力路径如 BC 所示，B 点和 C 点间的轴向变形相当于固结变形引起的竖向压缩量。从 A 点到 C 点土体竖向压缩量等于从 A 点到 B 点和从 B 点到 C 点的压缩量之和。通常采用的应力路径法有下述两种。

1)Lambe 应力路径法

应用弹性理论计算地基土体在荷载作用下的应力路径，在实验中进行模拟试验，确定参数或直接测定压缩量，通过试验结果计算总沉降。

2)应变等值线法

通过三轴试验在 p-q 图上作出一簇应力应变等值线，然后在等值线图上作出应力路径，分两段计算在不排水条件下和排水条件下土体的竖向变形，求和得到总沉降。

直接用有效应力路径法来计算沉降的步骤是：

(1)在现场荷载下估计路基中某些有代表性(例如土层的中点)土体单元的有效应力路径；

(2)在试验室做这些土体单元的室内试验，复制现场有效应力路径，并量取试验各阶段的垂直应变；

(3)将各阶段的垂直应变乘以土层厚度，即得初始及最后沉降。

有效应力路径法可以克服估计初始超孔隙压力以及固结沉降在衔接上存在不够合理的地方这个缺点，但它无法避免用弹性理论来计算土体中的应力增量。

实用应力路径法可以解释为在常规土工试验中土样的应力变化的内部实质情况。应力路径法可以用来总结其他沉降计算方法，因为不同的沉降理论的假设将得到不同的应力路径。

如图 7-11 所示，对于常规的土工试验方法，如固结试验和三轴试验，根据应力路线的定义，可以得到 p-q 平面内的静止侧压力线(K_0 线)及破坏线(K_f 线)。这样，对每一级荷载增量我们都求出了与之对应的变形模量和泊松比，地基土的竖向沉降可将每级荷载引起的沉降累加，再用分层总和法得到：

$$S=\sum_{i=1}^{m}\sum_{j=0}^{n-1}\frac{H_i}{E_{ij}}[\Delta\sigma_{zij}-\mu_{ij}(\Delta\sigma_{xij+1}+\Delta\sigma_{yij+1})] \tag{7-57}$$

式中：　E_{ij}——第 i 层土在第 j 级荷载作用下的变形模量；

μ_{ij}——第 i 层土在第 j 级荷载作用下的泊松比；

$\Delta\sigma_{zij}$——第 i 层土在第 j 级荷载增量下引起的竖向应力增量；

$\Delta\sigma_{xij+1}$、$\Delta\sigma_{yij+1}$——第 i 层土在第 j 级荷载增量下引起的水平应力增量；

H_i——第 i 层土层厚度；

m——划分土层的总数；

n——施加荷载的总级数。

7.2.3.3 邓肯—张非线性弹性计算方法

土石混填路基中的应力可分为自重应力和附加应力，自重应力是由填土的自重产生的，而附加应力是由行车等外荷载引起的。对高路堤来说，一般情况下，我们只考虑路基填土的自重应力。严格的求解土石混填路基的应力是比较困难和复杂的问题，路基的边界条件以及路堤地基的变形条件对应力均有影响。对于均质路堤，路基上任意点填土单元的自重应力可以按照下式计算：

$$\sigma_z = \gamma \cdot z \tag{7-58}$$

式中：σ_z——路基填土单元的竖向自重应力；

γ——路基填土的重度；

z——路在中某填土单元离地基表面距离。

路基自身产生的自重应力如图 7-12 所示。

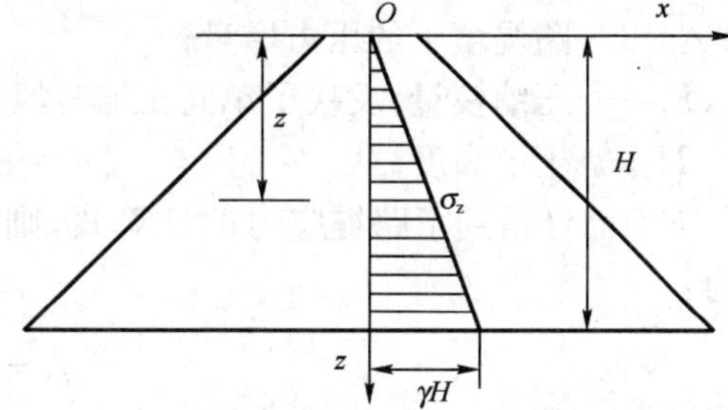

图 7-12 路基自重应力示意图

由于剪应力为零，正应力即为主应力，所以，根据广义虎克定律，填土的应力应变关系可以表示为：

$$\left.\begin{aligned} \varepsilon_x &= \frac{\sigma_x}{E} = -\frac{\mu}{E}(\sigma_y + \sigma_z) \\ \varepsilon_y &= \frac{\sigma_y}{E} = -\frac{\mu}{E}(\sigma_x + \sigma_z) \\ \varepsilon_z &= \frac{\sigma_z}{E} = -\frac{\mu}{E}(\sigma_y + \sigma_x) \end{aligned}\right\} \tag{7-59}$$

在无侧向变形条件下，其侧向应变 ε_x 和 ε_y 等于零，而 σ_x 等于 σ_y，由上式可得：

$$\sigma_x - \mu(\sigma_x + \sigma_y) = 0 \tag{7-60}$$

则填土单元上两个水平方向应力可表示为：

$$\sigma_x = \sigma_y = \frac{\mu}{1-\mu}\sigma_z = k_0\sigma_z \tag{7-61}$$

上述式中：E——填土的变形模量，相当于弹性模量；

μ——泊松比；

k_0——静止土压力系数。

对于正常固结的无黏性土，Jaky 给出了如下经验式：

$$k_0 = 1 - \sin\varphi \tag{7-62}$$

对于正常固结的黏性土，可按 Brooker 给出的公式计算：

$$k_0 = 0.95 - \sin\varphi \tag{7-63}$$

上两式中，φ 为土石混合料的内摩擦角。同样根据主应力面相互垂直条件，可得 $\varphi_3 = \varphi_x = \varphi_y$。由于式(7-58)和式(7-60)忽略了填土的侧向变形，计算出来的应力存在一定的误差，实际计算时需乘以一个系 λ 数，即：

$$\sigma_z = \lambda\gamma z \tag{7-64}$$

$$\sigma_x = \sigma_y = \lambda k_0 \sigma_z \tag{7-65}$$

式中：λ——考虑填土侧向应变的拱效应的应力修正系数，一般为0.6～0.85。

土石混合料的应力应变关系一般是根据三轴压缩试验得到的，它能反映出土石混合料的变形特性。在试验的基础上，已建立了多种土石混合料结构关系的数学模型。路堤填筑过程是一个持续加载的过程，在土工问题计算中，一般认为邓肯—张模型可以较好地计算路堤填筑过程中的路堤自身压缩问题。

如果假定填土在荷载作用下，仅产生竖向压缩而无侧向变形，并且在路堤高度范围内，压力是均匀分布的，则计算压缩量有下面的公式：

$$S = \frac{\Delta p}{E_s} H \tag{7-66}$$

式中：S——路堤的竖向压缩量；

Δp——路堤填土的压力增量；

E_s——压缩模量，反映了单向压缩时填土对变形的抵抗能力；

H——土层高度。

前面已经得到了路堤应力的计算式，则无侧向应变条件下的竖向应变由式7-66可以表示为：

$$\varepsilon_z = \frac{S}{H} = \frac{\sigma_z}{E_s} \tag{7-67}$$

由式(7-59)可得：

$$\varepsilon_z = \frac{\sigma_z}{E}(1 - 2\mu k_0) \tag{7-68}$$

令式(7-66)、式(7-67)相等，并以$\mu = \dfrac{k_0}{1+k_0}$代入即可得到应变模量与压缩模量的关系为：

$$\frac{1}{E_s} = \frac{1}{E}\left(1 - \frac{2k_0^2}{1+k_0}\right) \tag{7-69}$$

将式(7-69)代入式(7-66)，并考虑应力修正系数λ，就得到路堤自重应力下沉的计算公式：

$$S = \frac{\lambda\sigma_z}{E}\left(1 - \frac{2k_0^2}{1+k_0}\right) H \tag{7-70}$$

在上式中，应变模量E按第三章中邓肯—张模型方法计算，公式中的参数可以由常规三轴试验测定。E值和土体的应力状态有关，在路堤不同的位置E值一般是不同的。

再采用分层总和法计算路堤的沉降，可以把路堤分为n层，利用式(7-70)求得每个分层的沉降，将结果累加起来就可以得到总的沉降量。具体计算可以按以下的步骤进行：

(1)将路堤分为n层，分层的厚度为H_1、H_2、…、H_n。一般情况下可按(2～4)m分层。分别计算出各层中间点的竖向自重应力σ_z，计算位置从路堤顶部算起。

(2) 根据第i分层的主应力σ_1和σ_3及填土的物理力学参数，由邓肯—张模型可以求出土的变形模量E_i。

按式(7-70)求出第i分层的压缩量：

$$S_i = \frac{\lambda\sigma_z}{E_i}\left(1 - \frac{2k_0^2}{1+k_0}\right) H_i \tag{7-71}$$

最后计算总和，即得到总的沉降量为：

$$S = \sum_{i=1}^{n} S_i = \sum_{i=1}^{n} \frac{\lambda\sigma_z}{E_i}\left(1 - \frac{2k_0^2}{1+k_0}\right) H_i \tag{7-72}$$

7.2.3.4 沉降过程分析法

目前,工程中关于变形量的计算方法可分为两大类,即较简便的分层总和法和较复杂的数值计算方法,这两类方法在理论上都是可行的,合理的。但要正确评价路基在自重和外荷载作用下的变形量,仅有好的计算方法是远远不够的,还需要有与计算方法相适应的计算参数。而计算土体变形时所需的参数主要由室内单向固结试验和三轴试验测定。因此,仅仅根据室内试验参数,按理论方法计算的变形量与地基土层的实际变形值常常不相符合,这必然给工程的设计、施工等带来很大影响。鉴于此,利用已有沉降观测值来反求路基变形中的各个参数,并将这些参数用于以后的地基变形的预测中,应该是一条较合理的途径。

在工程中,如何确定沉降速率指标、预估预压时间及工后沉降量,将直接影响到公路的质量、工期、造价等。这一切工作都与沉降量的计算准确与否密切相关。由于理论计算上存在一定的缺陷,人们试图通过对沉降随时间的变化关系研究,提出拟合沉降—时间曲线的方法,通过拟合出的曲线来预测路基的沉降(图 7-13)。

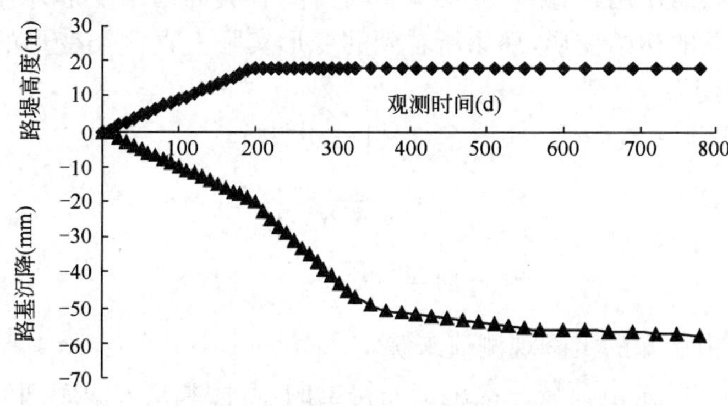

图 7-13 路堤高度—观测时间—沉降量曲线图

从图 7-13 中可以看出,在填筑初期,路基在初始荷载作用下有一个瞬时沉降,但在荷载变化不大的情况下,沉降很快稳定。随填筑高度的增加,沉降量迅速增加;在静载期,沉降速度逐渐变缓,趋于稳定。在静载期尤其是在底基层完成后,外荷载比较稳定,变化幅度不是很大的情况下,沉降量随时间的变化呈现出了一定的规律,沉降—时间曲线也有了一定的特性。一些学者对沉降—时间曲线进行了较深入的研究,并提出了关系模型进行路堤沉降预测,其中包括双曲线关系、指数关系、泊松曲线、对数曲线和抛物线等。

一般认为,沉降过程曲线可以用两种方程拟合,即指数曲线方程和双曲线方程,相应得到两种预测方法,即指数曲线法和双曲线法。

1)双曲线

常用来拟合沉降—时间曲线的双曲线方程为:

$$S_t = \frac{t}{a+bt}S \text{ 或 } S_t = \frac{t}{a+t}S_\infty \tag{7-73}$$

式中:S——待定的最终沉降量(cm);

S_t——在时间 t(从施工期一半起算)时的实测沉降量(cm);

a、b——经验系数;

S_∞——最终沉降量。

上式经过变形可得到如下形式:

$$S=\frac{t_2-t_1}{\dfrac{t_2}{S_2}-\dfrac{t_1}{S_1}} \tag{7-74}$$

式中：t_1、t_2——曲线上两个时间点，有的文献认为 t_1 应取 $t/2$，t 为观察全程的时间；

S_1、S_2——与 t_1、t_2 对应的沉降量。

为了消除观测资料的偶然误差，一般将 S-t 曲线后段的各组观测值 S_t 和 t 都加以利用，分别计算出 t/S_t 与 t 的关系曲线。这条曲线近似于直线，则此直线斜率即为 S。

双曲线方程计算结果与实测值相比，偏离较大，推算的 S_∞ 值也偏大，如果沉降过程的观测时间历时较长，而且在计算 S_∞ 时着重于后一阶段的沉降曲线的话，就可以得到相对比较好的结果。

经验公式中的待定值可以由实际沉降观测值来确定。指数曲线法的公式与固结理论解形式相近，但计算不甚方便。在实际工程中，更多采用双曲线法。

事实上，在外荷载的作用下，路基变形除了与时间有关的固结变形外，还有在荷载施加瞬间产生的，与时间无关的初始变形，现场所看到的变形实际上这两类变形的叠加，若记初始变形为 S_i，则经验方程变为：

$$S_t-S_i=(1-a\mathrm{e}^{bt})S_\infty \tag{7-75}$$

$$S_t-S_i=\frac{t}{a+bt} \tag{7-76}$$

$$S_t-S_i=\frac{t}{a+t}S_\infty \tag{7-77}$$

其中，S_i 也需要由已知的沉降观测值来确定。

式(7-75)和式(7-76)是由荷载一次施加而得出的，若荷载是分级施加的，如路堤的分级填土，由于各级荷载的强度及作用时地基土的物理力学性质，因此，每级荷载作用下的瞬时变形和参数 a、b 都不相同，宜分别计算。以双曲线法为例，若地基上作用有 k 级荷载，则地基的变形量应为：

$$S_t=\sum_{j=1}^{k}S_{ij}+\sum_{j=1}^{k}\frac{t-t_j}{a_k+b_k(t-t_j)} \tag{7-78}$$

式中：S_{ij}——为第 j 级荷载产生的瞬时沉降；

t_j——第 j 级荷载作用的时刻；

a_k、b_k——待定系数，可以依据已有得沉降观测资料来确定。

为了求出这些待定系数，每级荷载作用下至少要有三个沉降观测值。

2)指数曲线

指数曲线的一般方程为：

$$S_t=(1-\alpha\mathrm{e}^{\beta t})S_\infty \tag{7-79}$$

式中：S_t——t 时刻的沉降量；

S_∞——最终沉降量；

α、β——由地质条件和排水条件确定的常数。

进一步可得：

$$S_\infty=\frac{S_3(S_2-S_1)-S_2(S_3-S_2)}{(S_2-S_1)-(S_3-S_2)} \tag{7-80}$$

式中：S_1、S_2、S_3 意义同前，$t_2-t_1=t_3-t_2$。

3)一般曲线拟合

假设路堤某特征点在某一观测时间的沉降量为 y，当其在修筑、静载及运营过程中的变化规律应该是随时间 x 变化的函数，并假设：

$$y=f(x)=a_0+a_1x+a_2x^2+\cdots+a_mx^m=\sum_{j=1}^{m}a_jx^j \tag{7-81}$$

由于观测值与预测值之间存在一定的差值 v_1，v_1 即为预测误差，根据最小二乘法原理得：

$$\frac{\partial F}{\partial a_k}=2\sum_{i=1}^{N}[(\sum_{j=0}^{m}a_jx_i^j-y_i)x_i^k]=0 \tag{7-82}$$

将上式展开可得：

$$\sum_{i=1}^{N}(\sum_{j=0}^{m}a_jx_i^jx_i^k)-\sum_{i=1}^{N}y_ix_i^k=0 \tag{7-83}$$

令

$$\sum_{i=1}^{N}x_i^k=P_k,\sum_{i=1}^{N}y_ix_i^k=S_k \tag{7-84}$$

则上式可变为：

$$\sum_{j=0}^{m}a_iP_{k+j}=S_k \qquad k=0,1,2,\cdots,m \tag{7-85}$$

式中：N——特征点重复观测次数，且 $m<N$。

由式(7-85)便可求出系数 a_j，即得出预测方程 $y=f(x)$。

7.2.3.5　生长曲线方法

路基在荷载作用下沉降将随时间发展，通过大量的观测资料的积累，可以找出路基沉降过程中具有一定实际应用价值的变形规律，从而可以根据路基施工时的实测沉降资料，预测路基工后沉降。沉降预测方法已有多种，在本课题的研究过程中，还提出了一种能较好预测沉降的龚帕斯“生长”曲线分析模型。

在经济、社会、科技、生物领域中，通过观察和研究，有许多事物的成长，或者某些变量随时间的变化，也类似于生物生长的过程，呈现S形，其变化速度也是由慢渐快，达最快后，又由快逐渐变慢，最后其变量值趋于某种极限。例如新产品的市场销售，一定条件下的农作物产量(值)等。

在生物界，生物个体通常都会经历一个出生、成长、成熟和衰老(落)的发展演变过程。描述这种演变过程的模型通常称为“成长”曲线模型。这种现象在社会经济和科学技术领域同样存在，比如某项新产品的问世、发展、成熟和衰落。深入分析高路堤沉降变化规律，可发现其同样具有“成长”曲线的特征，因此，可以运用成长曲线预测模型进行预测。由于这种模型是依据一定的演变理论为前提推导出来的，所以在某些情况下，往往能比简单时间序列法提供更加精确的时间预测。

生长曲线本是描述生物生长过程的一种特殊曲线。生物学界长期研究发现，生物的生长过程，一般经历发生、发展、成熟和衰亡四个阶段，每个阶段的成长速度各不相同：发生初期成长速度较慢，由慢渐快；发展时期成长速度则较快；成熟时期，成长速度则由达到最快而后逐渐变慢。生物成长过程形式如图7-14所示，其曲线形状如S形，故又称为S曲线。

将我们要研究的预测目标(沉降)用一个定量指标 S 表示。$\mathrm{d}S/\mathrm{d}t$ 是 S 的微分，它表示 S 的变化速度。这样，S 的增长率等于 $\mathrm{d}S/\mathrm{d}t$ 除以 S。如果 S 的增长与 $\ln a-b\ln S$ 成比例，即：

$$\frac{\mathrm{d}S}{s\,\mathrm{d}t}=\frac{\mathrm{d}\ln S}{\mathrm{d}t}=\ln a-b\ln S \tag{7-86}$$

则可以得到：

$$S = e^{K+ab^t} \tag{7-87}$$

或

$$\ln S = K + ab^t \tag{7-88}$$

式中：K、a、b^t——常数。

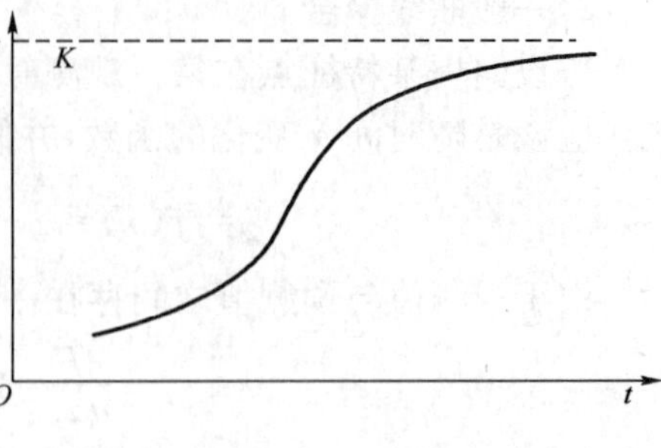

图 7-14 生长曲线图

式(7-87)、式(7-88)称为龚帕斯生长曲线。当 $a<0$，$0<b<1$ 时，它描述的是一条“生长”曲线。

通过理论分析选定生长模型以后，剩下的问题仍然是如何估计模型的三个参数 K、a、b。估计的方法有多种，我们着重讨论三段估计法。为了便于统一说明，我们取：

$$\ln S_t = K + ab^t \tag{7-89}$$

它们与修正指数曲线

$$S_t = K + ab^t \tag{7-90}$$

的构造是相同的。

下面用修正指数曲线为例说明三个参数的估计方法。

假设已知一时间序列 S_1、S_2、…、S_r，如果该序列符合修正指数曲线分布形式，则有：

$$\begin{aligned} S_1 &= K + ab^1 \\ S_2 &= K + ab^2 \\ &\vdots \\ S_r &= K + ab^r \end{aligned} \tag{7-91}$$

将 T 个数据平均分成三段(如果 T 不能被 3 整除，可以通过增减个别数据使其恰为 3 的倍数)，每段含有 n 个数，即 $n=T/3$，对各段求和得：

$$\sum\nolimits_1 S_t = \sum_{t=1}^{n} S_t = nK + ab(b^0 + b^1 + \cdots + b^{n-1}) \tag{7-92}$$

$$\sum\nolimits_2 S_t = \sum_{t=n+1}^{2n} S_t = nK + ab^{(n+1)}(b^0 + b^1 + \cdots + b^{n-1}) \tag{7-93}$$

$$\sum\nolimits_3 S_t = \sum_{t=2n+1}^{3n} S_t = nK + ab^{(2n+1)}(b^0 + b^1 + \cdots + b^{n-1}) \tag{7-94}$$

由级数求和，得：

$$(b^0 + b^1 + \cdots + b^{n-1}) = \frac{b^n - 1}{b - 1} \tag{7-95}$$

代入式(7-92)、式(7-93)、式(7-94)，得：

$$\sum\nolimits_1 S_t = nK + ab\frac{b^n - 1}{b - 1} \tag{7-96}$$

$$\sum\nolimits_2 S_t = nK + ab^{(n+1)}\frac{b^n - 1}{b - 1} \tag{7-97}$$

$$\sum\nolimits_3 S_t = nK + ab^{(2n+1)}\frac{b^n - 1}{b - 1} \tag{7-98}$$

式(7-96)、式(7-97)、式(7-98)两两相减，得：

$$\sum\nolimits_2 S_t - \sum\nolimits_1 S_t = ab\frac{(b^n - 1)^2}{b - 1} \tag{7-99}$$

$$\sum\nolimits_3 S_t - \sum\nolimits_2 S_t = ab^{(n+1)}\frac{(b^n - 1)^2}{b - 1} \tag{7-100}$$

式(7-100)除以式(7-99),得：

$$b^{n}=\frac{\sum_3 S_t-\sum_2 S_t}{\sum_2 S_t-\sum_1 S_t} \tag{7-101}$$

所以：

$$b=\sqrt[n]{\frac{\sum_3 S_t-\sum_2 S_t}{\sum_2 S_t-\sum_1 S_t}} \tag{7-102}$$

同时,由式(7-96)可解得：

$$K=\frac{1}{n}\left(\sum_1 S_t-ab\frac{b^{n}-1}{b-1}\right) \tag{7-103}$$

将式(7-101)、式(7-102)代入式(7-103),又可得到：

$$K=\frac{1}{n}\left[\frac{\sum_1 S_t\sum_3 S_t-(\sum_2 S_t)^2}{\sum_1 S_t+\sum_3 S_t-2\sum_2 S_t}\right] \tag{7-104}$$

即可得到以式(7-102)、式(7-104)为修正指数曲线的参数估计公式。依此类推,不难得到龚帕斯曲线[式(7-87)]的参数估计式：

$$b=\sqrt[n]{\frac{\sum_3 \ln S_t-\sum_2 \ln S_t}{\sum_2 \ln S_t-\sum_1 \ln S_t}} \tag{7-105}$$

$$a=\frac{b-1}{(b^{n}-1)^2 b}(\sum_2 \ln S_t-\sum_1 \ln S_t) \tag{7-106}$$

$$K=\frac{1}{n}\left[\frac{\sum_1 \ln S_t\sum_3 \ln S_t-(\sum_2 \ln S_t)^2}{\sum_1 \ln S_t+\sum_3 \ln S_t-2\sum_2 \ln S_t}\right] \tag{7-107}$$

曲线预测模型预测方法的实质,是选用一条适当的曲线来拟合样本数据的变化规律,拟合度越好,则从数理统计意义上讲,该拟合曲线越合适,预测结果则越可取。但是,绝不能脱离预测对象这个事物的机理及其本身的变化规律,即不能单纯从数理统计意义来判断预测结果,而必须从经济意义去分析判断预测结果的经济规律合理性。

因此,曲线预测的检验可概括为：

(1)曲线预测方程若是通过原样本改造与线性回归法参数估计来求得的话,则在线性回归参数估计时,首先应该进行线性回归方程的统计检验。检验通过的方程及其参数,则入选。

(2)对通过数理统计检验的预测方程进行预测,对所得的预测结果进行规律合理性分析。通过分析,一般可以获得预测结果的合理性分析和解释,使预测结果真正建立在定性分析与定量分析相结合的基础上,具有满意的可信度。为了进一步确定其可信度,还必须求得预测值的置信值域,为此可算出标准差 S。

7.2.3.6 经验公式法

根据以上的理论方法来计算地基沉降仍然存在很大的局限性。从工程建设和发展的角度出发,还需要对现有的沉降理论作进一步研究和改进。很多文献根据实测数据以及一些经验方法对沉降进行预估,并应用于工程实际。就目前的沉降计算而言,我国沿海和内陆地区软土地基的沉降计算以及分部在西部山区的高填方沉降计算,目前还没有一种更为合理的计算方法,因而研究其沉降计算方法及预测方法已成为迫切需要解决的问题。

经验公式法一般用来预估工后沉降量,目前的分层总和法不能反映土石混合料分期固结的特点。表 7-2 所列的是国外一些堆石坝工后沉降数据,图 7-15 和图 7-16 为堆石坝工后沉降率与坝高的关系。

不同类型的堆石坝的工后沉降数据 表 7-2

序　号	坝 名 称	坝高度(m)	工后沉降量(cm)	工后沉降率(%)
心墙堆石坝				
1	Akosombo	112.8	64.9	0.575
2	Ambuklao	128.5	81	0.630
3	Beas	132.5	41.3	0.312
4	Cherry Valley	100.6	13.8	0.137
5	Cupatizio	72.4	9.1	0.126
6	Dhunn Valley	35	6.6	0.189
7	EI Infiernillo	148	46.2	0.312
8	Estreito	97	4.9	0.051
9	Gepatsch	153	124	0.810
10	High Aswan	111	12.2	0.110
11	Hyttejuvet	93	17.7	0.190
12	Kajakai	100	4	0.040
13	Llyn Brainne	91	14.6	0.160
14	Messaure	101	1.2	0.012
15	Muddy Run	76.2	26.7	0.350
16	Mud Mountain	122	58	0.475
17	Notteley	56.1	17.5	0.312
18	Preuca	60	25.5	0.425
19	Presidente Aleman	75	13.3	0.177
20	South Holston	86.9	60.8	0.700
21	Tooma	68	5.9	0.087
22	Watauga	96.8	47.1	0.487
23	Outardes 4dam 1	122	17.1	0.140
24	Outardes 4dam 3	25	2.3	0.092
25	LG2 Main Dam	168	42	0.250
26	LG2 Dyke D5	66	9.2	0.139
27	LG2 Dyke D7	55	3.6	0.065
28	LG2 Dyke D8	30	2	0.067
29	LG3 North Dam	93	9.3	0.100
30	Caiapiscau KA3	54	2.7	0.050
31	Caiapiscau KA5	47	2.8	0.060
32	Laurel	90	9	0.100
33	Salt Spring	100	46	0.460
34	LG3 South Dam	93	13	0.140
35	Netzhualcoyotl	137.5	42.9	0.312

续上表

序　　号	坝　名　称	坝高度(m)	工后沉降量(cm)	工后沉降率(%)
斜心墙堆石坝				
36	Bear Creek	65.5	24.6	0.370
37	Bersimis No. 1	61	5.3	0.087
38	Brownlee	122.4	32.1	0.262
39	Cedar Cliff	50.3	25.7	0.511
40	Chihowee	27.7	4.8	0.173
41	Desroches	68.6	5.1	0.074
42	East Fork	41.2	12.4	0.301
43	Furnas	125	10.9	0.087
44	Kenny	100	41.9	0.419
45	Lower Bjorfors	30	4.1	0.137
46	Miboro	131	44.3	0.338
47	Nantahala	77.7	46.6	0.600
48	Queenes Creek	23.8	6.2	0.261
49	Scammonden	70	15.7	0.224
50	Trangslet	125	57.9	0.463
51	Wolf Creek	50.3	13.1	0.260
52	Bersimis	61	9.1	0.149
53	Desroches	61	6.1	0.100
54	Holjes	81	5.1	0.063
碾压混凝土面板堆石坝				
55	Bigge	52	2.3	0.044
56	Cethana	110	6.9	0.063
57	Henne	52	0.8	0.015
58	Kangaroo Creek	59.4	3.2	0.054
59	Nissaatrom	15	0.2	0.013
60	Pedu	63	2.5	0.040
61	Quoich	38	1.1	0.029
62	Venemo	51	5.5	0.108
63	Outards 2	55	0.8	0.015
64	Genkel	43	0.9	0.021
倾填混凝土面板堆石坝				
65	Outares 4 dam 2	110	9.9	0.090
66	Paradela	110	77	0.700
67	Wishon	90.2	63.21	0.701
68	Dix River	84.2	50.5	0.600
69	Lower Bear River No. 1	74.7	38.8	0.519

续上表

序　号	坝　名　称	坝高度(m)	工后沉降量(cm)	工后沉降率(%)
70	Malpaso	67.4	25.3	0.375
71	Salzar	62.8	23.6	0.376
72	Ishibuchi	53	10.6	0.200
73	Bou Hanifa	53	34.5	0.651
74	Swift	47.9	70.4	1.470
75	Lower Bear River No. 2	45.7	11.4	0.249
76	Nozori	44	9.6	0.218
77	Strawberry	42.7	35.2	0.824
78	Fordyce	42.7	21.4	0.501
79	Shirokovsk	40	72.8	1.820
80	Lemolo No. 1	36.6	1.9	0.052
81	Bowman	29.3	9.5	0.324
82	Bonito	28	16.8	0.600

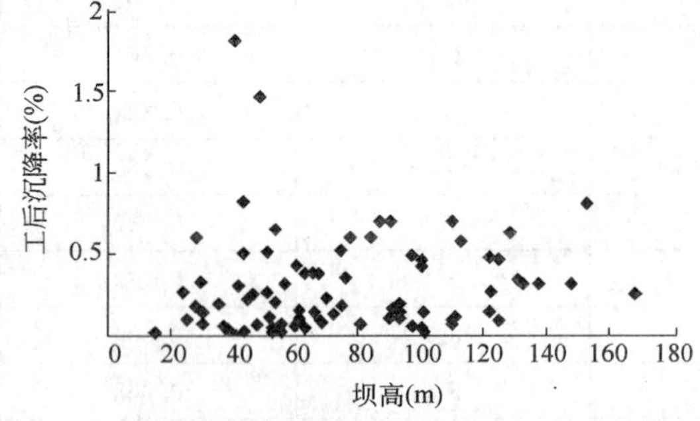

图 7-15　堆石坝工后沉降率与坝高关系

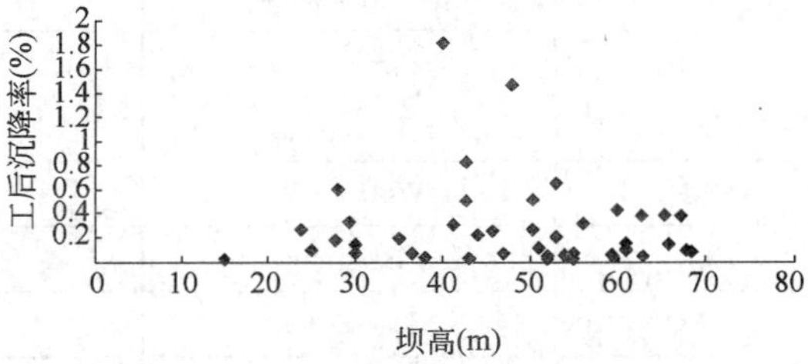

图 7-16　70m 以下堆石坝工后沉降率与坝高关系

从表 7-2 中可以看出，堆石坝施工后沉降，除了两座堆石坝超过 1%以外，其他坝的工后沉降约为坝高的 0.01%～0.8%。从中还可以发现，碾压混凝土面板堆石坝的工后沉降最小，都在 0.1%以下。

水利水电行业经过长期实践，提出了 4 个经验公式。

1)劳顿和列斯特公式

土石坝运营期内的最终沉降量：

$$S = 0.001H^{3/2} \tag{7-108}$$

式中：H——坝高(m)。

2)顾慰慈公式

施工期的沉降量：

$$S = 0.001\,496H^{1.646} \tag{7-109}$$

竣工 t 年以后的沉降量：

$$S_t = kH^n \mathrm{e}^{-m\frac{1}{t}} \tag{7-110}$$

式中：H——坝高(m)；

k、n、m——参数。

由上式可导出最终工后沉降量：

$$S_{\infty} = kH^n \tag{7-111}$$

面板坝：$k=0.004\,433\,1$，$n=2.045$，$m=1.746$；斜墙坝：$k=0.009\,8$，$n=1.014\,8$，$m=1.475\,5$；心墙坝 $k=0.016$，$n=0.876$，$m=1.093\,2$。

3)戈戈别里德捷公式

竣工 t 年后的沉降量：

$$S_{t} = 0.453(1 - e^{0.08H})e^{-\frac{0.693}{t^{1.157}}} \tag{7-112}$$

式中：H——坝高(m)。

4)《碾压式土石坝设计规范》(SDJ 218—84)的方法，即单向压缩分层总和法

在 t 时刻的沉陷量：

$$S_t = \sum_{i=1}^{n} \frac{e_i - e_{it}}{1 + e_i} h_i \tag{7-113}$$

式中：e_i——第 i 土层的起始孔隙比；

e_{it}——第 i 土层 t 时刻的孔隙比；

n——土层数；

h_i——第 i 土层的厚度。

我国铁道部门在总结了国内外的高路堤的沉降资料后初步认为：

(1)路堤填土的下沉量约为路堤高度的 0.1%～0.4%；

(2)路堤本身的压密在通车大约 1 年后即渐趋稳定。

德国、日本铁路部门采用的经验公式：

$$S_{\mathrm{I}} = \frac{H^2}{3\,000} \tag{7-114}$$

式中：S_{I}——路堤工后沉降值(m)；

H——路堤高度。

以上各经验公式计算路堤工后沉降汇总见表 7-3。

路堤工后沉降汇总表

表 7-3

路堤高度(m)	劳顿和列斯特公式		顾慰慈公式(面板)		顾慰慈公式(斜墙)		顾慰慈公式(心墙)		戈戈别里德捷公式		铁路工程公式	
	沉降(m)	沉降率(%)	沉降(m)	沉降率(%)	沉降(m)	沉降率(%)	沉降(m)	沉降率(%)	沉降(m)	沉降率(%)	沉降(m)	沉降率(%)
5	0.01	0.2	0.12	2.4	0.11	2.2	0.07	1.4	0.22	4.4	0.01	0.2
10	0.03	0.3	0.49	4.9	0.29	2.9	0.12	1.2	0.56	5.6	0.03	0.3
15	0.06	0.4	1.13	7.53	0.53	3.53	0.17	1.13	1.05	7	0.08	0.53
20	0.09	0.45	2.03	10.15	0.81	4.05	0.22	1.1	1.79	8.95	0.13	0.65
25	0.13	0.52	3.2	12.8	1.13	4.52	0.27	1.08	2.89	11.56	0.21	0.84
30	0.16	0.53	4.65	15.5	1.48	4.93	0.31	1.03	4.54	15.13	0.3	1
35	0.21	0.6	6.37	18.2	1.86	5.31	0.36	1.03	7	20	0.41	1.17
40	0.25	0.63	8.37	20.93	2.26	5.65	0.41	1.03	10.66	26.65	0.53	1.33
45	0.3	0.67	10.65	23.67	2.69	5.98	0.45	1	16.13	35.84	0.68	1.51
50	0.35	0.7	13.22	26.44	3.15	6.3	0.49	0.98	24.28	48.56	0.83	1.66

西班牙在修建高速铁路时曾对 20 多处路堤在施工期和施工后的沉降进行观测，表 7-4 和图 7-17～图 7-21 为其观测结果[93]。

西班牙高速铁路路堤沉降观测资料*

表 7-4

填料母岩性质	路堤高度(m)	施工期沉降		工后沉降	
		沉降量(cm)	沉降率(%)	沉降量(cm)	沉降率(%)
砂岩—硬泥岩	34	65	1.9	5	0.15
砂岩—硬泥岩	16	30	1.9	2	0.13
砂岩—硬泥岩	18	34	1.9	3	0.17
石英岩	26	30	1.2	2	0.08
石英岩—砂泥岩	43	100	2.3	16	0.37
花岗岩	33	120	3.6	9	0.27
花岗岩	50	120	2.4	9	0.18
花岗岩	49	150	3.1	10	0.20
板岩	27	80	3.0	6	0.22
板岩	20	60	3.0	9	0.45
板岩	25	80	3.2	12	0.48
板岩	24	60	2.5	10	0.42
板岩	15	40	2.7	4	0.27
板岩	10	30	3.0	5	0.50
板岩	40	120	3.0	12	0.30
板岩	45	120	2.7	12	0.26
板岩—砂岩	32	58	1.8	6	0.19
板岩—砂岩	23	46	2.0	3	0.13
板岩—砂岩	36	68	1.9	7	0.19
板岩—砂岩	36	50	1.4	7	0.19
板岩—石英岩	45	75	1.7	8	0.18
板岩—硬泥岩	21	20	1	2	0.095
板岩—硬泥岩	45	50	1.1	5	0.11
板岩—硬泥岩	40	50	1.3	7	0.18
第三纪—第四纪	12	24	2	2	0.17
第三纪—第四纪	32	70	2.2	7	0.22

注：* 表中沉降率指沉降量与路堤高度之比。

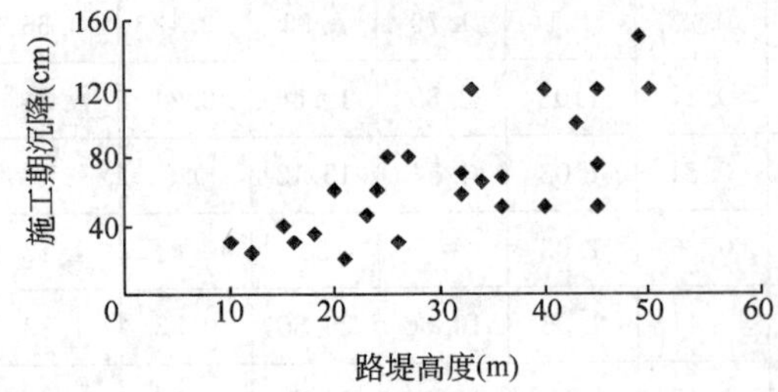

图 7-17 高速铁路路堤施工期沉降与路堤高度关系

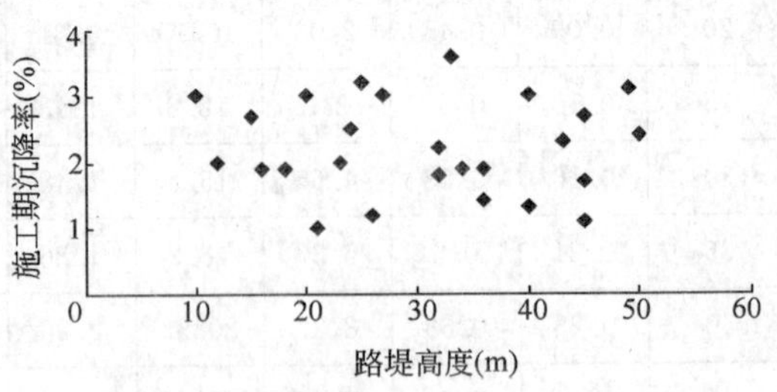

图 7-18 高速铁路路堤施工期沉降率与路堤高度关系

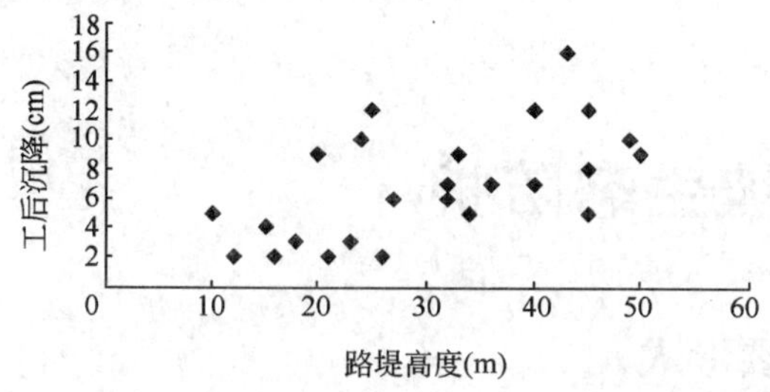

图 7-19　高速铁路路堤工后沉降与路堤高度关系

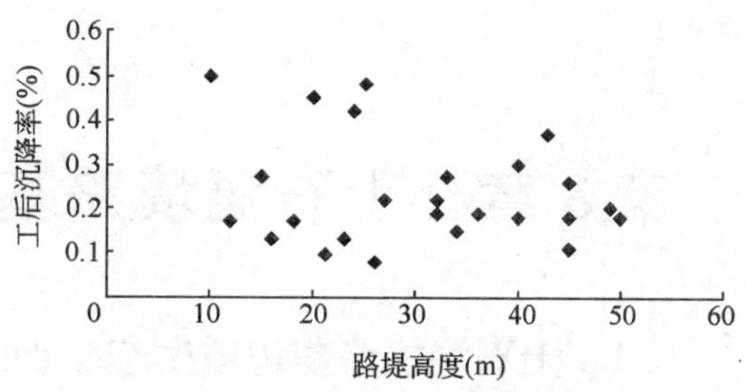

图 7-20　高速铁路路堤工后沉降率与路堤高度关系

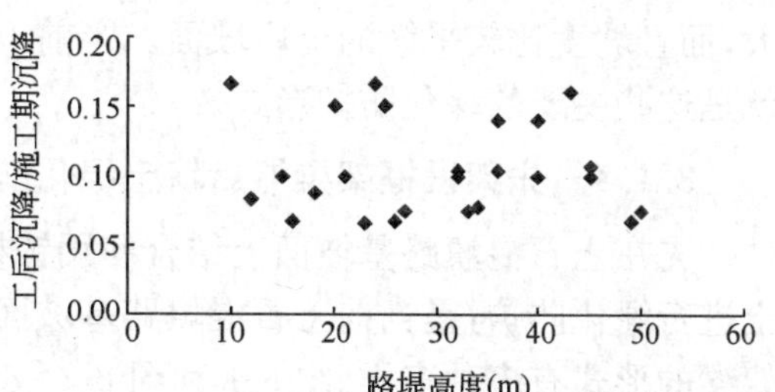

图 7-21　高速铁路路堤工后沉降/施工期沉降与路堤高度关系

根据表 7-2 观测数据可知，施工期的沉降量较大，为路堤高度的 1%～3.6%，工后沉降为路堤高度的 0.1%～0.4%。由于缺乏压实方法、监测方法、变形模量沉降稳定时间等资料，不能对其作更进一步的分析。但是从表 7-4 中可以看到，最大工后沉降 16cm 时，对应的路堤高度为 43m，最小工后沉降 2cm 时，对应的路堤高度为 26m。填料一般为堆石料，高速铁路沉降要求高于土石混填路基，从经济的角度分析，其填料要求、填筑体的物理力学参数等，应高于土石混合料，但二者的施工工艺相当，也就是说，土石混填路基填筑体的工后沉降与填筑高度的比值应稍高于 0.1%～0.4%。同时路堤高度与工后沉降率之间的关系并不明显，这是因为每一路基填土的组成、压实方法、施工工艺等都不尽相同。

同时，可以看出，表 7-3 中按铁路部门经验公式计算得出的土石混填路基工后沉降偏大，其中劳顿和列斯特公式计算值最小，而顾慰慈公式中按面板、斜墙堆石坝的参数来计算土石混填路基工后沉降相关甚远，戈戈别里德捷公式计算出来的工后沉降最大，不宜用它计算路基工后沉降。可以对土石混填路基的工后沉降采用修正铁路经验公式进行预估，结合土石混填路基二维地质力学模型试验结果，土石混合料按 90%压实度进行控制，其工后沉降与路基高度见表 7-5。

土石混填路基工后沉降(压实度 90.7%)　　表 7-5

填筑高度(m)	工后沉降量(mm)	工后沉降率(%)	填筑高度(m)	工后沉降量(mm)	工后沉降率(%)
5	0.0023	0.046	20	0.052	0.26
10	0.0054	0.054	25	0.085	0.34
15	0.0255	0.17	30	0.114	0.38

依此，可以对劳顿和列斯特公式、顾慰慈公式和铁路工程公式进行修正，得到如下土石混填路基工后沉降的经验公式：

$$S = 0.000\,04H^{2.336\,3} \tag{7-115}$$

式中：H——路基填土高(m)。

第 8 章　土石混填路基边坡生态防护

8.1　土石混填路基边坡生态防护的主要形式

生态防护亦称植物防护，主要包括拉伸网草皮、喷播植草等。至今它主要适用于坡高不大，而且坡度比较平缓的土质坡面。当前，对于公路土石混填路基边坡的绿化防护常采用的也就是这些主要的绿化防护形式。

8.1.1　先架设框架梁然后填土绿化防护

先在土石混填路基坡面上结合使用锚杆修筑水泥混凝土框架梁，然后在框架梁内填耕植土进行绿化防护，是当前土石混填路基坡面绿化防护采用的主要形式之一。修筑的混凝土框架梁的形式有多种多样，图 8-1 和图 8-2 仅表示其中的两种形式。

填耕植土绿化防护的形式之一

图 8-1　土石混填路基坡面修筑混凝土框架梁

梁绿化防护的形式之二

图 8-2　土石混填路基边坡混凝土框架防护

混凝土框架梁主要起稳定土石混填路基边坡的作用，还能集中和疏导坡面水流，避免坡面水流自上而下直接冲刷框架梁内填入的耕植土。

必须指出的是，用混凝土框架梁加耕植土对土石混填路基坡面进行绿化防护仅适用于坡度比较平缓的土石混填路基坡面(坡比一般在 1∶1.5、1∶1.75 或更缓)。原因是混凝土框架梁对其内所填耕植土本身的表面并没有稳定作用，雨水对其内所填耕植土表面的局部冲刷依然存在(图 8-2 可见冲刷依然严重，而且绿化防护的质量很差)。此方法对土石混填路基坡面绿化防护的成本虽较高，但路堤边坡的稳定性较好。

8.1.2　土石混填路基坡面错台式绿化防护

对于高填方土石混填路基边坡，坡面目前常采用错台式绿化防护，如图 8-3 所示。由图可见，路堤填筑完成，对坡面按错台式进行仔细加工后，再用传统喷播液进行坡面喷播植草。由于坡面土质贫瘠，又没有添附耕植土，结果草长得稀稀拉拉，植被发育状况很不好。而且坡面局部已被雨水和坡面水流严重冲刷，明显可见数条因冲刷形成的沟槽。因此，绿化防护质量不高。

8.1.3 填筑路堤坡面不进行专门绿化防护，让野草自由生长

由于填筑路堤坡面都在路面以下，车上乘客看不见，在有些特殊情况下，对填筑形成的路堤坡面没有进行专门绿化防护，而是让野草自由生长，如图8-4所示。

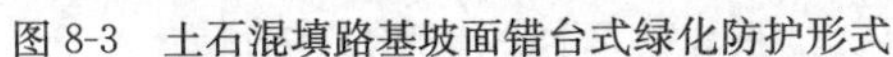

图8-3 土石混填路基坡面错台式绿化防护形式

图8-4 未进行专门绿化防护的路堤坡面

填筑路堤坡面不进行专门绿化防护，在野草完全发育成功的漫长时间里，坡面冲刷问题在所难免。这不是一种好形式，应当避免。

8.1.4 空心砖绿化防护

利用空心砖对土石混填路基坡面进行绿化防护，例如六角空心砖绿化防护是近来最常见的一种绿化防护形式，见图8-5。首先将土石混填路基坡面修整平坦，然后自下而上铺设六角空心砖，同时在六角空心砖内填满耕植土；最后在耕植土上用传统喷播液喷播植草。这种绿化防护方法使土石混填路基坡面比较规整美观，由于内填了耕植土，所以植被长势也好。

但是空心砖内填耕植土的绿化防护方法仅适用于高度不大、坡度较缓（坡比1∶1.5、1∶1.75或更缓）的土石混填路基坡面。其原因，由于采用的是传统喷播液，从内填耕植土到植被发育完善这段时间内，空心砖内填的耕植土依然能被雨水和地面水流冲刷；而且，如果坡度太陡，空心砖内的耕植土就填不满，影响坡面绿化防护的质量。

8.1.5 用土工织物加固土石混填路基边坡再绿化防护

用土工织物加固土石混填路基边坡坡面，可以筑成陡坡（坡比可以达到1∶0.75左右）。这是前面四种方法都不能达到的。坡面筑成后再用传统喷播液进行喷播植草，见图8-6。

图8-5 空心砖绿化防护（尚未进行绿化）

图8-6 用土工织物稳定筑成的土石混填路基陡坡

这里可用的土工织物有多种,例如塑料土工格栅、玻纤格栅、玻纤网、玻纤加强筋、塑料土工网、塑料三维网等。在填筑过程中,如果在边沿(即坡面)部位将塑料土工织物反包,则效果更佳。

采用土工织物填筑成高陡的土石混填路基坡面后,坡面上则难于再附填耕植土,只能在土石混填物的基础上用传统喷播液喷播植草,在土石混填路基坡面较贫瘠的情况下,植被生长发育状态则较差,正如图 8-6 中显示的那样。用土工织物加强土石混填路基及其坡面,对路堤的稳定效果较好,但成本较高。

有时在一定情况下,几种绿化防护形式混合使用,具体根据设计要求。如图 8-7 所示,土石混填路基坡面上部采用水泥混凝土框架梁稳定路堤及其坡面,下部则采用错台式坡面。路堤填筑完成后,对整个坡面用传统喷播液进行喷播植草。

图 8-7　不同形式混合的绿化防护

8.2　PST 抗冲刷剂研制

PST 抗冲刷剂是根据化学稳定土的原理研究出来的。它属于一种土壤化学稳定剂。由于当前对土石混填路基坡面所采用的上述几种绿化防护方法都是基于物理的方法局部稳定框架梁内、六角空心砖内、塑料三维网内的耕植土,不能稳定它们各自区域内的土颗粒,各个区域内的土石本身都没有真正稳定。在坡面上的植被长成前,各个区域内的土石仍然不能抵抗雨水和水流的冲刷。

8.2.1　化学稳定土的原理

化学稳定土的原理是通过在土颗粒表面的化学反应来改善土和水之间的相互作用,使土和水的相互作用变得有利于土的稳定;使土的性质在水的影响下仍能保持或达到既定的要求。这里土颗粒的大小,土颗粒的极性、表面活性、吸水性及其表面的吸附状况都是重要因素。土壤化学稳定剂就是通过在土颗粒表面产生了化学改善作用,从而改善了土颗粒与土颗粒之间的吸引力和排斥力的均势,达到了稳定土壤的目的。

8.2.2　化学稳定土的方法分析

为了使土与水之间的相互作用变得有利于土的稳定,化学稳定土的使用经常采用下述两种方法。

(1)采用与土颗粒表面的结合力比水与土颗粒表面的结合力更强的化学剂来处治土,让该化学剂把结合在土颗粒表面的水分子拉下来,并且使该化学剂与土颗粒表面结合,进而使水不能再重新侵入土颗粒。在这种情况下,即使在水环境中,土颗粒也不会再受潮和软化。这种方法使土石混填路基坡面会寸草不生,更谈不上绿化防护了,因此不能采用。

(2)采用非水化的正电离子化学剂处治土。非水化的正电离子化学剂能与带负电荷的土颗粒(例如酸性土颗粒、酸性石料颗粒等)的表面相互吸引,并取代酸性土颗粒表面的其他离子。通过这种化学变化,使土颗粒对水的敏感性大大减弱。而且经过这种化学变化的土颗粒被干燥后就难于再受潮。例如胺盐就属于非水化的正电离子化学剂。所以胺盐也被用作沥青的抗剥落剂，用于提高酸性石料与沥青的黏附性。

8.2.3　对PST抗冲刷剂的性能要求

当前对土石混填路基边坡绿化防护需要研究和尚未解决的问题较多。首先要解决的是坡面填土的抗冲刷问题。前已述及土石混填路基坡面绿化防护已经采用了水泥混凝土框架梁、六角空心砖、土工织物等物理的方法稳定土石混填路基坡面，但这些方法不能稳定其中每个土颗粒本身，在它们围定的范围内的土颗粒，依然像往常一样，不能抵抗雨水和坡面水流的冲刷。

为此，PST抗冲刷剂必须具备的第一个性能，就是要显著提高土石混填路基坡面上土颗粒的抵抗雨水和坡面水流冲刷的能力。

由于PST抗冲刷剂是为改善土石混填路基坡面的绿化防护的质量而研制的，因此PST抗冲刷剂必须具备的第二个重要性能，就是要能够改良土壤，使土石混填路基的坡面土更加适合绿化植被的生长发育，既能稳定土壤，使土壤免受雨水冲刷，又不影响土壤对水分的吸收和蒸发，而且使土石混填路基坡面上的土壤得到改善，使坡面上植被生长发育的主要基础条件得到明显改善。

此外，还要求PST抗冲刷剂无毒、无味、无臭、无腐蚀、无污染(包括不污染土壤，也不影响环境、地面水和地下水等)，制造加工容易，使用安全、方便。通过试验，研制成功的PST抗冲刷剂，完全满足这些要求。

8.2.4　PST抗冲刷剂的组成

PST抗冲刷剂的组成部分主要包括：

(1)原料1——胶体。胶体是PST抗冲刷剂的最主要的组成部分。胶体是有机高分子聚合物在水中形成的水胶体，有机高分子聚合物在该胶体中的含量有8%左右，而且该胶体还可以用水以任一比例通过充分搅拌进行稀释。该胶体以商品出售，由山东化工厂等多家工厂生产。

该胶体清澈透明，具有良好的热稳定性，具有絮凝、增稠、黏结、稳定胶体、成膜等多种功能。它是生活和农业用水处理的重要化学品，也是一种土壤改良剂。在美容行业的某些场合下，还被用做填充物等。因此它是无毒、无味、无嗅、无腐蚀、无污染(包括不污染土壤、环境、地面水和地下水等)的。

(2)原料2——辅助螯合剂。它溶于水。在有水分时不稳定，容易缓慢分解变质。但在干燥时稳定。所以要在干燥状态下，室内密封保存。

(3)原料3——螯合剂。它溶于水，不溶于乙醇。在空气中安定，但若与原料2接触，会马上发生化学变化。所以要与原料2分开室内储存。

(4)原料4——水。用淡水，要符合一般建筑用水质量要求，可在工地附近取用。

(5)其他。根据PST抗冲刷剂的使用条件和环境不同而确定。

8.2.5　PST抗冲刷剂的配制工艺

PST抗冲刷剂的配制工艺简单方便，大体可分如下几个步骤。

(1)首先选取两个同样大小的容器，根据所选用的容器大小，称取两份合适的相同重量的胶体，分别放入所选用的两个容器(例如植草喷播机(两台)的储液罐等有搅拌器的容器等)内，然后按设计的稀释程度分别用同量的水充分稀释胶体，并通过合理和足够时间的搅拌，使其形成均一的、浓度完全相同的、数量也完全相同的两份胶体溶液，等待使用。该胶体溶液非常稳定，可以放置很长很长时间而不被破坏。

(2)取两个适当容积的同样大小的洁净容器，称取配方量的原料 2 和原料 3，分别放入所选用的两个容器内。取配方量的而且是相同量的两份水，分别漫漫倒入盛有原料 2 和原料 3 的两个容器内。然后分别用两个搅拌棒，人工搅拌两个容器，使分放在两个容器内的原料 2 和原料 3 各自很快完全溶解，同时制成辅助螯合剂水溶液和螯合剂水溶液两种溶液。

(3)PST 抗冲刷剂的 Y 液和 H 液的配制。我们研制的 PST 抗冲刷剂由 Y 液和 H 液组成。

Y 液的配制方法是：将步骤(2)配制的辅助螯合剂水溶液全部倒入步骤(1)配制的一份胶体水溶液内，搅拌均匀后得到 PST 抗冲刷剂的 Y 液。

H 液的配制方法是：将步骤(2)配制的螯合剂水溶液全部倒入步骤(1)配制的另一份胶体水溶液内，搅拌均匀后得到 PST 抗冲刷剂的 H 液。

使用时用两台喷播机同时分别将 Y 液和 H 液向同一个地点喷射，使 Y 液和 H 液落地自行混合。PST 抗冲刷剂便能使坡面土发挥良好的抗冲刷作用。

8.2.6 PST 抗冲刷剂的性能指标

通过测试，PST 抗冲刷剂实际达到的性能指标见表 8-1。

PST 抗冲刷剂的性能指标　　表 8-1

序号	性能	水	胶体(稀释后)	Y 液	H 液	检测方法	备注
1	pH 值	7	7	6.5	7	pH 试纸	
2	密度(g/mL)	≈1	≈1(略小于水)	≈1	≈1	重量法	室温 10℃
3	黏度(s)	10.9	18.3	13.4	14.4	T-4 黏度计	室温 10℃
4	外观	无色透明液体	无色清澈透明胶体	无色清澈透明胶体	橙黄色胶体	肉眼观察	
5	气味	无	无	无	无	闻	
6	毒性	无	无	无	无	昆虫浸入试验	用水作为参照对比

8.2.7 PST 抗冲刷剂的作用机理

PST 抗冲刷剂对土石混填路基坡面的抗冲刷作用属于化学稳定土的技术范畴。在 PST 抗冲刷剂对土的稳定作用中，起主要作用的是原料 1——胶体。原料 1 是水溶性的高分子类化合物。水溶性高分子化合物稳定土的机理是：高分子化合物在水的溶解和分散作用下，首先形成连续的基质。水溶性高分子化合物之所以能溶解于水，是因为在它的分子中含有亲水性的化学基团。当它溶解于水以后，高分子化合物在水的溶解作用下，会产生大量的有机阳离子。在将这些高分子化合物在水中形成的连续的基质喷洒到坡面上以后，高分子化合物在水中产生的大量的有机阳离子会通过离子交换反应，置换土颗粒表面的可交换离子，例如：Ca^{2+}、Mg^{2+}等。这样基质的胶体大分子链便通过离子力和极性力与土颗粒黏结在一起，由此形成土颗粒的集聚。同时土颗粒被完全夹置在连续的粘结基质中，由于共价力和离子力的作用，使土颗粒的强度也得到很大提高。

由于原料 1——胶体是水溶性的高分子材料，如果不加处理，直接将其作为抗冲刷剂喷洒到坡面上，那么遇雨或坡面水流时，胶体就会再度溶解于雨水和水流，进而被雨水和水流带走。

为此必须再加入螯合剂和辅助螯合剂。在 PST 抗冲刷剂中,辅助螯合剂的作用是使螯合剂产生高价离子,从而对原料 1——胶体产生螯合作用。只有通过辅助螯合剂的作用,螯合剂才具备对胶体的螯合能力。通过螯合剂对胶体的螯合作用,不仅增大了胶体的分子量,而且螯合剂离子与胶体生成了不溶于水的三维螯合物——凝胶。凝胶又与土颗粒表面通过共价力和离子力的作用黏结在一起。这样,PST 抗冲刷剂在喷洒到土石混填路基坡面上以后,由原料 1——胶体与原料 2——螯合剂生成的不溶于水的凝胶不仅显著增加了坡面土颗粒的抗冲刷能力,也增加了土石混填路基坡面的强度和稳定度,而且不会被雨水和坡面水流溶解带走。

这里必须说明的是,PST 抗冲刷剂在坡面上喷洒量的多少和构成 PST 抗冲刷剂的主要成分原料 1——胶体本身的浓度大小是至关重要的。在 PST 抗冲刷剂喷洒量足够的情况下,如果原料 1——胶体本身的浓度又适当,那么原料 1——胶体就可以在坡面上形成连续的基质,土颗粒本身和土颗粒与土颗粒之间的粘结都会比较好,坡面的抗冲刷能力将显著提高;相反,如果 PST 抗冲刷剂在坡面上喷洒的量太少,或者原料 1——胶体本身的浓度太低,那么,原料 1 在坡面上则不能形成完整的连续的基质,土颗粒表面不能被完全裹覆,土颗粒本身的黏结情况就较差,土颗粒与土颗粒之间也只能通过所谓“点焊”的形式局部粘结,其黏结牢度必然下降。甚至由于 PST 抗冲刷剂在坡面上喷洒量太少,将有许多土颗粒受不到稳定作用。那么,坡面抗冲刷的能力则得不到应有的提高。

相反,如果 PST 抗冲刷剂的喷洒量太大,或者原料 1——胶体本身的浓度太高,将会不必要地增加土石混填路基坡面绿化防护的成本。同时,原料 1——胶体的浓度如果太高,那么,PST 抗冲刷剂的浓度也相应提高,用喷播机喷播植草的工艺将会遇到困难。因此,配制 PST 抗冲刷剂必须采用合适浓度的原料 1——胶体。而且,PST 抗冲刷剂在坡面上的喷播量要经济合理。

8.2.8 PST 抗冲刷剂的适用范围

根据 PST 抗冲刷剂的性能特点,PST 抗冲刷剂适合用于下列范围。

(1)配制用于土石混填路基坡面绿化防护的新型喷播液。这种新型喷播液能够显著提高土石混填路基坡面的稳定性。土石混填路基坡面喷洒了用 PST 抗冲刷剂配制的新型喷播液后,不管在植被长成前还是长成后,坡面土颗粒抗雨水和坡面水流冲刷的能力都会大大增强。而且植被的长势会更好。由于 PST 抗冲刷剂能使坡面稳定,抗雨水和坡面水流冲刷,因此使用 PST 抗冲刷剂配制的新型喷播液对土石混填路基坡面进行绿化防护,土石混填路基坡面的坡比可以做到 1∶1。

用 PST 抗冲刷剂配制的新型喷播液,不仅适用于土石混填路基坡面的绿化防护,还适用于公路、铁路等岩土边坡的绿化防护。这时坡面具有同样的稳定和抗冲刷作用。

(2)用作固沙剂,能够防止沙尘暴的产生。我国北方地区沙漠面积大,冬春季节,风卷黄沙形成的沙尘暴,近几年来对我国的自然环境、草原和土地资源破坏极大,因此引起了国家的高度重视。据悉,国家曾在全国招标,寻求防治沙尘暴的办法。我们研制的 PST 抗冲刷剂不仅能够稳定坡面土壤,而且能够稳定沙漠表层的沙粒,使沙漠在暴风的吹刮下不致扬尘,从而阻止了沙尘暴的产生,改善自然,保护耕地和草原。

必须指出的是:PST 抗冲刷剂不仅能固沙,还能促进植物的生长,有利于对沙漠的绿化治理。绿化防护也是防止沙尘暴的有效方法之一。

(3)用作水土保持剂,能够防止石漠化的产生和发展。我国多山,特别在云贵、川、重庆等西南地区,山坡坡度较陡,山坡表面的土层多是由于岩石风化形成。由于人类活动等诸多因素，造成水土流失加重。特别在近些年来，许多山坡岩石表面上的风化土被雨水等冲刷得干干净净，露出了大片大片的岩石山坡，从而形成了石漠，造成山区石漠化。山区石漠化也是我国当前的重大自然灾害之一，也引起了国家的高度重视。

石漠化形成的原因归根结底是水土流失。我们研制的PST抗冲刷剂有显著提高坡面土壤抗雨水和坡面水流冲刷的能力，能有效提高坡面的水土保持作用，防止水土流失。将PST抗冲刷剂喷洒到山坡的土壤上，土壤便得到稳定，不会再被雨水和坡面水流等冲走，从而保持了水土，改良了土壤，也防止了石漠化的再度产生和发展。

8.3 新型喷播液的研制

8.3.1 新型喷播液的组成

新型喷播液中包括：

(1)PST抗冲刷剂的Y液和H液。

(2)混合草种。

(3)植物短纤维。

(4)其他。

传统喷播液的配方大同小异，但有些材料的成本太高，有的甚至还要从国外进口，而它的有些性能还显得不足。例如：保水和吸湿性能、黏合性能等。特别是这些传统喷播液不能通过化学的方法稳定坡面土，没有赋予边坡抗雨水和坡面水流冲刷的能力。因此，传统喷播液本身对坡面没有水土保持作用。

而新型喷播液由于采用了自行研制的PST抗冲刷剂代替全部的水进行配制。因此新型喷播液实际就是PST抗冲刷剂喷播液。这样新型喷播液本身就对坡面进行了化学稳定，使坡面具有良好的水土保持作用。PST抗冲刷剂不仅增加了新型喷播液中所有成分与土石混填路基坡面的黏合力，而且不管是在植被长成前还是长成后，都赋予坡面良好的抵抗雨水和坡面水流冲刷的能力。此外，新型喷播液还能对坡面土壤进行改良，从而促进坡面上植被的生长发育，使植被长势比采用传统喷播液时更好。

新型喷播液中加入植物短纤维的目的是：

(1)在实施喷播时，缓冲新型喷播液对土石混填路基坡面的冲击力。

(2)改善混合草种在新型喷播液中的分散状况。

(3)喷播植草后，改善土石混填路基坡面上的通透性，利于植被生长。

8.3.2 混合草种试验研究

8.3.2.1 混合草种的组成研究

除PST抗冲刷剂外，混合草种是新型喷播液的主要成分之一。对公路土石混填路基边坡的绿化防护，要求坡面植被年年四季常青，生长茂盛。这就需要选用混合草种进行混播。

混播是指用两种或两种以上的草种混合播种。混播的优点是一种草的长处可以弥补另一种草的短处。对大多数地方的气候来说，草种最好的混合是使混播形成的植被具有抗病虫害和广泛的适应性。而且混播在一起的植被要在颜色、质地、生长率及入侵能力上相似。在混播草种组合中，每一种草种的含量应控制在有利于混播中主要草种发育的程度。我们就是基于这些考虑来确定混合草种的组成的。

我们试验确定的混合草种的组成有：

(1)基本种。它在数量上占主要地位,是主要利用的永久性草种。

(2)辅助种。它在数量上占辅助地位,能弥补基本种的一些缺点。

(3)临时保护种,是主要起保护作用的临时种。它发芽快,生长迅速,能很快覆盖土石混填路基坡面,可以防止杂草的入侵。

(4)特殊种。它是起特殊作用(例如观赏作用)的品种。

以上是混合草种的基本组成。在实际应用时,还要根据当地的气候和土壤等具体条件,对混合草种的组成和具体配方做适当调整。

8.3.2.2 各种草种的选择研究

高速公路土石混填路基边坡绿化防护,形成植被所选用的草种,主要是保证其成活和生长,并且具有良好的护坡功能。因此,选择各种草种时,首先应保证所选草种能适应绿化防护工程当地的气候和土壤条件,还应具备以下优点:根系深而发达,扩展性强;生长成植被的速度快;多年生、绿期长;抗逆性强(如:耐旱、耐热、耐寒、抗病虫害、耐贫瘠、抗盐、可粗放管理)等。

此外,由于高速公路的土石混填路基边坡呈带状分布,地域性变化大,所填土质条件变化也大,所以在实施高速公路土石混填路基边坡绿化防护工程前,首先要实地进行所选草种的预先种植试验。

预先种植试验工作的重点,应当是所选的基本种。因为基本种在混合草种配方中数量上占绝对优势,是主要利用的永久性草种。要求基本种有最强的生命力和对各种不利条件的最广泛的适应性。它的绿色期在当地的气候和土壤条件下应当最长。

对辅助种的预先种植试验,应着重看它在当地的气候和土壤条件下,能否真正弥补基本种的一些缺点。例如在基本种枯萎期间,辅助种能否保持茂盛的绿色等。虽然辅助种在数量上占辅助地位,但对保持公路土石混填路基边坡绿化防护的坡面四季常青、常年茂盛是至关重要的。

在对临时保护种的预先种植试验中,虽然临时保护种是主要起保护作用的临时种,但由于它发芽快、生长迅速,因此还可以用临时保护种快速检验土石混填路基坡面是否适宜所选草的生长。

通过特殊种的预先种植试验,还应着重观察这种特殊种能否使多种特殊作用的发挥集中于它一身。我们选择的混合草种的特殊种,主要是为公路土石混填路基边坡进行绿化防护的植被提供观赏作用的品种。但这种特殊种的根还能对坡面提供固氮作用,增加对坡面的氮肥供应。

8.3.2.3 土石混填路基坡面植草密度的研究

公路土石混填路基边坡绿化防护的植草密度,是由坡面单位面积上草种的播种量决定的。草坪种子的播种量取决于种子的质量(例如实际出芽率)和重量、混合草种的组成、土壤状况和工程的性质等。植草密度不能太密,也不能太稀。植草太密会影响植被本身的通透性,使植被容易染病、枯黄;植草太稀,则很久不能成坪,影响对公路土石混填路基边坡的绿化防护效果。

表 8-2 列出了几种草种的单播种用量。一般在单播的情况下,可按表中所列数据进行植草密度掌握。在特殊情况下,为了加快植被形成速度,还可以根据表中的加大播种量,提高植草密度。

在混播的情况下,应根据表 8-2,找出各种草种单播的密度加大的播种量,再由各种草种在混合草种的组成中所占的百分比例,计算出每种草种的混播用量。表中所列数据是假设各种草种单播种的出芽率皆为 100%的情况下制订的,但这种情况往往不多。根据试验,商品草种的实际出芽率若能达到90%就已经算作质量较好的草种了。

几种草种的单播种量　　表8-2

草种名称	正常单播量(g/m²)	密度加大(g/m²)
狗牙根(不去壳)	4～6	8～10
狗牙根(去壳)	3～5	7～8
中华结缕草	5～7	8～10
草地早熟禾	6～8	10～13
普通早熟禾	6～8	10～13
紫羊茅	15～20	25～30
多年生黑麦草	30～35	40～45
高羊茅	30～35	40～45
剪股颖	4～6	8
一年生黑麦草	25～30	30～40

8.3.3　新型喷播液的使用方法

新型喷播液也即PST抗冲刷剂喷播液。原因是新型喷播液是用PST抗冲刷剂的A液和B液代替传统喷播液中的水等成分配制成的。所以,新型喷播液的使用方法实际是PST抗冲刷剂的使用方法。

8.3.3.1　*PST抗冲刷剂喷播液的配制*

按新型喷播液配方,将已经配制好的新型喷播液配方量的PST抗冲刷剂A液首先放入一台喷播机的储液罐中。开启搅拌机,在不断搅拌下放入新型喷播液配方量的植物纤维的一半;继续搅拌,再放入新型喷播液配方量的混合草种的一半,不停搅拌。如根据土石混填路基坡面绿化防护段的具体情况,喷播植草设计还要求加入其他的功能性配合剂(例如增肥剂、吸潮剂、杀虫剂、降解剂等),那么就在不停搅拌中再加入其他功能性配合剂的一半,使其充分混合均匀。这样便制成了PST抗冲刷剂喷播液的A液。

同样,将已经配制好的新型喷播液配方量的PST抗冲刷剂的B液放入另一台喷播机的储液罐中。开启搅拌机,在不断搅拌下放入新型喷播液配方量的植物纤维的另一半,继续搅拌,再放入新型喷播液配方量的混合草种的另一半,不停搅拌。如根据土石混填路基坡面绿化防护段的具体情况,喷播植草设计还要求加入其他的功能性配合剂(例如增肥剂、吸潮剂、杀虫剂、降解剂等),那么就在不停搅拌中再加入其他的功能性配合剂的一半,再使其充分搅拌混合均匀。这样又制成了PST抗冲刷剂喷播液的B液。但PST抗冲刷剂喷播液中一般不需要添加增肥剂。

8.3.3.2　*PST抗冲刷剂喷播液的使用方法*

PST抗冲刷剂喷播液的使用方法实际就是土石混填路基坡面用新型喷播液进行喷播植草的施工工艺方法。

使用PST抗冲刷剂喷播液对土石混填路基坡面实行喷播植草,最重要的是同时使用两台喷播机,各装盛PST抗冲刷剂喷播液的A液和B液。在两台喷播机各自不停的搅拌下,同时分别将配制好的PST抗冲刷剂喷播液的A液和B液喷射到坡面的同一点上,使A液和B液在落地点自行充分混合。这样就可以在对土石混填路基坡面实施喷播植草的同时,使PST抗冲刷剂发挥出明显的提高土石混填路基坡面抵抗雨水和坡面水流冲刷的能力。

8.3.3.3 PST抗冲刷剂喷播液的使用量

由于PST抗冲刷剂喷播液对土石混填路基坡面兼有化学稳定、植草和增加其抵抗雨水和坡面水流冲刷的能力等功能,为了进一步提高坡面的抗冲刷力,在土石混填路基坡面单位面积上,PST抗冲刷剂喷播液的喷播量应当大。但是喷播液的喷播量太大,坡面绿化防护的成本必然增加。所以,在土石混填路基坡面的绿化防护施工中,PST抗冲刷剂喷播液在坡面单位面积上的喷播量应当通过试验来确定。

试验证明,土石混填路基坡面,由于坡面上的石对坡面上的土具有机械稳定的作用,在不使用土工织物的情况下,土石混填路基边坡,也能填筑到坡面坡比为1∶1的坡度。而且,一般说来,土石混填路基填筑的土大都是粗、细颗粒土,再加上填筑材料中的石对粗、细颗粒土有机械支撑作用,因此,土石混填路基坡面一般都具有较好的渗透性。

试验也证明,在土石混填路基坡面坡比为1∶1的情况下,在喷播植草过程中,在坡面单位面积上,PST抗冲刷剂喷播液的喷播量(指A液和B液的总量),最高可以达到2kg/m²而基本不发生新型喷播液向下流淌的现象。而且试验证明,对于坡比为1∶1的土石混填路基坡面,采用2kg/m²的PST抗冲刷剂喷播液用量,不管是在植被长成前,还是长成后,坡面抵抗雨水和坡面水流冲刷的能力都很强(图8-8)。

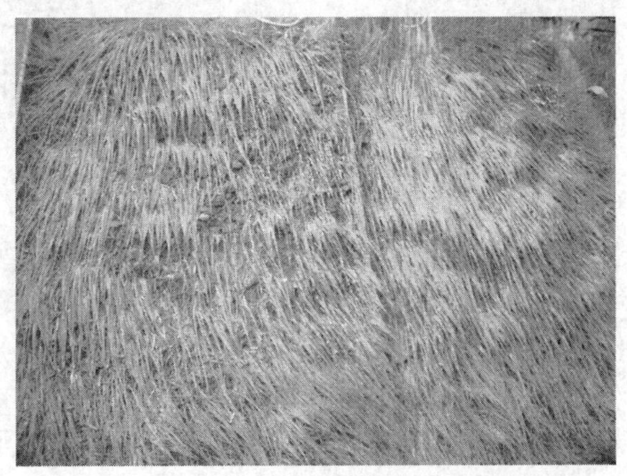

图左：土：石=4：6　　　图右：土：石=6：4

图8-8　坡比为1∶1的土石混填路基坡面用PST抗冲刷剂喷播液绿化防护

图8-8所示土石混填路基坡面在使用PST抗冲刷剂喷播液进行绿化防护(单位面积上A液和B液的总喷播量为2kg/m²)后,在植被长成前,经过了连续降雨和几次中雨的冲刷,坡面完好。植被初步形成后,又进行了模拟特大暴雨冲刷试验,结果坡面依然完好,没有被冲刷的痕迹。

因此,通过试验确定,对于公路土石混填路基边坡的坡面绿化防护,坡面单位面积上均匀喷洒PST抗冲刷剂喷播液的合适喷洒用量为2kg/m²(指A液和B液的总喷播用量)。

8.4　土石混填路基新型边坡防护技术应用

为了验证PST抗冲刷剂喷播液能够化学稳定土石混填路基坡面使其抗冲刷,并且促进坡面上的植被更好地生长和发育双重功能,进行了土石混填路基坡面绿化防护及其抗冲刷模拟试验。

试验采用渝黔高速公路土石混填路基填筑的土石混合料。所谓土实际是深层泥岩被挖掘出来后经过几天的露天风化形成,能通过5mm筛。所谓石有些是较大块的风化泥岩(至少大于5mm),有些是天然卵石、机械破碎石等。例如:石灰石碎石、花岗岩碎石、片麻岩碎石等。

试验土石混填路基土、石混合填筑的比例采用土∶石=4∶6和6∶4两种试验方案。试验填筑的土石混填路基坡面的坡比采用 1∶1、1∶1.5 和 1∶1.75 三种试验方案。

试验采用 PST 抗冲刷剂喷播液，对填筑的土石混填路基坡面喷播植草，进行绿化防护，然后观察雨水和模拟强暴雨对坡面在植被形成前和植被长成后的抗冲刷情况。喷播植草完工后的土石混填路基试验边坡如图 8-9 所示。

在喷播植草后的第三天，10 月 13 日夜～10 月 14 日白天，重庆降了小到中雨。降雨持续时间达 8h 以上，降雨量中等。雨后发现，试验边坡完好无损。又经过了 10 月 15 日的小雨和 10 月 16 日～17 日的阵雨后，试验边坡仍然完好无损，完全没有被雨水冲刷的痕迹。此后，到 10 月 22 日，所播草种基本都已出芽，坡面见绿，见图 8-10。

图 8-9 填筑的土石混填路基试验边坡

图 8-10 经历多次冲水的土石混填路基试验边坡

在坡面植被完全长成前，即使坡面坡比达到 1∶1，也完全能够抵抗雨水的冲刷，使坡面始终保持稳定。由此可知，PST 抗冲刷剂喷播液对土石混填路基边坡坡面具有很好的化学稳定作用。

为了进一步检验 PST 抗冲刷剂喷播液对土石混填路基边坡坡面遭遇强暴雨袭击时的抗冲刷作用，采用模拟强暴雨对土石混填路基试验边坡坡面进行了冲刷试验，试验条件如下。

(1)模拟强暴雨降水强度：7.8mm/min。

(2)模拟强暴雨冲刷强度：>0.1MPa(自来水全压力)。

(3)模拟强暴雨冲刷时间：23min。

试验情况见图 8-11～图 8-13。图中显示，不管坡面坡比是 1∶1 还是 1∶1.5、1∶1.75，都表现出极好的抵抗模拟强暴雨冲刷的试验结果。从图中可以看出，经过了模拟强暴雨的冲刷，使用 PST 抗冲刷剂喷播液喷播植草的土石混填路基试验边坡坡面并没有被冲刷的痕迹，即使喷射到坡面上的植物短纤维也基本没有被冲走的痕迹。因此，通过试验说明了 PST 抗冲刷剂喷播液对土石混填路基边坡坡面，不管坡比是 1∶1、1∶1.5还是 1∶1.75 都有明显的提高抵抗强暴雨冲刷的能力，能保持坡面稳定。

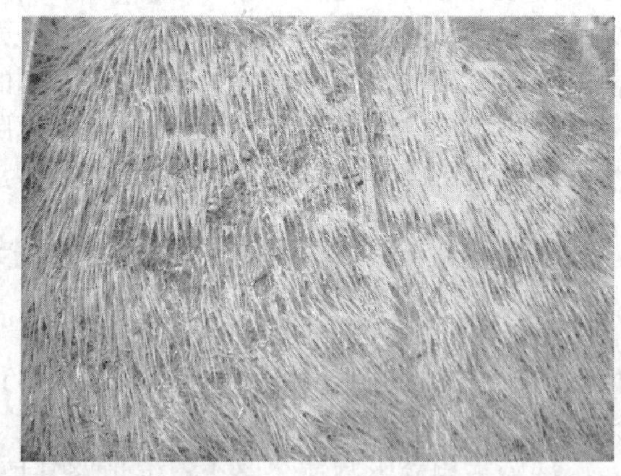

图 8-11 模拟强暴雨冲刷试验进行情况(坡比 1∶1)

另外，从上述试验也可得知，土石混填路基试验边坡坡面上的草长得很茂盛，表明使用 PST 抗冲刷剂喷播液不会影响坡面植被的生长。

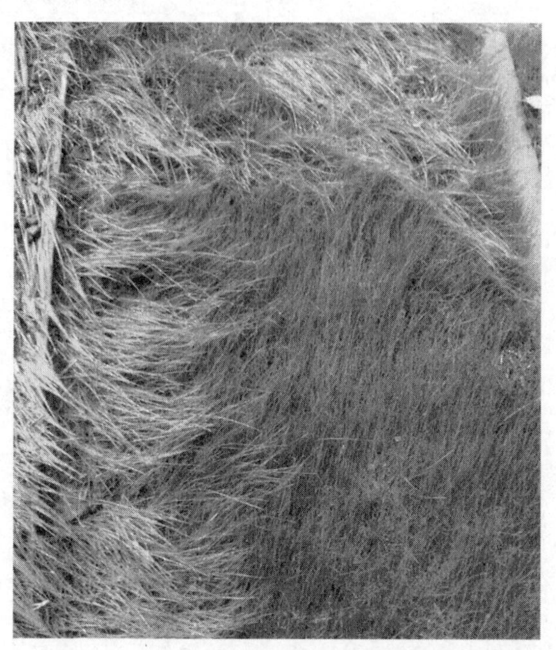

图 8-12　模拟强暴雨冲刷试验进行情况(坡比 1∶1.5)

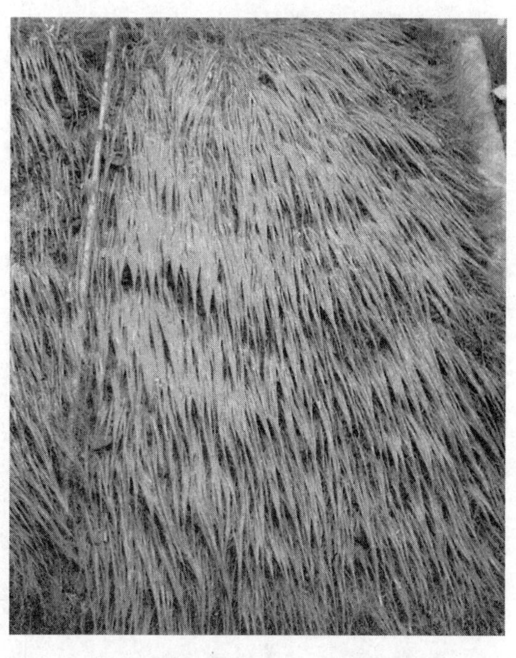

图 8-13　模拟强暴雨冲刷试验进行情况(坡比 1∶1.75)

第3篇　土石混填路基施工工艺与施工控制

第 9 章　土石混合料的压实机理及施工工艺

9.1　土石混合料的开采

9.1.1　土石混合料爆破参数设计特点

爆破是土石混合料开挖的重要环节，爆破效果不仅影响土石混合料的铲装、运输等后续工艺的效率，更重要的是对土石混合料压实有直接影响。到目前为止，爆破过程的认识还处于唯象学阶段，只能凭经验得出影响爆破块度效果的因素与爆破块度之间的一些定性的认识，很难在理论上得出它们之间的定量关系，无疑为爆破设计和爆破块度控制设置了障碍。下面首先对爆破开采土石混合料的级配特征进行研究。

土石混合料的填筑工艺，主要采用机械振动薄层压实法，可以改善填筑质量。薄层压实的土石混合料孔隙率小、密度高、压缩模量大、路堤变形较小。

土石混合料的压实效果往往与颗粒组成、含石量、土的性质、压实功能、压实方法等因素有关。反映压实效果的特性指标多是用干密度(压实度、相对压实度也是以干密度为基础)，密度越大，孔隙越小，土体越密实，说明压实效果越好。

公路路堑挖方爆破一般都为多边界爆破工程，多边界条件是指微地形边界条件，相对于水平边界条件而言，是属于外形几何形状条件。由于土石混填路基大多在崇山峻岭、地形起伏变化十分复杂的条件修筑，因而土石混合料的爆破也很少在简单、单一水平边界条件，即平坦地形条件下进行。

土石混合料的多边界条件爆破体系的特点是：药包的爆破作用应考虑各种微地形的变化条件以及地质条件；爆破理论以炸药提供的功能和介质中潜在的功能共同作用为基础，消除不利地形的多余爆能及过多的炸药用量；充分发挥药包的球形爆炸作用，减少被介质吸收或不作功的能量。爆破效果以岩石爆破松动量以及块度分布为检验标准。

影响爆破块度效果的因素众多，包括岩石性质、炸药性质和装药几何参数等方面的几十个因素。由于爆破力学的内涵复杂，在爆破机理还不清楚的情况下，进行准确分析这些因素对爆破块度效果的影响是不可能的，且在具体的爆破条件下，岩石性质是不能改变的。要改善爆破块度效果，只有通过合理选择爆破参数，才能实现。通过研究最小抵抗线、密集系数、炸药单耗 3 个因素对爆破块度效果的影响，为爆破实践中爆破参数的选择提供一些参考。

谭臻等[94]采用一组扇形中深孔爆破试验为例，特征块度和均匀性指数作为因变量数据序列，以最小抵抗线、密集系数、炸药单耗为自变量数据序列，分析这 3 个参数对特征块度和均匀性指数的影响。试验的岩石为砂岩，普氏系数 $f=12$，爆破参数与试验结果见表 9-1。

爆破参数与试验结果　　表 9-1

最小抵抗线(m)	密集系数	炸药单耗(kg/m^3)	平均块度(mm)	均匀性指数
1.0	2.0	1.9	46	0.928
1.0	1.5	1.72	32	0.550

续上表

最小抵抗线 (m)	密集系数	炸药单耗 (kg/m^3)	平均块度 (mm)	均匀性指数
1.2	2.0	1.2	64	0.853
1.2	1.5	2.0	64	0.944
1.2	2.0	0.8	160	0.429
1.2	1.5	1.4	83	0.764
1.5	1.5	1.0	121	0.469
1.5	2.0	0.7	227	0.355
2.0	1.0	0.6	252	0.442
2.2	1.0	2.12	105	0.682

经分析，认为影响特征块度的爆破参数关联序为：最小抵抗线>炮孔密集系数>炸药单耗；影响均匀性指数的爆破参数关联序为：炸药单耗>炮孔密集系数>最小抵抗线。这表明孔网参数控制特性块度，即块度大小主要受控于孔网参数；炸药单耗控制块度的分布指数，增加炸药单耗，会增加细粒级颗粒的产率。但片面地增加炸药单耗不会明显改善爆破效果，这可以解释为由于在爆破前岩石已被各种地质构造分割为一定的天然块度分布，爆破的过程只是利用炸药的能量打破天然块度原有的平衡状态，使其沿着破裂面分离或再破碎，当炸药的能量达到临界值后，再增加炸药耗量只能使炸药能量消耗在抛掷、地震波、空气冲击波等有害效应上，而对岩石的破碎起不到更为有效的作用。

影响岩体爆破块度和级配的主要因素包括爆破参数、装药结构、起爆顺序以及岩体的力学特性、裂隙发育程度、地质构造等。当岩体受到爆炸冲击时，被节理、裂隙切割的岩体将产生变形、位移与破碎，其特征尺寸取决于结构面的数量、方位、间距及抗剪强度。爆破冲击作用力大小和方向不同，岩体的破碎程度也是不同的，应合理地利用岩体破碎规律来满足设计与工程要求。

靠近药包的岩体受到的爆破冲击作用力较大，岩体的块度相对较小，岩块的岩面会有一个或几个新形成的断裂面。离药包较远的岩体大部分是沿最薄弱的节理裂隙面张开，其块度也相对大一些。对于新鲜完整、裂隙不发育的岩体，应采用较小的孔网参数、较大的单耗、合理的装药结构和起爆顺序，获得必要的破碎度。图 9-1 为爆堆形状图。

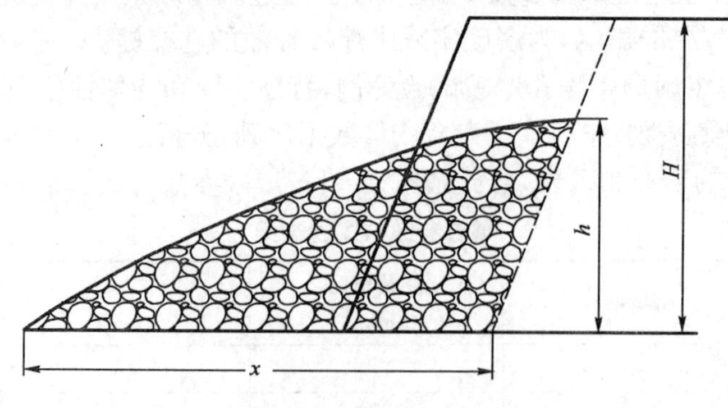

图 9-1 爆堆形状图

可见，可以通过选择合理的钻爆参数、钻爆程序，获得良好的颗粒级配，满足设计要求，提高钻孔利用率，为土石混合料的开采制定经济合理的爆破方案；降低单耗，增大延米爆破量。通过对国内外类似工程爆破试验资料的分析，在爆破试验设计中加强了地质工作，做好地质节理统计，统计原生块度分布。

9.1.2 降低爆破大块率的措施

超过土石混合料级配要求的岩块均称为大块，大块的量占总爆破量的百分比（质量或体积比）为大块率，对其判别的标准依使用的性质不同而不同。用于一般的高速公路路堤，其块径超过 400mm 才称为大块。在实际工作中，大块率确定为多少合适呢？这没有一个统一的标准，这是因为其值受到爆破条件、岩石性质、岩石类型以及岩石节理裂隙的发育程度等多种因素影响。如果不考虑这些因素的影响，片面追求降低大块率，就会使炸药单耗、钻孔量加大，就有可能使凿岩爆破成本大大提高。因此，根据具体情况，确定一个合理的大块率标准，不符合要求的块度经过二次破碎加以完成，使钻爆成本在一个较为合理的水平上，同时又能满足工期和施工质量要求即可。根据实际经验，大块率控制在 3%～5%较为适宜。

同时，已有爆破资料表明：土石混合料爆破试验大块率较高，产生的超径岩块主要分布在：

（1）爆区前沿自由面，这是由于爆区前沿不规整、抵抗线大小不均匀造成的。

（2）爆区周围，由于后冲拉裂，局部产生超径大块。

（3）爆区上表面，由于堵塞段的影响，缺少足够的爆炸能量，产生少量大块。

（4）爆区内部，由于钻孔精度偏差或特殊地质构造、盲炮、孔排距不均匀、装药不到位，造成少量大块。

通过对大量爆破后不合格大块的研究发现，它们大多数都没有新鲜的开裂面，因此，可以认为它们是天然切割的大块。在有 5～6 个侧面的岩块中，带有新鲜开裂面的不合格大块经常不超过其总数的 3%～5%，在层状岩体中，不合格大块的尺寸接近层厚的不多，尺寸接近于大裂缝间距的占多数。可用下式近似估算爆前岩体中不合格大块的含量 V_c[95]：

$$V_{\mathrm{c}} = 100k_1/S_1(\%) \tag{9-1}$$

式中：k_1——不合格大块的总面积（m^2）；

S_1——爆区总面积（m^2）。

在爆堆上测量平均块度粒径 d_{p} 时，按下式计算[95]：

$$d_{\mathrm{p}} = \frac{\sum_{i=1}^{n} d_i c_i}{\sum_{i=1}^{n} c_i} \tag{9-2}$$

式中：d_i——某一等级粒径（mm）；

c_i——某一等级的岩块所占的百分比（%）。

因此，对于节理裂隙较发育的岩体，常用破碎系数 K_2 来描述爆破岩体的破碎程度：

$$K_2 = \frac{d_{\mathrm{j}}}{d_{\mathrm{p}}} \tag{9-3}$$

式中：d_{j}——爆区测定的天然节理的平均距离（mm）；

d_{p}——爆堆上测定的爆岩块度的平均尺寸（mm）。

K_2 值越大，说明爆破效果越好。

9.1.2.1 自然因素

1)含有水平层及节理或软夹层的岩体

对含有水平层及节理或软夹层的岩体,除了适当缩小孔网参数外,重点放在每个炮孔的装药结构上。可以采用将炸药化整为零,分层装药,多层堵塞,使每层炸药均成为一个独立的密闭小室,即使会有部分炸药空间处在层理、节理或软夹层上,这些炸药的爆轰气体会过早地沿这些弱面逸出,但它们的影响会大大减小,而且这些弱面对于其他的药室相当于增添了新的自由面,还有助于爆破效果的提高。另外,从爆炸能向岩石传播的效率的影响理论讲,采用将炸药化整为零、多层装药的方法,按照利文思顿的主张,此装药法可视为球状药包,而球状药包的爆轰波的作用方向同爆轰气体产物作用的方向(通常垂直于药包表面)完全一致,它们都是从爆轰中心向四周传播的,这对降低单位炸药消耗量和改善破碎块度是有利的。

该法的施工要点是:整个炮孔用导爆索起爆,因此,导爆索需插入孔底,然后按炸药和炮泥各为20cm间隔填装,直至炮孔口留出15~18cm的炮孔堵塞即可。

上述施工操作,降低了炸药单耗(大约降低一半)。为了保证整个爆区爆破效果,须将孔网参数作些调整,一般使有水平层及节理或软夹层岩体的孔距乘排距($a'\times b'$)小于或等于无裂隙存在岩体的孔距乘排距值($a\times b$)的2/3即可。这样,凿岩工作量略有增大,但完全可以消除水平节理或软夹层的影响。

2)非水平层理、节理或裂隙的岩体

对非水平层理、节理或裂隙的岩体,建议采用如下公式来确定爆破参数[96]。

(1)单位炸药消耗量q(kg/m^3)的确定:

$$q = 0.9\times\frac{\sigma_r\delta}{EQd_k}\cdot\left(\frac{1-\mu}{\mu}\right)^2+0.2\times10^{-7}\times\frac{Ed_0}{\delta Q}\cdot\left(\frac{d}{a}\right)^2 \tag{9-4}$$

式中:σ_r——岩石试样的极限抗压强度(Pa);

δ——岩体中裂隙张开值(m);

μ——泊松比;

E——杨氏弹性模量(Pa);

Q——炸药爆炸热量(J/g);

d_0——被节理裂隙切割的自然岩块尺寸(m);

d_k——爆破控制岩块尺寸(m);

d——炮孔直径(m);

a——炮孔间距(m)。

(2)炮孔间距a的确定:

$$a = 7D\rho d\,\frac{\mu}{\sigma_r(1-\mu)}\cdot\sqrt{\frac{d_k}{\delta}}+d_0 \tag{9-5}$$

式中:D——炸药爆速(km/s);

ρ——装药密度(t/m^3);

其他符号同前。

(3)排距b的确定:

$$b = 0.866a \tag{9-6}$$

(4)最小抵抗线W的确定:

$$W = a/(1.1\sim1.2) \tag{9-7}$$

(5)微差间隔 t 的确定：

$$t = 57.5\left(\frac{\delta}{d_0}\right)^{\frac{3}{2}} kr^2/(dc) \tag{9-8}$$

式中：k——爆破能几何差异系数，对于平面药包 $k=1$，圆柱药包 $k=2$；

c——岩石试样的纵波波度(m/s)；

r——第一组药包到后一组药包爆破时破坏区最远边界的距离(m)，取 $1.5b$。

(6)爆下岩块的平均尺寸 d_p 的确定：

$$d_p = d_0 - 2.5\times 10^{-5}\times\left[D\rho\cdot\frac{d}{a}\cdot\frac{c\mu}{\sigma_r(1-\mu)}\right]^2\cdot\frac{d_0^2}{\delta} \tag{9-9}$$

9.1.2.2　人为因素

1)坡面较缓的高台阶爆破

为了克服底盘抵抗线过大，可采取两种办法。

(1)炮孔底部采用药壶爆破法

使得炮孔底部装药量 $Q_{底}$ 满足下式：

$$Q_{底} = q_{松} W^3 \tag{9-10}$$

式中：$q_{松}$——松动爆破炸药单位消耗量(kg/m³)；

W——底盘抵抗线(m)。

药壶爆破法在台阶爆破中，由于装药集中在底部，所以台阶上部易产生大块，特别是高台阶药壶爆破法更是如此。因此，为了调整炸药能量分布，提高破碎质量，通常是集中药包和延长药包结合使用，即在同一炮孔内，装 2 层或多层药包，底部为集中药包，上部为延长药包。装药结构如图 9-2 所示。

分层综合装药结构多用于松动爆破，其药量计算方法为[97]：

$$Q_1 = q_{松} W_1^3 \tag{9-11}$$

$$Q_2 = q_{松}\, aW_2(l_1+l_2) \tag{9-12}$$

式中：Q_1——下层集中药包装药量(kg)；

Q_2——上层延长药包装药量(kg)；

W_1——下层药包最小抵抗线(m)；

W_2——上层药包最小抵抗线(m)；

a——药包间距离(m)；

l_1——炮孔堵塞长度(m)；

l_2——每延长药包的装药长度(m)。

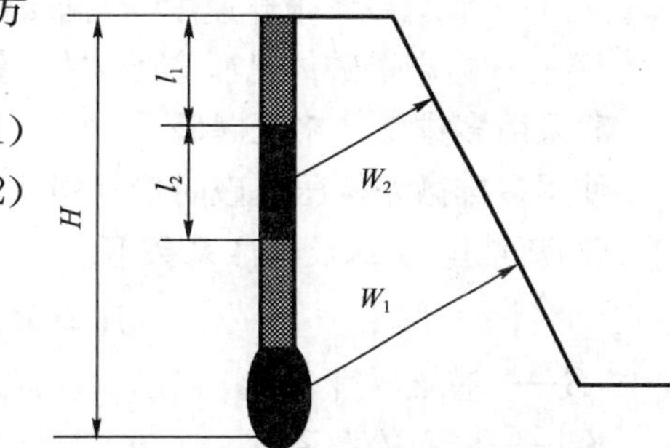

图 9-2　高台阶深孔药壶装药结构

同一炮孔总装药量 $Q_{总}$：

$$Q_{总} = Q_1 + Q_2 \tag{9-13}$$

两层药包的间距一般取为 W_1，但应保证孔口堵塞长度介于两个最小抵抗线之间，即：

$$W_2 < l_1 < W_1 \text{或} \ l_1 \geqslant l_2/2 \tag{9-14}$$

如果不能满足上述关系，就要缩小药包的层间距离，即可使层间距小于 W_1，以保证炮孔有足够的堵塞长度。两层药包间可用干砂堵塞，不必捣实。

(2)采用炮孔束爆破法

一般为克服缓坡面底盘抵抗线过大的问题，可在第一排采用平行密集束状孔爆破法，即在同一位置钻 2～3 个炮孔，孔距 $a=(3\sim5)d$（d 为炮孔直径），束心距 S 为：

$$S \leqslant 1.53W \tag{9-15}$$

由于此法对应力波作用时间较长，能量利用充分，因此，可以提高破碎质量，降低大块。炮孔布置如图 9-3 所示。

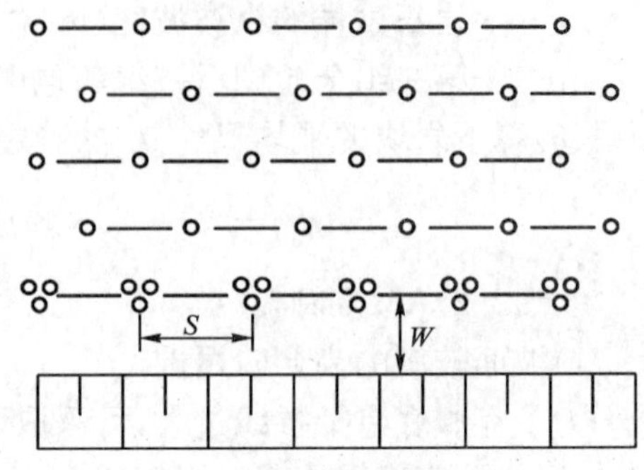

图 9-3　炮孔束爆破法炮孔布置

2）采用宽孔距窄排距爆破法

一般炮孔密集系数 m 取 3～5 较为适宜。

3）采用较好的起爆方式

为了增加爆岩的二次碰撞挤压的机会，一般可采用 V 形、梯形、斜线或逐孔起爆法，以减少后冲，提高破碎效果。

4）采用合理的间隔时间法

合理的起爆间隔时间应使前段药包爆破破碎体已脱离原岩体，新自由面已经形成，但前段药包爆轰产物的准静态压力所造成的残余应力尚未消失，而且，不同段药包爆破后，在岩体中产生的地震波的主震相能够相互错开，在岩体内引起的振动强度较小。因此，合理的间隔时间 t_h 为：

$$t_h = t_d + \frac{L}{V_c} = kW_d + \frac{L}{V_c} \tag{9-16}$$

式中：t_d——底盘岩体开始移动时间（ms），$t_d=kW_d$；

k——与岩性有关的系数，当 $f=16\sim18$ 时，$k=2.8$ms/m，$f=10\sim12$ 时，$k=3.2$ms/m；

W_d——底盘抵抗线（m）；

V_c——平均裂缝张开速度，根据摄影资料，在 $f=10\sim12$ 的岩体内 $V_c=3.3\sim3.4$s；

L——标志爆破体已脱离原岩体，新自由面形成所需裂缝宽度，一般可取 $L=10$mm。

5）采用多排微差挤压爆破

使用多排微差挤压爆破时应注意下面几个问题。

（1）渣堆厚度 B 及松散系数 K_c

$$B = K_c W_d (\sqrt{2\xi qEE_0}/\sigma - 1) \tag{9-17}$$

式中：B——渣堆厚度（m）；

K_c——岩石松散系数；

ξ——爆炸能利用系数，取 0.04～0.2；

E——岩体弹性模量（kg/m^2）；

E_0——炸药热能（kJ/kg）；

σ——岩体极限抗压强度（kg/m^2）。

对于渣堆，松散系数 $K_c>1.15$ 时爆破效果良好；$K_c<1.15$ 时，应力波透过太多，爆破效果恶化。

（2）单位炸药消耗量 q

由于挤压爆破会产生较大的透射波损失，而且还要推压渣堆为后续爆破创造空间。因此，单位炸药消耗量要比一般微差爆破大 20%～30%。

（3）孔网参数

多排孔微差挤压爆破的孔网参数和一般微差爆破原则相似，主要差别是第一排和最后一排钻孔的参数宜小些。

(4)微差间隔时间

由于挤压爆破要推压前面渣堆,因而它的起爆间隔时间要比普通微差爆破长,一般长30%～50%,常采用50～100ms。

(5)爆破排数

挤压爆破的排数应在4排以上。

(6)采取炮孔内空气间隔装药,减小堵塞长度

试验表明,采用空气间隔装药具有如下优点:

①降低大块产出率,改善破碎均匀度,从而使装岩效率得到提高;

②降低单位炸药消耗量;

③新自由面受到较少的破坏,可降低后冲作用。

由于爆破效果受到诸多方面因素的控制,采用空气间隔装药进行爆破时必须根据岩石性质、爆破要求和炸药性能等条件加以考虑。例如在坚韧难爆的岩石中,炸药爆速或装药密度过低将导致破碎能力下降。因此,正确选用空气间隔大小是极为重要的,马尔钦卡等人主张在露天台阶深孔爆破时,空气间隔长度对药包长度的最优比值应取为:$L_{空}/L_{药}=0.17\sim0.4$,岩石越难爆,取值应越小。

通过爆破试验,优化爆破设计和爆破参数,可以改善爆破质量,把爆破块度控制在规定的范围以内。

为了降低大块率,获得良好的级配,提高钻爆效率,在工程中采用了如下的技术措施:

(1)爆区前沿的临空面系天然形成的不同坡度的自由面,造成底部抵抗线偏大。因此爆破孔可以全部采用斜孔,使抵抗线大体均匀并减小后冲作用。在底盘抵抗线偏大部位增加一排钻孔,以减少超径大块。在抵抗线偏小的位置,可以采取间隔装药结构。

(2)为增大爆破土石混合料的不均匀性,粗料更粗,细料更细,从而使碾压后的孔隙率降低,密度提高,采用矩形布孔。一般来说,从抵抗线B及节理裂隙间距J和设计控制填料最大粒径M三个量之间的关系,可以看出$B>J>M$,即节理裂隙对爆破效果起主要控制作用,因此应采用较小抵抗线,可得到连续级配的石料,故采用抵抗线与孔距相等的布孔方式。

(3)为减少爆区周边区域的大块率,周边孔距爆区周围预裂孔的距离为1m,紧靠预裂孔的最后一排主炮孔适当加密,取原主炮孔间距的2/3。

(4)堵塞长度为1.5～1.8m,用黏土捣实。在堵塞段下部保留一段空气间隔,先填入塑料编织袋,再装堵塞材料。空气间隔的存在使初始爆炸压力峰值降低,减少爆炸能量在孔壁的损失,扩大爆炸应力场作用范围,延长对介质的爆炸作用时间,使距爆源较远区的岩体能较好破碎,爆源近区压碎带所受的爆炸压力相对减小。

(5)为了加强挤压效果,使岩块破碎级配良好,增设加密炮孔。加大起爆能量,使翻渣作用加强,也为下一排孔提供良好的临空面。

(6)为保证钻孔开口位置精确,所有炮孔平行,水平方向角和倾角一致,孔深一致。施工中利用吊锤随时校正水平方向角,这样可以避免爆区内部出现大块,或留根坎,使掌子面平整。钻孔前清除孔口周围碎石浮渣,钻完孔后及时保护好钻孔,防止岩屑土石回落孔内。如有岩屑不能吹出孔外,要考虑岩屑厚度,加大孔深。钻孔过深过浅要及时处理,保证装药底部在同一高程。装药时,要按实际孔距、排距和孔深,计算每孔装药量。

9.2 土石混合料的现场压实方法

9.2.1 土石混填路基的常见压实方式

压实机械类型基本上是沿静态光轮压路机—轮胎压路机—振动压路机—振动平板—蛙式夯—快速冲击夯这样一个顺序发展的，而每种类型系统中又发展了各种各样的机型品种。如果按其压实原理的不同，可分为静压式、冲击式、振动式三种类型，如图 9-4 所示。

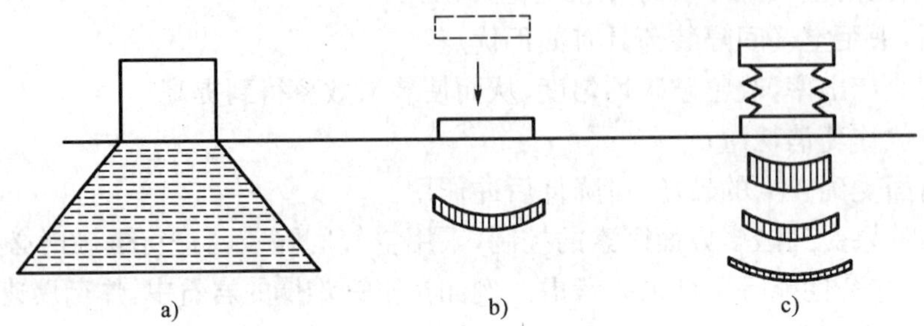

图 9-4 土石混合料压实方式

a)静力压实作用；b)冲击压实作用；c)振动压实作用

目前路基压实施工过程中常见的压实方式主要有静力压实，振动压实与冲击压实三大类。

(1)静力压实是利用机械的自重力所产生的静滚压力作用，迫使被压实材料产生永久性变形而达到压实的目的。这种压实方式的特点是循环时间长，材料应力状态的变化速度不大，而应力较大。但是由于压实机械自重限制的原因，这种压实方式的压实深度和路基的密实程度受到一定程度的限制。

(2)振动压实是利用固定在一定质量物体上的振动器所产生的激振力，迫使被压实材料做垂直强迫振动，急剧减少颗粒间的内摩擦力，使颗粒靠近，密实度增加，从而达到压实的目的。振动压实可使土石混合料中的石块颗粒重新排列，填充空隙，降低孔隙比，从而提高路基强度和减少变形。这种压实方式的特点是其作用面应力不大，过程时间短，加载频率较大，同时还可以根据不同的铺筑材料和压实层厚度，合理地选择振动频率和振幅，以提高压实效果，减少碾压遍数。

(3)冲击压实则是利用一定质量的物体，从一定的高度处落下，冲击被压实的材料而使之被压实。它突破了传统的碾压方式，当其一角立于地面，向前碾压时，将会产生巨大的冲击波。冲击压实与普通的振动压实不同的是，前者将后者的高振频、低振幅的“振动拍打”压实方式改变为低振频、高振幅的“高能量冲击”压实方式。这种压实方式的特点是使材料产生的应力变化速度很大。

目前压路机的种类有很多，常用的压路机分类如图 9-5 所示。

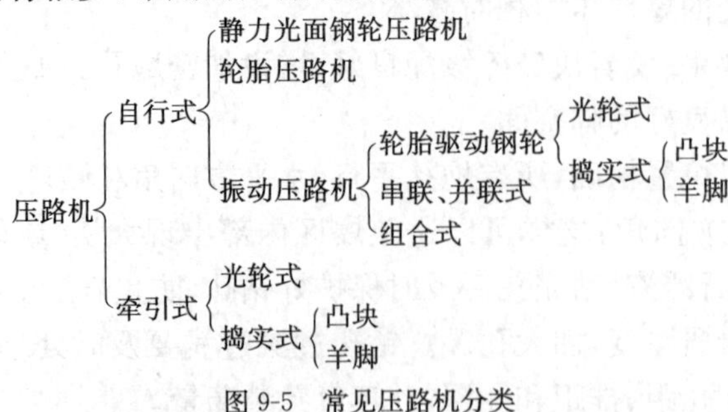

图 9-5 常见压路机分类

1)静力光面钢轮压路机

静力光面钢轮压路机可分为三轮式和双轮式,采用静力光面钢轮压路机碾压时,由于碾压轮与被压实材料的接触面大,单位压力较小,且压实工作由压实层的表面向下,上层的密实度大于下层,因此这种压路机的压实厚度较小。一般来说,普通的中型静力光面钢轮压路机较适宜于压实低黏性土和非黏性土,重型静力光面钢轮压路机适宜压实黏性土,而对于土石混填路基而言,单单使用这种压路机是不适宜的。

2)轮胎压路机

轮胎式压路机是利用充气轮胎及其悬挂装置的可变性,使轮胎与被压实材料之间保持一定接触面。与静力光面钢轮压路机相同,轮胎压路机的垂直压力使被压实材料发生形变,直到被压材料不断增大的抗力与所受垂直应力相等时停止形变,并达到压实目的。

轮胎式压路机能使表面高低不平的部分都能得到均匀压实,由于轮胎的弹性产生揉压作用,使填料在各个方向产生位移,形成均匀而密实的表面结构,致使轮胎与填料的接触面较宽,承受压力的作用也较长,压实力影响的深度也较大。但是目前我国生产的轮胎式压路机的型号与数量均较少。

3)振动压路机

振动压路机按行驶方式可分为自行式、拖式和手扶式;按碾压轮形状可分为光轮式和捣实式(凸块式和羊脚式)。目前主要有两种类型的振动压路机:光轮式振动压路机与捣实式振动压路机。

与静作用压路机相比,振动压路机具有以下特点:

(1)同等质量下的振动压路机比静作用压路机的激振力大,压实效果好。

(2)振动压路机的生产效率高,当路基达到相同的压实度要求时,其碾压遍数较少。

(3)具有滚压和振动的双重作用,用于无黏性土、砾石和大粒径碎石时其效果远远优于静作用压路机等其他压实机械。

4)冲击压路机

冲击式压路机利用工作轮直接对土石混合料施加低频大振幅的冲击作用,瞬时释放出大的振动力和冲击能量,使土石混合料颗粒产生大的运动速度和位移,进行重新排列和填充,密度增加。冲击式压路机产生振动作用的质量大,使整个工作轮对材料产生的应力变化速度很大,可发生强制性的压缩作用,因而具有特别巨大的夯击压实效果。冲击式压路机的碾滚轮多采用三边形、四边形和五边形。

9.2.2 振动压实机理及影响因素

振动压实理论中存在着几种不同的振动压实学说,主要是共振学说和内摩擦减少学说。共振学说的主要论点是,当激振频率与被压实材料的固有频率相同时,振动压实最为有效。在实际压实工作中,利用共振现象来进行压实的效果明显,说明了这一理论的正确性。

内部摩擦减少学说的论点为:由于振动作用,使被压材料的内部摩擦急剧减小,剪切强度降低,抗压阻力变小,因此在重力的作用下易于被压实。通过试验表明,粗砂的抗剪强度可以减少到几十分之一;黏性土在振动加速度很大时,内摩擦明显减小。振动对砂性土抗剪强度的影响如图 9-6 所示。其摩擦系数 $\tan\varphi$ 的减小幅度随着振幅、频率和振动加速度的不同而变化。振动强度越大,$\tan\varphi$ 值减小越多。

以上两种理论常常被用来同时解释土石混合料的振动压实现象,如:通过振动压路机振动轮的诱发力,使土石混合料中的颗粒产生共振,共振减少了颗粒间的内摩擦力,从而使颗粒移动到密实、稳定的状态；并将振动压路机的压实作用基本上归因于：

(1)对材料施加了冲击力。

(2)减少了颗粒间的内摩擦阻力。

(3)由于振动使土石混合料颗粒易于移动。

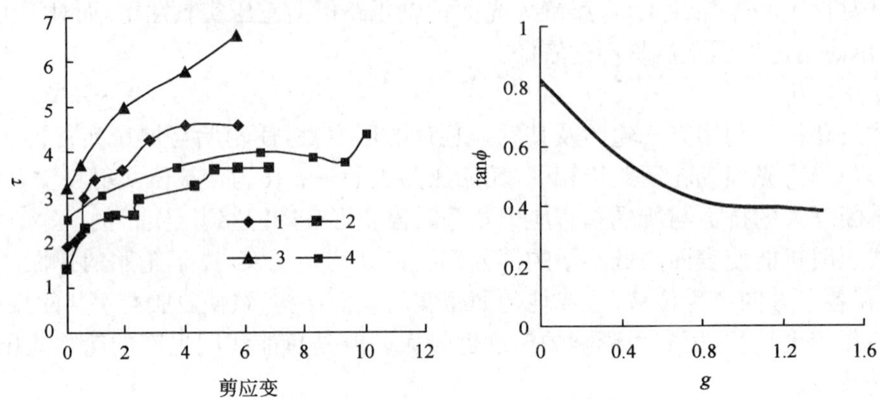

图 9-6 振动对砂土抗剪强度的影响

1、3-振动前、后的情况；2-振幅为 0.5mm、频率为 140Hz；4-振幅为 0.15mm、频率为 140Hz

除前面所谈到的两种学说之外，还有一种称之为反复荷载学说的振实理论。反复荷载理论认为：是通过振动所产生的周期性冲击压缩运动的作用来达到振动压实效果的。这种说法在低频范围内具有一定的现实性，但在高频(1 000Hz)范围内，振动作用的效果则大大超过反复荷载的效果。

根据以上的各种学说，振动压实的工作原理可描述为：由于振动压实机械的往复振动作用，给土石混填路基以连续的冲击，导致土石混合料的强迫振动。振动一方面使颗粒间的内摩擦阻力减小，另一方面使颗粒产生惯性力，当惯性力克服颗粒间的黏结力及内摩擦力时，不需加压就可以达到密实的效果。对于无黏聚性土石混合料，通常需要结合加压振动，以便产生剪切力去克服颗粒间的阻力和防止振动后材料的重新复位。能否获得良好的压实效果，除取决于土石混合料颗粒的运动状态、内摩擦阻力的减小和保证有效压实等条件以外，振动压实机械在土石混合料中产生的压应力和剪应力也起很大的作用。

土石混合料在受压振动时的位移服从正弦函数。

$$X = A\sin\omega t \tag{9-18}$$

式中：X——颗粒位移；

A——振幅；

ω——角频率；

t——振动时间。

其速度与加速度分别为：

$$X' = A\omega\cos\omega t \tag{9-19}$$

$$X'' = -A\omega^2\sin\omega t \tag{9-20}$$

因此，当颗粒的质量为 m 时，其惯性力为：

$$I = -mA\omega^2\sin\omega t \tag{9-21}$$

振幅 A 视被压层的深度而定，距振源越远则 A 越小，一般按下式变化：

$$A = A_0 e^{-\gamma h} \tag{9-22}$$

式中：A_0——振动器振动振幅；

e——自然对数底；

γ——系数；

h——材料距振源的垂直距离。

由式(9-21)、式(9-22)可知：材料受到强迫振动时，因各粒料所处的位置及其质量不同，产生的惯性力也各不相同。在施工中，粒料的质量 m 由施工所用材料决定，材料与振源的垂直距离可通过铺层的厚度决定，铺层较薄时的惯性力较大，但也不可过薄，否则会降低生产率。因此实际铺层的厚度应根据施工要求而定，且有其他很多影响因素。从机械方面考虑，粒料惯性力的提高，只能通过提高振动压实机械的角频率 ω 和振福 A_0 来获得。

振动压实机械在土石混合料中产生的压应力和剪应力主要源于机械自重形成的静力和以压力波形式产生的动压力。土石混合料的视内聚力与颗粒粒径及级配特征有关，土石混合料的视内聚力越大，则要使土石混合料得到良好压实所需的压力就越大。但总体上土石混合料的视内聚力是比较小的，振动压实时所需压力相对较低，故轻型压路机在压实厚度不大的薄层时能达到较高的密度，而重型压路机则能压实土石混合料的厚铺层，并使其达到规定的密实度要求。

振动压路机的最基本组成部分是振动滚轮，由振动滚轮对地面产生的连续快速的振动冲击作用对土石混合料产生压应力和剪切应力。

振动轮的振动是通过振动轮内部装有的偏心块(或偏心轴)在高速旋转时产生的离心力来迫使振动轮产生振动的。

偏心块旋转速度决定着振动轮的振动频率，根据偏心块的质量和偏心尺寸可以计算出偏心力矩。当振动轮质量一定时，偏心力矩直接决定着振动轮的名义振幅(即振动轮放在中等柔性的弹性垫层上振动时所得的振幅)。振动轮在实际作业时的振幅因受压实材料的性质不同的影响而变化。

压路机振动轮的主要技术参数为：

静荷载(机架和振动轮)	kg
静线荷载(静荷或/振动轮宽度)	N/cm
振动频率($1/T$)	Hz
偏心力矩($9.8mr$)	N·m
离心力($4\pi^2 mrn^2$)	N
名义振幅(偏心力矩/振动轮质量)	mm
振动轮加速度(离心力/振动轮质量)	m/s^2

振动压路机振动轮的以上参数表示其工作性能，而振动碾压的压实效果则要受到振动压路机以下主要技术参数的影响，即：静荷载及线压力、振幅与频率、碾压速度与碾压遍数、振动轮宽度与直径、振动轮数与驱动形式、机架与振动轮质量比。

1)静荷载及线压力对压实效果的影响

静荷载是指机架和振动轮的质量，振动压路机的振幅、频率等其他参数不变时，施加于被压实材料的静态和动态压力与静重成正比。试验研究表明，振动压路机的影响深度大致与振动轮的质量成正比关系，因此单位轮宽上的静压力(静线压力)对于振动压路机来说同样是很重要的参数。通常静线压力增加1倍,铺层厚度就可增加1倍。

一般来说,具有较大静荷载和静线压力的振动压路机具有较大的振动质量。所谓振动质量是指振动压路机在减振器之前的振动体质量,而被压材料参加振动的质量则大大超过振动体质量。具有较大振动质量的压路机能使较大尺寸的受压材料产生运动,增加了材料参加运动的质量,使材料更容易被压实。因此压路机振动质量越大,则影响越深,可压实更厚的铺层,大质量的压路机能使材料更容易达到要求的密实度,特别是对于难以压实的材料;在所有其他因素相同的情况下,用大振动质量的压路机只需较少的碾压遍数。

可见,具有较大振动质量的压路机(重型压路机)可适用粒径大、铺层厚的土石混合料的压实作业。

振动压路机可以获得超过静线压力的更大线压力,其计算公式如下:

$$q_b = K_p \frac{P+G}{B} \tag{9-23}$$

式中:q_b——单位线压力;

K_p——振动作用超加系数,见图9-7;

P——激振力幅值;

G——振动轮分配质量;

B——振动轮宽度。

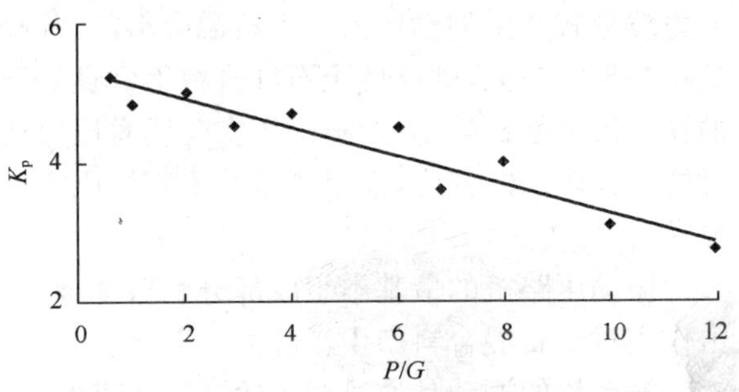

图9-7 振动压实时线压力超加系数曲线

研究表明:振动压路机在碾压作业时的线压力应根据填料的类型及材料选取。在碾压无黏性土时 q=150~300N/m,碾压黏性土时应达到500~600N/m以上。

2)频率与振幅对压实效果的影响

振动压路机的频率和振幅对压实效果有很大影响,通常振动频率在25~35Hz之间时的效果最好。振幅同样也存在着一定适宜范围,这都应视具体作业情况而定。在土石混合料的碾压中,增大振幅将会使压实效果和影响深度显著提高。

振动频率、填料自然振动频率及压实效果间在不同阻尼比下的试验关系曲线如图9-8所示。

从图9-8可以看出,当压实设备的振动频率接近于路基填料的自振频率时,填土的冲击振幅将增大,同时填土的阻力降低。当压实设备的振动频率等于填土的自振频率时,理论上填土的振幅将增至无穷大,同时内摩擦阻力减小为零。

参照共振曲线,只有当激振频率接近填土自然频率时,压实最为有效。压实设备的激振频率过高或过低都无法对填土进行有效压实。表9-2为不同填料的自然频率。

不同填料的自然频率[98] 表9-2

序号	1	2	3	4	5	6	7	8	9	10	11	12	13	14
土种类	非常湿黏土	湿黏土	微湿黏土	干黏土	黏质砂土	非常湿砂土	中等干砂	砾石	细混合砂	砂卵石	均匀粗砂	不均匀粗砂	粗砾石	大块砂石
自然频率	18.3~18.4	18.3~19.2	19.8~20.8	20.8~22.6	18.3~18.4	21.6	21.6~22.2	22	23.5	24~24.6	24.7	26.2	30	34

振幅为振动压路机振动轮上下移动的量，一般来说，振幅越大，使填土参加振动的质量也就越大，随之而来的是压实深度的增加。

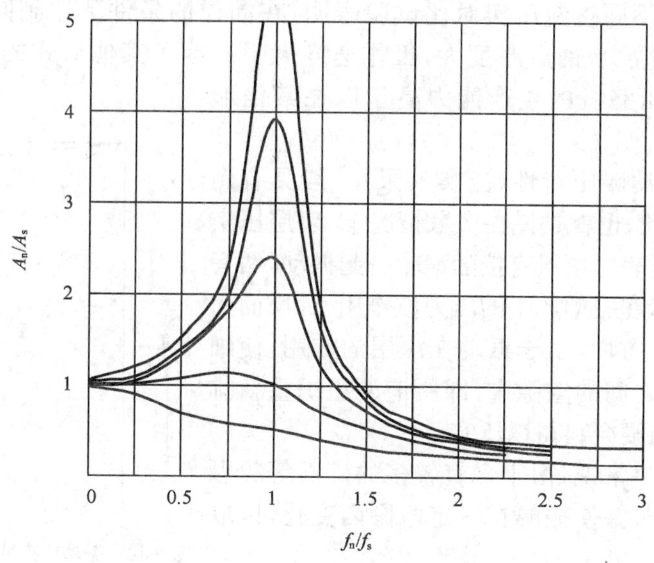

图 9-8　压实设备与填料的共振曲线

f_n-滚轮振动频率；f_s-填土的自然频率(自振频率)；A_n-振动冲击影响下的填土振幅；A_s-静力下的填土变形

要想获得较深的压实层就需要足够大的振幅和振动质量，但在压实深度要求不大时，无需使用大振幅和大振动质量的压实机械，因为过高的压实能量不仅不会被填土所吸收，反而会造成已压实的薄层产生松散现象。对于较厚的填土层来说，虽然其上层已经压实到一定的程度，但在继续压实过程中，未达到完全压实以前，其上层仍会出现再次松散现象，为了避免这种现象的出现，就要求振幅式振动质量能根据所压实的厚度进行调节。对于厚铺层，开始时振幅和振动质量要大，而后，随压实度的增加而减少。

对于振动压路机来说，其振动质量一般是固定的，可以通过改变振幅值来改变振动强度，对于碾压薄铺层或对厚铺层的最后碾压很有用处。在土石混合料碾压时可以选择具有双振幅结构的压路机。

3)碾压速度与碾压遍数对压实效果的影响

碾压速度影响着振动轮在特定平面上对填土的压实时间，当碾压速度低时，每个单位面积上的振动次数比碾压速度高时要多。当碾压速度增高时，每次振动的间隔增大，因而作用于填土上的能量减少，从而导致所需碾压遍数的增多，如图 9-9 所示。

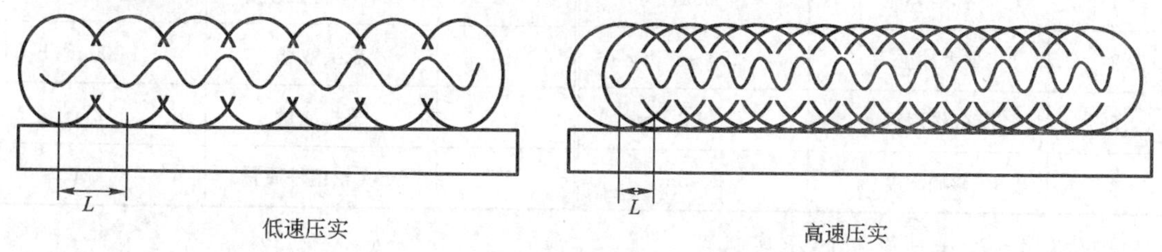

图 9-9　碾压速度与振动间隔时间的关系

因此，碾压速度对压实质量及生产率有明显的影响，在铺层厚度一定时，传递到土石混合料内的能量与碾压次数成正比，与碾压速度成反比；碾压速度加倍时，碾压次数也要加倍。

在碾压土石填方时，振动压路机的碾压速度最佳值一般在2～6km/h之间，以这样的速度进行碾压能获得最佳生产率。

国内外所作的不同材料压实对比试验表明，在同样的条件下达到同样的压实效果，振动压路机的碾压遍数少，铺层厚度大，工作速度大于或等于其他形式的压路机。从直观上也可以看出，振动压路机的生产能力高于以往其他形式的压路机。

土石混合料振动碾压特性（压实效果）一般具有图9-10所示的曲线形状，也就是说在多数情况下，表层压实得不太紧，其原因是表层填料直接随滚轮一起振动，两者之间并非紧密接触，在振动产生的压力波作用下，反而引起表面的松弛；另一方面，由于振动在深层的作用，使细颗粒填充到粗颗粒之间的空隙中，即所谓的组织重新排列效果，从而使土石混合料得以压实。

对于土石混合料来说，由于含有较多的碎石等粗颗粒，宜采用高频碾压，并使振幅在一定范围内变化，以取得最佳碾压效果。

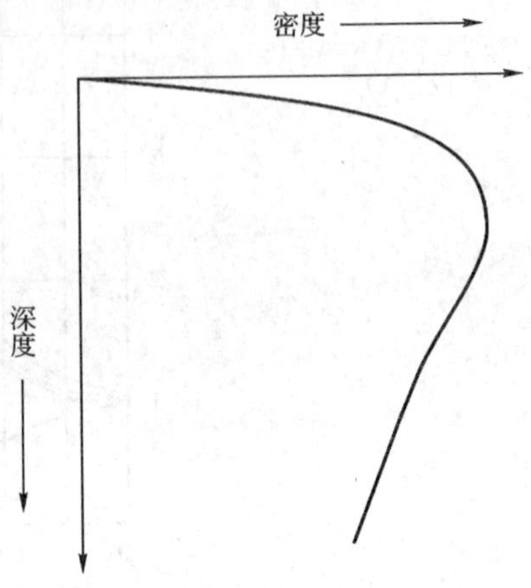

图9-10 振动压路机压实特性（碾压深度和密度的关系）

9.2.3 土石混合料的冲击压实机理

9.2.3.1 冲击压路机的发展

冲击压实技术最早是在南非兴起的，20世纪90年代我国引进该项技术，主要用于机场、道路、矿山堆场等的压实。由于它的作用能量大，在上述工程项目建设中取得明显的效果，因而受到工程界的普遍重视，逐渐得以推广。冲击式压路机目前已广泛地应用于各种基础工程的压实，如机场跑道、水库堤坝的防渗处理，尤其在公路工程的旧路改建、软弱基础处理、新建路堤的补充压实等方面的应用更为广泛。国内第一台冲击压路机于1996年在河南省公路局筑路机械厂试制，到目前已有十多家企业生产或试制成功。冲击压路机目前多采用牵引行走式，冲击轮一般有三边形、四边形、五边形、六边形等，而以三边形为主，图9-11所示的是蓝派冲击压路机；整机质量一般为7～15t（大多数为15t左右），静压实能为8～25kJ，而以25kJ的居多。表9-3为蓝派3YCT25冲击式压实机主要技术参数。

蓝派3YCT25冲击式压实机主要技术参数（三边型） 表9-3

序　号	项　目	技术参数	序　号	项　目	技术参数
1	标准势能	25kJ	5	工作中行驶速度	12～15km/h
2	最大冲击力	250～350t	6	压实效率	1 000m²/h
3	有效作用深度	1.0～2.0m	7	整机质量	27t
4	影响深度	3～5m	8	压实轮组件质量	12t

9.2.3.2 冲击压路机的压实机理

1)压实机理

冲击式压路机的作用原理是由牵引车带动非圆形轮滚动。多边形滚轮的大小半径所产生的位能落差与行驶动能相结合，沿地面对路基填料进行静压、揉搓和冲击的连续碾压作业

(图 9-12)。它突破了传统的碾压方式,当其一角立于地面,向前碾压时,将产生巨大的冲击波,强烈的冲击波向地下深层传播,具有地震的传播特性。由于碾边顺序连续冲击地面,可使填筑体碾压均匀密实。

图 9-11 蓝派 3YCT25 冲击压路机

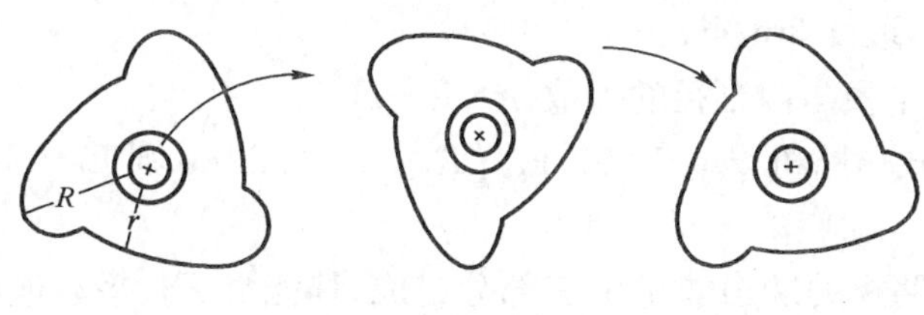

运行方向

图 9-12 冲击压实示意图

冲击式压路机的压实特点是利用一定质量的物体,从一定的高度落下,冲击被压实的材料,使材料产生很大的应力变化速度。与普通振动压实不同,冲击压实将振动压路机的高振频、低振幅的"振动拍打"压实方式改变为低振频、高振幅的"高能量冲击"压实方式,这种改进的压实方式能产生峰值极大的力脉冲(2 000kN),而且输出的能量大,作用深度大。冲击式压路机以这样巨大的冲击力冲击填筑体,并辅以滚压、揉压等综合作用,能够使土石混合料更好地克服颗粒之间的摩阻力而产生滑动和滚动,重新排列到更稳定的平衡位置上去,减少孔隙体积;另一方面,在巨大的冲击力作用下,土石混合料中的块石颗粒被剪切、破碎而互相填充、紧密,从而使土体深层随着冲击波的传播得到压实,土石混合料填筑体更加密实,从而形成更加稳定的结构。

2)压实优越性

这种连续式冲击压实技术的优越性主要表现为:

(1)能高深度压实原地基;对破损公路的修复改建亦可通过该机直接将原路面破碎并压实,然后铺设新路面。

(2)能进行含大块石料的填方压实。冲击式压实机的巨大冲击力作用于含大块石料的填方层,极强的冲击波能大大提高块石颗粒之间的嵌锁紧密程度,并使小颗粒充分充填于大颗粒间的孔隙中,减少路堤沉降变形和沉降差异。

(3)能实现高效填方压实。如今修建的高速公路和机场场道常常会遇到几十米至上百米的高填方，使用这种连续冲击式压实机，每层填方厚度可达1～1.5m，每小时填方1 000m^3以上。

(4)可适当放宽对含水率的要求。由于冲击式压路机所具有的巨大冲击能量，对于不同土质最佳含水率的要求可在上下两个方向放宽3%～5%。

(5)具有自检性。冲击式压实机通过低频率、大振幅、高能量冲击土体，在路基下形成一个2m左右厚的连续稳定的加强层，这对提高公路、铁路和机场场道寿命极为重要。而表面则凭借所获得的沉降量直观地检测路基的压实质量，并在这种检测中使其得到补压，这被筑路行业称之为"检测性增强补压"，这种大面积的100%的检测是其他任何路基检测手段力所不及的。

3)冲击能量及冲击力

(1)静能量E_0

冲击压路机以其静能量来标定，按下式计算：

$$E_0 = mgh(\text{kJ}) \tag{9-24}$$

式中：m——冲击轮质量(kg)；

g——重力常数，取9.8m/s^2；

h——冲击轮外半径与内半径的差值，$h=R-r$(m)。

例如三边形冲击式压路机，$m=12\ 000$kg，$(R-r)=0.22$m，则$E_0=25$kJ。

(2)冲击能量E

工作中的冲击压路机的冲击能量由三部分组成，静能量E_0、平动能量、转动惯性能量，其计算公式如下：

$$e = E_0 + \frac{1}{2}mv^2 + \frac{1}{2}I\omega^2 \tag{9-25}$$

式中：m——冲击轮质量(kg)；

v——冲击轮水平速度(m/s)；

I——转动惯量，1 000kg·m^2；

ω——转动速度(m/s)。

(3)冲击力

实际工作中冲击压路机的冲击力是比较难计算的，它与冲击轮接地时的加速度、与地表接触时间、压实体的弹塑性等多种复杂参数密切相关。一般来说，静能量为25kJ的三边形冲击压路机以12km/h的速度碾压时能产生高达250t的冲击荷载。

9.2.3.3 冲击压实在土石混填路基上的应用

目前，冲击压路机已经应用在路基施工中，就其应用方法来分，相对于传统振动压路机有两种：一种是以增强路基的强度和均匀性为目的的替代式，另一种是以检测路基的压实效果为目的，用于路基压实质量的施工检验的补强式。替代式为不用振动压路机而直接用冲击式压实机压实，如填前原路基填土压实、特殊岩土压实和粗骨粒料直接压实等。补强式作业为在振动压路机压实的基础上再用冲击式压实机补压。在补压中，从得到的沉降和沉降差异检测了补强前的压实情况，从而提前发现薄弱环节、提前采取工程措施。

在土石混填路基施工中应用冲击式压路机一般能够取得较好的压实效果。具体来说，冲击压路机具有以下几方面的优点：

(1)采用冲击压路机对土石混填路基进行冲击补压，可以进一步增加路基填筑体的密实程度。有研究表明[99]，采用冲击压路机分层碾压时，在1.5m层厚范围内路基的压实度还可提高3%～5%。同时，冲击压实还可以提高路基的整体强度，例如北京八达岭花岗岩风化含块石细粒土砂砾路基，经过冲击压实20遍后，用落锤式弯沉仪检测，平均弹性模量由冲击前的180MPa提高到228MPa[100]。

(2)由于冲击式压路机的冲击能量较高，使路基承受冲击荷载所产生的沉降变形远远大于路基建成后在其自重与行车荷载作用下引起的变形沉降，因此可以较大幅度地提高路基压实均匀密实性，缩短沉降稳定时间，减少工后沉降量，避免路基产生不均匀沉降而引起路面变形开裂的不良现象。可见冲击压实对减少路基工后不均匀沉降具有特殊意义。应用表明：冲击式压实机以9～12km/h的行驶速度压实作业，即每秒冲击地面两次，相当于低频率大振幅冲击压实土体，并周期性地使冲击工作面产生的强烈冲击波向深层传播，具有地震的传播特性，其压实深度可随碾压遍数递增，一般对振动压路机碾压达到压实度标准的路基，经冲击压实机补压20遍后，沉降可达3%～5%，下沉量为5～7cm，可较好地解决路基的工后不均匀沉降问题。

(3)冲击压实技术可以作为土石混填路基压实质量的辅助检测手段，尤其是目前对于大粒径土石混填路基压实质量的检测方法还没有较为统一、完善的规定的施工现状下，各施工单位可以根据具体工程实际情况进行现场试验，合理确定沉降量的控制指标值，以监控路基的施工质量。

9.2.3.4　*土石混填路基冲击压实工艺的要求*

目前来讲，冲击压实技术是提高土石混填路基压实质量的一种尝试，虽然在一些路基工程中进行了现场应用，但总的来说，在许多方面还很不完善，也暴露出一些实际问题。鉴于冲击压路机的技术特性是以冲击力向土体深层扩散分布的性状，与现行常规压路机不同，所以本课题结合土石混填路基的特点，对其提出了具有针对性、较为具体的施工工艺技术要求。

1)冲击压路机的频率

考虑到施工进度与工程经济性，土石混填路基不可能每一压实层都用冲击压路机进行碾压。土石混填路基施工中采用冲击压路机的频率可以用层数控制，也可以用层厚来控制，但是研究认为，用层厚来控制好一些，因为这直接反映了冲击压实的有效深度，能保证有效的压实效果，建议对于含坚硬类岩石的土石混填路基用25kJ的冲击压路机进行增强补压时的层厚宜为2～3m，含较软类岩石的土石混填路基用25kJ的冲击压路机进行增强补压时的层厚宜为1.5～2.5m。

2)冲击压实的遍数

冲击压实的遍数应根据现场实际情况来确定，所遵循的原则是压实沉降值趋于稳定，同时结合面波仪或附加质量的测定值、土石混填路基的波速进行分析，综合考虑以确定冲击遍数。有研究，一般地，含坚硬类岩石的土石混填路基用25kJ的冲击压路机进行增强补压时的冲击遍数在10～15遍较为合理，含较软类岩石的土石混填路基用25kJ的冲击压路机进行增强补压时的冲击遍数在15～20遍较为合理。

3)冲击压实的速度

由于牵引速度对冲击效果有很大影响，冲击碾压时应尽量采用大功率牵引机械，确保牵引速度保持在10～15km/h，以充分发挥冲击压实效果。

4)冲击压实的宽度

冲击压实时要高度重视横向重叠和纵向错轮问题,施工时应严格进行现场控制,叠压和错轮达不到要求时应及时予以调整,务必使路基均匀受压。

5)冲击压实时对路基边缘的注意事项

由于冲击压路机距离路肩边缘较近,而路基在垂直行车方向处于无侧限状态,在大功率冲击压路机的作用下,有可能导致路基填筑体发生侧移现象,所以此时路基压实层表面的沉降值不足以反映路基在冲击作用下被压缩的程度,应在路肩边缘设置测点,测量其侧向位移值,以综合考虑沉降控制指标。

6)其他

(1)冲击压路机在压实作业中对构造物要保持安全净距:搭板边缘保持1m净距,拦墙及护坡砌体保持1.5m安全净距,桥涵台保持5m净距,经过涵洞时要确保涵洞顶填筑厚度不小于3m。

(2)冲击碾压时必须遵循路基横向由低向高的冲压顺序。

(3)冲击碾压后表面呈波浪状,且局部松散需平整时,应再用光轮压路机碾压。

(4)应高度重视墙背及涵台背等冲击碾压的死角部位,这些部位正是路基施工质量控制的薄弱环节,再加上路基经过冲击压实后,增大了墙背、台背与主体路基密实程度的反差,所以施工过程中务必加强这些部位的压实,避免因压实的不均匀性而导致出现不均匀沉降。

9.2.4 土石混合料的强夯法压实机理

强夯法虽然已在地基工程中得到广泛的应用,并对饱和土的强夯压实机理进行了较深入的研究,但国内外至今尚未取得满意的结果。而对土石混合料等非饱和、无黏性和低黏性粗粒土的强夯机理的研究,尚处于起步阶段,其研究成果也相对较少。主要原因是土石混合料类非饱和粗粒土的性质千差万别,很难建立系统的强夯压实理论,不同的研究者大多从不同的角度,针对不同的研究对象,提出了各自不同的见解,但尚无统一的认识,导致没有统一的、成熟的设计计算方法,因此通常的做法是针对工程情况,根据经验初步选定设计参数,再通过现场试夯结果,并经必要的修改后,最终确立它适合于现场土质条件的强夯设计参数。目前强夯设计计算方法大多比较粗糙,凭经验而定,有的设计过于保守而容易造成浪费。

9.2.4.1 *土石混填路基强夯法施工技术*

强夯法又称动力固结法,这种方法早在20世纪30年代由德国人用于加固砂土及砂卵石土地基获得成功,1969年法国工程师梅拉(L. Menard)通过大量的工程实践,提出了强夯设计计算方法,使得用它加固地基在世界各国得到了迅速推广。

我国于1978年开始介绍和引进强夯技术,并于1978底开始在工程中试用。强夯法由于具有效果显著、设备简单、施工方便、适用范围广、经济易行和节省材料等优点,在我国迅速推广,广泛运用于港口堆场、仓储码头、道路路基、新建厂矿场地的平整等。据不完全统计,仅"八五"期间,全国重大工程项目强夯处理地基在300万m^2以上。

强夯法唯一显著的缺点就是夯击过程中可能对周边建筑物产生振动影响,从而要求强夯法施工应保持一定的安全距离。故强夯法特别适于开阔场地的地基处理工程,也就特别适合高等级公路土石混填路基的夯实施工。20世纪90年代以来,我国在路基工程中已开始采用了强夯法进行路基压实。在渝邻高速公路路基施工中,由于整个路基施工期只有18个月,为了减少路基沉降问题，对全线重点高填方段落采取了强夯措施，有效降低了路基的工后沉降，取得了良好的技术经济效益[101]。在湘潭市宝塔中路路基加固采用强夯法施工，成功地解决了深 5.0～7.0m 的素回填土作为公路路基的沉降问题，充分保证了路基整体沉降小，整体沉降均匀，以及路基密实度和路基承载力[102]。课题组在云南昆石高速公路土石混填路基施工中，采用强夯进行路基压实试验研究，取得了良好的效果[103]。在重庆滨江路建设中，采用强夯法进行土石混合料填方的压实，又成功解决了大粒径填料的压实问题[104]。郑轩等进行强夯在黄土高路堤施工的应用研究，研究表明：对黄土高路堤直接强夯可以取到较好的工程效果，但碾压与再强夯，反而能破坏黄土的某些性状[105]。

9.2.4.2　强夯振动波压实基本理论

在强夯法施工过程中，落锤冲击地面后，其能量是以应力波的形式在路基内传播，因此有研究者从波动的角度探讨了强夯的机理和有效波形。强夯的特点是将机械能转换为势能，再变为动能作用于土石混合料。在重锤作用于地面的一瞬间，土石混合料产生强烈振动，类似于地震的震源，在路基土中产生振动波，从振源向四周传播。又因路基为一弹塑性材料，在巨大的冲击能作用下，质点连续介质的振动，其振动能量可以传递给周围介质，而引起周围介质的振动。振动在介质内的传播形成波，根据其作用、性质和特点的不同，可分为体波和面波两种。

强夯主要是体波起压实作用，体波又分纵波和横波，纵波是由振源向外传递的压缩波，质点的振动方向与波的前进方向一致，同时伴随着产生体积的变化，一般表现为周期短，振幅小。横波是由振源向外传递的剪切波，质点的振动方向与波的前进方向垂直，不产生体积的变化，一般表现为周期较长，振幅较大。横波只能在固体里传播，而纵波在固体、液体里都能传播，各种波的传播如图 9-13 所示。

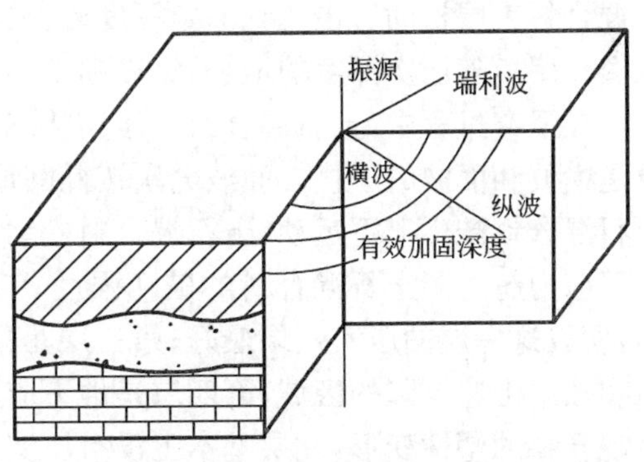

图 9-13　各种波的传播示意图

纵波与横波的传播速度理论上可分别按下列公式计算：

$$v_{\mathrm{P}}=\sqrt{\frac{E(1-\mu)}{\rho(1+\mu)(1-2\mu)}} \tag{9-26}$$

$$v_{\mathrm{S}}=\sqrt{\frac{E}{2\rho(1+\mu)}}=\sqrt{\frac{G}{\rho}} \tag{9-27}$$

式中：v_{P}——纵波速度(m/s)；

v_{S}——横波速度(m/s)；

E——介质杨氏弹性模量(kPa)；

G——剪切模量(kPa)；

ρ——介质密度(kN/m^3)；

μ——介质泊松比，部分土石混合料的泊松比见表 9-4。

部分土的泊松比　表 9-4

土的种类和状态	泊　松　比　μ
土石混合料	0.15～0.2
砂土	0.2～0.25

则按上式计算得土石混合料纵波速度为：

$$v_P \approx 1.6 v_S \tag{9-28}$$

由此可知，纵波比横波的传播速度要快，纵波要先于横波到达。因此，也常把纵波叫"P波"即初波，把横波叫"S波"(即次波)。"S波"在一些介质中的传播速度见表9-5。

S波的传播速度 表9-5

土的种类	波速(m/s)	土的种类	波速(m/s)
砂	60	黏土	250
人工填土	100	含砂砾石	300～400
砂质填土	100～200	饱和砂土	340

强夯时巨大的冲击能作用于土石混填路基上，在土石混合料中产生体波(含纵波和横波)和面波两种波，但对土石混合料起压实作用的主要是纵波和横波，面波不但起不到加密的作用，反而对路基表面产生松动，故为无用波或有害波。

强夯时，重锤由很高处自由落下，产生强大的动能(振动源)作用于土石混合料中，由动能变成波能，从振源向深层扩散，能量释放于一定范围内的路基中，使土石混合料得到不同程度的压密压实。由于强大的夯击能，使土石混合料表层产生剪切压缩和侧向挤压等，而横波使土石混合料表层松动。当达到一定深度时，只有压缩波(纵波)的能量才对土石混合料体起压密压实作用。随压实深度的增加，纵波强度衰减，其压密作用也逐渐减少。

在强夯过程中，土石混合料的压实状态可分为四层，第一层是路基，因冲击力而受扰动，主要是横波和面波的干扰。面波分别按椭圆形运动和地面水平向运动，其都是在地表层传播使土石混合料产生上下运动，土石混合料松动而形成松弛区域；第二层是压缩波的反复作用，使地下应力超过了土石混合料的破坏强度 σ_1 的区域，因土石混合料中吸收纵波放出的能量最多，所以这一层的压实效果最好；第三层是压缩波渐减，也就是地下应力在 σ_1 与屈服值 σ_y 使压实效果迅速下降的区域；第四层是地下应力处于路基的弹性界限内，能量消耗已无法克服土石混合料的塑性变形，此层基本上没有压实作用。

在施行强夯时，能量会随土石混合料的压实而发生变化。初夯时，土石混合料产生压缩塑变，因波速与介质密度、弹性模量、剪切模量有关，纵波很快被土石混合料吸收，产生颗粒破碎和塑性变性。达到一定能量时，塑性变形完成，逐渐变为弹性压缩变形，随着土石混合料密度的增加，压缩模量和剪切模量增大，波的传播速度相应加快，这时横波增加，纵波削弱，并且波的折射和反射要消耗能量，不利于土石混合料的压实，如果再增加夯击能(夯力)，其效果不会明显。

可见，对土石混合料的强夯压实机理，可以归结为压缩波的反复作用消耗能量作功，从而对土石混合料产生压实作用。其中一部分能量使土石混合料产生颗粒破碎和塑性变形变转换为土石混合料的位能，并产生弹性变形，并将另一部分能量向深层传播而压实深层土石混合料，最终使能量转换为土石混合料的塑变位能。

9.2.4.3 土石混合料的强夯压实机理

一般认为，强夯压实填土过程有四个阶段：

(1)夯击能量转化，同时伴随强制压缩或振密(包括气体的排出，孔隙水压力上升)。

(2)土石混合料液化或土石混合料结构破坏，表现为土石混合料强度降低或抗剪强度丧失。

(3)排水固结压密，表现为渗透性能改变，土石混合料裂隙发展，土石混合料强度提高。

(4)触变恢复并伴随固结压密,包括部分自由水又变成薄膜水,土石混合料强度继续提高。

从以上观点可以看出,强夯压实机理涉及以下六个方面:强夯的力学模型,夯击能在土石混合料中的传递规律,土石混合料被夯击后瞬时变形问题,应力—应变的动本构关系,孔隙水压力变化、消散规律以及强夯后土石混合料强度的恢复。

强夯在极短的时间内对路基土石混合料施加一个巨大的冲击能量,加荷历时几十毫秒至一百毫秒,冲击能转化为各种波形传递到路基土石混合料内。由强夯产生的冲击波按其在土中传播和对填土作用的特性可分为体波和面波。体波包括纵波(P 波)和横波(S 波),从夯击点沿着一个半球波阵面径向路基深处传播,对路基土可起压缩和剪切作用,引起路基土的压密固结。面波(R 波)从夯击点沿地表传播,其随距离的增加而衰减的幅度比体波慢得多,对路基土不起压实作用,其竖向分量对表层土起松动作用。因此,强夯的结果是在路基中沿深度形成性质不同的三个区(图 9-14):路基表层松动区;松动区下面某一深度,受到体波的作用,使土层产生沉降和土石混合料的压密,形成夯实区;夯实区下面冲击波逐渐衰减,不足以使土产生塑性变形,对路基土不起压实作用,即为弹性区。

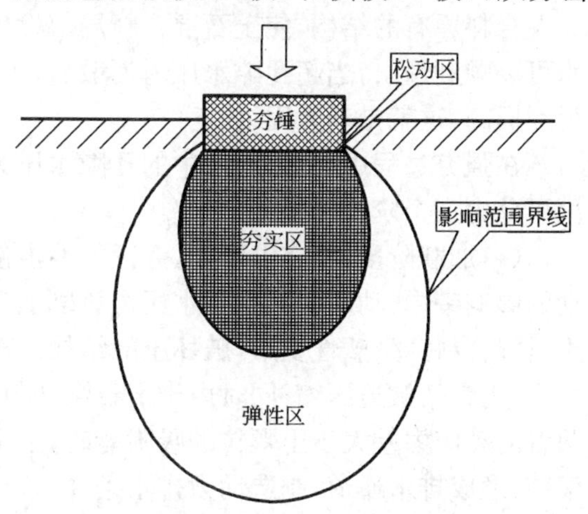

图 9-14　强夯作用机理图

可见,强夯压实路基是借助于夯锤对路基土施加的冲击荷载,使一定范围内的路基土石混合料发生动力反应,由于路基土具有明显的非弹性性质,经动力反应后一定范围内路基土的工程性质发生一定程度的改变,即路基土得以压实。强夯压实路基的作用机制主要是:加密、固结和预加变形的共同作用。当重锤自由下落夯击时,势能转化为动能,在夯击地面的瞬间,动能的一部分以声波形式向四周扩散,一部分由于重锤与土石混合料摩擦而变成热能,其余大部分动能则使土石混合料产生自由振动,使空气或气体排出从而使土的组构重新定向排列,其在瞬间重新排列的加密过程大致可分三个阶段,如图 9-15 所示。

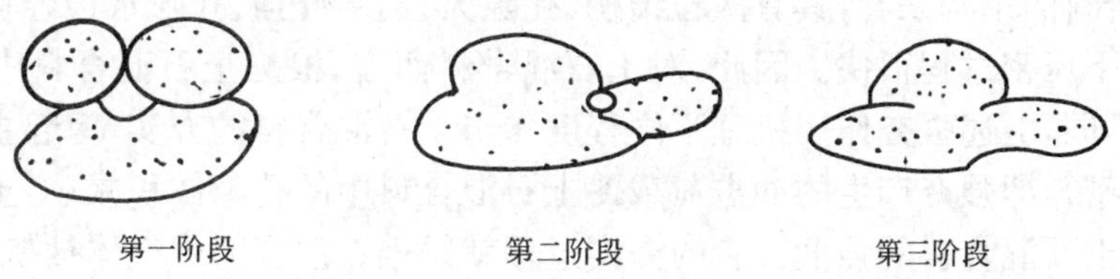

图 9-15　强夯加密示意图

第一阶段,部分定向排列,在土块中颗粒以及气体的排列是随机的或者部分定向的,整个土石混合料系中,当团粒中颗粒的排列为随机排列时,空气可迅速排出。

第二阶段,组构单元完全定向,团块中的颗粒仍处于部分定向或随机排列状况,这时空气排出完成。

第三阶段,组构单元完全定向,团块中颗粒已全部定向,在强夯作用下,土颗粒由夯前任意排列变成夯后明显的定向排列,并且垂直向的压缩变形大于水平向的挤压变形。

从压实原理与作用来看,强夯法压实路基的机理按路基土的类别可分为动力夯实、动力固结、动力置换三种情况,其共同特点是:通过破坏填土的天然结构并达到新的稳定状态。但对土石混合料来说，一般只存在动力夯实、动力固结两种作用。

1)动力夯实

对非饱和土，尤其是孔隙多、颗粒粗大的土，强夯巨大的夯击能量所产生的冲击波和动应力在土中传播，使颗粒破碎或使颗粒产生瞬间的相对运动，土石混合料孔隙中的气体迅速排出或压缩，孔隙体积减少，从而使路基填土形成较密实的结构。

2)动力固结

强夯法处理含黏性土的土石混合料时，巨大的冲击能量在土中产生很大的应力波，破坏土石混合料原有的结构，使土石混合料局部发生液化，产生许多裂隙，增加了排水通道，使得孔隙水可以顺利逸出，当超孔隙水压力消散后，土石混合料固结。由于黏性土的排水固结性，强度得到提高，这就是动力固结。

在强夯过程中，根据土体中的孔隙水压力、动应力和应变的关系，压实区内波对填土的作用可分为三个阶段。

(1)加载阶段，即夯击瞬间，夯锤的冲击使路基土石混合料产生强烈的振动和动应力，在波动的影响带内，动应力和孔隙水压力急剧上升，而动应力往往大于孔隙水压力，有效动应力使土石混合料产生塑性变形，破坏土的结构。对于砂土，迫使土的颗粒重新排列而密实。对于黏性土，土骨架被迫压缩，同时由于土石混合料中的水和土颗粒两种介质引起不同的振动效应，两者的动应力差大于土颗粒的吸附能时，土中部分结合水和毛细水从颗粒间析出，产生动力水聚结，形成排水通道，制造动力排水条件。

(2)卸载阶段，即夯击动能卸去的一瞬间，总应力瞬间即逝，然而土中孔隙水压力仍然保持较高的水平，此时孔隙水压力大于有效应力，故土石混合料中存在较大的负有效应力，可引起砂土液化。在黏性土中，当最大孔隙水压力大于小主应力、静止侧压力及土的抗拉强度之和时，土石混合料开裂，渗透性迅速增大，孔隙水压力迅速下降。

(3)动力固结阶段，在卸载之后，土体中仍然保持一走的孔隙水压力，土石混合料就在此压力作用下排水固结。在砂土中，孔隙水压力消散甚快，使砂土进一步密实；而黏性土中孔隙水压力消散较慢，可能要延续 2～4 周。如果有条件排水固结，土颗粒进一步靠近，重新形成新的水膜和结构连接，土的强度逐渐恢复和提高，达到压实路基的目的。

从土石混合料的结构来看，具有散粒结构、孔隙大、透水性强、孔隙水很容易排出的工程特点，在荷载作用下压密过程很快。因此，对土石混合料而言，根据土石混合料中土石比的不同以及土的性质不同，上述强夯作用机理不同程度参与土石混合料的夯实，但起主导作用的是动力夯实(动力压密)，即强夯产生的冲击荷载使土石混合料中的孔隙体积减小，土石混合料变得密实，从而提高土石混合料的强度。它的夯实过程就是土石混合料中气体被挤出的过程，其变形主要由土颗粒的相对位移引起，有时浅层块石可能还伴随有局部的击碎。

强夯冲击压实过程中，土石混合料压缩模量和承载力的提高，是靠动力冲击作用，其过程可分为以下几步。

(1)颗粒的重新排列

在夯锤巨大的动能冲击作用下，克服土石混合料颗粒间的摩擦阻力，大颗粒产生位移，移动到更为稳定的位置，吸收部分夯击能量。

(2)大颗粒破碎

在夯锤巨大的动能冲击作用下，土石混合料中的大块石颗粒产生棱角破碎，有时整个块石颗粒都会产生破碎，产生小颗粒，土石混合料级配随之有微小变化，不均匀系统降低。

(3)颗粒相互填充与密实

土石混合料是三相体,即由固相的土(石)粒、液相的水及气相的空气所组成,通常土石混合料颗粒是不会被压缩的。土石混合料在承受强夯巨大的冲击外力作用下,土石混合料颗粒本身体积一般不发生变化,颗粒之间的这种相对位移、彼此靠近,使得小颗粒被挤压填充到大颗粒的孔隙里,孔隙里的空气因受到排除而减少。由于孔隙率减少,干重度增加,即土石混合料得到了压实。

从夯击次数与累计夯沉量、单击夯沉量的关系曲线来看,夯坑的累计夯沉量随夯击次数的增加而增加,每击夯沉量的大小与夯击能有关,即夯击能越高,每击夯沉量也就越大。同时还可以看出,夯坑的累计夯沉量的增长幅度随夯击次数的增加而逐渐减小。这表明,随着夯击次数的增加,土石混合料结构已逐渐密实,也就是说,夯击能量的传递随深度的增加而逐渐减弱。

从夯击次数与夯坑周围土石混合料隆起量的关系曲线来看,随着夯击次数的增加,夯坑周围 3m 范围内的地面隆起量也随之增加,距离夯坑越近,隆起量越大。对比夯击次数与夯坑周围土体隆起量的关系曲线和夯击次数与累计夯沉量关系曲线,可以看出,夯坑累计夯沉量的衰减幅度远小于夯坑周围土石混合料降起量衰减幅度,这反映了夯击能主要消耗于夯锤以下范围内的路基土,路基变形以深度方向的压密变形为主。从这一点来看,强夯主要使夯锤底下路基长沿深度方向得到了压实。如土石混合料中黏性土含量较高,其强夯机理即为动力固结;如土石混合料中无黏性土含量较高,其强夯机理为动力置换。

(4)有效压实范围及指标分析

强夯压实土石混合料的影响深度是评价强夯法工程效果的主要指标之一,目前采用的计算公式均为经验公式。如 Menard 公式,范维恒、龚以英总结的经验公式,汪文善对 Menard 公式的修正,国内教科书介绍的经验公式等。比较这些公式,基本大同小异,只是各自系数取值范围不同或系数本身取值范围很大。工程界为了安全可靠,多取保守数据,所以计算结果普遍偏小。

有效压实范围强调有效性,压实后的土石混合料某些指标的变化量要符合工程的实用要求。有效压实范围区别于影响范围,影响范围包括有效压实范围。有效压实范围外土石混合料的变化与压实目的可能相同、也可能相反。作为问题的讨论,同时考虑到研究的目的,对"有效压实范围"解释为:在经过强夯法压实的土石混合料中,使用适当的方法对被压实区域进行检测,当测定指标满足一定压实目的的控制指标时所确定的某一空间范围。控制指标主要取决于压实目的。控制指标值是检测结果应当满足的最低值,这项值与施工经验和规范等有关。指标的大小直接影响着有效压实范围的大小。对于同一项工程,若控制标准不同,"有效压实范围"就会不同。

一般的强夯工程设计多以承载力为依据,但对强夯加压实土石混合料而言,更关心的是强夯作用下土石混合料的沉降量和压实后土石混合料的密实度。笔者的经验是,可选择使土石混合料产生竖向变形达到 10cm 作为有效压实范围,图 9-16 是强夯时路基中附加应力与深度的关系。

9.2.4.4 填方路基强夯主要参数确定原则

强夯设计计算参数主要包括:单点夯击能、夯击遍数、相邻两次夯击遍数的间歇时间、压实范围和夯点布置等。如前分析,不同的压实要求就需要进行针对性的处治设计,对于强夯用于处治路基非均匀沉降而言,土石混合料孔隙较大,大部分与大气连通,夯击过程中产生的超孔隙压力较小，消散速度较快，因此在实际工程施工中的各遍时间间隔往往能够完全消散孔隙压力，这个因素一般可以忽略。

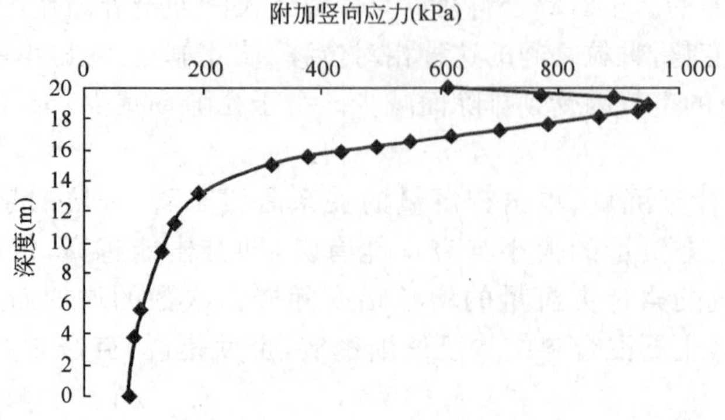

图 9-16 强夯附加应力与深度的关系

1)单点夯击能

根据计算分析和研究表明，路堤填方类材料能够承受较大的冲击荷载，而且高能级强夯的影响深度和作用范围大大高于低能级的强夯。同时，高能级强夯的有效夯击遍数高于低能级强夯，其夯击遍数可以较低能级强夯大大减小。单点夯击能选择中应考虑以下因素。

(1)被压实填方高度：当填方高度较小而采用大能量的强夯将使强夯能量作用于不需压实的路基中，造成能量浪费。

(2)构筑物安全性：强夯能量在路基中以波动的形式传播，如果能量过大将对涵洞、挡墙等造成冲击破坏。

2)夯击遍数

夯击次数一般通过现场试夯来确定，常以夯坑的压缩量最大，夯坑周围的隆起量最小为确定原则。目前，常通过现场试夯得到的夯击次数与夯沉量的关系曲线来确定。

3)夯点布置

根据计算表明，夯点间距过大，使各夯点间的土石混合料得不到有效压实；夯点间距过小，或采用夯点搭接的方法往往使后续强夯降低前期强夯形成的路基沉降，降低压实效果。根据工程经验一般选取 5～10m。通过本次计算表明，在所有计算的强夯工况中，有效压实范围一般为 1.5～2.5 倍锤径，因此建议在缺乏资料时，夯点间距取 2 倍夯锤直径(其中大能量的压实范围可以取大值)。

9.2.5 压实机械的局限性

1)振动压实的局限性

振动压路机主要的局限性是振动仅适用于碾压层的顶面，在深度方向，压路机的压实能力是有限的。增加压路机的质量并不能使压实的有效深度成比例地增加。事实上，附加滚筒的质量在表面石块上增加了一个“打击力”，致使在某些情况下，在压实层的表面会产生一定数量不合乎需要的细颗粒，使不同路基填土层之间产生细颗粒薄层。

振动压路机的另一局限性是它只有向前移动才能得到最好的压实效果，而像羊足碾或气胎碾一类静力压实工具则向前后移动都是同样有效的。振动压路机只向一个方向移动才有效，这是因为振动是由偏心轴或重物在固定方向内转动所产生的，这样就产生了一个最大的向下的力，其方向和压路机前进方向的垂线成一微小的交角。在碾压过程中我们可以看到，在碾压机前面的石块振动得比在碾压机后面的石块要强烈一些:在压路机后面的石块有被推向后面而向上翻起的倾向,在土石混合料压实后,表面大石块有松动倾向。

2)冲击压实的局限性

(1)由于冲击式压路机的瞬间冲击能量很大,压实层表层(厚约20～30cm)的填料发生破坏,颗粒间原有排列结构遭到破坏。因此在使用冲击式压路机处理路基后,还需要对压实层表层进行碾压补强处理。

(2)冲击压实要求行驶速度在10km/h以上方能获得较大冲击力,即行驶速度为2.8m/s,对于土石混填路堤,一般填方段长度在100m以内。场地长度不足是影响冲击压实生产效率的重要因素。加之在掉头转变中浪费掉大量时间,使冲击压实的优势难以体现出来。对于路床的压实,由于场地较为平整,可以采用冲击压实技术。

3)强夯压实的局限性

强夯法适用于处理碎石土、砂土、低饱和度的粉土与黏性土、湿陷性黄土、杂填土和素填土等地基。对高饱和度的粉土与黏性土等地基,当采用在夯坑内回填块石、碎石或其他粗颗粒材料进行强夯置换时,应通过现场试验确定其适用性。

由于强夯为单点夯实,一般主要用于路基加固处治,对于压实不均匀的路段采用强夯进行加固,可以大大提高路基的压实效果。但是如果作为路基压实施工的手段,往往会由于强夯路段压实质量的不均匀性导致路基不均匀沉降变形;另外,作为一种施工手段,其施工效率也是一个制约因素。

9.3 土石混填路基填筑施工工艺

9.3.1 土石混填路基的基底处理要求及方法

1)对地基承载力的要求

土石混填路基多修筑在地势险峻,沟壑纵横的山岭地区。由于线形的缘故,路堤的填筑高度较高,填方量大,再加上土石混合料本身的密度较大,路堤填筑体的自重荷载很大。这就对地基的承载力提出了较高的要求。同时,土石混合料本身的工程特性也决定了对地基的特殊要求。就普通的填土路基而言,其填料颗粒之间具有一定的黏聚力,抗剪强度较低,填筑体本身的塑性较强。当地基由于承载力不足等自身原因发生较大不均匀沉降时,路基填筑体可以在一定范围内随着地基的沉降而共同沉降。但是组成土石混合料的岩石和土颗粒之间基本上没有黏聚力,其抗剪强度多由颗粒之间的摩擦力与咬合力来形成,且强度较高,故土石混填路基在一定程度上可以看成是半刚性体。当地基的不均匀沉降程度较小时,颗粒之间的嵌挤作用可以保证路基的整体稳定性,避免其发生较大的变形沉降,路基总体上表现出一定的刚性。然而,当地基发生较大沉降,路基填筑体内部产生的剪应力大于路基的极限抗剪强度时,路基就会发生较大的剪切变形而失去稳定。由此可见,土石混填路基对地基的不均匀沉降较为敏感,土石混合料颗粒之间的咬合作用一旦被破坏后,就难以像普通细粒土路基那样慢慢得以恢复。

因此,对于土石混填路基而言,尤其是高土石混填路堤,地基承载力是保证路基压实质量和正常使用性能的前提条件,如若地基承载力不足,必将会导致路基的坍塌和失稳,进而使路面产生病害破坏。而《公路路基施工技术规范》(JTJ 033—95)中并没有对路基的地基承载力做出具体的规定,只是提到:“路堤基底应在填筑前进行压实,高速公路、一级公路和二级公路路堤基底的压实度不应小于85%。”

然而保证基底的压实度就需保证满足要求的地基承载力。

而调研结果表明，由于目前很多设计及施工单位对此问题没有认真重视，在设计及具体施工过程中未对地基加以严格的要求与控制，从而导致路基在竣工后，甚至施工阶段中就由于地基的原因而发生变形破坏的现象一直存在。据此，本文在调研基础上，初步提出土石混填路基的地基承载力技术要求与处理要求。

土石混填路基对地基的沉降要求较为严格，在土石混填路基填筑前应对地基的承载力进行测试(具体测试方法可参照桥梁基础的规定进行)，地基的承载力应满足路基不同填筑高度的要求：

(1)当土石混填路基填筑高度小于10m时，地基承载力不宜低于150kPa；

(2)路基填筑高度为10～20m时，地基承载力不宜低于200kPa；

(3)路基填筑高度大于20m时，路基应填筑在岩石基底上。

2)对地基处理的要求

在土石混填路基填筑前，首先应该对原地面进行表面清理，清除树木等杂物。一般耕植土地段原地面应清除表土30cm深，同时用满足规范要求的土料回填原地面的坑、洞等低凹处，并按规定进行压实。当基底为松散土，且含水率较高时，压实前应先进行翻晒，使其重型压实度不小于90%；当土石混填路基高度大于80cm时，基底压实不应小于95%。当路堤基底原状土的强度不符合要求时，应进行换填，其换填深度不小于30cm。若遇到不良地基(膨胀土、盐渍土、黄土等)时，应视具体工程条件采取清淤、排水固结、抛石、换填或复合地基等技术措施进行加固处理。此外，在土质地基上填筑土石混填路基时，为提高地基的强度与均匀性，应设置过渡层。

3)对地基的排水要求

由于土石混合料的孔隙较大，水较易从边坡或路面等部位进入路基中，而且由于土石混合料的渗透性较强，水很容易浸湿地基，同时若地基范围内存在地下水，这都会影响土石混填路基的整体稳定。因此，当路堤基底范围内由于地面水或地下水影响路基稳定时，土石混填路基应采取必要的引排、拦截等措施，或在路堤底部填筑不易风化的片石、砂砾石或块石等透水性材料来设置透水层，其厚度应不小于30cm，以防止水对地基的不良影响。

4)对地基坡度的处理要求

当原地基有一定的坡度时，为保证土石混填路基的整体稳定性，应对地基进行如下处理：

(1)在地基横坡陡于1∶5的地段，应将原地面挖成宽度不小于1.0m，高30cm的搭接台阶，同时台阶进行内倾处理，然后进行平整压实，使基底强度和密实度达到设计要求。

(2)在地基横坡缓于1∶5的地段，当清除树根草皮或腐殖土后，承载力满足要求时，可直接在天然地面上填筑路基。

5)地基的处理方法

(1)土石混填路基石质地基的处理方法

一般认为石质地基较为理想，其承载力较大，能为土石混填路基的稳定性提供较为理想的支承保证。但是应当看到，如果对石质地基的要求过低或施工时处理不当，其承载力的不均匀现象仍然会对路基产生不利的影响。因此不应对土石混填路基的石质地基掉以轻心，放松要求，应确保石质地基的平整性与强度的均匀性。

(2)岩石和土石混合地基的处理方法

在山区土石混填路基的施工现场经常会遇到岩石和细粒土混合地基。这种地基的强度很不均匀,同时其表面不易整平,如不采取必要的处理措施将会对路基的稳定性有较大的影响,尤其是路基填筑高度较高时,会增加不均匀沉降,导致路基路面产生破坏。故在路基填筑前应认真对待,合理处理。

对于岩石和细粒土混合的地基,主要问题是由于强度不同,存在承载力差异,故应提高细粒土部位的强度。具体处理方法是将岩石炸平,并在细粒土部位设过渡层。当基底为石芽状时,应将石芽炸除不少于 80cm;并用岩石填料置换细粒土,以形成均匀、平整的岩石混合基底。这是因为若不炸掉岩石,细粒土部分无法压实,而且即使炸平岩石,也应用石料置换部分细粒土,置换一定厚度并高出原岩石面后对其进行有效压实。

根据土石混合料的工程特性,即土石混合料颗粒之间基本上没有黏聚力,其抗剪强度多由颗粒之间的摩擦力与咬合力来形成,其强度较高,土石混填路基在一定程度上可以看成是半刚性体。当地基发生较大沉降,路基填筑体内部产生的剪应力大于路基的极限抗剪强度时,路基就会发生较大变形而失去稳定。土石混填路基对地基的不均匀沉降较为敏感。针对不同类型的地基,本章提出了相应的技术要求和处理方法,强调土质地基的地基承载力满足与否直接影响着土石混填路基的整体稳定性,同时,对于混合地基类型,强调保证其强度的均匀性和平整度是地基处理时的关键问题。

9.3.2 土石混填路基填筑施工工艺

9.3.2.1 振动碾压机械的影响深度

用于土石混填路基填筑施工的振动碾压机械通常是指光面轮的振动碾。实践证明,振动碾是具有压实性能好、压实层厚、生产效率高、压实功能大的良好压实设备,特别适用于含有大粒径的土石混合料的压实,为其他碾压机械所不及。一般的碾压机械以碾子重量的静力作用对土石混合料压密,故压实影响深度较小。而振动碾的压实靠碾重的静压力和振动力两者联合作用,且振动力以压力波方式向土石混合料内传播,可达较大深度,其动压力沿深度分布情况见图 9-17。同时在振动作用下,颗粒之间的摩擦力减少,易于产生相对位移从而达到密实状态。振动力的大小取决于振动频率和振幅。目前各种振动碾的激振力,一般为碾子静重的 1~4倍,平均为 2.5 倍。实际使用中,对于土石混合料的压实,振动频率采用 25～35Hz,其相应的振幅为 1.6～2.0mm。

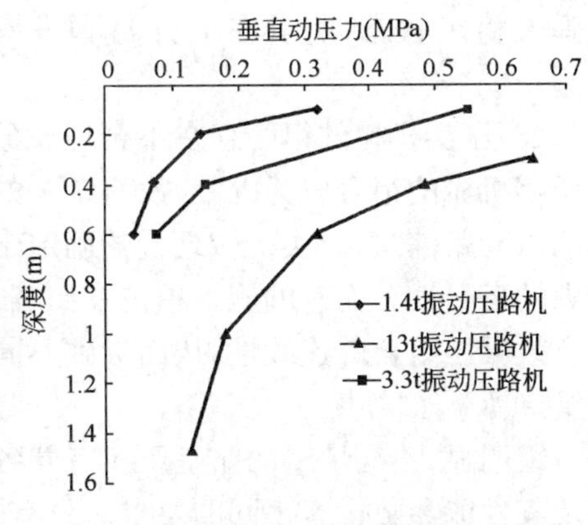

图 9-17 振动压路机动压力沿深度分布图

9.3.2.2 振动碾的选择

选择合适的振动碾,在土石混填路基施工中是一项很重要的工作,选择时应综合考虑如下因素:

(1)振动碾的压实功能,应满足在规定的铺层厚度时经 6～10 遍振动碾压时,土石混合料的密实度能够达到设计要求。

(2)振动碾的生产率是满足施工强度的重要因素,通常可按下式计算每小时体积生产率 Q(m^3/h):

$$Q = C \cdot \frac{W \cdot v \cdot H \cdot 1\,000}{n} \tag{9-29}$$

式中：C——效率因子；

H——铺层厚度(m)；

W——滚筒宽度(m)；

v——碾压速度(km/h)；

n——碾压遍数。

上式是近似连续工作情况，未考虑其他各种因素的影响。在长期生产中，实际平均生产率比近似连续生产率大约低50%。

在土石混填路基的压实过程中，压实机械的作用至关重要。路基压实效果的好坏很大程度上取决于压实机械的选型与组合的合理与否。就此问题，对全国填土石混填路基施工现场的压实机械情况进行了大量的现场调研工作。通过现场调研和资料的总分析可知，目前全国土石混填路基施工现场普遍采用的压实机械吨位较低、激振力也没有达到相当大的量级，而且由于缺少必要、明确的技术指标用以指导施工检测，再加上部分施工人员认为土石混填路基较好压实，从而导致压实过程中的碾压遍数控制不严，存在遍数较少的现象。同时，很多已建成的土石混填路基所发生的诸如纵向裂缝、路面错台等病害事故也证实了现有土石混填路基施工中的压实机械较多地存在着以下几个问题：

(1)没有针对土石混填路基的压实特性采用相应的压实方式，未达到较为理想的比实效果。例如有的施工单位没有意识到振动压实对土石混填路基的重要性，仍旧采用静力压实方式，导致压实度不足，竣工后路基发生较大沉降变形。

(2)压实机械的吨位较低，导致其振动压实未能有效地使石块之间咬合密实，路基没有处于弹性稳定状态，所以在土石混填路基自重与外荷载的作用共同作用下，产生一定的残余变形。

(3)压实机械的组合存在不合理现象，没能有效地发挥出应有的压实功能。目前来看，现场压实机械的组合较为混乱，没有统一的技术指导。有的施工单位在正式施工前没有进行严格的试验路铺筑，压实机械组合的确定未经过合理的现场试验，仅凭经验或想当然而定，存在较大的盲目性。而有的施工单位在压实过程中，压实机械随意调换，任意组合，不能保持施工中有效碾压组合的连续性，从而导致不同路基压实层次密实程度的差异性，为工后路基的不均匀沉降留下了隐患。

很明显，不同填料的路基压实有着各自不同的压实特点。所以对压实方式、压实机械的规格及其性能参数也有不同的要求。只有合理地配置和使用压实机械，才能对土石混填路基的压实质量取得最好的效果。本节针对土石混填路基的压实特性，在充分利用现有压实机械的基础上进行现场试验，着重研究了土石混填路基合理的压实方式、对压路机功率和吨位的技术要求以及冲击压实等关键技术问题。

9.3.2.3　压实效率

各种压实机械的压实面积生产率均可按以下公式计算：

$$Q = \frac{60(b-c)LK_{\mathrm{B}}}{\left(\frac{L}{v}+t\right)n} \tag{9-30}$$

式中：Q——面积生产率(m^2/h)；

b——单次碾压宽度(m)；

c——相邻两碾压带的重叠宽度(m),一般情况 $c=0.15\sim0.25$,或相邻压实带有1/3的宽度重叠;

L——碾压地段长度(m);

v——压路机作业速度(m/min);

t——转弯掉头时间(min),一般的自行式压路机取 $t=0.07\sim0.08$min;

n——同一地段所需的碾压遍数;

K_B——时间利用系数,一般取0.8~0.9。

土石混合料压实的体积生产率单位为 m^3/h,而决定生产率的主要因素有:轮宽、碾压遍数、碾压速度、工作效率、铺层厚度等。

体积生产率的计算公式通常为:

$$Q' = C \cdot \frac{1\,000BvH}{n} \tag{9-31}$$

式中:Q'——体积生产率(m^3/h);

C——效率因素,C=实际生产率/理论生产率;

B——滚轮宽度(m);

v——碾压速度(km/h);

H——压实后的铺层厚度(m)。

9.3.2.4 压路机选型

随着公路建设的发展,车辆荷载、速度及流量的不断增大,对路基强度及路面的要求增高,于是提出了更高的压实要求。不同地区、不同公路等级及不同的施工水平需要使用不同的压路机,必须按照工程的具体情况和需要选择合适和较先进的设备来进行施工,这样才能完成高质量、高效率的压实工作。

1)压路机选择依据

(1)石料岩性对压实方式的要求

土石混合料对压实方式的要求应该是振动或冲击方式。这是因为土石混合料属于散体材料,与土颗粒不同,其颗粒多呈单粒状排列,颗粒间的连接方式是简单的邻接接触和咬合连接,因此颗粒之间的连接强度主要为摩擦力,几乎没有黏结力,而这种摩擦力在静力条件下是难以克服的。但是与此相比,在振动压实条件下,块石颗粒处于运动状态,其间的摩阻力会随之减小;同时,通过振动压路机的自重和激振力,土石混合料会产生位移和剪应力,并以压力波的形式向路基填筑体内部传播,促使颗粒克服粒间阻力,使土石混合料产生瞬时位移而向紧密咬合状态变形;此外,石料在碾轮作用下,内部在相互碰撞挤压中有可能会产生破碎以填充空隙,从而使填筑体进一步密实。所以根据土石混填路基这一压实特性,认为用振动压路机碾压或冲击式压路机冲击能在压实时产生振动力或冲击力,可使石块填料产生振动及位移,而静力式压路机则很难达到这种功效。

(2)料粒径组成对压实方式的要求

土石混合料的粒径组成直接影响到路基的压实特性。当填料的粒径组成发生变化时,土石混填路基的压实特性也随之变化。例如当填料中的大粒径石料含量较多,20cm以上填料含石量超过50%,而同时又没有一定的细料加以填充,此时路基填筑体中主要是由大粒径的碎石填料起骨架作用,其间的空隙没有足够的细料得以填充,容易出现较大的空隙,从而导致颗粒间的咬合力减小。路基压实时类似于压路机直接作用于粒径较大的石块上,而周围的填料得不到足够的压实。这时如果采用静压方式则不易使之密实，稳定性较差。而当粒径组成较好时，压实层中既有较多数量的大粒径碎石形成空间骨架，又有相当数量小粒径土料充填骨架的孔隙，颗粒之间的摩擦力和咬合力增大，内摩擦角增大，路基在压实过程中的压实能量可以有效、均衡地传给各种颗粒。此时采用振动压实，路基填筑体宜于挤压密实、变形稳定。所以说，从填料的粒径组成角度而言，振动压实方式也是优于静压方式的。

土石混合料的压实效果应是在外力作用下，路基中的压实应力超过其内部颗粒间的阻力，填料颗粒产生位移才实现的。所以有效的压实方式要么是设法增加压实时路基中的压力，要么是减小颗粒间的内部阻力。静力压实方式只能增加路基中的应力，而无助于颗粒间阻力的减小。振动压实方式则对于土石混填路基兼有增加应力与减小阻力之双重优势作用。其原因，一是振动压实时，石料颗粒处于运动状态，填料内部阻力大大减小，这有利于土石混合料的压实；二是由于振动的压实机械静重作用和压力波形式的动力作用，在填料中产生压实力和剪应力，促使颗粒克服粒间阻力，产生移动，重新排列得到密实。应当看到，在压实施工过程中，合理选用振动压路机是保证土石混填路基施工质量的重要环节。根据土石混填路基的工程特性、形成特点以及路基变形稳定性的要求，结合以上所述的各种压实方式的特点，认为对于土石混填路基的压实应该首先选用振动压实机械，不宜单纯使用静力压路机。

2)压实机械选型

选择压路机首先要考虑的是它的技术性能，即设计制造时的重要性能数。选择合适的压路机有时是凭施工人员以往的经验及根据现有设备的种类来确定的，重要的是选择的压实设备不但要适合于土石混合料的特点，而且要与运输、摊铺工作及施工现场的其他条件相适应，一般情况下要受到以下具体因素的影响。

(1)所需生产率和工程质量要求：每小时压实的体积或生产率，由现场土石混合料的运输和摊铺能力所决定的压实工作量。

(2)铺层厚度：由于土石混合料中块石粒径大，超粒径颗粒含量较高，导致铺层厚度普遍超过 40cm，应使用高振幅(高达 1.0mm)15t 以上的大型振动压路机，才能取得较好的压实效果。

(3)施工条件及公路类型：对于高速公路、汽车专用及一、二级国家干线公路工程，应使用 15t 以上具有高压实能力的大型振动压路机。

路基碾压的目的在于提高其强度和稳定性，即提高土石混合料的密实度，降低其渗透性，防止水分的聚集和侵蚀，避免路基软化引起的不均匀变形，以增强它对外荷载与自然因素影响的抵抗能力，提高公路的使用质量，并为减薄路面提供有利条件。

路基利用行车及重力自然作用也能达到密实的目的，但需要较长时间，而且也难以达到较高的密实标准，容易形成路基病害，养护工作困难，因而必须在施工过程中对路基进行人工压实，使其达到规定的压实实度。

由于公路上重型车辆增多，且交通量日益增大，为使公路路基不致破坏，延长使用寿命，保证运行安全，对路基填筑的密实度的要求越来越高。振动压路机以其机械化施工速度快、效率高、压实性能好的特点被广泛应用于路基填土工程的压实工作。

采用重型振动压路机压实土石混合料是比较有效的方法，通过有效充分的压实，其承载能力可提高 10 倍左右。

振动压路机压实土石混填路基其质量要尽可能大，要具有较大的振幅和较低的频率。如重 18t 的振动压路机，振幅 1～2mm，频率 20～35Hz，压实土石混合料时推荐振幅为 1.2～1.8mm，频率为 25～35Hz。压路机行驶速度对压实有直接影响，一般来说，压路机所输出的压实能量与碾压遍数成正比，与碾压速度成反比，故为了达到最佳的压实效果，压路机行驶速度通常在 2～5km/h。

土石混合料的最大颗粒粒径可达 0.5m，其中块石的最大尺寸不应大于层厚的 4/5，土石混合料的最大松铺厚度应限制在 0.8m 以内。这是因为层厚不仅取决于压路机的大小，而且取决于细料含量。如果细料比例过高，则有效压实厚度减少，其原因是振动的作用是通过颗粒的接触点传递的，而细粒料将对压实产生阻尼作用。

土石混合料采用振动压实，其优点是能使表面平滑均匀，这样可以减少载货汽车及其他充气轮胎在该填方表面工作时的磨损。在振动碾压之前，可用重型推土机进行摊铺，由于铲刀使土石混合料产生位移，并经过履带的碾压，可获得均匀的填充和一个较密实平整、便于压路机在其上工作的表面。经过振动压实，使铺层内的粗颗粒产生移动并重新定位，以便达到所需的密实度和稳定性。土石混合料经过有效的压实后，沉降量一般为铺层厚度的 4%～8%。

如果土石混合料中含有较多的易风化的软岩、泥岩、页岩，就需要非常有效的压实，因为水分透过这类材料的路基填方后有可能造成连续崩解。因此，压实也应包括把材料压碎，使材料中存在的空隙全部得到填充。振动羊足碾、凸块压路机能获得压碎和压实的联合效果，但铺层厚度必须有一定的限制。

表 9-6 为目前我国公路施工建设中应用较为广泛的振动压路机性能参数一览表。从压路机的型号、工作质量、静线载、振幅、振动频率、激振力及行走速度方面，对常用的振动压路机进行了详细列举。现场施工进行压路机选型时，可以结合施工地段的设计要求及工作条件，合理选择压实机具。

常用振动压路机一览表 表 9-6

生产厂家	型号	工作质量 (kg)	静线载荷 (N/cm)	振幅 (mm)	振动频率 (Hz)	激振力 (kN)	行走速度 (km/h)
柳工	YZ18JC	18 000	395	1.92/0.9	30/34	310/220	0～12.7
柳工	YZ20JC	18 100	430	1.92/0.9	30/34	360/210	0～12.7
柳工	XS181	18 100	557	1.92/0.9	30/34	360/210	0～12
徐工	YZ18	18 000	552	1.80/1.0	30/33	328/220	0～10
徐工	XS181	18 300	428	2.1/1.0	28/33	350/230	0～10
徐工	XS20	20 000	627	1.9/0.83	28/35	395/270	0～12
洛工	LSS220	20 000	460	1.9/0.9	30/33	350/240	0～10.5
洛工	LSS218A	18 000	415	1.8/0.9	30/33	330/220	0～10.5
洛工	LSS216A	16 000	370	1.75/0.85	30/33	310/180	0～10.5
中外建	YZ20JC	20 000	480	1.78/0.88	30	340/200	0～10
中外建	YZ18JC	18 000	422	1.78/0.88	30	320/190	0～10
中外建	YZ18JA	18 000	414	1.78/0.88	29/35	310/220	0～10.7
江麓	W2005DW	20 000	595	2.2/1.1	30	410/250	0～12
江麓	W1806DW	18 000	501	2.0/0.9	27/32	416/218	0～12
江麓	W1805D	18 000	546	2.0～0.9	27/32	365/200	0～12
宝马	BW219DH-3	19 200	600	2.14/1.21	26/30	362/250	0～12
宝马	BW225D-3	25 220	800	2.0/1.1	26	330/182	0～10
戴纳派克	CA602D	18 600	600	1.8～1.1	29/31	317/231	0～12
戴纳派克	W1806DW	18 000	501	2.0～0.9	27/32	416/218	0～12
戴纳派克	W1805D	18 000	546	2.0～0.9	27/32	365/200	0～12

9.3.3 土石混合料填筑施工

土石混合料填筑是土石混填路基施工中的关键，直接影响路基施工质量和施工速度，故应予以充分重视。土石混填路基填筑分四道主要工序，即卸料、铺料、洒水和压实。

1)卸料、铺料

路基填筑施工一般均采用汽车直接上料，然后用推土机平整。卸料的方法有三种。

(1)后退法：汽车倒退卸料，推土机在料堆上平整，其优点是料物不易产生分离现象，适用于粒径不大的土石混合料。

(2)进占法：汽车卸料与推料延伸方向相同，卸料后推土机随时平整，这样大的块石易推至铺料的前沿下部，细料填入石块上部孔隙，使表面平整，便于车辆行驶。此法适于含有大量大块石材的土石混合料，但土石混合料易产生分离及架空现象。

(3)混合法：先采用稀密度的后退法卸料，然后再在其上采用进占法。采用此法可加快卸料及铺料速度，比单纯的进占法可减少分离和架空现象。

2)碾压洒水

在土石混填路基施工中，为提高土石混合料的碾压效果，都适当加水。加水相当于在土石混合料颗粒间添加润滑剂，水的润滑作用可以减少其摩擦力，因而容易压实。加水后促使石料软化，使块石棱角容易压碎而填充于孔隙中，便于土石混合料压实。加水量的大小与土石混合料的种类、天气情况、施工方法有关，对于含石量在50%以下的土石混合料，可按土石混合料重量的3%～5%洒水，对含石量大于50%的土石混合料，可以不加水。

3)压实

压实工序是土石混填路基填筑的关键。要使路基的沉陷变形最小，最重要的措施是充分压实。

振动碾的行进方式通常有进退错距法和转圈套压法两种，前者操作简便，压实、铺料、质检等工序协调，便于组织大面积流水作业，且压实质量容易保证。后者要求的工作面较大，适合于多碾组合压实，其优点是生产率较高，但压实过程中转弯套压交接处重压过多，转弯的四角处容易漏压，质量不易保证，如图9-18所示。目前国内外施工中大都采用进退错距法。为了施工简单易于掌握，一般是在同一地点一次碾压到要求的遍数后，才开始错车。

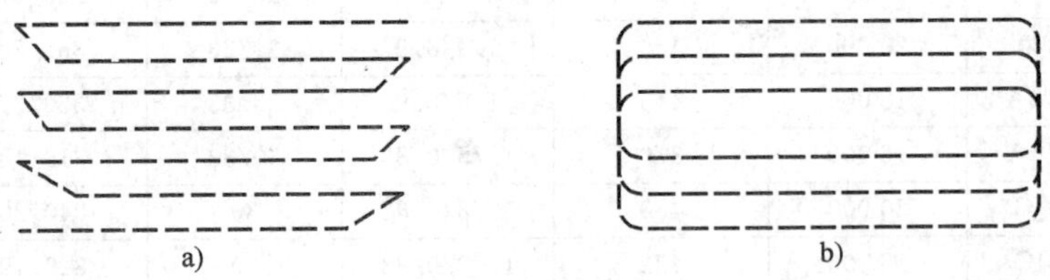

图9-18 土石混合料碾压方式

a)进退距法；b)转圈套压法

在填料压实施工中，应注意以下几个问题：

(1)由于土石混合料干重度测定比较困难，速度慢，所以更需要严格控制土石混合料填筑的碾压参数。碾压参数的选择目前尚无可靠的计算理论，一般应按碾压试验所确定的参数进行控制，不得随意改变。

(2)路基各部分应交替同步填筑升高，搞好各区填筑的连续施工，使路基填筑面保持同一高程，不要形成台阶。

(3)必须派专人负责检查与监督，确保规定的碾压遍数，防止漏压、欠压。当遇有超粒径块石，应用机械夯击碎，以保证振动碾压效果。碾压过程中应经常检查振动碾的工况特性，如不符要求，应及时检修处理。

(4)土石混填路基边坡，由于土石混合料粒径偏粗，一般不做削坡，故路基边坡一般按设计测量放样，不留边坡余量和欠量补坡。

9.3.4 分层强夯法降低土石混填路基沉降

9.3.4.1 分层强夯主要参数确定原则

强夯设计计算参数主要包括：单点夯击能、夯击遍数、相邻两次夯击遍数的间歇时间、压实范围、夯点布置、分层厚度等。如前分析，不同的压实要求就需要进行针对性的强度设计，对于强夯用于降低土石混填路基沉降而言，土石混合料孔隙较大，大部分与大气连通，夯击过程中产生的超孔隙压力较小，消散速度较快，因此在实际工程施工中的各遍时间间隔往往能够完全消散孔隙压力，这个因素一般可以忽略。

1)单点夯击能

根据计算分析和研究表明，路堤填方类材料能够承受较大的冲击荷载，而且高能级强夯的影响深度和作用范围大大高于低能级的强夯。同时，高能级强夯的有效夯击遍数高于低能级强夯，其夯击遍数可以较低能级强夯大大减小。单点夯击能选择中应考虑以下因素。

(1)被压实填方高度：当填方高度较小而采用大能量的强夯将使强夯能量作用于不需压实的路基中，造成能量浪费。

(2)构筑物安全性：强夯能量在路基中以波动的形式传播，如果能量过大将对涵洞、挡墙等造成冲击破坏。

2)夯击遍数

夯击遍数一般通过现场试夯来确定，常以夯坑的压缩量最大、夯坑周围的隆起量最小为确定原则。目前，常通过现场试夯得到的夯击次数与夯沉量的关系曲线来确定。

3)夯点布置

根据计算表明，夯点间距过大，使各夯点间的土石混合料得不到有效压实；夯点间距过小，或采用夯点搭接的方法往往使后续强夯降低前期强夯形成的路基沉降，降低压实效果。根据工程经验一般选取 5～10m。通过本次计算表明，在所有计算的强夯工况中，有效压实范围一般为 1.5～2.5 倍锤径，因此建议在缺乏资料时，夯点间距取 2 倍夯锤直径(其中大能量的压实范围可以取大值)。

4)分层厚度

(1)强夯有效影响深度

强夯压实土石混合料分层厚度是以强夯有效压实深度为基础确定的。强夯有效压实深度是一项重要的设计参数，是反映强夯压实效果的重要参数。强夯处理地基的影响深度与有效加固深度具有不同的内涵，有效压实深度是与压实目标值紧密相连的，是指土石混合料经强夯压实后能够满足特定工程要求的深度；而影响深度是指强夯后地表下土体物理力学性质发生变化的某一深度。

强夯使土石混合料发生物理力学性质变化的深度与强夯动应力随深度的衰减密切相关。从强夯的动应力历时曲线反映出动应力在地层表面几乎是在位移开始的时候就结束了，夯锤底部深处土层的动应力是以冲击波的形式传递下去的。由于冲击波向下传递过程中土石混合料变形作用的消耗，以及传递的范围逐渐扩大，致使能量密度减小，强夯的冲击应力随着土层深度迅速衰减。

试验研究表明，动应力随着深度的加深呈指数形式减小：

$$\frac{\sigma_{z动}}{\sigma_{0动}}=\left[1+\left(\frac{z}{r}\right)\tan\theta\right]^{-2} \tag{9-32}$$

式中：r——夯锤半径；

θ——荷载扩散角，随土石混合料中黏性土含量增加而增大，一般取35°～45°；

$\sigma_{z动}$——深度z处的动应力；

$\sigma_{0动}$——表面动应力；

z——土层深度。

$$\sigma_{0动}=\frac{mg}{\pi r^2}\left(\frac{h}{\Delta}+1\right) \tag{9-33}$$

式中：mg——夯锤重量；

h——落夯高度；

Δ——夯沉量。

对强夯压实深度的理论计算研究表明，可以根据有限元分析结果、弹性理论分析结果及现场检测成果等结论，再提出强夯有效影响深度计算公式：

$$Z=\frac{\left[\frac{mg}{\pi\sigma_{z动}}\left(\frac{h}{\Delta}+1\right)\right]^{\frac{1}{2}}}{\tan\theta-\frac{r}{\tan\theta}} \tag{9-34}$$

由式(9-34)可以看出，强夯影响深度Z与强夯能级、夯锤重量、夯锤半径、夯沉量、落锤的高度及荷载扩散角密切相关。

对于示范工程土石混填路基强夯压实而言，r为1.0 m，荷载扩散角θ取38°，代入式(9-34)可以得到强夯时锤底下方动应力随深度变化的衰减曲线(图9-19)，同时该曲线也反映出强夯夯击能量在锤底下方的传递情况。夯锤重量越重，强夯影响深度越深；夯锤落距的高度越高，强夯影响深度越深；夯沉量的值越小，强夯影响深度越深；荷载扩散角的值越小，强夯影响深度越深。

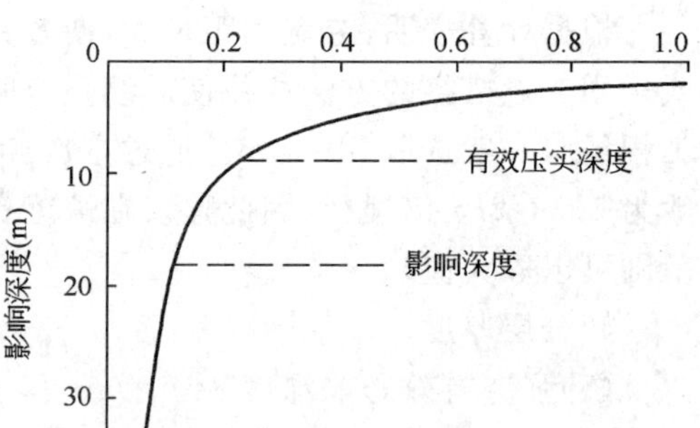

图9-19 强夯时锤底下方冲击动应力随深度变化的衰减曲线

(2)有效加固深度

强夯有效加固深度研究的实际工程意义重大，按阶段可分为夯前预估和夯后检测。

①夯前预估

根据场地地质条件和试夯结果，估计场地不同强夯能级的有效加固深度，为强夯施工提供设计参数即为夯前预估。目前，有关软土、黏土、砂土和大块抛石地基强夯处理有效加固深度方面的计算方法较多，但还没有关于土石混填路基强夯有效压实深度方面的研究报道。

强夯创始人Menard提出的有效加固深度H的计算公式为：

$$H = \sqrt{0.1Wh} \tag{9-35}$$

式中：H——压实影响深度(m)；

W——夯锤重(kN)；

h——落距(m)。

采用上式计算出来的有效压实深度与工程中实测的有效压实深度相差较大，且均偏大。近年来众多学者建议对其进行修正，从而提出了修正的 Menard 公式：

$$H = \alpha\sqrt{0.1Wh} \tag{9-36}$$

式中：α——修正系数，与多种因素有关。

Menard 公式计算出来的深度只是表明影响深度与锤重和落距的关系，而不是真正的加固深度，其主要缺点是没有考虑土的基本特性和施工因素。考虑到单击夯击能和夯击次数的影响，中国建筑科学研究院地基所张永均等人根据现场试验和室内模型试验所揭示的碎石土在强夯冲击荷载作用下的变形特征，利用功能原理，结合工程实践经验，提出了大块抛石地基有效加固深度计算公式为：

$$H = f\beta Wh \tag{9-37}$$

式中：f——与夯击次数有关的系数，$N=1\sim20$ 击时，$f=0.745\times10^{-3}\sim2.158\times10^{-3}$；

β——综合修正系数，取值如表 9-7 所示。

综合修正系数与强夯能级的关系 表 9-7

单击夯击能(kN·m)	1 000	2 000	3 000	4 000	5 000	6 000
综合修正系数	2.9	1.7	1.3	1.1	1.0	0.9

对于土石混填路基，通过试夯得出的夯击能和有效压实深度关系如表 9-8 所示。

夯击能与有效加固深度关系 表 9-8

单击夯击能(kN·m)	1 000	2 000	3 000	4 000	5 000
综合修正系数	3.2	4.5	7.5	8.6	10.5

这样，就可以得出土石混填路基有效压实深度经验计算公式：

$$Z = \frac{\left[\frac{mg}{502.4}\left(\frac{h}{\Delta}+1\right)\right]^{\frac{1}{2}}}{\tan\theta - \frac{r}{\tan\theta}} \tag{9-38}$$

上式表明，强夯压实土石混填路基的有效压实深度与单击夯击能密切相关。

②夯后检测

土石混填路基强夯有效压实深度到底多大，最终需要由强夯后路基的各种检测结果来确定，采用瑞利波速检测。

通过实测路基加固前后的土体波速差异，得到处理后的路基较处理前物理力学性质的改善程度，借助夯前曲线和夯后曲线重合点来确定有效加固深度下限。

9.3.4.2 强夯夯实施工工艺及方法

土石混填路基降低工后沉降的分层强夯，其分层厚度主要依强夯有效影响深度确定，每层的施工工艺和方法大致相同，下面以单层强夯为例介绍其施工工艺与方法。

1)施工工艺

清理、平整场地→标出夯点位置→测量场地高程→强夯机对点就位→测量夯前锤顶高程→夯击→测量锤顶高程→重复以上工序至完成夯击→推土机推平夯坑→普夯一遍→碾压密实→测量高程。

2)施工方法夯点布置

夯击控制:采用夯击数与下沉量双向控制指标。

3)强夯施工检验和质量控制

(1)施工前调查强夯范围内地下构造物和地下管线位置,并采取必要的防护措施。

(2)在整平的场地上,按夯点布置图布置夯点,夯点位置应准确测放,标明位置,方便后续施工。

(3)提前测定土石混合料含水率。

(4)夯击时严格按设计确定参数及标准进行,落锤保持平稳准确,如遇锤侧向倾斜应及时查明原因,并做相应技术处理。

(5)做好强夯过程中的测量记录工作。夯前应对锤重进行计量,对落距进行标定。现场观察使用S3水准仪测量夯沉量。现场工程师应对夯点布置、夯击次数、单击夯沉量等强夯参数进行详细记录,作为质量控制依据。

(6)强夯结束后检测密实度,并与始测密实度对比,以增加至设计密实度为测控标准。如遇密实度下降或持平现象,应及时对其原因进行分析,做出相应的处理。

第10章　土石混填路基压实质量的瑞雷波检测技术

10.1　瑞雷波法检测路基压实质量原理

10.1.1　面波测试方法

弹性波在到达弹性或速度、密度不同的介质界面上时，会产生反射、折射现象，同时产生界面波。将沿自由表面传播的波称做表面波(Surface Wave)。在表面波中存在有两种不同类型的波，一种是质点在波的传播方向垂直平面内振动，质点的振动轨迹为逆时针方向转动的椭圆，且振幅随深度呈指数函数急剧衰减，传播速度略小于横波；另一种是质点在垂直于波传播方向的水平面内振动。前一种类型的波最初是由英国学者瑞利(Rayleigh)在理论上确定的，称为面波或瑞利波(Rayleigh Wave)；后一种类型的波由拉夫(Love)从数学上给以证明，称为拉夫波(Love Wave)。

20世纪50年代初，人们发现了面波在层状介质中所具有的频散特性，从而广泛地利用天然地震记录的面波来研究地球内部的结构。但受当时计算技术的影响，由地震记录得到面波的频散曲线只能采用峰谷法，这是一种目视对比的手工操作方法，精度低且易出错。自60年代以来，随着高速数字计算机广泛应用于地球物理学的各个领域，及人们对分层介质中弹性波传播特性研究的不断深入，面波频散特性的研究也有了突飞猛进的发展，逐渐被用于解决一些工程地质问题，如用于地基承载力的确定、地下洞穴的探测、地震勘察中用于获取土的剪切波速等[106]。近年来，瑞利波技术也被用于检测路基压实质量等领域[107-111]。新的应用领域的拓展，显示出该项技术有着广阔的应用前景。本书根据面波的技术原理，讨论了瑞利面波在公路路基压实度检测中的系统应用。

对于均匀的弹性半空间分层介质，当在地面上作竖向激振时，其结构表面受到瞬态冲击作用时，将产生瞬态振动，地下介质中一般产生三种波的传播，即纵波(P波)、横波(S波)和面波(R波)。在一次冲击产生的波能中，面波占67%，即从一个震源向一个半无限空间表面辐射的总能量的2/3形成瑞利表面波，而纵波和横波只占到少量能量。横波占26%，纵波占7%。

纵波是一种常用的地震波，它在介质里传输时，质点振动的包络线与地表相交，其交点的切线与地表大致垂直，与传播方向平行。这种波的主传方向由于是地层或路基路面深度方向，因此，在路表面传播时，其能量受到减弱，振幅较小。横波是一种常用的地震波，它在介质里传播时质点振动的包络能与地表平行，与传播方向垂直。这种波的主传方向与地表平行，因此，波在地表方向能量较大，而在深度方向能量衰减较快。

10.1.2　面波传播特点

当地层受到瞬态冲击后，作用于均匀介质中的应力消失，应力和应变失去平衡，应变就在介质中以弹性应力波的形式由介质中向周围传播，质点越密，介质越坚硬，弹性波传播速度就越快。以v_P、v_S、v_R分别表示纵波横波和面波的传播速度，则v_P、v_S、v_R与介质的弹性性质的关系如式(10-4)和式(10-5)所示。

利用面波进行路基压实检测主要利用了面波的两种特性：一是面波在分层介质中传播的

频散特性；二是面波速度与土介质的密度密切相关性。前者可以根据实测频散曲线划分层位，并计算出各层的速度值。后者可以用已求得的各层面波速度值，与密度值的相关关系计算各层的压实度。

在均匀无限半空间弹性介质中，面波水平方向的位移 $U(Z)$ 和垂直方向的位移 $W(Z)$ 可由式(10-1)和式(10-2)表示。

$$U(Z) = -\exp\left[-\frac{q}{N}(Z \cdot N)\right] + \frac{2\frac{q}{N}\cdot\frac{S}{N}}{\frac{S^2}{N^2}+1}\cdot\exp\left[-\frac{S}{N}(Z \cdot N)\right] \tag{10-1}$$

$$W(Z) = \frac{2\frac{q}{N}}{\frac{S^2}{N^2}+1}\exp\left[-\frac{S}{N}(Z \cdot N)\right] - \frac{q}{N}\exp\left[-\frac{q}{N}(Z \cdot N)\right] \tag{10-2}$$

$$q^2 = N^2 - \frac{\omega^2}{V_P^2} \quad S^2 = N^2 - \frac{\omega^2}{V_S^2} \quad N = \frac{2\pi}{L}$$

式中：ω——角速度(rad)；

L——波长；

Z——深度(向下为正方向)。

设泊松比为 μ，v_R 与 v_P、v_S 之间有下列关系：

$$\alpha^2 K^2 = \frac{v_R^2}{v_P^2} \qquad K^2 = \frac{v_R^2}{v_S^2} \qquad \alpha^2 = \frac{1-2\mu}{2-2\mu}$$

$$v_P = \sqrt{\frac{\lambda + 2\gamma}{\rho}} \qquad v_S = \sqrt{\frac{\gamma}{\rho}} \qquad \lambda = \frac{\delta E}{(1+\mu)(1-2\mu)}$$

式中：v_P——纵波速度；

v_S——横波速度；

v_R——瑞利面波速度；

ρ——密度；

γ——剪切模量；

μ——泊松比；

E——杨氏模量；

λ——拉梅常数。

v_P、v_S、v_R 都与介质的泊松比、密度、杨氏模量、剪切模量等有关。

综合分析表明面波具有如下特点：

(1)在地震波形记录中的各种信号中，面波的振幅最大，频率最小，能量最强，在不均匀介质中面波相速度 v_R 具有频散性。

(2)面波的传播速度 v_R 与横波速度有很好的相关性。其相关关系式为：$v_R = v_S(0.87 + 1.12\mu)/(1+\mu)$，此关系奠定了面波在测定土体物理力学参数中的应用。

(3)面波是沿地表传播的，且其能量主要集中在距地表一个波长(λ_R)尺度范围内。依据上述特性，通过测定不同频率的面波速度 v_R，即可了解地下地质构造的有关性质，并计算相应地层的动力学特征参数，达到工程检测的目的。

10.1.3 面波检测路基压实度的原理

路基的压实度是土方路基的重要质量指标，压实度用 K 表示：

$$K=\frac{\rho}{\rho_0} \tag{10-3}$$

式中：K——压实度；

ρ——路基实际压实达到的密度(g/cm^3)；

ρ_0——标准击实能达到的最大密度。

剪切波与密度的关系为：

$$v_S=\sqrt{\frac{\gamma}{\rho}} \tag{10-4}$$

式中：v_S——剪切波速度；

γ——剪切模量。

面波和剪切波的速度有以下相关关系：

$$v_R=\frac{0.87+1.12\mu}{1+\mu}v_S \tag{10-5}$$

式中：v_R——面波波速；

μ——泊松比。

由此可以得出不同泊松比下面波波速和剪切波波速比的关系，如表 10-1 所示。一般完整岩石的泊松比在 0.25 左右，松散岩石的泊松比在 0.35 左右，第四系地层泊松比为 0.4～0.49，可以认为，对土石混合料而言，瑞雷面波波速与剪切波波速的关系如下式：

$$v_R=(0.935\sim0.95)v_S \tag{10-6}$$

泊松比与面波和剪切波波速比关系表 表 10-1

泊松比(μ)	面波/横波(v_R/v_S)	泊松比(μ)	面波/横波(v_R/v_S)
0.25	0.919 4	0.38	0.939 3
0.26	0.921 0	0.39	0.940 8
0.27	0.922 7	0.40	0.942 1
0.28	0.924 3	0.41	0.943 5
0.29	0.925 8	0.42	0.945 0
0.30	0.927 4	0.43	0.946 3
0.31	0.929 0	0.44	0.947 6
0.32	0.930 5	0.45	0.949 0
0.33	0.932 0	0.46	0.950 3
0.34	0.933 5	0.47	0.951 5
0.35	0.935 0	0.48	0.952 8
0.36	0.936 4	0.49	0.954 1
0.37	0.937 9	0.50	0.955 3

路基压实过程中，土石混合料的压密导致路基的剪切模量和密度同时增大，由于剪切模量的增大速度比密度快得多，所以密度增大的同时波速也会增大。研究表明，弹性波波速和密度

具有很好的相关性，一般弹性波波速与密度的相关关系式可表示为如下几种：

$$\rho = a + bv_{R} \tag{10-7}$$

$$\rho = a + b\ln v_{R} \tag{10-8}$$

$$\rho = a e^{bv_{R}} \tag{10-9}$$

$$\rho = a v_{R}^{b} \tag{10-10}$$

式中：b 和 a 为相关系数，由此，压实度 K 可以用波速表示为：

$$K = \frac{\rho}{\rho_0} = \frac{a + bv_{R}}{a + bv_{R0}} \tag{10-11}$$

$$K = \frac{\rho}{\rho_0} = \frac{a + b\lg v_{R}}{a + b\ln v_{R0}} \tag{10-12}$$

$$K = \frac{\rho}{\rho_0} = \frac{a e^{bv_{R}}}{a e^{bv_{R0}}} = e^{b(v_{R} - v_{R0})} \tag{10-13}$$

$$K = \frac{\rho}{\rho_0} = \frac{a v_{R}^{b}}{a v_{R0}^{b}} = \left(\frac{v_{R}}{v_{R0}}\right)^{b} \tag{10-14}$$

式中：v_{R}——路基压实后实测的波速值；

v_{R0}——振动击实试验得到的最大干密度 ρ_0 对应的波速值；

a、b——常数，通过已知压实度做试验，最后回归分析所得。

根据这一关系式可知，介质密度增大，面波速度也随之增大。由此建立了压实度与面波层波速之间关系，利用这一关系在其他路段做测试工作，得出各层层波 v_{R}，计算出各层压实度 K。因此，在一定条件下，可以直接用面波速度检测介质的密度。

通过大量土石混填路基的干密度测定得出土石混填路基的最大干密度，可按下式确定：

$$\rho_0 = \frac{1}{\dfrac{p}{G} + \dfrac{1-p}{\rho_{smax}}} - \frac{0.0712}{D^{0.7809}} \cdot \exp[(3.42 + 0.03D) \cdot p] \tag{10-15}$$

式中：ρ_0——土石混合料最大干密度；

ρ_{smax}——细土的最大干密度（粒径小于 5mm 的土）；

p——粒径大于 5mm 的粗粒料（石）的含量（%）；

D——最大粒径（cm）；

G——粗粒料的相对密度。

对于平均含石量 80%，最大粒径 250mm，粗粒料相对密度 2.6，细粒土的最大干密度 1.90g/cm^3，得出最大干密度 2.257g/cm^3。从式(10-15)可以得出不同含石量下的最大干密度。

10.2 土石混填路基压实质量瑞雷波法现场测试方法

面波用于路基压实质量现场检测时，为了保证采集到的信号分析结果的可靠性，测试参数的选取和现场测试操作步骤相当重要。测试参数选取不当，导致测试的最终分析结果误差很大，甚至得出错误的测试结果与解释。因此现场操作对于获得高质量的面波时域信号是至关重要的。

根据数值模拟的情况，当测线沿路基布置时，路基三维有限体边界对面波传播的传播影响不大[112]，因而不需要对边界点的结果进行修正。

面波现场检测操作指南主要分为三步：①测试参数设计；②现场测试步骤；③测试数据分析。

10.2.1 测试参数设计

路基压实质量检测，由前面的面波检测的有效深度原理讨论可知，进行路基压实质量检测要求有效检测深度不高，一般为 6～8m 即可，6～8m 为地基进行加固处治的有效影响深度范围，压实质量检测也是对加固处治措施的施工质量评价。测试参数的选择是为了保证现场采集到的数据能够真实准确地反映路基填料的物理力学性质，现场数据采集时尽量避免噪声信号的干扰。通过对路基中面波传播特性的数值模拟发现，路堤边界条件对测试结果的影响不大，加载位置对测试结果的影响也不大。采用面波进行路基压实质量现场检测时可以不考虑路堤边界条件和测点位置对测试结果的影响，结合现场测试可以得到如下的测试参数。

1)采集道数选择

要求测振仪具有多通道接受端口，一般为 12 通道和 24 通道。由于要求路基厚度分辨率较高，因此应在现场地形条件允许的情况下尽可能采用 24 道信号数据采集，以保证足够的空间分辨率。

2)检波器选择

根据检测的任务与目的，初步确定欲探测的深度，利用 $f=\dfrac{v_R}{H}$ 估算选用的检波器频率，式中：f 为检波器的频率；v_R 为地层面波速度；H 为探测地层的深度。现有的用于面波检测的检波器一般有两种型号：4Hz 和 10Hz 检波器，按照上式估算出频率 f 后，再选择固有频率比较接近的检波器。

对于路基压实质量的检测，要求面波所要达到的勘探深度不是太大，一般为 6～8m，路基表层的面波波速一般为 70～250m/s，由 $f=v_R/H$ 计算出频率范围为 12～42Hz，故选用固有频率为 10Hz 的检波器为宜。

3)激振方式选择

采集工作中一般使用锤击、落重或炸药的激发作为振源。三种激振方式的最大勘探深度分别为：锤击振源的勘探深度可以达到 20～30m；落重振源的勘探深度可以达到 30～50m；炸药振源的勘探深度可以达到 50～150m。

对于路基压实质量检测，一般要求达到的最大勘探深度不高，通常为 6～8m，所以采用人工锤击方式激振即可满足要求。为了激发出较高频率的信号，可以采用质量较轻的小锤，同时施加尺寸略大的垫板。

4)道间距选择

由公式 $\mathrm{d}x\leqslant 1/2\lambda_{\min}=Z_{\min}$ 可知，道间距应小于等于最小波长($\lambda_{\min}$)的 1/2，或是小于等于最小探测深度($Z_{\min}$)，也即对应于拟分辨的层厚。

按照《公路路基设计规范》(JTJ 013—95)规定，对于不同深度的填方路基，其压实度要求是不同的，0～80cm 的压实度一般要求大于 95%，80～150cm 的压实度要求达到 93%以上，150cm 以下要求达到 90%以上。

根据上述规定，对于路基压实质量检测要尽可能地准确反映不同深度的压实质量，要求拟分辨的最小厚度低一些，一般推荐为 0.20～0.40m。

5)偏移距选择

在探测路基压实质量时，为了避免产生近域效应，偏移距为排列长度 L 的 1/8～1/2，其中排列长度 L 为整个排列检波器布置的长度，即 $L=(n-1)\times dx$，n 为采集道数，dx 为道间距。

如采集道数选择 24 道，道间距选择 0.2m，由公式 $L=(n-1)\times dx$ 可以计算得到排列长度 $L=(24-1)\times 0.20=4.6$m，那么偏移距选择范围为(1/8～1/2)×4.6=0.6～2.3m。

6)面波检测测点布置以及间距

对于路基压实度的面波检测，需要根据现场的实际情况布置测试点和测试间距。一般情况下，路基边缘容易出现压实度不足的情况，因而需要在路基边缘布置足够的测试点。测线布置应和路线方向平行，如果测线和路线方向垂直，测试结果将会因为路基边缘的反射波干扰而受到影响，同时也不利于整体布局。沿路线方向布置测点可以部分消除路基边缘反射波的干扰。以 24m 宽路基为例(图 10-1)，沿路线方向可以设置 3～4 条测线，从离路基边缘 3m 处开始测量，然后间距 6m 处测量，路基中心部分测线布置为间距 6m，两边路基使用对称布置。对于沿测线方向的布置可以整个测试路线的长度合理安排测试的间距和范围，对于其间的数据可以使用 Kriging 方法进行插值确定。

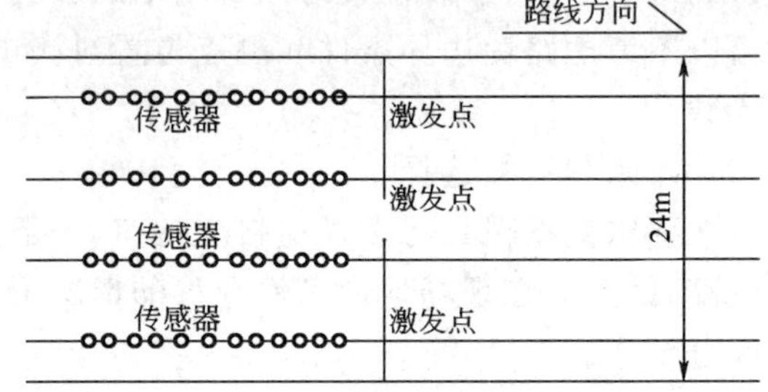

图 10-1　测线布置示意图

7)采样点及采样率选择

在现场进行面波数据采集时，一般选取采样点数为 1 024 点或 2 048 点。记录长度为“采样点”和“采样间隔”的乘积，通过改变采样时间间隔改变记录长度，以保证信号质量。对于路基压实质量检测的信号采样率一般选择 0.20ms 或 0.25ms。记录长度确定的原则：视最大源检距道面波初动时间为记录长度的 1/2 左右为宜，最大源检距道为距离振源最远的信号数据道。

10.2.2　现场测试步骤

应当明确，在进行路基压实质量现场测试过程中，无论测点布置有多密，测点数始终是对测试区域的局部抽样，需要了解整个测试区域的普遍情况，即先要进行现场试验测试，确定测试具体参数，然后再根据情况进行详细检测。

不论现场测试目的如何，对于路基压实质量的探测流程基本上并没有太大的差异，依照现场测试顺序，整个探测路基压实质量的测试流程如图 10-2 所示，现分别介绍如下。

(1)根据探测任务确定探测目的。

(2)拟定测试区域，进行现场踏勘及地质调查。在进行现场踏勘及地质调查时，考虑附近是否有常规方法测试数据可供参考，以利于比对测振结果的正确性。

(3)规划测线位置及测线方向。在进行路基质量检测时，测试区域表层都较为平坦。为了评价某段路基压实质量，在规划测线时，应尽量将测线布置成与路线方向重合。前面分析了偏心加载和中心加载对测试结果影响很小，因此测线布置不必考虑在路基上的位置影响。为了分析数据的方便，测线方向一般选择正向测线方向。

(4)初步设置测试参数。决定测线的位置后，依照现场的压实及测试的需求，参照表 10-2 推荐的测试参数值来配置测线。

路基压实质量检测参数设置推荐值 表 10-2

道数(道)	检波器(Hz)	激振方式	偏移距(m)	道间距(m)	采样点(点)	采样率(ms)
24	10	锤击	0.6～2.3	0.2～0.4	1024、2048	0.20、0.25

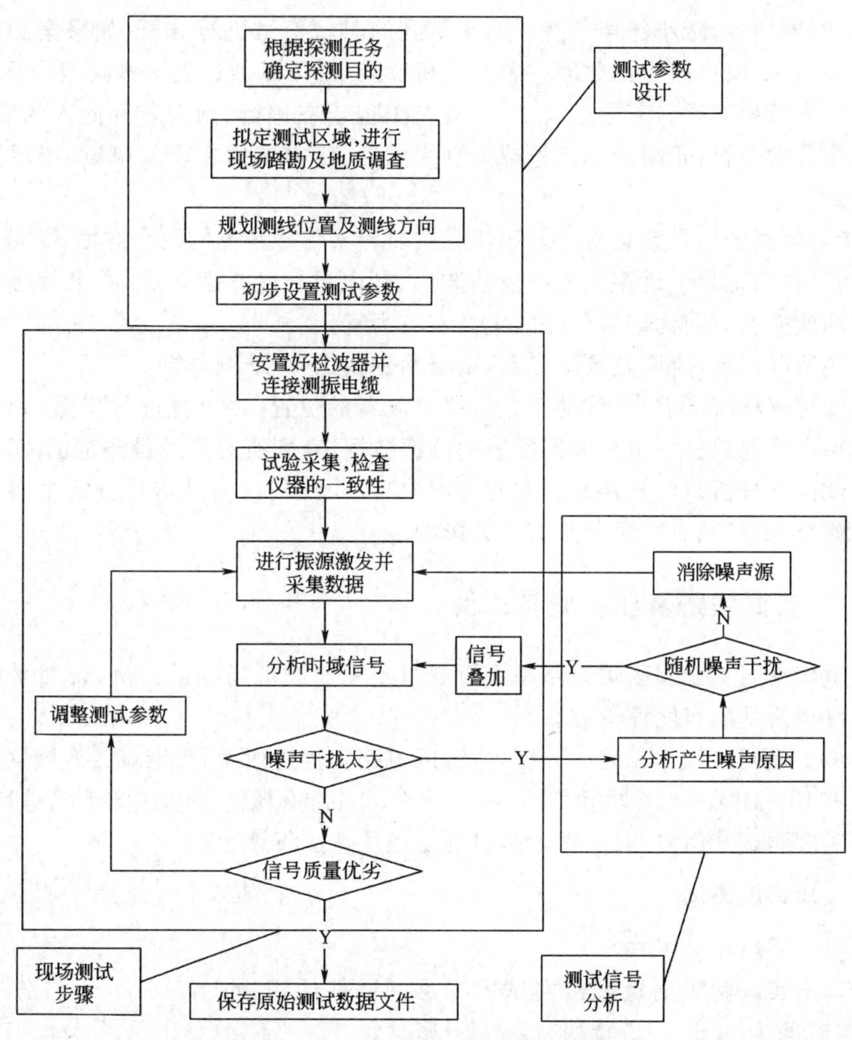

图 10-2 路基压实质量现场测试流程

(5)安置好检波器,连接测振电缆。依照决定的道间距,将检波器紧密且垂直地接合于路基表面。一般条件下检波器的尾锥能满足与地表的牢固安装。在特殊情况下,例如,路基表面介质松散应改换长尾锥来保证检波器与地表牢固插接;在坚硬的路基表面上(如混凝土路面等),可采用托盘或单向磁座使检波器与被测介质有可靠的接触。

随后将接合于路基表面的检波器,依照接头的大小依序连接至测振电缆,最后再视野外测试的需求,连接至转换器或测振仪。

(6)试验采集,检查仪器的一致性。

仪器各道的一致性检查:将仪器输入端短路,采集与工作记录长度相同的记录并存储,利用软件分析频响与幅度的一致性。

检波器的一致性检查:选择路基压实均匀的地点,将检波器密集地安插牢固,在大于 10m

外激振，采集面波记录并存储，利用软件分析频响与幅度的一致性。仪器信道和检波器的频响与幅度特征，在测深需要的频率范围内应具有一致性。

(7)进行振源激发并采集数据。采用选定的激振方式进行激发，进行现场信号数据的采集。

(8)分析时域信号，减小噪声干扰。对采集到的时域信号进行分析，如采集到的时域信号噪声干扰太大，分析噪声产生的原因。若为随机噪声，则可以通过现场多次信号叠加采集减小其干扰；否则，查找噪声源。若附近有工厂，或有工程正在进行，则需避开此人为噪声，以减少噪声对振波信号的干扰；若附近车流量或人潮太大时，则需考虑在夜间测试，以尽量降低背景噪声的影响。

(9)分析采集到的信号数据质量。该步骤主要考察信号数据的两个方面：一是是否存在削波，理想的信号数据记录上近振源道不应削波；二是记录长度是否合适，要求信号记录上视最大源检距道面波初动时间为记录长度的1/2左右为宜。

如有上述情况出现，应调整测试参数，重新回到步骤(7)继续进行。

(10)最后视现场测试需求，移动激振点或检波器的位置，并重复进行步骤(3)～(9)，以采集另一个激振点位置或另一组检波器配置的测振数据，直到所有测线量测范围测试完毕为止。

(11)测试信号分析。对于路基压实质量面波现场检测时，测试信号分析主要是提高分析时域信号的质量，尽量减小现场干扰信号的影响。

10.3　土石混填路基压实质量评价

下面以重庆港城工业园区填方路基土石混填路基面波现场测试为例，说明采用瑞利面波法进行土石混填路基压实度评价方法。

重庆港城工业园区位于江北区五里坪，园区道路工程建成后，受港城工业园区建设公司委托，对BK0＋010～BK0＋210段和DK0＋930～DK1＋080段的路基压实情况进行现场检测，结合现场密实度测试和面波测试，对该路段的工程质量进行评价。

10.3.1　压实度测试

10.3.1.1　室内振动试验

室内振动击实试验采用重型击实试验标准。试件体积为2 177cm^3，土料分三层振动击实，每层击实时间为6min。试验测得最大干密度为2.15g/cm^3，最优含水率为8.89％，振动击实曲线如图10-3所示。

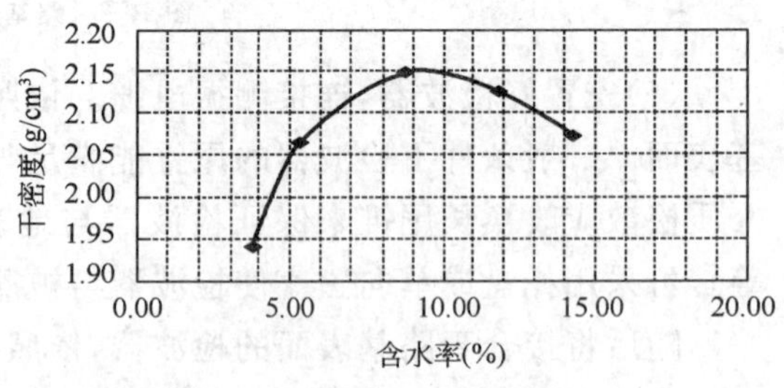

图10-3　振动击实试验曲线

10.3.1.2　现场压实度测试

现场密实度测试采用灌砂法，在桩号BK0＋010～BK0＋210选取7个测点，从桩号DK0＋930～DK1＋080选取8个测点，间距为50m，共21个测点，如图10-4所示。

为保证取样点位于路堤范围内，密实度测试首先开挖试坑，试坑尺寸为1m×1m，深度不小于80cm，距路堤边沿的水平距离不小于200cm(图10-4)。测试时在试坑底部挖直径为20cm，深25cm左右的小坑，采用灌砂法测其密度。共取得了21组测试数据，并测定了含水率、湿密度、干密度和压实度，结果如表10-3所示。

现场密实度检测结果　　表 10-3

取 样 点	试样湿密度 (g/cm³)	含水率 (%)	试样干密度 (g/cm³)	压实度 (%)
BK0＋210(左 5m)	2.34	12.31	2.09	97.1
BK0＋210(轴线)	2.31	11.51	2.07	96.5
BK0＋210(右 5m)	2.34	14.04	2.05	95.3
BK0＋160(左 5m)	2.30	11.61	2.06	96.0
BK0＋160(轴线)	2.31	12.13	2.06	95.9
BK0＋160(右 5m)	2.34	14.31	2.05	95.3
BK0＋110(轴线)	2.30	10.38	2.09	97.0
BK0＋110(右 5m)	2.33	11.35	2.09	97.4
BK0＋060(左 5m)	2.38	12.06	2.12	98.6
BK0＋060(轴线)	2.41	14.05	2.11	98.3
BK0＋060(右 5m)	2.39	12.28	2.12	98.8
BK0＋010(左 5m)	2.38	11.50	2.13	99.1
BK0＋010(轴线)	2.32	11.92	2.08	96.5
BK0＋010(右 5m)	2.34	11.91	2.09	97.4
DK0＋930(右 5m)	2.31	11.68	2.07	96.2
DK0＋930(左 5m)	2.36	14.26	2.07	96.1
DK0＋980(右 5m)	2.34	14.48	2.04	95.1
DK0＋980(左 5m)	2.32	10.13	2.11	98.2
DK1＋030(右 5m)	2.32	12.28	2.07	96.1
DK1＋030(左 5m)	2.25	9.44	2.06	95.7
DK1＋080(右 5m)	2.36	12.05	2.10	97.8
DK1＋080(左 5m)	2.27	10.08	2.06	95.9

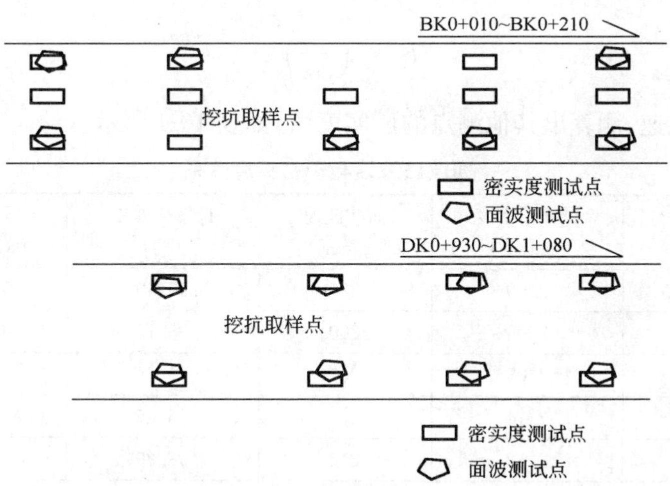

图 10-4　现场检测平面示意图

10.3.1.3　现场面波测试

现场检测设置了 15 个面波检测点，其测点布置如图 10-4 所示，测试采用 SWS—II 面波仪。测试参数设计为偏移距 2m，道间距为 0.5m，采样点 1 024 点，采样率为 0.2ms，使用 24 道同时采样，检波器的工作频率为 10Hz，采用锤击振源作为激振方式。

在 BK0+010～BK0+210 段设置了 7 个测试点，每个测试点之间相差 50m。为了准确评价车行道路堤的压实情况，在 DK0+930～DK1+080 路段的侧带中设置 8 个测试点，这 8 个测试点对称分布，每一边设置了 4 个测试点，间距同样为 50m。

根据测试的密实度和对应点的面波波速 v_R（表 10-4），对面波波速 v_R 和干密度 ρ 进行相关性分析，可以得到该测试路段路堤面波波速 v_R 和干密度 ρ 之间的函数关系式如下（图 10-5）：

$$\rho = 0.890\,4 \times v_R^{0.157} \tag{10-16}$$

式中：ρ——密度（g/cm³）；

v_R——面波波速（m/s）。

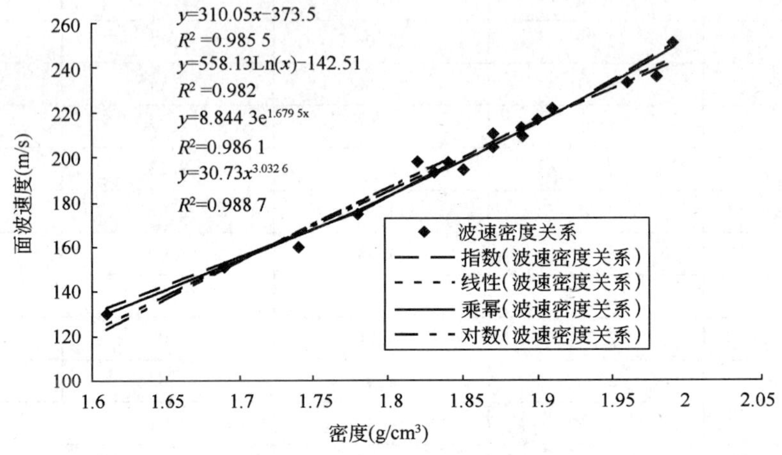

图 10-5　密度和面波波速相关关系

由室内击实试验测得的该路段路堤的最大干密度 ρ_0 为 2.15g/cm³，从而可由上式求出对应的最大面波波速 v_{R0} 为 274.5（m/s）。

该路段面波测试的压实度计算公式如下：

$$K = \left(\frac{v_R}{v_{R0}}\right)^{0.157} \tag{10-17}$$

根据测得的波速，测算出其他测点的压实度值，如表 10-4 所示。

面波法波速与干密实度关系　　　表 10-4

取样点	试样干密度（g/cm³）	面波波速（g/cm³）	计算压实度（%）	压实度（%）	误差（%）
BK0+210（左 5m）	2.09	225	96.90	97.1	0.2
BK0+210（右 5m）	2.05	200	95.12	95.3	0.18
BK0+160（右 5m）	2.05	207	95.64	95.3	−0.34
BK0+110（右 5m）	2.14	221	96.65	99.63	2.98
BK0+060（左 5m）	2.12	248	98.39	98.6	0.21
BK0+010（左 5m）	2.13	250	98.54	99.1	0.56
BK0+010（右 5m）	2.09	223	96.76	97.4	0.64
DK0+930（右 5m）	2.07	218	96.42	96.2	−0.22

续上表

取样点	试样干密度 (g/cm³)	面波波速 (g/cm³)	计算压实度 (%)	压实度 (%)	误差 (%)
DK0+930(左 5m)	2.07	215	96.21	96.1	−0.11
DK0+980(右 5m)	2.04	204	95.42	95.1	−0.32
DK0+980(左 5m)	2.11	244	98.14	98.2	0.06
DK1+030(右 5m)	2.07	214	96.14	96.1	−0.04
DK1+030(左 5m)	2.06	210	95.85	95.7	−0.15
DK1+080(右 5m)	2.10	245	98.20	97.8	−0.4
DK1+080(左 5m)	2.06	208	95.71	95.9	0.19

表 10-4 为面波法计算所得压实度和挖坑取样法所得压实度之间的对比分析，从表中可以看出，使用面波法计算结果和现场挖坑取样方法所得结果误差较小，15 个检测点的误差值均在 3%以内，最大为 2.98%，这说明使用面波方法进行压实度检测具有很高的精度。

10.3.2 路基质量评价

通过现场灌砂法挖坑取样实测现场干密度和面波检测结果分析可得，面波方法和挖坑取样方法结果基本一致。不同方法计算出的路基压实度均在 95%以上，部分达到 98%的压实度，根据《城市道路设计规范》(CJJ 37—90)，压实度指标满足道路设计要求。因此，该段路基压实度质量合格满足规范要求。

第 11 章　土石混填路基压实质量的附加质量法检测技术

第 10 章探讨了面波技术对路基压实质量的检测技术，该方法可以通过现场少量常规试验测得密实度，通过建立有效深度内面波平均波速与测得的密实度之间的相关关系，然后利用面波测试结果实现对测试区域整体压实质量的评价。研究表明，当土石混填路基填料中含石量较高（>70%）时，其密实度与面波波速相关性较差，面波法不适宜含石量较高填料的土石混填路基。

附加质量法是以振动理论和现代电子技术为基础，一方面通过建立单自由度线弹性振动体系与测试介质（土石体）振动体系等效的物理模型求得参振介质的质量；另一方面利用集中质量的动能等于承压板下土石体的动能，得出密度的解析式。李丕武[113]于 1999 年发表了堆石体密度测定的附加质量法，详细讲述了堆石体原位密度检测的全过程，并介绍了工程应用情况。唐彤芝、韩道林、郭庆国、王广州、孙继增等[114-118]使用该方法进行了石方填筑工程的密度测试，把该技术用于了石方工程的压实评定和施工控制，取得了较好的效果。附加质量法在水利水电行业应用较为广泛，然而在土石混填路基压实质量的检测中很少采用。将附加质量法引入到土石混填路基压实质量的检测中，可以克服含石量较高时面波法的不足，同时实现对路基压实质量的快速无损检测。

11.1　附加质量法检测路基压实质量原理[113]

土石混合料的密度是单位体积中土石料的质量。测定土石混填路基土石混合料密度的实质是测土石混合料的体积和质量，同样，附加质量法虽然不挖试坑仍然是以测定体积 Sh 和质量 m 为中心，利用公式 $\rho=m/(Sh)$ 即可求解出密度，然后利用公式计算出相应土石混合料的最大干密度，从而计算出土石混填路基的压实度。

11.1.1　单自由度的线弹性自由振动

系统受到起始扰动激发所产生的振动称作自由振动，是没有外界能量补充的振动。保守系统在自由振动过程中，由于总机械能守恒，动能与势能之间相互转换而维持等幅振动，称作无阻尼自由振动。但实际系统不可避免存阻尼因素，由于机械能的耗散，使自由振动不能维持等幅而趋于衰减，称作阻尼振动。

最简单的系统为质量—弹簧系统，由一个可视为质点的物体和弹簧组成（图 11-1）。设质点的质量为 m，弹簧的质量不计，无扰动时弹簧不变形，质点处于平衡状态。以平衡位置 O 为原点建立坐标轴 x，当质点因初始扰动而偏离平衡位置时，弹簧产生与位移 x 成正比，方向与位移方向相反的恢复力 $F_x=-kx$ 作用于质点，比例系数 k 称作弹簧的刚度系数，单位为 N/m。根据牛顿定律列写质点的自由振动方程：

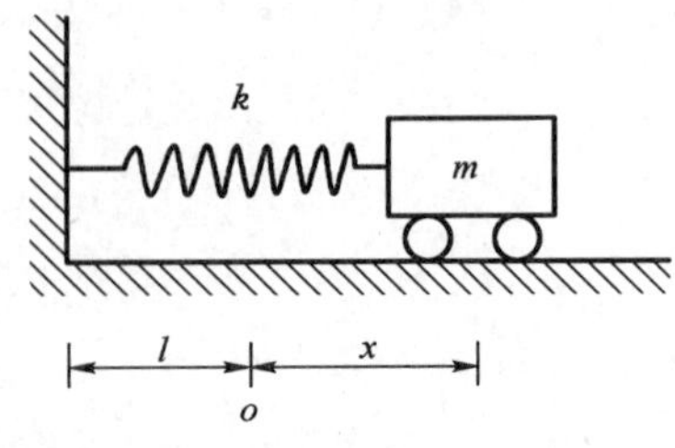

图 11-1　考虑弹簧质量的振动系统

$$m\ddot{x}+kx=0 \quad (11\text{-}1)$$

引入参数 $\omega_0=\sqrt{k}/m$，将式(11-1)改写成标准形式：

$$\ddot{x}+\omega_0^2x=0 \quad (11\text{-}2)$$

根据常微分方程理论，令 $x=e^{it}$，代入式(11-2)，导出本征方程为：

$$\lambda^2+\omega_0^2=0 \quad (11\text{-}3)$$

相应的本征值为 $\lambda=\pm i\omega_0$ ($i=\sqrt{-1}$为虚数单位)，对应的线性无关特解为 $\cos\omega_0 t$ 和 $\sin\omega_0 t$，方程的通解为：

$$x=C_1\cos\omega_0 t+C_2\sin\omega_0 t \quad (11\text{-}4)$$

其中，C_1、C_2 为待定常数。设在初始时刻，质点的位移和速度分别为：

$$t=0: x(0)=x_0, \dot{x}(0)=\dot{x}_0 \quad (11\text{-}5)$$

则式(11-2)满足初始条件式(11-5)的解为：

$$x=x_0\cos\omega_0 t+\frac{\dot{x}_0}{\omega_0}\sin\omega_0 t \quad (11\text{-}6)$$

也可以写作：

$$x=A\sin(\omega_0 t+\theta) \quad (11\text{-}7)$$

其中，A 和 θ 分别为自由振动的振幅和初相角，取决于初始条件式(11-5)。

$$A=\sqrt{x_0^2+\left(\frac{\dot{x}_0}{\omega_0}\right)^2}, \theta=\arctan\left(\frac{\omega_0 x_0}{\dot{x}_0}\right) \quad (11\text{-}8)$$

因此无阻尼自由振动是以平衡位置为中心的简谐振动。参数 ω_0 称作无阻尼系统的固有角频率，单位为 rad/s。

$$\omega_0=\sqrt{\frac{k}{m}} \quad (11\text{-}9)$$

ω_0 为系统的固有物理参数，可用于计算系统的固有频率 f 和固有周期 T_0；f 的单位为 Hz，T_0 的单位为 s，$1\text{Hz}=1\text{s}^{-1}$。

$$f=\frac{\omega_0}{2\pi}=\frac{1}{2\pi}\sqrt{\frac{k}{m}}, T_0=\frac{1}{f}=2\pi\sqrt{\frac{m}{k}} \quad (11\text{-}10)$$

有时也将固有角频率简称为固有频率。固有频率和周期与初始条件无关，表现出线性系统自由振动的等时性。质量越大，弹簧越软，则固有频率越低，周期越长；反之，质量越小，弹簧越硬，则固有频率越高，周期越短。

无阻尼系统为保守系统，其机械能守恒，即动能 T 与势能 V 之和保持不变：

$$T+V=\text{常数} \quad (11\text{-}11)$$

因此，动能为零，势能达到最大值，将动能取最大值时势能取作零，则有：

$$T_{\max}=V_{\max} \quad (11\text{-}12)$$

前面已导出无阻尼自由振动的普遍规律为：

$$x=A\sin(\omega_0 t+\theta), \dot{x}=A\omega_0\cos(\omega_0 t+\theta) \quad (11\text{-}13)$$

对应的最大动能和最大势能为：

$$T_{\max}=\frac{1}{2}mA^2\omega_0^2, V_{\max}=\frac{1}{2}kA^2 \quad (11\text{-}14)$$

将式(11-14)代入式(11-12)，可直接导出固有频率式(11-9)。

利用能量法可对分布质量系统作近似计算。方法是先对具有分布质量的弹性元件假定一种振动形式，然后将无阻尼自由振动的简谐规律代入，计算其动能，写作式(11-14)的形式，即得到等效质量和固有频率。这种近似计算方法称作瑞利法。

11.1.2 附加质量法的基本理论模型

附加质量法的基本理论就是单自由度的线弹性无阻尼自由振动体系，求解出参振体(土石混合料)的质量和体积，从而求解出土石混合料的密度。

附加质量法就是将参振的土石混合料在外力激振作用下等效为单自由度线弹性体系，附加质量法的测试装置如图 11-2 所示。测试装置由激振锤、承压板、附加质量(一般采用标准砝码)、拾振器(或称检波器)和数据采集仪等组成。在现场进行测试时，土石混合体在外力作用下产生振动，由数据采集仪对土石混合体振动产生的信号进行采集，然后按照一定质量逐渐分级加载采集信号数据，从而利用分级加载质量求解出参振体系的质量和体积。

振动体系与土石混合体的等效理论模型可以简化为如图 11-3 所示的模型。根据单自由度线弹性体系可得到如下关系：

$$mZ'' + KZ = 0 \tag{11-15}$$

$$K = \omega^2 m \tag{11-16}$$

其中：

$$\omega = 2\pi f \tag{11-17}$$

$$Z = A\sin(\omega + \varphi) \tag{11-18}$$

$$Z' = dZ/dt = A\omega\cos(\omega t + \varphi) \tag{11-19}$$

$$Z'' = d^2Z/dt^2 = -\omega^2 Z \tag{11-20}$$

式中：ω、f——分别为无阻尼振动圆频率、频率；

m、K——分别为参振体质量和体系动刚度；

A、ω、t——分别为质点振动的最大位移、初相位、时间。

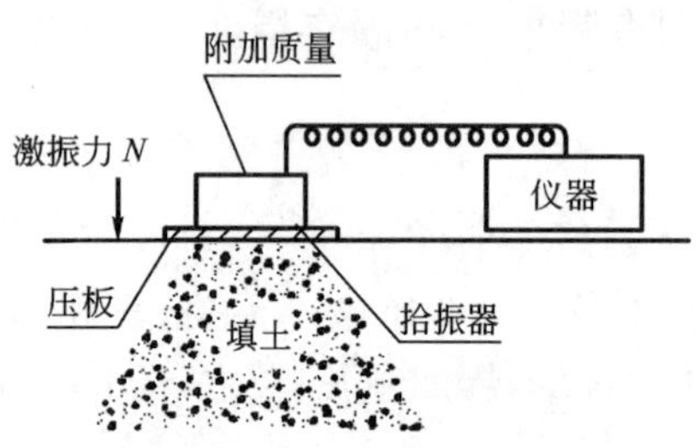

图 11-2 附加质量法的测试装置

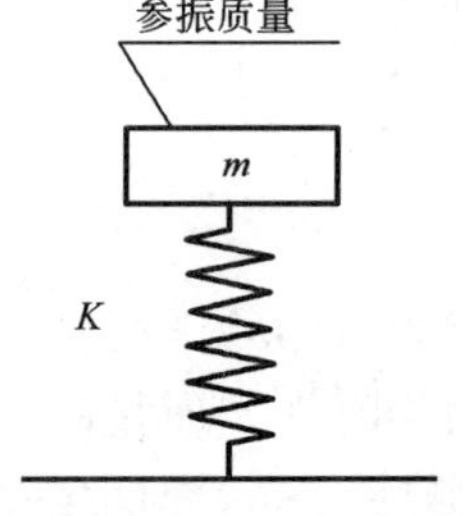

图 11-3 附加质量法的理论模型

土石混填路基的附加质量法前提假设是参振土石混合体的单自由度线弹性体，由于参振土石混合体周围存在约束，故为有阻尼振动。其单个信号波形如图 11-4 所示，从信号波形可以看出，在阻尼的作用下，其波形幅度呈衰减趋势的。

以上分析了附加质量法的现场测试装置及简化理论模型，从中可知，附加质量法的关键在于如何求取参振土石混合体的质量和体积。

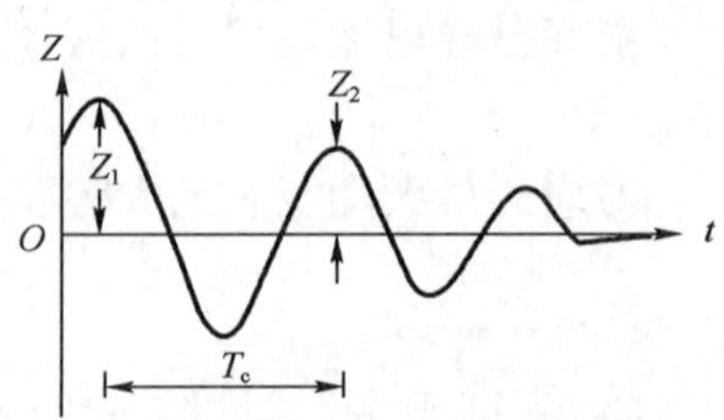

图 11-4 附加质量法的单个信号波形

11.1.3 参振土石混合体的质量

求土石体参振质量 m_0 需加一块刚性承压板(面积 S)覆盖测点，并在承压板上加一定的附加质量块 Δm。由式

(11-16)可得：

$$K=\omega^2(m_0+\Delta m) \tag{11-21}$$

$$1/\omega^2=(m_0+\Delta m)/K \tag{11-22}$$

令 $D=1/\omega^2$，$K'=1/K$，有：

$$D=K'(m_0+\Delta m) \tag{11-23}$$

同样，令 $D=D_0+\Delta D$，有：

$$m_0=KD_0 \tag{11-24}$$

$$K=\Delta m/\Delta D=m_0/D_0 \tag{11-25}$$

式中：m_0、K'——常量；

K'——体系动刚度 K 的倒数。

为了求解出参振土石混合体的质量，需要多级附加质量，改变参振体系的总质量(参振土石混合体和附加质量之和)，由此建立如图 11-5 所示 D 与附加质量 Δm 为线形关系曲线。由图 11-5 可知，当 $\Delta m=0$ 时，$D=D_0$，同时结合关系曲线的斜率求得参振土石混合体的质量 m_0。

11.1.4 参振土石混合体的有效深度和密度

为了求解参振土石混合体的体积，设集中质量 m_0 的动能 T_0 等于地表下连续介质(土石混合体)的振动动能 T'_0，即 $T_0=T'_0$。为了便于说明求解参振土石混合体的体积，将参振土石混合体假设为如图 11-6 所示的积分数学模型。设承压板下参振体有效深度为 h_0，在深度 Z 处、厚度为 $\mathrm{d}Z$ 薄片介质质量的动能 $\mathrm{d}T'_0$ 为一个无穷积分，即：

$$T_0=\int_0^\infty \mathrm{d}T'_0 \tag{11-26}$$

$$T_0=m_0v_0^2/2=m_0(Z_0\omega_0)^2/2 \tag{11-27}$$

$$\mathrm{d}T_Z=v_Z^2\mathrm{d}m_Z/2 \tag{11-28}$$

$$\mathrm{d}m_Z=S_Z\rho v_Z^2\mathrm{d}Z/2 \tag{11-29}$$

式中：T_0、v_0、Z_0、ω_0——分别为介质质量 m_0 的动能和纵波速度、深度和圆频率；

$\mathrm{d}T_Z$、$\mathrm{d}m_Z$、S_Z、v_Z——分别为地表下 Z 深处厚度为 $\mathrm{d}Z$ 的介质薄片动能、质量、面积、纵波速度。

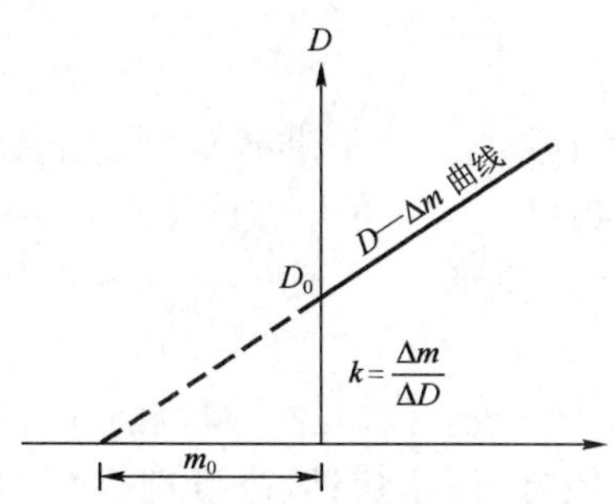

图 11-5　D—Δm 的关系曲线

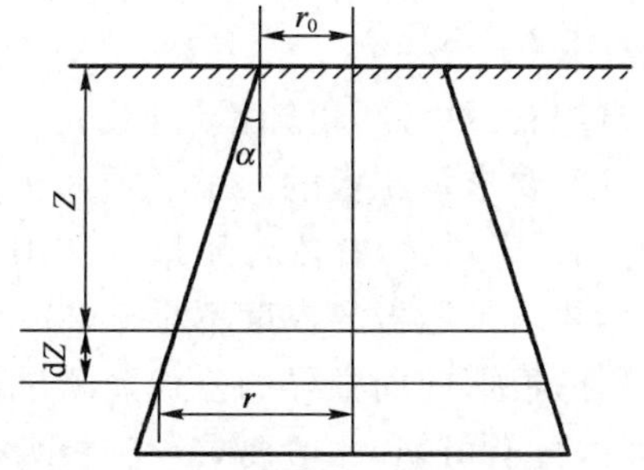

图 11-6　参振土石混合体的积分数学模型

积分可得：

$$h_0=\frac{\lambda}{2K} \tag{11-30}$$

$$\rho=\frac{m_0}{Sh_0} \tag{11-31}$$

$$\rho = \frac{2Km_0}{S\lambda} \quad 或 \quad \rho = \frac{2Kf_0 m_0}{Sv_P} \tag{11-32}$$

当承压板为方形时，$S=b^2$，则有：

$$\rho = \frac{2Km_0}{b^2\lambda} \tag{11-33}$$

或

$$\rho = \frac{2Km_0 f_0}{b^2 v_P} \tag{11-34}$$

当承压板为圆形时，$S=\pi r^2$，则有：

$$\rho = \frac{2Km_0}{\pi r^2\lambda} \tag{11-35}$$

或

$$\rho = \frac{2Km_0 f_0}{\pi r_0^2 v_P} \tag{11-36}$$

式中： K——系数(可通过实验率定得到)；

ρ、v_P、λ、f_0——分别为介质密度、纵波速度、波长和频率；

m_0、S、b、r——分别为参振体质量和承压板面积、宽度、半径。

11.2 附加质量法的测试仪器设备

通过以上对附加质量法基本原理的分析，该方法采用的仪器设备主要包括测试仪器、承压板、质量块、激振锤、拾振器等，具体要求如下。

11.2.1 测试仪器

测试仪器宜选用频带2～2 000Hz，采样间隔0.05～2ms，增益不低于60dB，采样点数不少于1 024个；具有记录自动保存和频谱分析功能，有足够频率精度的振动信号分析仪，频率精度一般不低于0.5Hz。本次试验采用北京市水电物探研究所研制生产的SWS-III型多波列数字图像工程勘探与工程检测仪。该仪器稳定性好，频谱分析性能好，操作简单，能满足测试要求。

11.2.2 承压板

通过前面的分析可知，承压板的大小对测试结果存在影响。为了准确地测定土石混填路基的密度，要求承压板的大小必须大于填料石块的最大粒径。对于承压板的厚度，由于承压板上要附加一定质量，在附加质量的作用下，承压板不至于产生形变，从而影响承压板与路基面的耦合，要求承压板的厚度不小于20mm。

另外，根据前面推导的公式及测试要求，承压板的形状一般要求几何形状规则的钢板。通过前面的分析可知，一般要求承压板为正方形或者圆形较好，便于快速、准确地计算承压板的面积。承压板的厚度与边长(或直径)的比不小于0.02的钢板，用于堆石(土)体密度检测的承压板边长(或直径)不宜大于被检测层的厚度。

11.2.3 质量块

通过前面的分析讨论可知，质量块用于求解参振土石混合体的质量。为了求解参振土石混合体的质量，需要分级加载质量，从而建立D—ΔM关系曲线，然后根据关系曲线求出参振土石混合体的质量。

为了寻求 $D—\Delta M$ 的相关关系，需要进行分级加载，要求至少需要进行三级加载，那样才能进行 $D—\Delta M$ 关系曲线的绘制。在本项目研究中，为了保证相关曲线绘制的准确性，要求现场测试时，一般进行四级加载。

对于分级加载质量，要求附加每级质量块后，其对应参振体系（参振土石混合体和附加质量）的固有振动频率能够区分，因此要求分级加载质量一般不小于 200kg。

附加质量块宜选用标准计量的铸铁块或其他类型的钢、铁、混凝土块。通过实验分析，附加质量块的数量应根据地基类型选配：土类地基选配 600～1 000kg/m^2，砂卵石地基选配 1 000～2 000kg/m^2，堆石地基选配 1 500～3 000kg/m^2。

综上所述，研究采用的质量块的总质量为 800kg，分为 4 级，每级 200kg。

11.2.4　激振锤

激振锤的用途是能激起振动体系的振动，而且有足够大的初位移为度。要求激振锤具有一定的质量，并且能够激发出一定的能量。对于附加质量法，通过试验可知，一般采用人工锤击激振即可。

11.2.5　拾振器

拾振器（也称检波器）是用于现场进行信号数据采集。为了采集到有效的信号数据，一般采用低频检波器即可。拾振器宜选用速度型检波器，其灵敏度优于 250mN/(cm·s)，并能在 10～120Hz 频带内接收信号。

在此需要特别说明的是，为了保证拾振器能够有效采集信号数据，要求拾振器必须与测试路基表面耦合良好，尤其是与承压板接触的拾振器，耦合良好尤为重要。

11.3　现场试验及数据处理

通过前面对附加质量法基本原理及仪器设备的分析可知，对土石混填路基压实质量的附加质量法检测时，主要是通过附加质量求取参振土石混合体的质量，由参振体系的动能求取参振土石混合体的体积，从而获得土石混填路基密度。

11.3.1　现场试验基本要求

在对土石混填路基进行压实质量检测时，应在土石混合料的碾压施工试验中同步进行附加质量法和面波法密度测试试验以及密度坑测试验，附加质量法、面波法和密度坑测试验应在同一测点进行。为了保证三种测试结果进行对比分析，须先进行面波和附加质量测试，后进行密度坑测试验。因为如先采用密度坑测试验，由于挖坑破坏了原有混填路基的压实状态，填料回填可能导致压实状态较大变化，密实度可能增加也可能降低。另外，如一个施工区有多种类型和性质的土石混合料进行多种分区施工，应分别对不同类型的土石混合料进行试验。

为了保证测试结果的有效性，附加质量法测点布置及观测系统应符合下列要求：

(1)土石混合体密度检测中，当被检测层的厚度大于介质最大粒径的 4 倍时，应将承压板中心对准被检测点中心，并在承压板下铺 20～50mm 厚的粗砂找平，如图 11-7 所示的承压板布置方式 I；当被检测层的厚度小于介质最大粒径的 4 倍时，应以测点中心为对称布置 2～4 次承压板作检测，承压板下应铺 20～50mm 厚的粗砂找平，如图 11-8 所示的承压板布置方式 II。

(2)观测系统。将拾振器用黏合剂埋设在承压板中心，并用电缆与信号采集器连接，激发点设在承压板以外的旁土处，激振点的外缘距承压板外缘可控制在 200mm 左右，布置如图 11-2 所示。

土石混填路基压实质量的附加质量法测试应符合下列规定：

(1)平整测试点场地，测点表面垫一层 20～50mm 厚的粗砂土，承载板应平整安置，与测试路基表面层均匀接触。

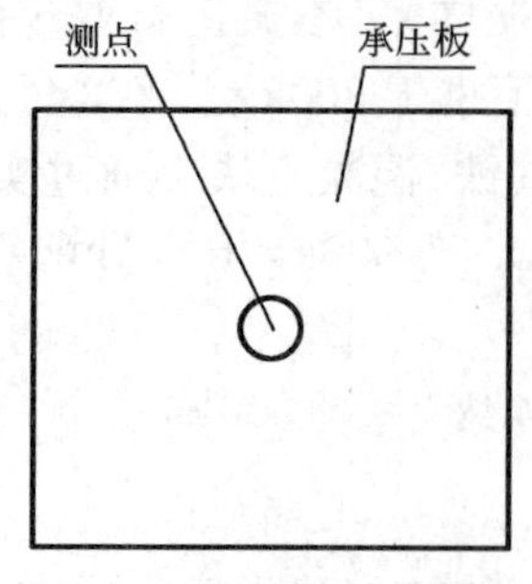

图 11-7　承压板布置方式 I

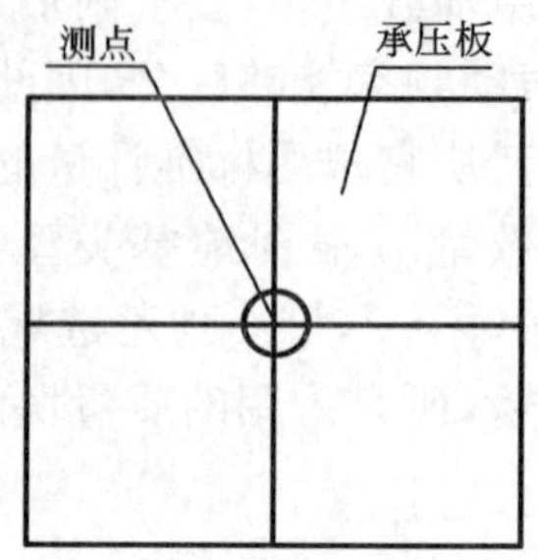

图 11-8　承压板布置方式 II

(2)附加质量 $m_i(i=4\sim5)$不少于 4 级，m_i 为等差质量，质量级差的大小应以保证各级的自振频率 $f_i(i=4\sim5)$的变化值大于 1Hz 为准。

(3)参振体系自振频率的测试误差不得大于 0.2Hz。

(4)波速测试应在测点处布置呈十字交叉，间距为承压板边长的 1～2 倍，在激振的同时测试，波速测试误差应小于 10m/s。

(5)K 值应按相关的规定进行率定，同一类型的测区用于率定的坑测点不少于 5 个。

11.3.2　现场试验基本步骤

采用附加质量法进行现场测试时，为了保证采集到的信号数据准确有效，需要注意两个方面的问题，即检波器与承压板和测试路基表面的耦合及环境干扰信号的影响。因此在现场进行测试时，须尽量避免上述因素对测试结果的影响。

提出了土石混填路基附加质量法的现场测试流程，具体如图 11-9 所示，现分别介绍如下。

(1)根据测试目的和要求，确定附加质量法的测点。

(2)了解测点区域土石混合料中含石量及石块最大粒径，确定测试深度，选择承压板的大小。

(3)设置测试参数。决定测线的位置后，依照现场的压实及测试的需求，根据测试深度要求，设置测试参数。由于进行路基压实质量检测时，其测试深度一般不大于 2m，故参数设置一般根据上述测试深度来考虑。通过现场试验分析，提出一般现场测试时参数设置如表 11-1 所示的推荐值。

路基压实质量附加质量法参数设置推荐值　　表 11-1

道数(道)	检波器(Hz)	激振方式	偏移距(m)	间距(m)	采样点(点)	采样率(ms)
12	10、28	锤击	0.2～0.5	0.1～0.2	1 024、2 048	0.20、0.25

(4)安置好检波器，连接测振电缆。依照决定的道间距，将检波器紧密且垂直地接合于路基表面。一般条件下检波器的尾锥能满足与地表的牢固安装。在特殊情况下，例如，路基表面介质松散应改换长尾锥来保证检波器与地表牢固插接：在坚硬的路基表面上，可采用托盘或单向磁座使检波器与被测介质有可靠的接触。

随后将接合于路基表面的检波器，依照接头的大小依序连接至测振电缆，最后再视野外测试的需求，连接至转换器或测振仪。

(5)试验采集,检查仪器的一致性。

仪器各道的一致性检查:将仪器输入端短路,采集与工作记录长度相同的记录并存储,利用软件分析频响与幅度的一致性。

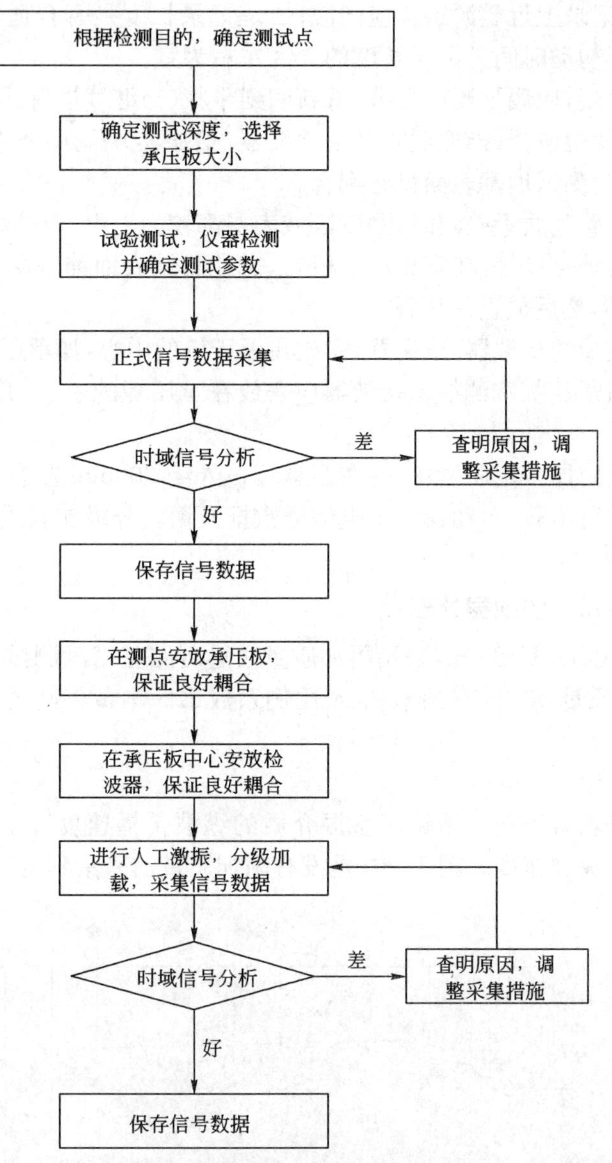

图 11-9 附加质量法的现场测试流程

检波器的一致性检查:选择路基压实均匀的地点,将检波器密集地安插牢固,在大于 10m 外激振,采集信号,记录并存储,利用软件分析频响与幅度的一致性。仪器信道和检波器的频响与幅度特征,在测深需要的频率范围内应具有一致性。

(6)进行振源激发并采集数据。采用选定的激振方式进行激发,进行现场信号数据的采集。

(7)分析时域信号,减小噪声干扰。对采集到的时域信号进行分析,如采集到的时域信号噪声干扰太大,分析噪声产生的原因。若为随机噪声,则可以通过现场多次信号叠加采集减小其干扰;否则,查找噪声源。若附近有工厂,或有工程正在进行,则需避开此人为噪声,以减少噪声对振波信号的干扰；若附近车流量或人潮太大时，则需考虑在夜间测试，以尽量降低背景噪声的影响。

(8)分析采集到的信号数据质量。该步骤主要考察信号数据的两个方面：一是是否存在削波，理想的信号数据记录上近震源道不应削波；二是记录长度是否合适，要求信号记录上视最大源检距道信号波形初动时间为记录长度的 1/2 左右为宜。

如有上述情况出现，应调整测试参数，重新回到步骤(6)继续进行。

(9)拔掉测点处的检波器(拾振器)，其余检波器(拾振器)不动。平整测点区域场地，放好承压板，保证承压板与测试地基表面良好耦合。

在进行土石混填路基质量检测时，测试区域表层都较为平坦，但是难以满足附加质量法的测试要求。为了保证耦合良好，在安放承压板时，需在路基表面铺一层粗砂垫层，砂层厚度为 20～50mm，抹平细砂，然后放上承压板。

(10)将测点处拔掉的检波器(拾振器)安放在承压板的中心，如承压板尺寸较小，需按照图 11-8 所示的方式布置承压板和测线。检波器应安放在承压板的中心，并保证检波器与承压板接触良好。

(11)在承压板上附加一定质量块，并在距承压板外缘 200mm 左右人工锤击激振，进行信号数据采集。然后进行步骤(7)和(8)，检查信号数据质量。分级加载质量块，然后进行信号数据采集。

11.3.3 附加质量法的数据处理

由式(11-34)和式(11-36)可知，采用附加质量法进行路基密度测试，需要得知参振土石混合体的纵波速度 v_p、质量 m_0、固有频率 f_0 及比例系数 K。本节将阐述如何求解上述参数，从而计算出密度。

1)纵波速度的求取

采用折射波法来求解土石混填路基参振介质的纵波传播速度 v_p。要求采集到的参振介质是未附加质量时的纵波速度。图 11-10 是没有附加质量前采集到的现场信号时距波形图。

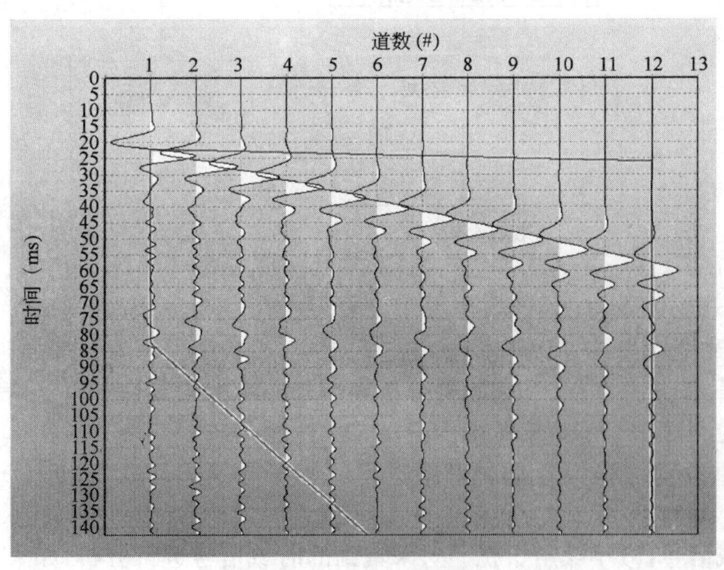

图 11-10 现场信号时距波形图

根据上述测点的纵波信号记录，并作纵波时距曲线，从而可以计算出测点土石混合料的纵波速度 v_p。

2)参振体质量的求取

对分级增加附加质量 Δm 的信号数据进行 FFT 变换，求得附加某一质量 Δm 后体系的自振频率 f，由 $D=1/\omega=1/(2\pi f)^2$，即可求得对应 Δm 时的 D。作 D—Δm 关系曲线，就可求得参振土石混合体的质量 m_0 和 D_0。

3)固有频率的求取

根据公式 $D=1/\omega=1/(2\pi f)^2$，由上面求得的 D_0，则可得到参振土石混合体的固有频率 f_0。

4)比例系数的率定

由前面推导出的公式 $\rho=2Km_0/S\lambda$ 或 $\rho=2Kf_0m_0/Sv_P$，可以反解得到比例系数的表达式为 $K=\rho S\lambda/2m_0$ 或 $K=\rho Sv_P/2f_0m_0$，由坑测干密度值 ρ，则可求出试验点的 K 值。

5)附加质量法密度的求取

附加质量法求测点密度的方法主要有如下三种。

(1)直接求解法。将测点刚度 K 及纵、横波速度 v_P、v_S，代入公式可直接求得测点的密度值 ρ。该种方法需要求解出横波速度，计算比较复杂，且精度难以保证，故本项目研究不采用此种方法。

(2)K—ρ 相关法。利用事先通过试验建立的刚度 K 与密度 ρ 的关系，输入测点刚度 K，即可求得测点密度 ρ。该种方法需要事先求解出 K 与密度 ρ 的关系，同时还需求解测点刚度，计算过程复杂，且不利于快速测试，故本项目研究不采用此种方法。

(3)衰减系数法。将事先率定而得的衰减系数 k、实测测点的参振土石混合体的波长 λ_P，或固有频率 f_0 以及的质量 m_0 代入式 $\rho=2km_0/(A\lambda_P)$ 或 $\rho=2kf_0m_0/Sv_P$，即可求得该测点密度 ρ(A 为承压板面积)。

通过对比分析，采用衰减系数法，那样可以利用现场测试结果，计算过程简单，速度较快。

11.4 现场试验及结果分析

11.4.1 现场试验

选择在昆石高速公路 K27 高填方地段进行试验。该段填方主要是土石混填，填筑材料含石量达到 70%以上。测试仪器采用 SWS-II 多波仪，采用人工方式激振，28Hz 速度传感器，承压板为 80cm×80cm、厚 25mm 的正方形钢板，分级加载质量为 200kg，分四级加载。为了检验附加质量法的测试效果，在附加质量法的相应测点进行了挖坑水袋法测试。

先对测试仪器进行一致性检查，然后按照以下步骤进行现场信号数据采集。

(1)在所选的测点上，首先平整场地。

(2)在测点处铺上 2cm 左右的砂土。

(3)将承压板平放在铺平砂土的测点上。

(4)将拾振器黏合在承压板中央。

(5)均匀加质量块于承压板上。

(6)提起重锤，自由下落于压板旁土上。

(7)同时开机(仪器)测体系的振动信号，并进行 FFT 变换，得频率谱曲线，记录下来。

(8)重复(5)～(7)步骤，直到测定4、5级附加质量相应的振动信号即完成了一个测点的现场测试工作。

11.4.2 测试成果与分析

测试成果见表11-2。

碾压试验附加质量法密度测试与挖坑法对比成果表 表11-2

层数	厚度(cm)	碾压遍数	v_P (m/s)	m_0 (t)	f_0 (Hz)	k	附加质量法密度(g/cm^3)	挖坑法密度(g/cm^3)	相对误差(%)
半挖半填区									
1	60	4	705	1.986	69.8	3.462	2.187	2.142	2.1
		6	710	1.997	70.3	3.462	2.192	2.172	0.9
		8	720	2.049	69.7	3.462	2.213	2.199	0.6
2	60	4	700	1.901	71.9	3.462	2.183	2.114	3.2
		6	710	2.004	71.2	3.462	2.226	2.190	1.6
		8	720	2.060	71.3	3.462	2.241	2.211	1.4
3	80	4	690	1.932	69.8	3.462	2.192	2.083	5.2
		6	700	1.784	76.9	3.462	2.256	2.118	6.5
		8	710	2.160	67.9	3.462	2.271	2.236	1.6
		10	725	2.175	69.1	3.462	2.284	2.232	2.3
4	80	4	690	2.181	59.4	3.462	2.102	2.067	1.7
		6	705	2.041	69.9	3.462	2.218	2.173	2.1
		8	715	2.003	73.2	3.462	2.243	2.230	0.6
		10	725	2.031	73.5	3.462	2.247	2.236	0.5
5	80	6	700	2.001	69.7	3.462	2.146	2.165	0.9
		8	710	2.077	69.4	3.462	2.198	2.200	0.1
		10	715	2.003	73.2	3.462	2.207	2.235	1.6
最大填筑区									
1	50	4	720	2.391	70.9	2.93	2.210	2.160	2.3
		6	725	2.438	72.7	2.93	2.291	2.250	1.8
		8	730	2.352	76.7	2.93	2.308	2.264	1.9
2	40	4	720	2.477	69.1	2.93	2.214	2.182	1.5
		6	725	2.629	68.1	2.93	2.281	2.264	0.8
3	50	4	710	2.447	69.1	2.93	2.193	2.154	1.8
		6	730	2.528	69.2	2.93	2.273	2.227	2.1

本次试验因工作场地限制关系，主要对碾压路基的压实质量现场进行附加质量法测试。根据11.3.3节的数据处理方法分别求解参数k、f_0、m_0、A、v_P的值，分别计算出各测试点不同碾压遍数的密度值，测试成果见表11-2，表中列出了对应测点水袋法测试结果。

从表11-2中可以得出：

(1)随着碾压遍数的增加，各层各测点的地震波波速也随之增加，其波速变化范围为690～730m/s。

(2)随着碾压遍数的增加，各层各测点的密度也随之增加，一般碾压4～6遍时，密度值增加较明显，碾压6～10遍后，密度值增加不大。

(3)附加质量法测得的密度值与挖坑法测得的密度值比较一致，最大相对误差为6.5%，24个测点中只有3个测点的相对误差在3%以上，平均误差为1.88%。

11.4.3 测试结果的影响因素分析

土石混填路基压实质量的附加质量法检测，从前面原理及数据处理分析可知，影响测试结果的主要因素有：

(1)现场测试的耦合条件。

(2)现场测试信号的有效性。

(3)承压板的尺寸效应。

(4)分级附加质量等。

现场耦合条件主要包括两方面的内容：一是承压板与土石混合体的耦合；二是检波器与承压板的耦合。前者由于路基表面较为平坦，在其上面铺一层20～50mm厚的粗砂垫层加以解决；后者利用石膏进行黏接则可以满足。

现场测试信号的有效性，主要是指在进行附加质量的现场测试时，必须保证测试信号准确可靠，在现场测试时严格按照测试步骤操作，同时对信号数据进行时域分析，即可得到质量较好的信号数据。

对于前面两种影响因素，可以通过现场测试时采取相应措施加以消除，在本节主要通过对现场测试数据的综合分析处理来考察后面两种因素对测试结果的影响因素。

分级附加质量的大小一般以在现场测试时能满足参振土石混合体的自振频率相差在1Hz以上即可，如附加质量太小，则不易分辨；如附加质量太大，则影响现场测试效率。具体分级附加质量大小，对于不同填料性质及压实质量有关，一般需要在现场测试时确定。

参考文献

[1] 甘霖,袁光国. 粗粒土的三轴测试及其强度特性[J]. 水电工程研究,1996,1:29-35.

[2] 王步云. 软质岩屑地基土的工程性质及其改良[J]. 西部探矿工程,1996,8(1):1-4.

[3] 张斌,屈智炯. 考虑剪胀和软化特性的粗粒土应力—应变模型[J]. 岩土工程学报,1991,13(6):64-69.

[4] 郭庆国. 粗粒土的工程特性及应用[M]. 郑州:黄河水利出版社,1998.

[5] 司洪洋. 论无粘性砂卵石与堆石力学性质. 岩土工程学报,1990,12(6).

[6] Jaroslav Feda. Notes on the effect of grain crushing on the granular soil behaviour[J]. Engineering geology,2002(63):93-98.

[7] Feda,J.. Mechanics of Particulate Materials—The Principle Elservoer[J]. Amsterdam, 1982.

[8] 毛守仁,陈伟业. 几种粗粒土的工程性质试验研究[J]. 9-16.

[9] 武明. 土石混合非均质填料力学特性试验研究[J]. 公路,1997,1:40-42.

[10] 陈希哲. 粗粒土的强度与咬合力的试验研究[J]. 工程力学,1994,11(4):56-63.

[11] 郭熙灵,胡辉,包承纲. 堆石料颗粒破碎对剪胀性及抗剪强度的影响. 岩土工程学报,1997,19(3).

[12] 郝传毅. 路堤自身压缩的非线性有限元分析[J]. 中国公路学报,1987,11(1):34-44.

[13] 何兆益,周虎鑫. 高填方路堤填筑体沉降的三维有限元分析[J]. 重庆交通学院学报,2000,19(3):58-62.

[14] 王继庄. 粗粒料的变形特性和缩尺效应[J]. 岩土工程学报,1994,16(4):89-95.

[15] 田树玉,孟宪麒. 土的非线性分析简化双曲线模型[J]. 水利学报,1994(9).

[16] 冯冠庆,杨荫华. 堆石料最大指标密度室内试验方法的研究[J]. 岩土工程学报,1992,14(5).

[17] 刘勇、陆恩施. 无粘聚性粗粒土最大干密度试验方法探讨[J]. 水利水电技术报道,1999,2:39-47.

[18] 王昆耀,常亚屏,陈宁. 粗粒土试样橡皮膜嵌入影响的初步研究[J]. 大坝观测与土工测试,2000,24(4):45-46,49.

[19] 欧阳晓英,张镇鑫. 浅谈长益公路土石路基压实度控制[J]. 湖南交通科技,1997,23(4):12-14.

[20] 黄少雄,郑治. 京珠高速公路坚硬石料填石路堤的修筑试验. 公路交通科技,2000,2:15-20.

[21] 林祖玖. 高速公路路基填筑压实工艺[J]. 西部探矿工程,1999,18(增刊):56-59.

[22] 赵久柄,王正良. 西宝高速公路粗粒土路基压实度的试验研究[J]. 国外公路,1996,16(6):18-22.

[23] 马松林,王龙,王哲人. 土石混合料室内振动压实研究[J]. 中国公路学报,2001,14(1):5-8.

[24] 马松林,王龙,王哲人,等. 土石混合料的室内振动压实特性[J]. 公路,2000,5:67-70.

[25] 陈谦应,邓卫东. 土石混填非均质填方压实质量检测方法综述[J]. 国外公路,1991,11(4).

[26] 司洪洋.粗颗粒土混合料的命名和粗度系数[J],水利水运科学研究,1981(1).
[27] 王龙,等,土石混合料的结构分类[J],哈尔滨建筑大学学报,2000,33(6).
[28] L·福斯布拉德,土石填方的振动压实,甘杰贤,等译.北京:人民交通出版社,1986.
[29] Turcotte. D. L. J. Geophys. Res. ,1986 ,91 1921-1926.
[30] Xu Y F. Fractal structure of soils—a case study [A] . Shen zhujiang. Proc. 2nd Int. Conf. on Soft Soil Engrg.
[31] 沙庆林.公路压实与压实标准.北京:人民交通出版社,1998.
[32] Cundall P A, Strack O D L. A Discrete Numerical Method for Granular Assemblies. [J]. Geotechnique, 1979, 29(1): 47-65.
[33] 秦红玉,刘汉龙,高玉峰,等. 粗粒料强度和变形的大型三轴试验研究. 岩土力学, 2004, 25(10):1575-1580.
[34] F. C. Walker, W. G. Holtz, Control of Embankment Material by Laboratory Testing, Transactions of ASCE, 1953, 118: 127-140.
[35] 阎宗岭.堆石体物理力学特性及其工程应用研究[M].重庆大学博士学位论文,2003.
[36] 董云,柴贺军. 土石混合料剪切面分形特征试验研究[J]. 岩土力学, 2007, 28(5): 1015-1020.
[37] 屈智炯,何昌荣,刘双光,胡德金.新型石渣坝——粗粒土筑坝的理论与实践.北京:中国水利水电出版社,2002.
[38] 四川大学水利水电学院,重庆交通科研设计院.土石混合料路用性能分级及质量评价技术研究[M].交通部西部交通建设科技项目子项目研究报告,2004. 11.
[39] Arthur J. R. F. , Dunstan T. , Al—Ani, Q. A. J. L. & Assadi, A. , Plastic deformation and failure in granular media, Géotechnique 27, 1977, No. 1: 53-74.
[40] Lafeber D. , Soil structural concepts, 1966, Engng. Geol. 1: 261-290; Mahmood A. , Mitchell J. K. , Fabric-property relationships in fine granular materials. Clays Clay Miner. 22, 1974, 5: 197-208.
[41] Mulilis J. P. , Chan C. K. , Seed H. B. , The effects of method of samples preparation on the cyclic stress-strain behaviour of sand. Earthquake Engineering Research Center, Report No. HERC 75-18, College of Engineering, University of California Berkeley, 1975.
[42] Oda M. , Co-ordination number and its relation to shear strength of granular materials, Soil Fdn 12, 1977, 2: 29-42.
[43] Chang C. S. , Lun Ma, Modeling of discrete granulates as micropolar continua, Journal of Engineering Mechanics, 1990, Vol. 116. 12: 2703-2721.
[44] Brewer R. , Fabric and mineral analysis of soil, New York, 1964; Oda M. , Fabrics and their effects on the deformation behaviour of sand, Dept Fdn Engng, Fac. Engng, Saitana University, special Issue, 1976: 1-59.
[45] Oda M. , The mechanism of fabric changes during compression deformation of sand. Soil Fdn 12, 1972, 2: 1-18.
[46] Oda M. , Initial fabrics and their relations to mechanical properties of granular materials, Soil Fdn 12, 1972, 1: 17-36.

[47] Oda M. , Deformation mechanism of sand in triaxial compression test, Soil Fdn 12, 1972,4: 45-63.

[48] 毛坚强. 散体介质的力学模型及应力计算方法初探. 中国青年学者岩土工程力学及其应用讲座会论文集,1994: 156-162.

[49] Satake M. , Fundamental quantities in the graph approach to granular material, Mechanics of granular materials, Ed. By J. T. Jenkins and M. Satake, 1983: 9-20.

[50] Scharle P. , Constitutive models constrained by the entropy maximum principle, Numerical methods in geomecganics, 1988, Vol. 21,2: 69-78.

[51] Colin B. Brown, Entropy and granular materials: model, Journal of engineering mechanic, 2000, Vol. 126,6: 599-604.

[52] Colin B. Brown, Entropy and granular materials: experiments, Journal of engineering mechanic, 2000, Vol. 126,6: 605-610.

[53] Oda M. , Experiment study of antistrophic shear strength of sand by plane strain test, Soil Fdn, 1978, Vol 12,1: 25-38.

[54] Oda M. , Stress -induced anisotropy in granular masses, Soil Fdn, 1985, Vol 25,3: 85-97.

[55] Cowin S. C. , The relationship between the elasticity tensor and the fabric tensor mechanics of materials, Soil Mechanics, 1985,4: 137-147.

[56] Jenkiss J. T. , Volume change in small strain-axisymmetric deformations of granular materials, Micromechanics of granular materials, Ed. By M. Satake and J. T. Jenkins, 1988.

[57] Oda M. etc, Some experimentally based fundamental results on the mechanical behaviour of granular materials, Geotechnique 30, 1980,4: 479-495.

[58] Masral R. J. , Contact forces in soils and rockfill materials, proceedings of the second pan American conference on soil mechanics and foundation engineering, 1963, Vol. 2: 67-98;Masal R. J. , Stochastic process in the grain skeleton of soils, Proc. 6th ICSMFE, 1977,1: 201-204.

[59] Rothenburb L. , Bathurst R. J. , Analytical study of induced anisotropy in idealized granular materials, Geotechnique, 1988,39(4): 601-614.

[60] Bathurs R. J. , Rothenburb L. , Micromechanical aspects of isotropic granular assemblies with linear contact interaction, J. App. Mech. 1988,55(1): 17-23.

[61] G. M. L. Gladwell. 经典弹性理论中的接触问题. 北京:北京大学出版社,1991.

[62] K. L. Johnson. 徐秉业,等译. 接触力学. 北京:高等教育出版社,1992.

[63] Mindlin R. D. , Deresiewics H. , Elastic spheres in contact under varying oblique forces, J. Appl. Mech. Engns. , 1953,20(3): 327-344.

[64] 钟晓雄. 颗粒材料力学模型的理论研究与试验验证. 中国科学院博士学位论文,中国科学院武汉岩土力学研究所,1991.

[65] Kemeny J. M. ,Practical technique for determining the size of distribution of blasted beches,wast dumps and heap leach sites. Mining engineering,1994,4-6(11):1281-1284.

[66] Lin D. L. & Miller J. D. ,The development of a PC,image-based ,on-line particle-size

analyzer. Minerals & Metallurgrical Processing,1993,10(4):29-35.
[67] Barro L.,Smith M. L. & Prisbrey K.,Neural network pattern recognition of blast fragment size distributions. particle Science and technology,1994(12):235-242.
[68] Parkin R. M. & Calkin D. W.,Intelligent optomechatronic instrumentation for on-line inspection of crushed rock aggragates. Minerals Engineering,1995,8(10):1143-1150.
[69] Petersen K. R. P.,Aldrich C. & Van Deventer J. S. J. Analysis of ore particles based on textural pattern recognition. Minerals Engineering,1998,11(10):959-977.
[70] Petersen K. P. P.,Aldrich C. Van Deventer, J. S. J, Hydrocyclone underflow monitoring using image processing methods. Minerals Engineering,1996,9(3):301-316.
[71] 邹定祥.爆破块度分布的摄影图像分析方法的研究.有色金属,1988,40(2):22-29.
[72] A. Entwistle,A comparison between the use of a high-resolution CCD camera and 35mm film for obtaining coloured micrograpghs. Journal of microscopy,1998,192(2):81-99.
[73] Hsyung N. B.,Beddow J. K. & Vetter A. F.,Particle texture analysis,Proceedings of the technical program -international power and bulk solids handling and processing 1984 sponsored by Int. Power Inst. Available from cahners Exposition GRoup:501-509.
[74] 梁诚,李心一.基于扫描仪的粒度分析的数据处理方法.电脑开发与应用,2003,16(6):41-43.
[75] 崔刚,伊敏矿东端帮边坡稳定性评价与控制,辽宁工程技术大学硕士学位论文,2002.5.
[76] J. W. Gaziev, R. E. Goodman,Study of theory of base friction models, Int. Journ. Rock Mech. Min. Sci. & Geomech Abstr.,1981:453-468.
[77] R. E. Goodman & D. S. Kieffer, Behavior of rock in slopes,Gournal of geotechnical and geoenvironental engineering,2000(126)8:684.
[78] 棚橋由彦.足立順一,等.底面摩擦模型とDEMに基づく不連續性岩盤內矩形空洞の變形崩壞舉動予測,长崎大学工学部研究报告,第30卷 第54号 平成12年1月:67-74.
[79] Ugo Andreaus & Paolo Casini,Friction oscillator excited by moving base and coliding with a rigid or deformable obstacle, International Journal of Non-Linear Mechanics, 2002(37):117-133.
[80] A. Pirrotta & R. lbrahim, Experimental investigation of friction-base isolation, Prob. Enging. Mech., 1997 12(3):125-136.
[81] 蒋爵光,谢强,吴光.北盘江大桥岸坡稳定性及桥基选址的综合分析.铁道工程学报,1995,47(3):75-81.
[82] 金小萍.层状岩体高陡边坡底摩擦模拟试验研究.金属矿山,1998(3):7-12.
[83] 陈兴华.脆性材料结构模型试验.北京:水利电力出版社,1984.
[84] 南京水利科学研究院土工研究所.土工试验技术手册[M].北京:人民交通出版社,2003.
[85] 阎宗岭.堆石体物理力学特性及稳定性研究[D].重庆大学硕士学位论文,2000.
[86] 南京水利科学研究院.土工试验规程 SL 237—1999.北京:中国水利水电出版社,1999.
[87] 龚晓南.21世纪岩土工程发展展望.岩土工程学报,2000,22(2):238-242.
[88] 朱伯芳.有限单元法原理与应用[M].中国水利水电出版社.1998.

[89] 申爱弦.粗粒土室内试验及成果分析.电力勘测,1999(12):18-21.
[90] 郑传超.柔性路面结构对路基沉降量的影响.重庆交通学院学报,1998,17(2):21-36.
[91] 刘银生,杨东授.填土路基不均匀沉降分析.中南公路工程,1999,24(4):3-5.
[92] 张留俊.高路堤下软土地基的处治设计.中南公路工程,2000,25(1):73-76.
[93] Ghassem Habibagahi. Post-construction settlement of rockfill dams analyzed via adaptive network-based fuzzy inference systems. Computers and Geotechnics,2002,29:211-233.
[94] 谭臻,广悦,李长山,等.爆破参数对爆破块度效果影响的灰色关联分析.矿业工程,2003,32:41-43.
[95] A. H. 哈努卡耶夫.矿岩爆破物理过程.刘殿中译.北京:冶金工业出版社,1980.
[96] B. H. 库图佐夫,等.工业爆破设计.顾倚鳌,等译,北京:中国建筑工业出版社,1986.
[97] 中国力学学会工程爆破专业委员会.爆破工程.北京:冶金工业出版社,1992.
[98] 鄂俊太,等.压路机选型及压实技术.北京:人民交通出版社,1991.
[99] 杨世基.冲击压实技术在路基工程中的应用.公路,1999(7):1-4.
[100] 张国忠.冲击压实技术在路基工程中的应用研讨.内蒙古工业大学学报,2000,19(4):294-296.
[101] 敬世红,乔红.渝邻高速公路填方路基强夯处治试验总结.公路交通技术,2004(3):25-29.
[102] 范国栋.湘潭市宝塔中路公路地基的强夯法处理.岩土工程界,2002,6(2):35-36.
[103] 高一峰,柴贺军,杨建国,等.土石混填路基强夯压实试验研究.公路交通技术,2003(3):9-11.
[104] 周世良,胡晓,王多垠.强夯法在护岸工程高填方路基处理中的应用.重庆交通学院学报,2004,23(1):66-68.
[105] 郑轩,林彤,王迪友.强夯法在公路高路堤施工中的应用研究.水利水电快报,2002,23(16):12-14.
[106] 杨成林.瑞利波勘探[M].北京:地质出版社,1993.
[107] 张献民,宋长柏,刘秀菊.瞬态振动信号在公路工程检测中的应用.河北工业大学学报,2001,30(1):57-61.
[108] 金宗川,汪稔,陈善雄.瑞利波速度和碎石土工程特性的相关性试验研究.岩石力学与工程学报,1998,17(1):94-100.
[109] 方谦光,李志华,潘瑞林.利用瑞利波进行铁路路基稳定性检测的理论基础及应用.铁道学报,1998,21(4):56-59.
[110] 刘立明.山岭重丘土石混填路基压实与检测技术[D].河北工业大学,2002,3.
[111] 顾炳其,等.路基快速测定的瞬态冲击频谱法.西安公路交通大学学报,1997(4).
[112] 贾学明,杨建国,赖思静.路基边界对瑞利波检测影响的数值模拟研究.岩土力学,2004(2).
[113] 李丕武,冷元宝,袁江华.堆石体密度测定的附加质量法.地球物理学报,1999,42(3).
[114] 唐彤芝,时淑贞,徐竹青.碾压堆石坝堆石压实性检测与分析.水电能源科学,2003,21(3).
[115] 韩道林."附加质量法"在地基承载力测试中的应用.贵州水力发电,1999,13(2).

[116] 郭庆国,蒋华安.测原位密度的附加质量法在小浪底工程中的应用与评价.水利水电科技进展,1999,19(5).
[117] 王广州,王艳明,耿瑜平,赵峰.附加质量法在石方填筑工程中的应用.公路,2002(2).
[118] 孙继增,范勃,陶惠珍,奚美芳.堆石坝压实密度快速无损检侧新技术.水利水电技术,1996(1).

研 究 生 教 学 用 书

教育部研究生工作办公室推荐

广告调研方法

Advertising Research

黄合水 编著

厦门大学出版社